Die

Concessionirung gewerblicher Anlagen in Preußen.

Sammlung

aller darauf bezüglichen

Reichs- u. Preußischen Gesetze, Ausführungs-Bestimmungen, Ministerial-Verordnungen, u. technischen Anleitungen

nebst

Beispielen zu Concessions-Gesuchen und Concessions-Urkunden

von

Dr. von Rüdiger,
Königl. Preuß. Gewerberath.

Berlin und Leipzig,
Verlag von J. Guttentag
(D. Collin).
1886.

Vorwort.

Der in diesem Buche behandelte Stoff ist ein Ergebniß vielseitiger Erfahrungen und Beobachtungen, welche von staatlichen Behörden unter Mitwirkung von Gewerbetreibenden, Gelehrten und Technikern bei der Konzessionirung gewerblicher Anlagen seit den letzten fünfzig Jahren gesammelt worden sind. Theils gesetzgeberischer, theils technischer Natur ist dieser Stoff vielgestaltig und flüssig, wie das Wesen der Industrie selber, und seine Handhabung nach gesetzlichen Vorschriften ist mit um so größeren Schwierigkeiten verbunden, als die rastlosen Fortschritte der Industrie mit ihren sich stetig mehrenden Gefahren auch einen vermehrten Schutz des Publicums im Allgemeinen, so wie der Nachbarn und Arbeiter im Besonderen erheischen.

Hervorgegangen ist die Genehmigungspflicht für gewerbliche Anlagen einerseits aus dem Bedürfnisse der Industrie, welche ihre Betriebe im Wege eines amtlich geordneten Prüfungs-Verfahrens — **vor** — deren Errichtung gegen nachträgliche Beschwerden und Auflagen sichergestellt wissen wollte, anderseits aus dem natürlichen Rechte der Nachbarn und des Publicums, welche unter Umständen gegen Belästigungen und nachtheilige Einflüsse gewisser Gewerbebetriebe geschützt werden mußten.

Abgesehen von den neueren und neuesten reichsgesetzlichen Bestimmungen für die Konzessionirung gewerblicher Anlagen war dies Gebiet in der Preußischen Gesetzgebung schon seit dem Jahre 1845 gesetzmäßig geregelt. Besonders waren es die in den

§§. 27 bis 41 der Preuß. Gew.=Ord. vom 17. Januar 1845, enthaltenen Vorschriften, welche ziemlich unverändert in die §§. 16 bis 28 unserer heutigen Reichs=Gewerbe=Ordnung aufgenommen wurden.

Neben diesen gesetzlichen Bestimmungen sind indeß im Preußischen Staate noch viele ältere (seit 1810) und neuere (seit 1869) Ministerial=Verordnungen in Geltung, denen eine gesetzmäßige Wirkung innewohnt (vgl. Ausf.=Anweis. zur Gewerbe=Ordnung S. 46 d. Buches), und die bei Einholung von Konzessionen ebensowenig seitens der betreffenden Gewerbetreibenden außer Acht gelassen werden dürfen, wie seitens der Behörden, welche die Konzessionen zu ertheilen, oder deren richtige Ausführungen und deren Bedingungen zu überwachen haben.

Im Laufe der Jahre ist nun der in Rede stehende Stoff ziemlich umfangreich geworden, und ein Zurechtfinden darin um so schwieriger, als die darauf bezüglichen Special=Bestimmungen in mehr denn 15 amtlichen Publicationsorganen gelegentlich abgedruckt sich vorfinden, welche Veröffentlichungen dem konzessionssuchenden Publicum in den seltensten Fällen vollständig zugänglich sind. Unter diesen Umständen glaubte deßhalb der Verfasser einem langempfundenen Bedürfniß der Praxis zu entsprechen, wenn er alle jene zerstreut vorkommenden Reichs=, Preußischen Gesetze, so wie technische Special=Bestimmungen in ein handliches Büchelchen sammelte, und er hofft mit demselben besonders allen Gewerbetreibenden eine brauchbare und willkommene Handhabe in Konzessions=Angelegenheiten darzubieten.

Was die Anordnung des Inhaltes anlangt, so mag zwar manchem der geehrten Leser die lexikalische Form zweckmäßiger und für den Gebrauch bequemer erscheinen, indeß erheischt eine solche bekanntlich vielfache, unvermeidliche Wiederholungen und damit eine unnütze Vermehrung des Textes, die hier vermieden werden mußte. Uebrigens vermittelt einen schnellen Ueberblick und leichtes Zurechtfinden in dem Buche das — vollständige Sachregister —, welches den Dienst eines Lexikons vollkommen ersetzt. Außerdem ist die Gruppirung der verschiedenen Materien in — sechs Haupt=Abschnitte — mit passenden Unterabthei=

lungen chronologisch durchgeführt, und sind die einzelnen Gesetze, Verordnungen und Instructionen durch charakteristische Ueberschriften kenntlich gemacht.

Beim Gebrauche des Buches möchten wir noch denjenigen — **Industriellen** —, denen das vorliegende Gebiet gänzlich fremd, anrathen, daß sie ihr Studium zunächst mit Durchsicht der — Nr. 28 bis 54 — der Ausführungs-Anweisung zur Gew.-Ord. (S. 54 bis 66 d. Buches) beginnen, und dann je nach Bedarf auf die Gesetzes-Auszüge im I. Abschnitte, oder auf die Specialbestimmungen des III., IV. oder V. Abschnittes übergehen; für die — **Beamten** — dagegen empfiehlt sich mehr der Gebrauch des alphabetischen oder chronologischen Sachregisters, und in Fällen der Zuständigkeitsfragen die S. 416 bis 423 d. Buches abgedruckte — Zuständigkeits-Tabelle.

Frankfurt a. O., November 1885.

Der Verfasser.

Inhalt.

II. Abschnitt.

Seite

Allgemeine Ausführungs-Verordnungen und die wichtigeren gerichtlichen Entscheidungen.

A.

Anweisung zur Ausführung der Gewerbe-Ordnung.

B.

Technische Anleitung zur Wahrnehmung der den Kreis-Ausschüssen übertragenen Zuständigkeiten.

D.

Die wichtigeren gerichtlichen Entscheidungen.

III. Abschnitt.

Technische Special-Bestimmungen und Ministerial-Verordnungen.

Seite

B.

Preußische Gesetze und Ausführungs-Bestimmungen über die Anlegung von Dampfkesseln.

V. Abschnitt.

Wasserstauanlagen; Wasser- und Windmühlen-Gerechtsame.

A.

Auszug aus dem Allgemeinen Preußischen Landrecht.

B.

Königl. Preuß. Cabinetsorders und Edicte.

C.
Auszug aus dem Gesetz über die Benutzung der Privatflüsse, vom 28. Februar 1843.

D.
Die sonstigen für Wasserstauanlagen gültigen Preußischen Ministerial-Verfügungen.

E.
Errichtung von Windmühlen.

VI. Abschnitt.

Abfallwässer, Rauch, und Auszüge aus den Wassernutzungs- und Fischerei-Gesetzen.

A.

Auszug aus dem Fischereigesetz für den Preußischen Staat, vom 30. Mai 1874.

B.

Die sonstigen in Bezug auf Abfallwässer, Flußverunreinigungen und Verunreinigungen der Luft durch Rauch oder Gase erlassenen Preuß. Ministerial-Verordnungen und richterlichen Entscheidungen.

Abkürzungen.

G.O. = Gewerbeordnung.
R.V. = Verfassung des Deutschen Reiches.
Stf.G. = Strafgesetzbuch für das Deutsche Reich.
H.G.B. = Deutsches Handelsgesetzbuch.
R.T.B. = Stenographische Berichte des Reichstags.
R.T.D. = Drucksachen des Reichstags.
B.G.B. = Bundes-Gesetzblatt.
R.G.B. = Reichs-Gesetzblatt.
C.B. = Centralblatt für das Deutsche Reich.
R.G. = Erkenntniß des Reichsgerichts.
O.H.G. = Erkenntniß des Reichs-Ober-Handelsgerichts.
O.T. = Erkenntniß des Preußischen Ober-Tribunals.
O.V. = Erkenntniß des Preußischen Oberverwaltungsgerichts.
Pr. Anw. = Anweisung zur Ausführung der Gewerbeordnung für Preußen.
Pr. Min. = Verfügung der Preußischen Ressortministerien.
M.Bl. f. d. i. V. = Preußisches Ministerialblatt für die innere Verwaltung.
Motive = Motive zu dem Entwurfe der Gewerbeordnung oder des betreffenden Gesetzes.
J.B. = Jahresberichte der Fabriken-Inspektoren.
R. d. B. = Rechtsausführungen des Bundesrathes.
Kommiss.-Ber. = Berichte der Kommissionen des Reichstags über Gesetzentwürfe.
Jahreszahlen sind in den letzten Ziffern angegeben. Sonstige Zahlen weisen die Seiten, hinter R.T.D. die Stücknummer nach.
Die Landesgesetze finden sich in den betreffenden Jahrgängen der Landesgesetzblätter, die Erkenntnisse des Preußischen Ober-Tribunals und der Preußischen Ministerien in den betreffenden Jahrgängen des Justizministerialblattes und des Ministerialblattes für die innere Verwaltung, die Erkenntnisse des Reichsgerichts und Preußischen Oberverwaltungsgerichts in den Sammlungen der Entscheidungen.

I. Abschnitt.

Auszüge aus Gesetzen.

A.

Auszug
aus der
Gewerbeordnung.

Gegeben Berlin den 21. Juni 1869.

Gesetzeskraft im ganzen Reiche, ausgenommen Elsaß-Lothringen, seit 1. Jan. 73, in der jetzigen Fassung vom 1. Januar 84 ab.

(R.G.Bl. S. 159.)

Titel I.

Allgemeine Bestimmungen.

§. 1. Der Betrieb eines Gewerbes[1]) ist Jedermann[2]) gestattet, soweit nicht durch dieses Gesetz Ausnahmen oder Beschränkungen vorgeschrieben oder zugelassen sind.

Wer gegenwärtig zum Betriebe eines Gewerbes berechtigt ist, kann von demselben nicht deshalb ausgeschlossen werden, weil er den Erfordernissen dieses Gesetzes nicht genügt.[3—7])

[1]) Der Begriff „Gewerbe" ist in der G.O. nicht scharf abgegrenzt, weil die Vielgestaltigkeit der gewerblichen Entwicklung keine scharfe Begriffsbestimmung gestattet, dagegen nennt das Gesetz in §. 6 eine Anzahl von Erwerbszweigen, auf welche seine Bestimmungen keine Anwendung finden sollen. Diese sind: das Bergwesen, die Fischerei, die Ausübung der Heilkunde, das Apothekenwesen, Unterrichtswesen, die advokatorische und Notariats-Praxis; ferner Auswanderungs-, Versicherungs-, Lotterie-, Eisenbahn- und Verkehrs-Unternehmungen und die Rechtsverhältnisse der Schiffsmannschaften auf Seeschiffen. Außerdem nehmen die Motive (R.T.V. Bd. II S. 127) noch die schönen Künste aus — d. h. die wissenschaftlichen, künstlerischen, schriftstellerischen Thätigkeiten.

Wenn es sich also um die Entscheidung handelt, ob auf eine gewisse Erwerbsart die Bestimmungen der G.O. Anwendung finden oder nicht; so ist vor Allem die Natur der betreffenden Erwerbsart ins Auge zu fassen.

Endlich verlangt der Begriff „Gewerbe" eine auf Gewinn gerichtete, fortgesetzt entfaltete Thätigkeit; Erk. d. O.T. 30. Juni 76. und 13. Juli 77, d. h. Erzielung eines Vermögensvortheiles — wenn auch nicht in Gestalt eines Geldbetrages. Erk. d. O.T. 17. Juli 73.

²) Vgl. das jetzt im ganzen Reiche geltende Ges. über die Freizügigkeit v. 1. Nov. 67 B.G.B. 55; ferner Minist.Verordn. v. 13. April 1847, betr. festen Wohnsitz S. 95 d. Buches.

In Bezug auf die Gewerbefreiheit besteht kein Unterschied zwischen natürlichen und juristischen Personen. Ausgenommen sind dagegen die juristischen Personen des Auslandes, siehe §. 12 Abs. 1 der G.O.

³) Rückwirkende Kraft will das Gesetz nicht ausüben. Derjenige, der ein nach der G.O. konzeßpflichtiges Gewerbe zur Zeit der Einführung der G.O. betrieben hat oder zu betreiben berechtigt war, bedurfte also keiner bezw. keiner neuen Konzession. Derjenige ferner, dem der Gewerbebetrieb wegen Thatsachen, die vor Einführung der G.O. sich ereignet hatten, untersagt werden könnte, darf dieserhalb nicht von dem Gewerbebetrieb ausgeschlossen werden. Dagegen ist die Untersagung bezw. Konzessionsentziehung zulässig, falls der Gewerbeinhaber nach Einführung der G.O. sich Dinge hat zu Schulden kommen lassen, welche eine Untersagung rechtfertigen.

⁴) Auch auf die Angehörigen von Elsaß-Lothringen findet §. 1 Anwendung (R.V. Art. 3), ebenso auf Ausländer, soweit nicht durch Staatsvertrag oder durch die G.O. selbst (§. 12) Ausnahmen vorbehalten sind. Die durch Staatsverträge ausdrücklich zugesicherte Gleichberechtigung mit deutschen Unterthanen bezieht sich insbesondere auf die Angehörigen von Argentinien, Belgien, Brasilien, Chile, China, Costarica, Frankreich, Griechenland, Großbritannien, Hawaiische Inseln, Japan, Italien, Korea, Liberia, Mexico, Niederlande, Oesterreich-Ungarn, Persien, Portugal, Rumänien, Salvador, Samoa, Schweiz, Serbien, Siam, Tonga, Türkei, Vereinigte Staaten von Nordamerika. Siehe Beutner, Deutsche Handels-Verträge, Berlin 1883; Bödiker, Gewerberecht, Berlin 1883 S. 386 ff. In den Voraussetzungen, unter welchen Ausländer im Inlande verweilen dürfen, ist dadurch nichts geändert.

⁵) Durch §. 1 werden nur solche Beschränkungen, die der Zulassung zum Gewerbebetrieb entgegenstehen, beseitigt, nicht aber Vorschriften, welche die Ausübung der Gewerbe regeln, namentlich die Beachtung der im Interesse der öffentlichen Ordnung und Sitte gestellten Anforderungen verlangen. Die landesrechtlichen Vorschriften über die Zulassung zu den Gewerben sind daher weggefallen; gleiche Vorschriften über die Ausübung der Gewerbe sind dagegen bestehen geblieben. Vgl. G.O. §. 144. Stf.G. §. 367, 5. O.T. 4. u. 24. Nov. 70, 18. Jan. 71. Ferner Ausf.Anw. Eingang, S. 45—46 d. Buches.

⁶) Vertragsmäßige Beschränkungen beseitigt §. 1 nicht; O.H.G. 6. Dez. 73. O.T. 9. Juli 77.

[1]) Erfindungspatente begründen nicht Beschränkungen im Betrieb eines Gewerbes. Vgl. Patentgesetz 25. Mai 77 (R.G.B. 501).

§. 2. Die Unterscheidung zwischen Stadt und Land in Bezug auf den Gewerbebetrieb und die Ausdehnung desselben hört auf.

Entnommen aus dem Ges., betr. den Betr. der steh. Gewerbe 8. Juli 68 B.G.B. 406; vgl. Motive R.T.B. I S. 240. II S. 1054 u. III S. 107.

§. 3. Der gleichzeitige Betrieb verschiedener Gewerbe, sowie desselben Gewerbes in mehreren Betriebs- oder Verkaufsstätten ist gestattet. Eine Beschränkung der Handwerker auf den Verkauf der selbstverfertigten Waaren findet nicht statt.

Entnommen wie vorher; vgl. Motive wie bei 2.

§. 4. Den Zünften und kaufmännischen Korporationen steht ein Recht, Andere von dem Betriebe eines Gewerbes auszuschließen, nicht zu.

Entnommen wie vorher; vgl. Motive wie bei 2.

§. 11. Das Geschlecht begründet in Beziehung auf die Befugniß zum selbständigen Betriebe [1]) eines Gewerbes keinen Unterschied.[2])

Frauen,[3]) welche selbständig ein Gewerbe betreiben, können in Angelegenheiten ihres Gewerbes selbständig Rechtsgeschäfte abschließen und vor Gericht auftreten, gleichviel, ob sie verheirathet oder unverheirathet sind. Sie können sich in Betreff der Geschäfte aus ihrem Gewerbebetriebe auf die in den einzelnen Bundesstaaten bestehenden Rechtswohlthaten der Frauen nicht berufen. Es macht hierbei keinen Unterschied, ob sie das Gewerbe allein oder in Gemeinschaft mit anderen Personen, ob sie dasselbe in eigener Person oder durch einen Stellvertreter betreiben.[4])

[1]) Ein selbständiger Gewerbetrieb liegt vor, wenn der Gewerbetreibende das Gewerbe für eigene Rechnung und unter eigener Verantwortlichkeit ausführt.

[2]) An das Alter und die Verfügungsfähigkeit knüpfen sich keine Bedingungen für die polizeiliche Zulässigkeit des stehenden Gewerbebetriebes. Vgl. Motive R.T.B. I S. 254. II S. 1062. III S. 114. Ob die von einem Gewerbetreibenden eingegangenen Verbindlichkeiten rechtsgiltig sind, ist unabhängig davon nach den Landesgesetzen zu beurtheilen; R.T.B. I S. 253.

[3]) Auch die Befugniß der Ehefrauen zum Gewerbebetrieb ist in polizeilicher Beziehung keine andere, als die der übrigen Frauen.

Vgl. über den Gewerbebetrieb der Frauen H.G.B. Art. 6—9, B.G.B. 69. 879.

[4]) Bezüglich Stellvertretung siehe §§. 45. 46.

§. 12. Hinsichtlich des Gewerbebetriebes der juristischen Personen des Auslandes[1—2]) bewendet es bei den Landesgesetzen....

[1]) Unter Ausland ist hier das dem Reiche gegenüber stehende Ausland gemeint. Doch müssen Theile des Reichs, in welchen die G.O. nicht gilt (Elsaß-Lothringen), ebenfalls als Ausland gelten; vgl. §. 1 u. Ges., betr. die Verf. d. D. Reichs 16. April 71 §. 2 B.G.B. 63.

[2]) Zu den juristischen Personen sind im Sinne des Gesetzes insbesondere Aktiengesellschaften zu rechnen. Betreffend Dispositionsfähigkeit derselben vgl. §. 10 im ersten Entw. der G.O. R.T.V. I S. 250 u. II S. 1060. Vereinbarungen mit fremden Staaten über die Rechtsfähigkeit solcher Gesellschaften begründen an und für sich keine Befugniß zum Gewerbebetriebe.

Titel II.

Stehender Gewerbebetrieb.

I. Allgemeine Erfordernisse.

§. 14. Wer den selbständigen Betrieb eines stehenden Gewerbes[1]) anfängt,[2]) muß der für den Ort, wo solches geschieht, nach den Landesgesetzen zuständigen Behörde gleichzeitig Anzeige[3]) davon machen[4])..... (Vgl. Min.Verf. v. 13. April 1847, S. 95 d. Buches.)

[1]) Der Begriff des stehenden Gewerbebetriebes ist gesetzlich nicht bestimmt; es fallen darunter alle Betriebsformen, die nicht ausdrücklich als Gewerbebetrieb im Umherziehen qualifizirt sind (§. 55); vgl. Motive zu §. 14 R.T.V. III S. 115 u. O.T. 2. März 71.; M.Bl. f. i. V. 1871 S. 151. Auch bestimmt das Gesetz nicht, welche Beschäftigungen als gewerbliche anzusehen sind; vgl. §. 1 Anm. 1.

[2]) Eintritt in einen vorhandenen Betrieb gilt als Anfang des Betriebes; O.T. 27. Jan. 75.

[3]) Die vorgeschriebene Anzeige muß die Art des Gewerbebetriebes enthalten; sie ist, wenn die Betriebsart geändert wird, zu wiederholen; sie ist immer zu machen, auch wenn es zu gewissen Gewerben noch einer besonderen Genehmigung (§§. 16. 24. 28) bedarf.

[4]) Die Strafe unterlassener Anzeige in §. 148, 1. 2. 3.

§. 15.[1]) Die Behörde bescheinigt innerhalb dreier Tage den Empfang der Anzeige.

Die Fortsetzung des Betriebes[2]) kann polizeilich verhindert werden, wenn ein Gewerbe, zu dessen Beginn eine besondere Genehmigung erforderlich ist, ohne diese Genehmigung begonnen wird.

[1]) Der frühere Abs. 3 ist gemäß Art. 16 des Ges. betr. Abänderung der G.O. 1. Juli 83 R.G.B. 159 bei der neuen Feststellung des Textes der G.O. beseitigt.

[2]) Die Fortsetzung des Betriebes kann nicht verhindert werden lediglich wegen unterlassener Anzeige; Ausf.Anw. I Nr. 2 d. Buches. Ueber die Art des Zwanges O.B. 9. April 79. Gegen die polizeiliche Verfügung ist gewöhnliche Beschwerde zulässig; Motive zu Art. 9 und Komm.Ber. zu Art. 14 des Entwurfs des Ges., betr. Abänderung der G.O. 1. Juli 83, vgl. § 1 Anm. 3 „rückwirkende Kraft".

II. Erforderniß besonderer Genehmigung.

1. Anlagen, welche einer besonderen Genehmigung bedürfen.

§ 16. Zur Errichtung[1]) von Anlagen, welche durch die örtliche Lage oder die Beschaffenheit der Betriebsstätte für die Besitzer oder Bewohner der benachbarten Grundstücke oder für das Publikum überhaupt erhebliche Nachtheile, Gefahren oder Belästigungen herbeiführen können, ist die Genehmigung der nach den Landesgesetzen zuständigen Behörde erforderlich.

Es gehören dahin:

Schießpulverfabriken (S. 117 bis 144), Anlagen zur Feuerwerkerei und zur Bereitung von Zündstoffen aller Art (S. 144 bis 160), Gasbereitungs- und Gasbewahrungsanstalten (S. 71 u. 161), Anstalten zur Destillation von Erdöl (S. 73 u. 167), Anlagen zur Bereitung von Braunkohlentheer, Steinkohlentheer und Koaks, sofern sie außerhalb der Gewinnungsorte des Materials errichtet werden (S. 73 u. 176 bis 182), Glas- und Rußhütten (S. 75 u. 182), Kalk-, Ziegel- und Gypsöfen (S. 75 u. 183), Anlagen zur Gewinnung roher Metalle (S. 77 u. 187), Röstöfen (S. 77 u. 197), Metallgießereien, sofern sie nicht bloße Tiegelgießereien sind S. 79 u. 201), Hammerwerke (S. 79 u. 208), chemische Fabriken aller Art (S. 211 bis 237), Schnellbleichen (S. 80 u. 237), Firnißsiedereien (S. 80 u. 239), Stärkefabriken, mit Ausnahme der Fabriken zur Bereitung von Kartoffelstärke (S. 81

u. 241), Stärkesyrupsfabriken (S. 81 u. 243), Wachstuch- (S. 82 u. 248), Darmsaiten- (S. 82 u. 248), Dachpappen- und Dachfilzfabriken (S. 83 u. 248), Leim-, Thran- und Seifensiedereien (S. 83 u. 250 ff.), Knochenbrennereien (S. 85 u. 257), Knochendarren, Knochenkochereien und Knochenbleichen (S. 86 u. 259), Zubereitungsanstalten für Thierhaare (S. 86 u. 261), Talgschmelzen (S. 87 u. 262), Schlächtereien (S. 87 u. 263), Gerbereien (S. 88 u. 268), Abdeckereien (S. 89 u. 273), Poudretten- und Düngpulverfabriken (S. 90 u. 274), Stauanlagen für Wassertriebwerke (§. 23) (siehe Abschn. V), Hopfen-Schwefeldörren (S. 276 bis 278), Asphaltkochereien und Pechsiedereien, soweit sie außerhalb der Gewinnungsorte des Materials errichtet werden (S. 276 bis 278), Strohpapierstofffabriken (S. 276 bis 278), Darmzubereitungsanstalten (S. 276 bis 278), Fabriken, in welchen Dampfkessel oder andere Blechgefäße durch Vernieten hergestellt werden (S. 276 bis 278), Kalifabriken und Anstalten zum Imprägniren von Holz mit erhitzten Theerölen (S. 279 bis 283), Kunstwollefabriken (S. 283 bis 285), Anlagen zur Herstellung von Celluloid (S. 286 u. 287) und Dégrasfabriken (S. 287 u. 288), die Fabriken, in welchen Röhren aus Blech durch Vernieten hergestellt werden, sowie die Anlagen zur Erbauung eiserner Schiffe, zur Herstellung eiserner Brücken oder sonstiger eiserner Baukonstruktionen (S. 289 u. 290), die Anlagen zur Destillation oder zur Verarbeitung von Theer und von Theerwasser (S. 290 bis 292).

Das vorstehende Verzeichniß [2]) [3]) kann, je nach Eintritt oder Wegfall der im Eingang gedachten Voraussetzung, durch Beschluß des Bundesraths, vorbehaltlich der Genehmigung des nächstfolgenden Reichstags, abgeändert werden.[4—8])

[1]) Unter **Errichten** im Sinne der G.O. wird die **Neuherstellung** einer gewerbl. Anlage verstanden, nicht die **Rekonstruktion** solcher Anlagen, welche nach der erstmaligen Errichtung durch höhere Gewalt zerstört, ohne Aenderung der Betriebsstätte ꝛc. in den Grenzen der früher ertheilten Genehmigung wieder hergestellt werden; vgl. Entsch. des O.V. 28. Jan. 84 Band X Nr. 40. 283 (siehe Abschn. V d. Buches) und Verhandl. d. H. d. Abgeord. von 79/80 Anlàge Bd. II Nr. 116, insbesondere S. 1333. 1334.

²) Das Verzeichniß der Anlagen ist durch Beschluß des Bundesrathes unter Genehmigung des Reichstages mehrfach erweitert nach Bekanntmachung des Reichskanzlers 20. Juli 73 R.G.B. 299 (genehmigt durch Gesetz, betr. die einer besonderen Genehmigung bedürfenden gewerblichen Anlagen 2. März 74 R.G.B. 19), 26. Juli 81 R.G.B. 251 (genehmigt durch Beschluß des Reichstages nach Bekanntmachung des Reichskanzlers 31. Jan. 82 R.G.B. 10), 12. Juli 82 R.G.B. 123 und 23. Dez. 82 R.G.B. 141 (genehmigt durch Beschluß des Reichstags nach Bekanntmachung des Reichskanzlers 21. April 83 R.G.B. 33). Das Verzeichniß ist danach neu gefaßt auf Grund des Ges., betr. Abänderung der G.O. 1. Juli 83 Art. 16 R.G.B. 159; hier ist von den drei letzten Ergänzungen die erste nach ihrer ersten, die zweite und dritte nach ihrer zweiten Bekanntmachung citirt. Neue Erweiterungen des Verzeichnisses nach Bekanntm. des Reichskanzlers 12. Juli 84 R.G.B. 118 (genehm. d. d. Reichstag n. Bekanntm. 4. Jan. 85 R.G.B. 2).

³) Das Verzeichniß enthält nur allgemeine Kategorien und ist nicht streng nach dem Wortlaut zu interpretiren. Auch hat das Verzeichniß keineswegs die Bedeutung, daß alle nicht darin aufgenommenen Anlagen fortan jeder Prüfung der Behörden und jeder Einwirkung derselben in bau-, feuer- und sanitätspolizeilicher Hinsicht überhoben sein sollen.

⁴) Eine Interpretation des Verzeichnisses liefert der Abschnitt III d. Buches, woselbst die allgemein gehaltenen Kategorien desselben nach amtlicher Praxis specialisirt sind. Bemerkt mag hier noch werden, daß die Walz- und Stampfwerke zu den Hammerwerken zu zählen; R.T.B. I S. 272. Zu den Hammerwerken gehören nach der in Preußen üblichen Auslegung solche nicht, die nur durch Menschenkraft bewegt werden; Kupferschmiede-Werkstätten bedürfen nach einem Ministerial-Bescheide v. 14. Sept. 1847 (M.Bl. f. i. V. 1847 S. 265) keiner besonderen Genehmigung, und sind im Allgemeinen nicht zu denjenigen mit ungewöhnlichem Geräusch im Betriebe verbundenen gewerblichen Anlagen zu rechnen; zu den Metallgießereien zählen auch Kupolöfen; zu den Schnellbleichen nicht die Schnellbleicherei-Einrichtungen der Papierfabriken; zu den chemischen Fabriken nicht die Anstalten für künstliche Mineralwässer und nicht die Färbereien; zu den Ziegelöfen nicht die Feldbrände. Unter „Schlächtereien“ sollen nach einem Beschlusse des Bundesrathes nur die mit baulichen Einrichtungen versehenen, in regelmäßiger Wiederkehr gewerbsmäßig benutzten Schlachtanstalten, ohne Rücksicht, ob sie öffentliche sind oder nicht, oder ob sie ein oder mehrere Metzger benutzen, fallen. Die sonstigen Schlächtereien sind danach der polizeilichen Einwirkung unbeschränkt unterworfen. Unter den Stauanlagen für Wassertriebwerke sind nach preußischer Praxis nur solche für gewerbliche Zwecke, nicht die für landwirthschaftliche Zwecke (Ent- und Bewässerung) bestimmten zu verstehen, z. B. nicht Schöpfräder. Genehmigung für die Stauanlage schon vor Errichtung des Triebwerkes nöthig, R.G. 19. Nov. 79.

⁵) Niederlagen gewerblicher Produkte gehören überhaupt im Sinne des Gesetzes nicht zu den gewerblichen Anlagen; vgl. Stf.G. §. 367, 5, 6. Inwieweit die Lagerung von Fellen und solche gewerbliche Anlagen, die durch Effluvien fließenden Gewässern verderblich werden, aus polizeilichen Rücksichten zu beschränken sind, ist laut Beschluß des Bundesrathes nicht nach der G.O. zu beurtheilen.

[6]) Der Betrieb konzessionirter Anlagen unterliegt der polizeil. Einwirkung nach Landesrecht; vgl. Anm. 5 zu §. 1. Die G.O. enthält, abgesehen von §. 120, nur Bestimmungen über die Zulässigkeit gewerblicher Anlagen, nicht über ihren Betrieb. Eine reichsgesetzliche Beschränkung des Betriebes in dem Gesetz betr. die Anfertigung und Verzollung ... von Zündhölzern 13. Mai 84 R.G.B. 49, wonach die Anfertigung von Zündhölzern mit weißem Phosphor nur in Anlagen stattfinden darf, welche ausschließlich zur Herstellung von Zündhölzern benutzt werden (§. 1 Wortlaut d. Ges. vgl. III. Abschn. S. 155 d. Buches), jedoch mit der Maßgabe, daß bestehende Betriebe erst nach 2 Jahren seit Erlaß des Gesetzes unter die Beschränkung fallen (§. 5 S. 156 d. Buches). Konzessionirte Anlagen zur Herstellung von Sprengstoffen berechtigen den Besitzer nicht zum Betrieb, solange er nicht eine Erlaubniß hat gemäß §. 1 des Ges. gegen den verbrecherischen und gemeingefährlichen Gebrauch von Sprengstoffen 9. Juni 84 R.G.B. 61, vgl. III. Abschn. S. 141 d. Buches.

[7]) Für den Instanzenzug bei Ertheilung der Genehmigung siehe weiter unten „Ausf.-Anw.“ S. 54 u. ff.; desgleichen für die Zuständigkeit der Kreis- (Stadt-) und Bezirksausschüsse „Auszug aus dem Zuständigkeitsgesetz“ S. 37 u. ff. d. Buches.

[8]) Vgl. Strafvorschrift in §. 147, 2.

§. 17. Dem Antrage auf die Genehmigung einer solchen Anlage müssen die zur Erläuterung erforderlichen Zeichnungen und Beschreibungen beigefügt werden. (Vgl. Ausf.-Anw. Nr. 29 u. 30 S. 54 u. 55 d. Buches.)

Ist gegen die Vollständigkeit dieser Vorlagen nichts zu erinnern, so wird das Unternehmen mittelst einmaliger Einrückung in das zu den amtlichen Bekanntmachungen der Behörde (§. 16)[1]) bestimmte Blatt zur öffentlichen Kenntniß gebracht, mit der Aufforderung, etwaige Einwendungen gegen die neue Anlage binnen vierzehn Tagen anzubringen. Die Frist nimmt ihren Anfang mit Ablauf des Tages, an welchem das die Bekanntmachung enthaltende Blatt ausgegeben worden, und ist für alle Einwendungen, welche nicht auf privatrechtlichen Titeln beruhen, präklusivisch. (Vgl. Ausf.-Anw. Nr. 37 bis 40 S. 58 u. 59 d. Buches.)[2])

[1]) Wenn es sich nur um die Veränderung einer gewerblichen Anlage handelt, ist die Behörde befugt, von der Bekanntmachung des Konzessions-Gesuches Abstand zu nehmen (vgl. §. 25 der G.O. und Min.Verf. 1 u. 2 S. 91 u. 92 d. Buches.)

[2]) Betreffend Wiederherstellung einer konzessionspflicht. Anlage siehe Min.-Verf. 2 S. 92 d. Buches.

18. Werden keine Einwendungen angebracht, so hat die Behörde zu prüfen, ob die Anlage erhebliche Gefahren, Nachtheile

oder Belästigungen für das Publikum herbeiführen könne. Auf Grund dieser Prüfung,[1]) welche sich zugleich auf die Beachtung der bestehenden bau-, feuer- und gesundheitspolizeilichen Vorschriften[2]) erstreckt, ist die Genehmigung zu versagen, oder, unter Festsetzung der sich als nöthig ergebenden Bedingungen, zu ertheilen. Zu den letzteren gehören auch diejenigen Anordnungen, welche zum Schutze der Arbeiter gegen Gefahr für Gesundheit und Leben[3]) nothwendig sind.[4]) Der Bescheid ist schriftlich auszufertigen und muß die festgesetzten Bedingungen enthalten; er muß mit Gründen versehen sein, wenn die Genehmigung versagt oder nur unter Bedingungen ertheilt wird.

[1]) Zur Prüfung des Gesuches sind selbstverständlich stets Sachverständige beizuziehen. Im Allgemeinen werden die Gutachten der zuständigen Amtsärzte, Bautechniker und Gewerberäthe für diese Zwecke genügen.

[2]) Vgl. ferner die Technische Anleitung S. 67 u. ff. und die Spezial-Artikel des III. Abschn. d. Buches.

[3]) Anordnungen zum Schutze der Arbeiter können auch später während des Betriebes getroffen werden; vgl. §. 120 der R.G.O. und Min.Verf. vom 27. April 1872 S. 99 d. Buches. Betreffend den Causalnexus der §§. 18 u. 120 der R.G.O. mit den §§. 78 u. ff. des Unfall-Versicherungs-Gesetzes v. 1. Juli 84 R.G.Bl. 69, vgl. Letztere.

[4]) Besondere Anordnungen bedingen Zündholzanlagen n. d. Ges., betr. die Anfertigung ... von Zündhölzern 13. Mai 84 R.G.B. 49, vgl. Bekanntm., betr. Vorschriften über die in Anlagen, welche zur Anfertigung von Zündhölzern unter Verwendung von weißem Phosphor dienen, zu treffenden Einrichtungen 11. Juli 84 C.B. 195; vgl. III. Abschn. S. 156 u. ff.; ferner Sprengstoff-Fabriken n. d. Ges. v. 9. Juni 84, R.G.B. 61, vgl. III. Abschn. S. 141 u. ff. d. Buches.

§. 19. Einwendungen, welche auf besonderen privatrechtlichen Titeln beruhen, sind zur richterlichen Entscheidung zu verweisen, ohne daß von der Erledigung derselben die Genehmigung der Anlage abhängig gemacht wird.

Andere Einwendungen dagegen sind mit den Parteien vollständig zu erörtern. Nach Abschluß dieser Erörterung erfolgt die Prüfung und Entscheidung nach den im §. 18 enthaltenen Vorschriften. Der Bescheid ist sowohl dem Unternehmer, als dem Widersprechenden zu eröffnen.

Einreden, die sich nicht auf besondere privatrechtliche Titel gründen, sind nach der Fassung des Gesetzes zu erörtern, jedoch ohne Präjudiz für die gerichtliche Verfolgung, soweit diese nicht durch §. 26 beschränkt ist; vgl. Ausf.-Anw. Nr. 38 S. 58.

§. **20.** Gegen den Bescheid ist Rekurs an die nächstvorgesetzte Behörde zulässig, welcher bei Verlust desselben binnen vierzehn Tagen, vom Tage der Eröffnung des Bescheides an gerechnet, gerechtfertigt werden muß.[1])

Der Rekursbescheid ist den Parteien schriftlich zu eröffnen und muß mit Gründen versehen sein.[2—3])

[1]) Bei Berechnung der Frist ist §. 200 C.P.O. maßgebend.

[2]) Der erste wie der Rekurs-Bescheid bilden noch nicht die durch §. 16 erforderte Genehmigung, sondern gehen dieser voraus. Auch nach der Genehmigung kann eine Anlage zur Anfertigung von Zündhölzern mit weißem Phosphor noch nicht in Betrieb gesetzt werden; dazu bedarf es noch einer Anzeige und amtlichen Revision; Bekanntm., betr. Vorschriften über die in Anlagen, welche zur Anfertigung von Zündhölzern unter Verwendung von weißem Phosphor dienen, zu treffenden Einrichtungen 11. Juli 84 §. 16 C.B. 195. III. Abschn. S. 160 d. Buches. Einer besonderen Erlaubniß bedarf es auch bei Anlagen zur Anfertigung von Sprengstoffen nach Ges. gegen den verbrecherischen und gemeingefährlichen Gebrauch von Sprengstoffen 9. Juni 84 R.G.B. 61. vgl. III. Abschn. S. 141 d. Buches.

[3]) Der Landesgesetzgebung ist es nicht verwehrt, noch eine zweite Beschwerdeinstanz einzurichten; O.B. 30. Mai 76.

§. **21.** Die näheren Bestimmungen über die Behörden und das Verfahren, sowohl in der ersten als in der Rekurs-Instanz, bleiben den Landesgesetzen vorbehalten.[1]) Es sind jedoch folgende Grundsätze einzuhalten:

1. In erster oder in zweiter Instanz muß die Entscheidung durch eine kollegiale Behörde[2]) erfolgen. Diese Behörde ist befugt, Untersuchungen an Ort und Stelle zu veranlassen, Zeugen und Sachverständige zu laden und eidlich zu vernehmen, überhaupt den angetretenen Beweis in vollem Umfange zu erheben.
2. Bildet die kollegiale Behörde die erste Instanz, so ertheilt sie ihre Entscheidung in öffentlicher Sitzung, nach erfolgter Ladung und Anhörung der Parteien, auch in dem Falle, wenn zwar Einwendungen nicht angebracht sind, die Behörde aber nicht ohne weiteres die Genehmigung ertheilen will und der Antragsteller innerhalb vierzehn Tagen nach Empfang des, die Genehmigung versagenden oder nur

unter Bedingungen ertheilenden Bescheides der Behörde auf mündliche Verhandlung anträgt.

3. Bildet die kollegiale Behörde die zweite Instanz, so ertheilt sie stets ihre Entscheidung in öffentlicher Sitzung, nach erfolgter Ladung und Anhörung der Parteien.

4. Als Parteien sind der Unternehmer (Antragsteller), sowie diejenigen Personen zu betrachten, welche Einwendungen erhoben haben.

5.[3]) Die Oeffentlichkeit der Sitzungen kann unter entsprechender Anwendung der §§. 173 bis 176 des Gerichtsverfassungsgesetzes[4]) ausgeschlossen oder beschränkt werden.

[1]) Die den Landesgesetzen vorbehaltene Regelung des Verfahrens ist theils im Wege der Gesetzgebung, theils im Verwaltungswege erfolgt; vgl. §. 155 der G.O.; ferner Ges.-Ausz. B. u. C. S. 29 bis 41; Ausf.-Anw. S. 45 bis 66 d. B.

[2]) Ist die erste Instanz kollegialisch eingerichtet, so muß nach Nr. 2 immer kollegialisch verhandelt werden, wenn Einwendungen angebracht sind. Sind keine Einwendungen angebracht, so wird zunächst nicht kollegialisch verhandelt; es hängt von dem Antrag des Unternehmers ab, ob die kollegialische Verhandlung noch nachträglich eintreten soll. Ob in dem Rekursverfahren auch neue Thatsachen und Einwendungen vorgebracht werden können, bestimmt die G.O. nicht. Die Preuß. Aus.-Anw. schließt sie aus; vgl. II. Abschn. Nr. 46 S. 62 d. B.

[3]) Nr. 5 beruht auf Ges., betr. Abänderung der G.O. 1. Juli 83 Art. 2 R.G.B. 159.

[4]) Die Bestimmungen des Gerichtsverfassungsgesetzes lauten:

§. 173. In allen Sachen kann durch das Gericht für die Verhandlung oder für einen Theil derselben die Oeffentlichkeit ausgeschlossen werden, wenn sie eine Gefährdung der öffentlichen Ordnung oder der Sittlichkeit besorgen läßt. §. 174. Die Verkündung des Urtheils erfolgt in jedem Falle öffentlich. §. 175. Ueber die Ausschließung der Oeffentlichkeit wird in nicht öffentlicher Sitzung verhandelt. Der Beschluß, welcher die Oeffentlichkeit ausschließt, muß öffentlich verkündet werden. §. 176. Der Zutritt zu öffentlichen Verhandlungen kann unerwachsenen und solchen Personen versagt werden, welche sich nicht im Besitze der bürgerlichen Ehrenrechte befinden, oder welche in einer der Würde des Gerichts nicht entsprechenden Weise erscheinen. Zu nicht öffentlichen Verhandlungen kann der Zutritt einzelnen Personen von dem Vorsitzenden gestattet werden.

§. 22. Die durch unbegründete Einwendungen erwachsenden Kosten fallen dem Widersprechenden, alle übrigen Kosten, welche durch das Verfahren entstehen, dem Unternehmer zur Last.

In den Bescheiden über die Zulässigkeit der neuen Anlage wird zugleich die Vertheilung der Kosten festgesetzt.

Den Landesgesetzen ist unbenommen, Gebühren für das Verfahren und die Entscheidung einzuführen. Siehe Ausf.-Anw. Nr. 48 S. 64 d. Buches.

§. 23. Bei den Stauanlagen für Wassertriebwerke sind außer den Bestimmungen der §§. 17 bis 22 die dafür bestehenden landesgesetzlichen Vorschriften anzuwenden. (Siehe Abschn. V d. Buches.)

Der Landesgesetzgebung bleibt vorbehalten, für solche Orte, in welchen öffentliche Schlachthäuser in genügendem Umfange vorhanden sind oder errichtet werden, die fernere Benutzung bestehender und die Anlage neuer Privat-Schlächtereien zu untersagen. (Siehe §. 131 des Zuständigkeits-Gesetzes S. 40 d. Buches.)

Der Landesgesetzgebung bleibt ferner vorbehalten, zu verfügen, in wieweit durch Ortsstatuten darüber Bestimmung getroffen werden kann, daß einzelne Ortstheile vorzugsweise zu Anlagen der im §. 16 erwähnten Art zu bestimmen, in anderen Ortstheilen aber dergleichen Anlagen entweder gar nicht oder nur unter besonderen Beschränkungen zuzulassen sind.

Abs. 1 hat nach den Motiven die wegen Normirung des zulässigen Wasserstandes und ähnliche im Interesse der Vorfluth bestehende Vorschriften im Auge.

§. 24. Zur Anlegung von Dampfkesseln,[1–3]) dieselben mögen zum Maschinenbetriebe bestimmt sein oder nicht, ist die Genehmigung der nach den Landesgesetzen zuständigen Behörde erforderlich. Dem Gesuche sind die zur Erläuterung erforderlichen Zeichnungen und Beschreibungen beizufügen. (Siehe IV. Abschnitt d. Buches.)

Die Behörde hat die Zulässigkeit der Anlage nach den bestehenden bau-, feuer- und gesundheitspolizeilichen Vorschriften, sowie nach denjenigen allgemeinen polizeilichen Bestimmungen zu prüfen, welche von dem Bundesrath über die Anlegung von Dampfkesseln erlassen werden. Sie hat nach dem Befunde die Genehmigung entweder zu versagen, oder unbedingt zu ertheilen, oder endlich bei Ertheilung derselben die erforderlichen Vorkehrungen und Einrichtungen vorzuschreiben.

Bevor der Kessel in Betrieb genommen wird,[4]) ist zu untersuchen, ob die Ausführung den Bestimmungen der ertheilten Genehmigung entspricht. Wer vor dem Empfange der hierüber auszufertigenden Bescheinigung den Betrieb beginnt, hat die im §. 147 angedrohte Strafe verwirkt.

Die vorstehenden Bestimmungen gelten auch für bewegliche Dampfkessel.

Für den Rekurs[5]) und das Verfahren über denselben gelten die Vorschriften der §§. 20 und 21.

[1]) Die dem Bundesrath vorbehaltenen Bestimmungen in der Bekanntmachung des Reichskanzlers, betr. die allgemeinen polizeilichen Bestimmungen über die Anlegung von Dampfkesseln 29. Mai 71 und 18. Juli 83 R.G.B. 71—122; 83—245. Ferner kommen in Betracht die Vorschriften des Reichs-Gesetzes, betr. die Beschränkung des Grundeigenthums in der Umgebung von Festungen 21. Dez. 1871 (R.G.B. S. 88 u. ff). Danach ist nicht ohne Genehmigung der Kommandanten zulässig: die Anlage massiver Schornsteine innerhalb des 2. Rayons; jedoch darf die Genehmigung nicht versagt werden, wenn die Höhe 20 m nicht übersteigt (§. 15 B. Nr. 4). Im 1. Rayon ist unzulässig die Aufstellung von Lokomobilen in fester Verbindung mit Baulichkeiten oder auf Terrain, aus welchem dieselben nicht sofort entfernt werden können; bewegliche Feuerungsanlagen §. 17.

[2]) Unter welchen Voraussetzungen ein dampferzeugender Apparat als Dampfkessel anzusehen ist, bestimmt die G.O. nicht. Die Bekanntmachung v. 21. Mai 71 §. 18 schließt für gewisse Apparate die Anwendung ihrer Vorschriften aus, betrachtet sie demgemäß nicht als Dampfkessel.

[3]) Dampfkessel auf den der deutschen Rhederei angehörenden Schiffen bedürfen der Genehmigung nach §. 24, soweit sie innerhalb deutschen Gebietes betrieben werden.

[4]) Bewegliche Dampfkessel (Lokomobilen und Lokomotiven) werden nicht für einen bestimmten Gebrauch oder Aufstellungsort konzessionirt. In diesen Beziehungen unterliegen sie auch nach der Genehmigung der polizeilichen Einwirkung, nach Maßgabe der Landesgesetze. Doch darf dann der Gebrauch oder die lokale Aufstellung nicht noch von einer vorgängigen Genehmigung abhängig gemacht werden; vgl. Ausf.-Anw. II. Abschn. Nr. 4 u. 5 S. 49 u. 50 d. Buches. Es ist danach zulässig, die in einem Bundesstaate genehmigten beweglichen Kessel in einem anderen Bundesstaate in Betrieb zu setzen. Die in Abs. 3 vorgeschriebene Untersuchung der beweglichen Kessel findet immer nur vor der ersten Inbetriebsetzung statt; vgl. Motive zu §. 24. In Betreff der Revision der Lokomotivkessel vgl. Bahnpolizei-Reglement für die Eisenbahnen Deutschlands §. 8 C.B. 75. 57 und Bahnordnung für deutsche Eisenbahnen untergeordneter Bedeutung §. 10 C.B. 80. 341.

[5]) Nach der Fassung des Abs. 3 hat nur die Entscheidung in der Rekursinstanz in einem formellen Verfahren zu erfolgen. In der Ausführung hat man indeß die §§. 20, 21 auf beide Instanzen angewendet; vgl. Ausf.Anw. Nr. 51 S. 65 d. Buches.

[6]) Strafvorschrift in §. 147, 2.

§. 25. Die Genehmigung zu einer der in den §§. 16 und 24 bezeichneten Anlagen bleibt so lange in Kraft, als keine Aenderung[1]) in der Lage[2]) oder Beschaffenheit der Betriebsstätte vorgenommen wird, und bedarf unter dieser Voraussetzung auch dann, wenn die Anlage an einen neuen Erwerber übergeht, einer Erneuerung nicht. (Siehe Min.Verf. 1 S. 91 d. Buches.) Sobald aber eine Veränderung der Betriebsstätte vorgenommen wird, ist dazu die Genehmigung der zuständigen Behörde nach Maßgabe der §§. 17 bis 23 einschließlich, beziehungsweise des §. 24 nothwendig. Eine gleiche Genehmigung ist erforderlich bei wesentlichen Veränderungen in dem Betriebe einer der im §. 16 genannten Anlagen. Die zuständige Behörde kann jedoch auf Antrag des Unternehmers von der Bekanntmachung (§. 17) Abstand nehmen, wenn sie die Ueberzeugung gewinnt, daß die beabsichtigte Veränderung für die Besitzer oder Bewohner benachbarter Grundstücke oder das Publikum überhaupt neue oder größere Nachtheile, Gefahren oder Belästigungen, als mit der vorhandenen Anlage verbunden sind, nicht herbeiführen werde.

Diese Bestimmungen finden auch auf gewerbliche Anlagen (§§. 16 und 24) Anwendung, welche bereits vor Erlaß dieses Gesetzes bestanden haben.[3])

[1]) Nur bei wesentlichen Aenderungen der Betriebsstätte bedarf die Letztere einer wiederholten Genehmigung, nicht zu jeder Veränderung ist die Genehmigung einzuholen; vgl. O.V. 17. Decbr. 83 S. 112 d. Buches. Meves in Bezolds Gesetzgeb. d. Deutsch. Reichs Theil III Band I S. 62. Seydel in Hirth und Seydel. Annalen des Deutsch. Reichs, Jahrg. 1881 S. 634 Note 2. §§. 17. 24. 25. 147 der G.O. R.T.V. III S. 105, II S. 768—69. Vgl. Bergers, Wirschingers, Schickers G.O. Anm. zu §. 25.

[2]) In Bezug auf die Aenderung der Lage der Betriebsstätte vgl. Preuß. Minist.Verfüg. 28. Sept. 46. Siehe S. 92 d. Buches. Diese Bestimmungen greifen Platz für Dampfkessel im Allgemeinen und Locomobilen im besonderen, vgl. Preuß. Gesetz v. 3. Mai 1872 Abschn. IV d. Buches. Der Betrieb der Lokomotivkessel unterliegt auch reichsrechtlich Beschränkungen; vgl. Bahnpolizei-Reglement für die Eisenbahnen Deutschlands C.B. 75. 57 und Bahnordnung für deutsche Eisenbahnen untergeordneter Bedeutung C.B. 78. 341.

[3]) Strafvorschrift in §. 147, 2, die jedoch in ihrer Fassung nicht genau dem §. 25 entspricht; §. 25 wird somit aus §. 147, 2 einschränkend zu interpretiren sein. Entsch. des O.V. 17. Dez. 83 Bd. X Nr 39 S. 277. (Siehe S. 112 d. Buches.)

§. 26. Soweit die bestehenden Rechte zur Abwehr benachtheiligender Einwirkungen, welche von einem Grundstücke aus auf ein benachbartes Grundstück geübt werden, dem Eigenthümer oder Besitzer des letzteren eine Privatklage gewähren, kann diese Klage einer mit obrigkeitlicher Genehmigung errichteten gewerblichen Anlage gegenüber niemals auf Einstellung des Gewerbebetriebes, sondern nur auf Herstellung von Einrichtungen, welche die benachtheiligende Einwirkung ausschließen, oder, wo solche Einrichtungen unthunlich oder mit einem gehörigen Betriebe des Gewerbes unvereinbar sind, auf Schadloshaltung gerichtet werden.

Vgl. O.T. 7. Juni 52. §. 26 muß auch für die nach früherer Landesgesetzgebung mit obrigkeitlicher Genehmigung errichteten Anlagen Platz greifen, hat also in den einzelnen Staaten vorläufig eine verschiedene Tragweite. Auf die in §. 27 erwähnten Anlagen findet er nicht Anwendung.

§. 27. Die Errichtung oder Verlegung solcher Anlagen, deren Betrieb mit ungewöhnlichem Geräusch[1]) verbunden ist, muß, sofern sie nicht schon nach den Vorschriften der §§. 16 bis 25 der Genehmigung bedarf, der Ortspolizeibehörde angezeigt werden. Letztere hat, wenn in der Nähe der gewählten Betriebsstätte Kirchen, Schulen oder andere öffentliche Gebäude, Krankenhäuser oder Heilanstalten[2]) vorhanden sind, deren bestimmungsmäßige Benutzung durch den Gewerbebetrieb auf dieser Stelle eine erhebliche Störung erleiden würde, die Entscheidung der höheren Verwaltungsbehörde darüber einzuholen, ob die Ausübung des Gewerbes an der gewählten Betriebsstätte zu untersagen[3—4]) oder nur unter Bedingungen zu gestatten sei.

[1]) Wegen Betriebe mit ungewöhnlichem Geräusch verbunden vgl. Anm. 6 zu §. 16 Kupferschmiede-Werkstätten.

[2]) Die Krankenhäuser oder Heilanstalten brauchen nicht öffentlich zu sein. Die Entscheidung ist nicht an das §§. 20. 21 vorgeschriebene Verfahren gebunden und kann in dem landesgesetzlich für Beschwerden bestehenden Instanzenzuge angefochten werden.

[3]) Die Untersagung ist eine einfache Verfügung, an irgend welche Formen dieses Gesetzes nicht gebunden; vgl. §. 111 des Gesetzes über die Zuständigkeit rc. vom 1. Aug. 1883. Auszug aus demselben S. 39 d. Buches.

[4]) Nichtbeachtung der Untersagung ist nicht unter Strafe gestellt, dagegen ist polizeiliche Exekution gegen den Unternehmer zulässig.

§. 28. Die höheren Verwaltungsbehörden sind befugt, über die Entfernung, welche bei Errichtung von durch Wind bewegten

Triebwerken[1]) von benachbarten fremden Grundstücken und von öffentlichen Wegen inne zu halten ist, durch Polizeiverordnungen[2]) Bestimmung zu treffen.[3])

[1]) Durch diese Bestimmung sind die landesgesetzlichen Vorschriften, welche für die Errichtung von Windmühlen eine besondere Konzession forderten, aufgehoben, dagegen bleibt die baupolizeiliche Genehmigung für deren Errichtung auch ferner erforderlich, vgl. R.T.B. III S. 115.

[2]) Bezüglich der Zuständigkeit zur Erlassung der im Gesetze vorgesehenen Polizeiverordnungen vgl. §§. 136 u. ff. des Ges. über die allgem. Landesverwalt.

[3]) Spezialbestimmungen für die Errichtung von Windmühlen vgl. Abschn. V d. Buches.

III. Umfang, Ausübung und Verlust der Gewerbebefugnisse.

§. 41. Die Befugniß zum selbständigen Betriebe eines stehenden Gewerbes begreift das Recht in sich, in beliebiger Zahl Gesellen, Gehülfen, Arbeiter jeder Art und, soweit die Vorschriften des gegenwärtigen Gesetzes nicht entgegenstehen, Lehrlinge anzunehmen. In der Wahl des Arbeits- und Hülfspersonals finden keine anderen Beschränkungen statt, als die durch das gegenwärtige Gesetz festgestellten......

§. 42.[1]) Wer zum selbständigen Betriebe eines stehenden Gewerbes befugt ist, darf dasselbe innerhalb und unbeschadet der Bestimmungen des dritten Titels auch außerhalb des Gemeindebezirks seiner gewerblichen Niederlassung ausüben.

Eine gewerbliche Niederlassung gilt nicht als vorhanden, wenn der Gewerbetreibende im Inlande ein zu dauerndem Gebrauche eingerichtetes, beständig oder doch in regelmäßiger Wiederkehr von ihm benutztes Lokal für den Betrieb seines Gewerbes nicht besitzt. (Siehe Minist.Verordn. 3 S. 95 d. Buches.)[2])

[1]) Fassung beruht auf dem Ges., betr. Abänderung der G.O. 1. Juli 83 R.G.B. 159.

[2]) Abs. 2 will lediglich die Bestimmung des Begriffs der gewerblichen Niederlassung erleichtern; jedenfalls begründet eine Anmeldung nach §. 14 noch nicht die gewerbliche Niederlassung an sich.

§. 45. Die Befugnisse zum stehenden Gewerbebetriebe können durch Stellvertreter ausgeübt werden; diese müssen jedoch den für das in Rede stehende Gewerbe insbesondere vorgeschriebenen Erfordernissen[1]) genügen.[2—4])

[1]) Die Stellvertreter müssen den Erfordernissen des Gewerbes, d. h. allen persönlichen Anforderungen genügen: wo diese, wie durch Prüfungen und Konzession, vor Beginn des Gewerbebetriebes bei dem Vertretenen amtlich festgestellt werden, braucht dies aber bei dem Vertreter nicht zu geschehen. Vgl. R.G. 20. Mai 80. In Preußen wird hier eine einfache polizeiliche Kontrole geübt. Erl. des Ministers für Handel 24. Febr. 82.; vgl. S. 105 Nr. 11 d. Buches.

[2]) Unzulässige Stellvertretung ist als solche nach der G.O. nicht strafbar. Wer den Vorbedingungen für das vertretungsweise betriebene Gewerbe nicht genügt, wird gleich einem diesen Vorbedingungen nicht genügenden, selbständigen Gewerbetreibenden zu bestrafen sein; ebenso der Vertretene, wenn er verfügungsfähig ist, vgl. §. 151. Auch kann polizeilich gegen ihn eingeschritten werden.

[3]) Die Vertreter juristischer Personen gelten als selbständige Gewerbetreibende.

[4]) Strafrechtliche Verhaftung der Stellvertreter §. 151.

§. 46. Nach dem Tode eines Gewerbetreibenden darf das Gewerbe für Rechnung der Wittwe während des Wittwenstandes, oder, wenn minderjährige Erben vorhanden sind, für deren Rechnung durch einen nach §. 45 qualifizierten Stellvertreter betrieben werden, insofern die über den Betrieb einzelner Gewerbe bestehenden besonderen Vorschriften nicht ein Anderes anordnen. Dasselbe gilt während der Dauer einer Kuratel oder Nachlaßregulirung.

Findet auch Anwendung, wenn die Wittwe nicht erbt, oder wenn die minderjährigen Erben nicht Descendenten sind; nicht aber zu Gunsten von Vermächtnißnehmern.

§. 48. Realgewerbeberechtigungen können auf jede, nach den Vorschriften dieses Gesetzes zum Betriebe des Gewerbes befähigte Person in der Art übertragen werden, daß der Erwerber die Gewerbeberechtigung für eigene Rechnung ausüben darf.

Diese Berechtigungen haben nur noch für diejenigen, nicht völlig frei gegebenen, Gewerbe Bedeutung, deren Zulässigkeit durch die Art der Betriebsstätte oder durch das Bedürfniß bedingt ist.

§. 49. Bei Ertheilung der Genehmigung zu einer Anlage der in den §§. 16 und 24 bezeichneten Arten ...... kann von der genehmigenden Behörde den Umständen nach eine Frist[1]) festgesetzt werden, binnen welcher die Anlage oder das Unternehmen bei Vermeidung des Erlöschens der Genehmigung begonnen und ausgeführt, und der Gewerbetrieb angefangen werden muß. Ist eine solche Frist nicht bestimmt, so erlischt die ertheilte Genehmigung, wenn der Inhaber nach Empfang derselben **ein ganzes Jahr** verstreichen läßt, ohne davon Gebrauch zu machen.

Eine Verlängerung der Frist kann von der Behörde bewilligt werden, sobald erhebliche Gründe nicht entgegenstehen.

Hat der Inhaber einer solchen Genehmigung[2]) seinen Gewerbebetrieb während eines Zeitraums von **drei Jahren** eingestellt, ohne eine Fristung nachgesucht und erhalten zu haben, so erlischt dieselbe.

Für die im §. 16 aufgeführten Anlagen darf die nachgesuchte Fristung so lange nicht versagt werden, als wegen einer durch Erbfall oder Konkurserklärung entstandenen Ungewißheit über das Eigenthum an einer Anlage oder, in Folge höherer Gewalt, der Betrieb entweder gar nicht oder nur mit erheblichem Nachtheile für den Inhaber oder Eigenthümer der Anlage stattfinden kann.

Das Verfahren für die Fristung ist dasselbe, wie für die Genehmigung neuer Anlagen.[3])

[1]) Die gestellte Frist findet nach den Motiven darin ihre Begründung, daß die von den Behörden ertheilten Genehmigungen von thatsächlichen Voraussetzungen ausgehen, die sich im Laufe der Zeit ändern können.

[2]) Abs. 3 gilt auch für diejenigen hier in Frage kommenden Anlagen, welche älter als die G.O. sind, selbst dann, wenn sie keine Genehmigung besitzen.

[3]) Abs. 4 und 5 beziehen sich nur auf den Fall des Abs. 3. Das Verfahren für Fristungen in §§. 21. 22. 54.

§. 50. Auf die Inhaber der bereits vor dem Erscheinen des gegenwärtigen Gesetzes ertheilten Genehmigungen finden die im §. 49 bestimmten Fristen ebenfalls Anwendung, jedoch mit der Maßgabe, daß diese Fristen von dem Tage der Verkündigung des Gesetzes an zu laufen anfangen.

Die Bestimmung ist gegenstandslos. Vor dem Erscheinen „des gegenwärtigen Gesetzes“, d. i. der G.O. in der Fassung von 1869.

§. 51. Wegen überwiegender Nachtheile und Gefahren für das Gemeinwohl kann die fernere Benutzung einer jeden gewerblichen Anlage durch die höhere Verwaltungsbehörde zu jeder Zeit untersagt werden. Doch muß dem Besitzer alsdann für den erweislichen Schaden Ersatz[1]) geleistet werden.

Gegen die untersagende Verfügung ist der Rekurs[2]) zulässig; wegen der Entschädigung steht der Rechtsweg offen.

[1]) Wer den Ersatz zu leisten hat und von wem darüber zu befinden ist, beantwortet sich nach §. 4 des Gesetzes über die Zulässigkeit des Rechtsweges in Beziehung auf poliz. Verfüg. vom 11. Mai 1842 (G. S. 192), welcher lautet:

„Steht einer polizeilichen Verfügung ein besonderes Recht auf Befreiung nicht entgegen, es wird aber behauptet, daß durch dieselbe ein solcher Eingriff in die Privatrechte geschehen sei, für welchen nach den gesetzlichen Vorschriften über Aufopferung der Rechte und Vortheile des Einzelnen, im Interesse des Allgemeinen, Entschädigung gewährt werden muß, so findet der Rechtsweg darüber statt: ob ein Eingriff dieser Art vorhanden sei, und zu welchem Betrage dafür Entschädigung geleistet werden müsse.

Eine Wiederherstellung des früheren Zustandes kann in diesem Falle niemals verlangt werden, wenn solche nach dem Ermessen der Polizeibehörde unzulässig ist."

(Vgl. §. 127 des Landesverwalt.Ges. v. 30. Juli 1883, G.S. S. 195 u. ff.; ferner Oppenhof Ressortv. S. 337 und Forstmann S. 470 ff.)

[2]) Die untersagende Verfügung und der Rekurs sind an ein bestimmtes Verfahren gebunden (§§. 21. 22. 54). Die Befugniß der Polizei, im Nothfalle eine Anlage schon vorher zu schließen, wird dadurch nicht berührt.

§. 52. Die Bestimmung des §. 51 findet auch auf die zur Zeit der Verkündigung des gegenwärtigen Gesetzes bereits vorhandenen gewerblichen Anlagen[1]) Anwendung; doch entspringt aus der Untersagung der ferneren Benutzung kein Anspruch auf Entschädigung, wenn bei der früher ertheilten Genehmigung[2]) ausdrücklich vorbehalten worden ist, dieselbe ohne Entschädigung zu widerrufen.

[1]) Die Motive zu §§. 51 und 52 heben hervor: „Es kann die Erfahrung angeführt werden, daß bisher von dem hier vorbehaltenen Rechte nur in äußerst seltenen Fällen Gebrauch gemacht worden ist. Immerhin ist es nothwendig, dasselbe vorzubehalten, weil sich beim Betriebe jeder Anlage so wesentliche Nachtheile ergeben können, daß ihnen gegenüber das Interesse des Einzelnen unter Vorbehalt der Entschädigung zurückstehen muß." R.T.B. III S. 15 u. 20.

[2]) War die Genehmigung nach Inhalt der früheren Gesetzgebung widerruflich, diese Widerruflichkeit aber bei Ertheilung der Genehmigung nicht besonders vorbehalten, so findet der Schlußsatz nicht Anwendung. R.T.B. I S. 443 und 470, II S. 1093.

§. 54. Wegen des Verfahrens und der Behörden, welche in Bezug auf die untersagte Benutzung einer gewerblichen Anlage (§. 51) ...... maßgebend sind, gelten die Vorschriften der §§. 20 und 21.

Fassung beruht auf dem Ges., betr. Abänderung der G.O. 1. Juli 83. R.G.B. 159.

Titel VII.

Gewerbliche Arbeiter (Gesellen, Gehülfen, Lehrlinge, Fabrikarbeiter).

(Ueberschrift und, soweit unten nichts anderes bemerkt, auch Inhalt des Titels neu festgestellt durch Ges., betr. die Abänderung der G.O. 17. Juli 78 R.G.B. 199.)

I. Allgemeine Verhältnisse.

§. 120. Die Gewerbeunternehmer sind verpflichtet, bei der Beschäftigung von Arbeitern unter achtzehn Jahren die durch das Alter derselben gebotene besondere Rücksicht auf Gesundheit und Sittlichkeit zu nehmen.

Sie haben ihren Arbeitern unter achtzehn Jahren, welche eine von der Gemeindebehörde oder vom Staate als Fortbildungsschule anerkannte Unterrichtsanstalt besuchen, hierzu die, erforderlichenfalls von der zuständigen Behörde festzusetzende Zeit zu gewähren. Für Arbeiter unter achtzehn Jahren kann die Verpflichtung zum Besuche einer Fortbildungsschule, soweit die Verpflichtung nicht landesgesetzlich besteht, durch Ortsstatut (§. 142) begründet werden.

Die Gewerbeunternehmer sind endlich verpflichtet, alle diejenigen Einrichtungen[1]) herzustellen und zu unterhalten, welche mit Rücksicht auf die besondere Beschaffenheit des Gewerbebetriebes und der Betriebsstätte zu thunlichster Sicherheit gegen Gefahr für Leben und Gesundheit nothwendig sind. Darüber, welche Einrichtungen für alle Anlagen einer bestimmten Art herzustellen sind, können durch Beschluß des Bundesraths Vorschriften erlassen werden. Soweit solche nicht erlassen sind, bleibt es den nach den Landesgesetzen zuständigen Behörden überlassen, die erforderlichen Bestimmungen zu treffen.[2–6])

[1]) „Einrichtungen" umfaßt außer körperlichen Verrichtungen auch Anweisungen und Belehrungen. O.V. 13. Okt. 80; vgl. III. Abschn. S. 231 u. ff. d. Buches. Aber nur im Interesse der Arbeiter, nicht anderer, die Betriebstätte besuchender Leute sind die Einrichtungen verlangt.

[2]) Die Behörde kann Revisionen der Betriebstätten vornehmen oder durch Sachverständige vornehmen lassen. Ergiebt sich, daß die Unternehmer die Anforderungen des §. 120 nicht erfüllt haben, so müssen sie die Kosten der Revisionen tragen, auch wenn vorher bestimmte Einrichtungen nicht angeordnet waren. Min.Verf. v. 27. April 1872. (M.Bl. f. d. i. V. S. 227, auch S. 99 d. Buches Nr. 7.)

[3]) Durch Vertrag mit den Arbeitern kann der Unternehmer sich von der gesetzlichen Pflicht nicht befreien. Im Allgemeinen gehören die Anordnungen und Beaufsichtigungen der Schutzvorkehrungen zu den amtlichen Funktionen der Gewerbeberäthe (vgl. §. 139 b der G.O.).

[4]) Wegen Revisionen der konzessionspflichtigen Anlagen vgl. §. 18 Anm. 3.

[5]) Eine weitere Verpflichtung eines großen Theils der Gewerbeunternehmer zu Sicherungs-Einrichtungen ist begründet durch Unfallversicherungsgesetz 6. Juli 84 §§. 78 ff. R.G.B. 69. Dort ist auch eine Begutachtung der nach Abs. 3 von den Landesbehörden zu erlassenden Bestimmungen vorgesehen, §. 81. Wegen die Folgen der Unfälle, auch wenn sie unter dem Schutz der vorgeschriebenen Einrichtungen eintreten, ist der Arbeiter durch das Unfallversicherungsgesetz in Verbindung mit Ges., betr. die Krankenversicherung der Arbeiter 15. Juni 83 R.G.B. 73 geschützt. Die für Unternehmer durch Ges., betr. die Verbindlichkeit zum Schadenersatz rc. 7. Juni 71 R.G.B. 207 geschaffene Haftpflicht besteht daneben, nach dem Unfallversicherungsgesetz §§. 95 ff., nur noch in beschränktem Umfange.

[6]) Strafvorschrift in §. 147, 4.

Titel X.

Strafbestimmungen.

§. 143.[1–2]) Die Berechtigung zum Gewerbebetriebe kann, abgesehen von den in den Reichsgesetzen vorgesehenen Fällen ihrer Entziehung, weder durch richterliche, noch administrative Entscheidungentzogen werden.

Ausnahmen von diesem Grundsatze, welche durch die Steuergesetze[3]) begründet sind, bleiben so lange aufrecht erhalten, als diese Steuergesetze in Kraft bleiben.

. . . .

[1]) Die in §. 143 enthaltene gesetzliche Bestimmung wegen Herausgabe und Vertrieb von Druckschriften ist als nicht hierher gehörig fortgelassen worden.

⁶) Fassung beruht auf dem Ges., betr. Abänderung der G.O. 1. Juli 83 R.G.B. 159.

⁷) Nur den bei Erlaß der G.O. vorhanden gewesenen Steuergesetzen kommt Abs. 2 zu Statten. Vgl. zu Abs. 2 Einf.Ges. zum Stf.G. 31. Mai 70 B.G.B. 195 §§. 2. 6; hierdurch ist Abs. 2 nicht alterirt, es kann auch jetzt noch auf die in Steuergesetzen angedrohte Untersagung des Gewerbebetriebes erkannt werden; O.T. 28. April, 7. Dez. 71 u. 14. März 72.

§. 144. Inwiefern, abgesehen von den Vorschriften über die Entziehung des Gewerbetriebes (§. 143), Zuwiderhandlungen der Gewerbtreibenden gegen ihre Berufspflichten außer den in diesem Gesetz erwähnten Fällen einer Strafe unterliegen, ist nach den darüber bestehenden Gesetzen zu beurtheilen.

Jedoch werden aufgehoben die für Medizinalpersonen bestehenden besonderen Bestimmungen, welche ihnen unter Androhung von Strafen einen Zwang zu ärztlicher Hülfe auferlegen.

Ueber Zuwiderhandlungen der in Abs. 1 bezeichneten Art vgl. namentlich Stf.G. §§. 222. 230. 232. 266. Nr. 3. 290. 297 ff. 300. 360, Nr. 1, 7, 9, 12. 367, Nr. 3—5, 7, 9, 15. 369. Es gehören hierher auch die Zuwiderhandlungen gegen die über den Betrieb der einzelnen Gewerbe erlassenen polizeilichen Verordnungen; vgl. Anm. 5 zu §. 1 und insbesondere O.T. 24. Nov. 70.

§. 145. Für das Mindestmaß[1]) der Strafen, das Verhältniß von Geldstrafe zur Freiheitsstrafe, sowie für die Verjährung der in den §§. 146 und 153 verzeichneten Vergehen sind die Bestimmungen des Strafgesetzbuchs für das Deutsche Reich maßgebend.

Die übrigen in diesem Titel mit Strafe bedrohten Handlungen verjähren[2—4]) binnen drei Monaten, von dem Tage an gerechnet, an welchem sie begangen sind.

¹) Fassung, schon geändert durch Ges., betr. die Einführung der G.O. u. s. w. 12. Juni 72 R.G.B. 170, beruht nunmehr auf Ges., betr. Abänderung der G.O. 1. Juli 83 R.G.B. 159.

²) Abs. 2 entspricht den Grundsätzen in Stf.G. §§. 66 ff.

³) Für die Anwendung der Strafbestimmungen der G.O. gelten die allgemeinen Grundsätze des Stf.G. Theil I; und zwar auch dann, wenn es sich nur um Uebertretungen handelt, soweit jene Grundsätze nicht ausdrücklich nur für Verbrechen und Vergehen anwendbar sind; vgl. Stf.G. §§. 4. 6. 43 ff. 49. 67. 70. 74. Insbesondere gelten für alle durch die G.O. unter Strafe gestellten Handlungen bezüglich des erforderlichen strafbaren Willens die allgemeinen Voraussetzungen, namentlich Stf.G. §. 59. Bei gewerbepolizeilichen Uebertretungen

wird indeß als genügend angesehen, daß an sich ein bewußtes, vorsätzliches Thun vorlag, das Bewußtsein der Strafbarkeit der Handlungsweise ist nicht erforderlich; O.T. 12. Dez. 70.

[4]) Vgl. über das Mindestmaß der Strafen Stf.G. §§. 16 f., über das Verhältniß von Geld- zu Freiheitsstrafen §§. 28 f., über die Verjährung des in §. 158 bezeichneten Vergehens §. 67. Für die Berechnung der Freiheitsstrafen ist Stf.G. §. 19 anzuwenden.

§. 147. Mit Geldstrafe bis zu dreihundert Mark und im Unvermögensfalle mit Haft wird bestraft:[1])

1. wer den selbständigen Betrieb eines stehenden Gewerbes, zu dessen Beginn eine besondere polizeiliche Genehmigung (Konzession, Approbation, Bestallung) erforderlich ist, ohne die vorschriftsmäßige Genehmigung unternimmt oder fortsetzt,[2—3]) oder von den in der Genehmigung festgesetzten Bedingungen abweicht (siehe Min.Verf. 4 u. 5 S. 96 u. 97 d. Buches.)
2. wer eine gewerbliche Anlage, zu der mit Rücksicht auf die Lage oder Beschaffenheit der Betriebsstätte oder des Lokals eine besondere Genehmigung erforderlich ist (§§. 16 und 24), ohne diese Genehmigung errichtet, oder die wesentlichen Bedingungen, unter welchen die Genehmigung ertheilt worden, nicht innehält, oder ohne neue Genehmigung eine wesentliche Veränderung der Betriebsstätte oder eine Verlegung des Lokals oder eine wesentliche Veränderung[4]) in dem Betriebe der Anlage vornimmt (siehe Min.Verf. 4 u. 5 S. 96 u. 97 d. Buches.)
4. wer der Aufforderung der Behörde[5]) ungeachtet den Bestimmungen des §. 120 zuwiderhandelt.

Enthält die Handlung zugleich eine Zuwiderhandlung gegen die Steuergesetze, so soll nicht außerdem noch auf eine Steuerstrafe erkannt werden, es ist aber darauf bei Zumessung der Strafe Rücksicht zu nehmen.

In dem Falle zu 2 kann die Polizeibehörde die Wegschaffung der Anlage oder die Herstellung des den Bedingungen entsprechenden Zustandes derselben anordnen.

[1]) Fassung beruht auf Ges., betr. die Einführung der G.O. u. s. w. 12. Juni 72 R.G.B. 170 und Ges., betr. die Abänderung der G.O. 17. Juli 78 Art. 2 R.G.B. 109.

²) Unzulässigkeit der Verhängung von Geldbußen im polizeilichen Zwangsverfahren gegen die — ohnehin strafbare — Fortsetzung eines ohne die vorgeschriebene besondere Genehmigung unternommenen Gewerbebetriebes; vgl. §. 15 Anm. 2; Entsch. des O.V. 9. April 79 Band V Nr. 44 S. 281 u. ff., siehe S. 107 u. ff. d. Buches; §. 132 des Gesetzes über die Allgem. Landesverwalt.; Ausf.Anw. v. 4. Sept. 69 I Nr. 2 Abs. 4, vgl. S. 47 d. Buches.

³) Vgl. auch Stf.G. §. 367 Nr. 3, 5, wo es sich nur um die zulässige Betriebsweise, nicht um den Beginn des Gewerbes handelt.

⁴) Die Vorschrift unter Nr. 2 ist in Ansehung der Strafbarkeit unzulässiger Veränderungen bestehender Anlagen enger als §. 25 gefaßt; vgl. §. 25 Anm. 3. Vgl. auch Stf.G. §. 367 Nr. 4, 5, die, auf die Errichtung von Anlagen nicht bezüglich, obige Vorschrift nicht modifizirt haben. Zu Nr. 2 vgl. §. 148 Nr. 1 u. 3.

⁵) Nr. 4 ist auf jeder der Absätze des §. 120 anwendbar, setzt aber unbedingt eine Aufforderung der, für die Aufsicht über die Erfüllung der fraglichen Anordnungen zuständigen, Behörden voraus.

§. 148. Mit Geldstrafe bis zu einhundertfünfzig Mark und im Unvermögensfalle mit Haft bis zu vier Wochen wird bestraft:

1. wer außer den im §. 147 vorgesehenen Fällen ein stehendes Gewerbe beginnt, ohne dasselbe vorschriftsmäßig anzuzeigen;

. . . .

3. wer die im §. 14 erforderten Anzeigen über das Betriebslokal unterläßt;

. . . .

§. 149. Mit Geldstrafe bis zu dreißig Mark und im Unvermögensfalle mit Haft bis zu acht Tagen wird bestraft:

. . . .

7. wer es unterläßt, den durch §§. 138[1]) und 139b[2]) für ihn begründeten Verpflichtungen nachzukommen.

. . . .

¹) §. 138 bezieht sich auf die Beschäftigung jugendlicher Arbeiter.

²) §. 139 bezieht sich auf die Schutzvorkehrungen in Fabriken, vgl. §§. 18 u. 120.

In allen diesen Fällen bleibt die Strafe ausgeschlossen, wenn die strafbare Handlung zugleich eine Zuwiderhandlung gegen die Steuergesetze enthält.

§. 151.[1]) Sind polizeiliche Vorschriften[2]) von dem Stellvertreter[3]) eines Gewerbtreibenden bei Ausübung des Gewerbes übertreten worden, so trifft die Strafe den Stellvertreter, ist die Uebertretung mit Vorwissen des verfügungsfähigen Vertretenen begangen worden, so verfallen beide der gesetzlichen Strafe.

Ist an eine solche Uebertretung der Verlust der Konzession,[4]) Approbation oder Bestallung geknüpft, so findet derselbe auch als Folge der von dem Stellvertreter begangenen Uebertretung statt, wenn diese mit Vorwissen des verfügungsfähigen Vertretenen begangen worden. Ist dies nicht der Fall, so ist der Vertretene bei Verlust der Konzession, Approbation u. s. w. verpflichtet, den Stellvertreter zu entlassen.

[1]) Vgl. §§. 45 u. 46.

[2]) Unter die „polizeilichen Vorschriften" fallen auch die den Betrieb der Gewerbe betreffenden Bestimmungen der Landesgesetze und der G.O.

[3]) „Stellvertreter" ist nur derjenige, welcher den ganzen Betrieb unter sich hat, nicht schon ein Werkmeister. R.G. 12. Okt. 80.

[4]) Ob im ersten Fall bei Abs. 2 der Verlust eintreten soll, wird in dem Verfahren §. 54 entschieden. Einer vorherigen Bestrafung oder auch einer Aufforderung, den Vertreter zu entlassen, bedarf es im letzteren Fall des Abs. 2 nicht.

Schlußbestimmungen.

§. 155. Wo in diesem Gesetze auf die Landesgesetze verwiesen ist, sind unter den letzteren auch die verfassungs- oder gesetzmäßig erlassenen Verordnungen[1]) verstanden.

Welche Behörden in jedem Bundesstaate unter der Bezeichnung: höhere Verwaltungsbehörde, untere Verwaltungsbehörde, Gemeindebehörde, Ortsbehörde, Unterbehörde, Polizeibehörde, Ortspolizeibehörde zu verstehen sind, wird von der Zentralbehörde des Bundesstaates bekannt gemacht.[2])

[1]) Unter den Verordnungen des Abs. 1 sind auch Verfügungen der Zentralbehörden zu verstehen.

[2]) Unter Zentralbehörde sind die Preuß. Ministerien, unter Höhere Verwaltungsbehörden die Bezirksregierungen und das Polizeipräsidium in Berlin zu verstehen; ferner gelten als Untere Verwaltungsbehörden die Landräthe bezw. die Kreis-Ausschüsse und in solchen deren Aufsicht nicht unterworfenen Städten die städtischen Polizeibehörden oder die an Stelle dieser Behörden fungirenden Königl. Polizeibehörden (Polizei-Direktionen und Polizei-

Präsidien), ferner die Amtsvorsteher, Gutsvorsteher; endlich als Gemeindebehörde, Ortsbehörde, sind diejenigen Behörden zu betrachten, welche nach der in den einzelnen Landestheilen geltenden Gemeinde-Verfassung den Vorstand der Gemeinden bilden. (Ausf.Anw. v. 4. Sept. 1869. Min.Bl. f. d. i. V. 1869 S. 200 u. ff. n. S. 51 d. Buches.)

[8]) Der Instanzenzug dieser Behörden regelt sich zum Theil nach den neuen Preuß. Verwaltungsgesetzen vom 30. Juli und 1. Aug. 1883. G. S. 195 und 237 (siehe Auszug derselben S. 29 bis 41 d. Buches), zum Theil nach den Ausf.Anw. v. 4. Sept. 1869 (siehe S. 45 bis 66 d. Buches).

B.

Auszug

aus dem

Gesetz über die allgemeine Landesverwaltung.

Vom 30. Juli 1883.

(G. S. 195.)

III. Titel.

Verfahren.

§. 68. Hat dagegen auch nur eine Partei die Anberaumung der mündlichen Verhandlung gefordert oder erachtet das Gericht eine solche für erforderlich, so werden die Parteien zur mündlichen Verhandlung unter der Verwarnung geladen, daß beim Ausbleiben nach Lage der Verhandlungen werde entschieden werden.

Das Gericht kann zur Aufklärung des Sachverhältnisses das persönliche Erscheinen einer Partei anordnen.

Den Parteien steht es frei, ihre Erklärungen, auch ohne dazu besonders aufgefordert zu sein, vor dem Termine schriftlich einzureichen und zu ergänzen. Das Duplikat solcher Erklärungen ist der Gegenpartei zuzufertigen. Kann dies nicht mehr vor dem Termine zur mündlichen Verhandlung bewirkt werden, so ist der wesentliche Inhalt der Erklärungen in dieser Verhandlung mitzutheilen.

Die persönlichen Erklärungen der Parteien werden in den meisten Streitsachen für den Richter von besonderem Werthe sein. Die Anwendung von Zwangsmitteln, um diese zu erlangen, steht dem Richter nicht zu. Es liegt aber im wohlverstandenen eigenen Interesse der Parteien, keinen Zwang auf sich ausüben zu lassen, weil der etwaige Ungehorsam bei der Beurtheilung nicht außer Betracht bleiben wird.

§. 71. In der mündlichen Verhandlung sind die Parteien oder ihre mit Vollmacht versehenen Vertreter zu hören.

Dieselben können ihre thatsächlichen oder rechtlichen Anführungen ergänzen oder berichtigen und die Klage abändern, insofern durch die Abänderung nach dem Ermessen des Gerichts das Vertheidigungsrecht der Gegenpartei nicht geschmälert, oder eine erhebliche Verzögerung des Verfahrens nicht herbeigeführt wird. Sie haben sämmtliche Beweismittel anzugeben und, soweit dies nicht bereits geschehen, die schriftlichen ihnen zu Gebote stehenden Beweismittel vorzulegen; auch können von ihnen Zeugen zur Vernehmung vorgeführt werden.

Der Vorsitzende des Gerichts hat dahin zu wirken, daß der Sachverhalt vollständig aufgeklärt und die sachdienlichen Anträge von den Parteien gestellt werden.

Er kann einem Mitgliede des Gerichts gestatten, das Fragerecht auszuüben.

Eine Frage ist zu stellen, wenn das Gericht diese für angemessen erachtet.

Ergänzungen und Berichtigungen der Sach- und Rechtsverhältnisse sind in I. Instanz zulässig. In der Revisionsinstanz finden keine neuen thatsächlichen Anführungen Berücksichtigung; solche können nur noch bei Aufhebung der Vorentscheidung durch das Revisionsgericht und Zurückweisung der Sache in die vorige Instanz bei dieser geltend gemacht werden (§§. 93—99 d. Gesetzes).

§. 72. Die mündliche Verhandlung erfolgt in öffentlicher Sitzung des Gerichts.

Die Oeffentlichkeit kann durch einen öffentlich zu verkündigenden Beschluß ausgeschlossen werden, wenn das Gericht dies aus Gründen des öffentlichen Wohls oder der Sittlichkeit für angemessen erachtet.

Der Vorsitzende kann aus der öffentlichen Sitzung jeden Zuhörer entfernen lassen, der Zeichen des Beifalls oder des Mißfallens giebt oder Störung irgend einer Art verursacht.

Parteien, Zeugen, Sachverständige, welche den zur Aufrechterhaltung der Ordnung erlassenen Befehlen des Vorsitzenden nicht gehorchen, können auf Beschluß des Gerichts aus dem Sitzungszimmer entfernt werden. Gegen die bei der Verhandlung betheiligten Personen wird sodann in gleicher Weise verfahren, wie wenn sie sich freiwillig entfernt hätten.

Bezüglich derjenigen Sachen, für welche die Grundsätze des §. 21 der G.O. zu berücksichtigen sind, ist wegen Ausschließung oder Beschränkung der Oeffentlichkeit Nr. 5 dieses §. zu beachten.

§. 73. Die Parteien sind in der Wahl der von ihnen zu bestellenden Bevollmächtigten nicht beschränkt.

Das Gericht kann Vertreter, welche, ohne Rechtsanwälte zu sein, die Vertretung vor dem Gerichte geschäftsmäßig betreiben, zurückweisen. Eine Anfechtung dieser Anordnung findet nicht statt.

Gemeindevorsteher, welche als solche legitimirt sind, bedürfen zur Vertretung ihrer Gemeinden einer besonderen Vollmacht nicht.

Abs. 2 entspricht dem §. 143 der Civilprozeßordnung. Die als Partei betheiligten Beamten und Behörden können sich durch Rechtsanwälte vertreten lassen. Mit der Partei erscheinende Beistände sind zulässig.

§. 75. Die mündliche Verhandlung erfolgt unter Zuziehung eines vereidigten Protokollführers. Das Protokoll muß die wesentlichen Hergänge der Verhandlung enthalten. Dasselbe wird von dem Vorsitzenden und dem Protokollführer unterzeichnet.

§. 76. Das Gericht ist befugt — geeigneten Falls schon vor Anberaumung der mündlichen Verhandlung — Untersuchungen an Ort und Stelle zu veranlassen, Zeugen und Sachverständige zu laden und eidlich zu vernehmen, überhaupt den angetretenen oder nach dem Ermessen des Gerichts erforderlichen Beweis in vollem Umfange zu erheben.

Die Untersuchungen an Ort und Stelle können z. B. durch die Landräthe erledigt werden (vgl. O.V. 30. März 1878 B. III S. 386).

§. 77. Das Gericht kann die Beweiserhebung durch eines seiner Mitglieder oder erforderlichen Falls durch eine zu dem Ende zu ersuchende sonstige Behörde bewirken lassen. Es kann verordnen, daß die Beweiserhebung in der mündlichen Verhandlung stattfinden soll.

Die Beweisverhandlungen sind unter Zuziehung eines vereidigten oder von der betreffenden Behörde durch Handschlag zu verpflichtenden Protokollführers aufzunehmen; die Parteien sind zu denselben zu laden.

Die Beweiserhebung (Einnahme des Augenscheins) kann auch durch das ganze Gericht stattfinden. Das Gericht ist in der Wahl und Zahl der Sachverständigen nicht beschränkt. Die Gutachten der Sachverständigen dürfen auch schriftlich abgegeben werden.

§. 78. Hinsichtlich der Verpflichtung, sich als Zeuge oder Sachverständiger vernehmen zu lassen, sowie hinsichtlich der im Falle des Ungehorsams zu verhängenden Strafen kommen die Bestimmungen der bürgerlichen Prozeßgesetze mit der Maßgabe zur Anwendung, daß im Falle des Ungehorsams die zu erkennende Geldbuße den Betrag von Einhundertfünfzig Mark nicht übersteigen darf.

Gegen die eine Strafe oder die Nichtverpflichtung des Zeugen oder Sachverständigen aussprechende Entscheidung steht den Betheiligten innerhalb zwei Wochen die Beschwerde an das im Instanzenzuge zunächst vorgesetzte Gericht, gegen die in zweiter Instanz ergangene Entscheidung des Bezirksausschusses die weitere Beschwerde an das Oberverwaltungsgericht zu.

Die zur Anwendung kommenden bürgerlichen Prozeßgesetze sind die §§. 345 ff. der Deutschen Civilprozeßordnung vom 30. Januar 1877, R.G.Bl. S. 83 ff.

§. 79. Das Gericht hat nach seiner freien, aus dem ganzen Inbegriffe der Verhandlungen und Beweise geschöpften Ueberzeugung zu entscheiden. Beim Ausbleiben der betreffenden Partei oder in Ermangelung einer Erklärung derselben können die von der Gegenpartei vorgebrachten Thatsachen für zugestanden erachtet werden. Die Entscheidungen dürfen nur die zum Streitverfahren vorgeladenen Parteien und die in demselben erhobenen Ansprüche betreffen.

Der Verwaltungsrichter ist weder an die Anträge der Parteien gebunden noch auch verpflichtet, beantragte Beweise zu erheben, wenn solche aus materiellen Gründen unerheblich erscheinen.

III. Abschnitt.
Beschlußverfahren.

§. 118. An den Verhandlungen der Behörde können unter Zustimmung des Kollegiums technische Staats- oder Kommunalbeamte mit berathender Stimme theilnehmen.

Die Zuziehung der Staatsbeamten betreffend vgl. die Cirkular-Verfügung der Minister des Innern und für Handel vom 9. Mai 1874 (M.Bl. f. d. i. V. S. 119, abgedr. S. 102 d. Buches), ferner Min.Reskr. vom 11. Dez. 1875 (M.Bl. f. d. i. V. S. 285) und vom 30. Jan. 1882 (M.Bl. f. d. i. V. S. 26).

§. 120. Für die Erhebung und Würdigung des Beweises kommen die Vorschriften der §§. 76 bis 79 sinngemäß und mit der Maßgabe zur Anwendung, daß gegen den eine Strafe oder die Nichtverpflichtung eines Zeugen oder Sachverständigen aussprechenden Beschluß des Kreis- (Stadt-) Ausschusses den Betheiligten die Beschwerde an den Bezirksausschuß, gegen den in erster oder zweiter Instanz ergangenen Beschluß des letzteren oder des Provinzialraths innerhalb gleicher Frist die Beschwerde an das Oberverwaltungsgericht zusteht.

Den Weg der Beschwerde in Fällen des Zeugenzwanges bis zum Oberverwaltungsgericht zuzulassen, ist zum Schutze der Betroffenen nothwendig. Im Uebrigen vgl. Anmerkungen zu §§. 76 und 79.

§. 121. Gegen die Beschlüsse des Kreis- (Stadt-) Ausschusses findet innerhalb zwei Wochen die Beschwerde an den Bezirksausschuß, gegen die in erster Instanz ergehenden Beschlüsse des Bezirksausschusses innerhalb gleicher Frist die Beschwerde an den Provinzialrath statt, sofern nicht nach ausdrücklicher Vorschrift des Gesetzes

1) die Beschlüsse endgültig sind,
2) die Beschlußfassung über die Beschwerde anderen Behörden übertragen ist.

Die auf Beschwerden gefaßten Beschlüsse des Bezirksausschusses und die Beschlüsse des Provinzialraths sind endgültig, sofern nicht das Gesetz im Einzelnen anders bestimmt.

Die vorstehenden Bestimmungen finden auf die nach Maßgabe der Gesetze von dem Landrathe unter Zustimmung des Kreisausschusses, von dem Regierungspräsidenten unter Zustimmung des Bezirksausschusses, von dem Oberpräsidenten unter Zustimmung des Provinzialraths gefaßten Beschlüsse entsprechende Anwendung.

v. Brauchitsch, Preuß. Verwalt.Gesetze 6. Aufl. 1884 Bd. I S. 104—106 giebt zu §. 121 die unter Nr. 188—200, 202 ff. Anm., welche (mit geringen Aenderungen) wörtlich lauten.

Der §. 121 bezieht sich nur auf diejenigen Beschlüsse des Kreis- (Stadt) Ausschusses, welche er als staatliche, zur Mitwirkung bei den Geschäften der allgemeinen Landesverwaltung berufene, Behörde, nicht auf diejenigen, welche derselbe in Kreiskommunalangelegenheiten als Organ der Kreiskorporation gefaßt hat. Zu den letzteren gehören die auf die Zusammensetzung des Kreistages bezüglichen Beschlüsse (K.O. §§. 99. 101. 103. 104. 110). Vgl. O.V.G. E. 11. Juni 83, Nr. II. 491.

Ausnahmen von dem regelmäßigen Instanzenzuge:

Kreisausschuß. Die Beschlüsse des Kreis- (Stadt-) Ausschusses in Angelegenheiten der allgemeinen Landesverwaltung sind nach der Vorschrift des Gesetzes endgültig in den Fällen: K.O. §. 55b Nr. 2 (vgl. Z.G. §. 32 Nr. 5), §. 55b Nr. 3, §. 57 Abs. 5—7, §. 61, §. 62 Abs. 2, Z.G. §. 26 Abs. 2, §. 32 Nr. 5, §. 41 Nr. 2, §. 43 Nr. 1 und 2, §. 67 Abs. 3 Satz 2, §§. 69, 78 Abs. 1 (Ernennung der Taxatoren), §. 149 Nr. 2; — und zwar in den Fällen des §. 55b Nr. 2 der K.O. (Z.G. §. 32 Nr. 5), §. 55b Nr. 3 der K.O. §. 43 Nr. 2 des Z.G. vorbehaltlich des ordentlichen Rechtsweges.

Die Beschlußfassung über die Beschwerde gegen den Beschluß des Kreis-Ausschusses ist dem Minister für Handel und Gewerbe in den Fällen der §§. 109 bis 112 (§. 113) des Z.G. übertragen. (Dasselbe gilt von dem Beschlusse des Stadtausschusses und des Magistrats.)

Bezirksausschuß. Die in erster Instanz ergangenen Beschlüsse des Bezirksausschusses sind endgültig in folgenden Fällen: K.O. §. 51 Nr. 1 Abs. 3, §. 128a; Z.G. §. 9 Abs. 2, §. 17 Nr. 5, §. 40, §. 41 Nr. 1 und Abs. 2, §. 45, §. 51 (in Betreff der Städte), §. 103 Abs. 2, §. 107, §. 131 Nr. 2, §. 142 Abs. 2, §. 150 (vorbehaltlich des ordentlichen Rechtsweges), §. 153.

Die Beschwerden über Beschlüsse des Bezirksausschusses sind nicht an den Provinzialrath, sondern an den zuständigen Minister verwiesen in den Fällen des §. 96, §§. 109—112 (113), §. 131 Nr. 1, §. 145 Abs. 4, §. 150 Abs. 3 des Z.G.

Provinzialrath. Die Beschlüsse des Provinzialraths sind nicht endgültig, sondern die Beschwerde dagegen an die zuständigen Minister ist zulässig in den Fällen des §. 16 Abs. 4 des Z.G. (die Beschwerde steht nur dem Vorsitzenden des Provinzialraths zu) und des §. 127 des Z.G.

Die in §. 121 Abs. 1 allgemein zulässige Beschwerde bleibt, abgesehen von den daselbst unter Nr. 1 und 2 bezeichneten Fällen, nach der allgemeinen Regel des §. 50 Abs. 2 in allen Fällen ausgeschlossen, in welchen gegen den Beschluß des Kreis- (Stadt-) Ausschusses (Magistrats) der Antrag auf mündliche Verhandlung bei derselben Behörde, beziehungsweise gegen den Beschluß des Bezirksausschusses die Klage bei derselben Behörde zulässig ist (vgl. K.O. §§. 3. 4; Z.G. §. 2. §. 8 Abs. 2).

Die in §. 121 gegebenen Beschwerden finden nicht nur gegen die Kollegialbeschlüsse der Behörden, sondern auch gegen die in §. 117 bezeichneten Vorbescheide des Vorsitzenden statt (§. 117 Abs. 3).

§. 122. Die Beschwerde ist in den Fällen des §. 121 bei derjenigen Behörde, gegen deren Beschluß sie gerichtet ist, anzubringen. Der Vorsitzende prüft, ob das Rechtsmittel rechtzeitig angebracht ist.

Ist die Frist versäumt, so weist der Vorsitzende das Rechtsmittel ohne Weiteres durch einen mit Gründen versehenen Bescheid zurück. In demselben ist dem Beschwerdeführer zu eröffnen, daß ihm innerhalb zwei Wochen die Beschwerde an diejenige Behörde zustehe, welche zur Beschlußfassung in der Sache berufen ist, widrigenfalls es bei dem Bescheide verbleibe.

Ist die Frist gewahrt, und ist eine Gegenpartei vorhanden, so wird die Beschwerdeschrift mit ihren Anlagen zunächst dieser zur schriftlichen Gegenerklärung innerhalb zwei Wochen zugefertigt. Die Gegenpartei kann sich dem Rechtsmittel anschließen, selbst wenn die Frist verstrichen ist.

Abschrift der eingegangenen Gegenerklärung erhält der Beschwerdeführer. Zur näheren Begründung der Beschwerde, sowie zur Gegenerklärung kann in nicht schleunigen Sachen eine angemessene, der Regel nach nicht über zwei Wochen zu erstreckende Nachfrist gewährt werden. Hierauf werden die Verhandlungen mittelst Berichts derjenigen Behörde eingereicht, welcher die Beschlußfassung über die Beschwerde zusteht.

Wird die Beschwerde der Vorschrift des ersten Absatzes zuwider innerhalb der gesetzlichen Frist bei derjenigen Behörde angebracht, welche zur Beschlußfassung darüber zuständig ist, so gilt die Frist als gewahrt. Die Beschwerde ist in solchen Fällen von der angerufenen Behörde zur weiteren Veranlassung an diejenige Behörde abzugeben, gegen deren Beschluß sie gerichtet ist.

§. 123. Die Einlegung der Beschwerde steht in den Fällen des §. 121 aus Gründen des öffentlichen Interesses auch den Vorsitzenden der Behörden zu.

Will der Vorsitzende von dieser Befugniß Gebrauch machen, so hat er dies dem Kollegium sofort mitzutheilen.

Die Zustellung des Beschlusses bleibt in diesem Falle einstweilen, jedoch längstens drei Tage, ausgesetzt. Sie erfolgt mit der Eröffnung, daß im öffentlichen Interesse die Beschwerde eingelegt worden sei. Ist die Zustellung ohne diese Eröffnung erfolgt, so gilt die Beschwerde als zurückgenommen.

Die Gründe der Beschwerde sind den Betheiligten zur schriftlichen Erklärung innerhalb zwei Wochen mitzutheilen.

Nach Ablauf dieser Frist sind die Verhandlungen der Behörde einzureichen, welcher die Beschlußfassung über die Beschwerde zusteht.

Eine vorläufige Vollstreckung des mit der Beschwerde angefochtenen Beschlusses (§. 53) ist in diesen Fällen ausgeschlossen.

Die Beschwerde steht dem Vorsitzenden nur in den Fällen zu, welche der §. 121 nicht ausdrücklich ausschließt.

§. 124. In dem Beschlußverfahren wird ein Kostenpauschquantum nicht erhoben, ebensowenig haben die Betheiligten ein Recht, den Ersatz ihrer baaren Auslagen zu fordern.

Jedoch können die durch Anträge und unbegründete Einwendungen erwachsenden Gebühren für Zeugen und Sachverständige demjenigen zur Last gelegt werden, welcher den Antrag gestellt beziehungsweise den Einwand erhoben hat.

Die sonstigen Kosten und baaren Auslagen des Verfahrens fallen demjenigen zur Last, der nach gesetzlicher Bestimmung die Amtsunkosten der Behörde zu tragen hat.

Bei den Vorschriften der Gewerbeordnung behält es sein Bewenden.

Wer die Kosten und baaren Auslagen im Einzelnen zu tragen hat, schreiben die Specialgesetze vor.

§. 125. Ueber Beschwerden, welche die Leitung des Verfahrens und die Kosten betreffen, beschließt endgültig die in der Hauptsache zunächst höhere Instanz.

C.

Auszug
aus dem
Gesetz über die Zuständigkeit der Verwaltungs- und Verwaltungsgerichtsbehörden.

Vom 1. August 1883.

(G. S. 237.)

XVI. Titel.
Gewerbepolizei.

A. Gewerbliche Anlagen.

§. 109. Der Kreis- (Stadt-) Ausschuß, in den einem Landkreise angehörigen Städten mit mehr als 10000 Einwohnern der Magistrat (kollegialische Gemeindevorstand), beschließt über Anträge auf Genehmigung zur Errichtung oder Veränderung gewerblicher Anlagen (§§. 16 bis 25 der Reichsgewerbeordnung vom 21. Juni 1869), soweit konzessionspflichtige Anlagen der nachbezeichneten Art in Frage stehen:

Gasbereitungs- und Gasbewahrungsanstalten (S. 71 u. 161), Anstalten zur Destillation von Erdöl (S. 63 u. 167), Anlagen zur Bereitung von Braunkohlentheer, Steinkohlentheer und Koaks (S. 73 u. 176), Asphaltkochereien und Pechsiedereien (S. 277 u. 278), Glas- und Rußhütten (S. 75 u. 182), Kalk-, Ziegel- und Gypsöfen (S. 75 u. 183), Metallgießereien (S. 79 u. 201), Hammerwerke (S. 79 u. 208), Schnellbleichen (S. 80 u. 237), Firnißsiedereien (S. 80 u. 239), Stärkefabriken (S. 81 u. 241), Stärkesyrupfabriken (S. 81

u. 243), Wachstuch- (S. 82 u. 248), Darmsaiten- (S. 82 u. 248), Dachpappen- und Dachfilzfabriken (S. 83 u. 248), Darmzubereitungsanstalten (S. 276 bis 278), Leim-, Thran- und Seifensiedereien (S. 85 u. 257 ff.), Knochenbrennereien (S. 85 u. 257), Knochendarren, Knochenkochereien und Knochenbleichen (S. 86 u. 259), Hopfenschwefeldarren (S. 276 bis 278), Zubereitungsanstalten für Thierhaare (S. 86 u. 261), Talgschmelzen (S. 87 u. 262), Schlächtereien (S. 87 u. 263), Gerbereien (S. 88 u. 268), Abdeckereien (S. 89 u. 273), Strohpapierstofffabriken (S. 276 bis 278), Stauanlagen für Wassertriebwerke (siehe Abschn. V d. B.), Fabriken, in welchen Dampfkessel oder andere Blechgefäße durch Vernieten hergestellt werden (S. 276 bis 278), Anstalten zum Imprägniren von Holz mit erhitzten Theerölen (S. 279 bis 282), Kunstwollefabriken und Dégrasfabriken (S. 283 u. 287), Fabriken, in welchen Röhren aus Blech durch Vernieten hergestellt werden, sowie Anlagen zur Erbauung eiserner Schiffe, zur Herstellung eiserner Brücken oder sonstiger eiserner Baukonstruktionen (S. 280 u. 290), Anlagen zur Destillation oder zur Verarbeitung von Theer und von Theerwassern (S. 291 u. 292), endlich Dampfkessel mit Ausnahme der für den Gebrauch auf Eisenbahnen bestimmten Lokomotiven und der zum Betriebe auf Bergwerken und Aufbereitungsanstalten bestimmten Dampfkessel (siehe Abschn. IV d. Buches.)

Im Falle fernerer Ergänzung des Verzeichnisses[1]) der konzessionspflichtigen Anlagen gemäß §. 16 letzter Absatz, der Reichsgewerbeordnung bleibt die Bestimmung darüber, für welche der in das Verzeichniß nachträglich aufgenommenen Anlagen der Kreisausschuß (Stadtausschuß, Magistrat) zuständig ist, Königlicher Verordnung vorbehalten.[2—3])

[1]) Das Verzeichniß der konzessionspflichtigen Anlagen ist der neuesten Lage der reichsgesetzlichen Vorschriften angepaßt;

[2]) Den Stadtkreis Berlin anlangend, so ist der Bezirksausschuß zufolge §. 161 auch zuständig für die Fälle der §§. 110. 111. 112, in denen bisher die erste Abtheilung des Polizeipräsidiums zuständig war.

[3]) Für das Verfahren gelten die §§. 16—25 der G.O., sowie die Nr. 28 bis 54 der Ausf.Anw. v. und der abändernden C.Verfüg. 19. Juli 1884 (M.Bl. f. d. i. B. S. 97).

§. 110. Der Bezirksausschuß beschließt über Anträge auf Genehmigung zur Errichtung oder Veränderung gewerblicher Anlagen,[1]) soweit die Beschlußnahme darüber nicht nach §. 109 dem Kreis- (Stadt-) Ausschusse (Magistrat) überwiesen ist.

Der Bezirksausschuß beschließt ferner im Einvernehmen mit dem zuständigen Oberbergamte über die Zulässigkeit von Wassertriebwerken, welche zum Betriebe von Bergwerken oder Aufbereitungsanstalten dienen[2]) (§. 59 Absatz 3 des Allgemeinen Berggesetzes vom 24. Juni 1865, Gesetz-Samml. S. 705).[3])

[1]) Zu seiner Zuständigkeit gehören: Schießpulverfabriken (S. 117 bis 144), Anlagen zur Feuerwerkerei, zur Bereitung von Zündstoffen aller Art (S. 144 bis 160), zur Gewinnung roher Metalle (S. 77 u. 187), Röstöfen (S. 77 u. 197), chemische Fabriken aller Art (S. 211 bis 237), Poudretten- und Düngpulverfabriken (S. 90 u. 274), Kalifabriken (S. 279 u. 280), Anlagen zur Herstellung von Celluloid (S. 286 u. 287) und der mit ungewöhnlichem Geräusch verbundenen Anlagen §. 27 d. R.G.O.

[2]) Die Genehmigung von solchen Dampfkesseln, welche zum Betriebe auf Bergwerken und Aufbereitungsanstalten bestimmt sind, sowie der für den Gebrauch auf Eisenbahnen bestimmten Lokomotiven steht nicht dem Bezirksausschusse, sondern dem Oberbergamte bezw. der Eisenbahnverwaltung zu.

[3]) Für den Stadtkreis Berlin ist nach §. 161 der Bezirksausschuß gleichfalls zuständig (früher die erste Abtheilung des Polizeipräsidiums).

§. 111. Der Bezirksausschuß beschließt auf Antrag der Ortspolizeibehörde darüber, ob die Ausübung eines Gewerbes in Anlagen, deren Betrieb mit ungewöhnlichem Geräusch verbunden ist, an der gewählten Betriebsstätte zu untersagen oder nur unter Bedingungen zu gestatten ist (§. 27 der Reichsgewerbeordnung.)

§. 112. Die Befugniß, gemäß §. 51 der Reichsgewerbeordnung die fernere Benutzung einer gewerblichen Anlage wegen überwiegender Nachtheile und Gefahren für das Gemeinwohl zu untersagen, steht dem Bezirksausschusse zu (vgl. §. 51 der Reichs-Gewerbe-Ordnung und Anmerk. dazu).

§. 113. In Fällen der §§. 109 bis 112 findet die Beschwerde an den Minister für Handel und Gewerbe statt. Sofern bei Stauanlagen Landeskulturinteressen in Betracht kommen, ist der Minister für Landwirthschaft zuzuziehen.

Nach §. 161 ist für den Stadtkreis Berlin der Bezirksausschuß in den Fällen der §§. 111, 112 an die Stelle der früher zuständig gewesenen ersten Abtheilung des Polizeipräsidiums getreten.

F. Oeffentliche Schlachthäuser.

§. 131. Der Bezirksausschuß beschließt:

1) über die Genehmigung der auf Grund der §§. 1 bis 4 des Gesetzes vom 18. März 1868, betreffend die Errichtung öffentlicher, ausschließlich zu benutzender Schlachthäuser (Gesetz-Samml. S. 277), gefaßten Gemeindebeschlüsse, sowie über die Bestätigung von Verträgen zwischen einer Gemeinde und einem Unternehmer in Betreff der Errichtung eines öffentlichen Schlachthauses (§. 12 a. a. O.);
2) über Entschädigungsansprüche der Eigenthümer und Nutzungsberechtigten von Privatschlachtanstalten wegen des ihnen durch die Errichtung öffentlicher, ausschließlich zu benutzender Schlachthäuser zugefügten Schadens (§§. 9 bis 11 a. a. O.).

In den Fällen zu 1 findet die Beschwerde an den Minister für Handel und Gewerbe, in den Fällen zu 2 nur der ordentliche Rechtsweg gemäß §. 11 a. a. O. statt.

Für den Stadtkreis Berlin ist zufolge L.V.G. §. 43 der Oberpräsident zuständig. Die §§. 2. 3. 7 und 14 des Ges. v. 18. März 68 sind durch Ges. v. 9. März 81 (G.S. S. 273) abgeändert bezw. ergänzt worden.

H. Ablösung gewerblicher Berechtigungen.

§. 133. Der Bezirksausschuß entscheidet über Anträge auf Ablösung von Gewerbeberechtigungen und auf Entschädigung für aufgehobene Gewerbeberechtigungen.[1])

Gegen die Endurtheile des Bezirksausschusses findet unter Ausschluß anderer Rechtsmittel nur die Berufung an das Oberverwaltungsgericht statt.[2])

[1]) Die darauf bezüglichen Bestimmungen finden sich in
den §§. 34 ff. des Entschädigungsgesetzes zur Allgemeinen Gewerbeordnung 17. Jan. 45 (G.S. S. 79),
dem Ges. 31. Mai 58 (G.S. S. 333),
dem Ges. 17. März 68 (G.S. S. 249) und
dem Ges. 17. Dez. 72 (G.S. S. 717).

[2]) Der Abs. 2 setzt an die Stelle anderer Rechtsmittel (§. 43 des Entschädigungsges. 17. Jan. 45, §. 5 des Ges. 17. Dez. 72, §. 62 des Ges. 17. März 68) die Berufung an das Oberverwaltungsgericht zur Vermeidung eines doppelten Rechtsverfahrens.

§. 161. Für den Stadtkreis Berlin ist der Bezirksausschuß auch in den Fällen der §§. 14, 17 Nr. 2 und 5, 41, 110, 111, 112, 123, 128, 130, 132, 145 und 154 Absatz 3 dieses Gesetzes zuständig.

In den Fällen der §§. 115, 117, 124 und 141 beschließt für den Stadtkreis Berlin an Stelle des Bezirksausschusses der Polizeipräsident; gegen den versagenden Beschluß desselben findet innerhalb zwei Wochen die Klage bei dem Bezirksausschusse statt.

II. Abschnitt.

Allgemeine Ausführungs-Verordnungen

und die

wichtigeren gerichtlichen Entscheidungen.

A.

Cirkular-Verfügung der Königl. Preuß. Ministerien der Finanzen, für Handel, Gewerbe und öffentliche Arbeiten, der geistlichen, Unterrichts- und Medicinal-Angelegenheiten und des Innern vom 4. September 1869, nebst Abänderung der Nr. 28 bis 54 vom 19. Juli 1884,

(M.Bl. f. d. i. V. 1869 S. 200 u. ff. und 1884 S. 104 u. ff.)

betreffend die

Anweisung

zur

Ausführung der Gewerbe-Ordnung für den Norddeutschen Bund (Reichs-Gewerbeordnung)

vom 21. Juni 1869.

(Die im Texte angezogenen §§. der Gewerbe-Ordnung sind mit Hinweis auf die neueste Fassung vom 1. Juli 1883 versehen.)

Mit der Gewerbe-Ordnung für den Norddeutschen Bund vom 21. Juni d. J. ist die durch das Gesetz, betreffend den Betrieb der stehenden Gewerbe, vom 8. Juli v. J. eingeleitete Regelung des Gewerbewesens für die Staaten des Norddeutschen Bundes nunmehr im Sinne und in der Richtung der Gewerbefreiheit zur Durchführung gebracht. Von dem Tage ab, mit welchem die Gewerbe-Ordnung in Wirksamkeit tritt, werden die Bestimmungen derselben für die Ordnung des Gewerbewesens in erster Reihe maßgebend; soweit die Vorschriften des bestehenden Rechtes damit nicht vereinbar sind, verlieren sie ihre Kraft; nur soweit, als sie *neben* der Gewerbe-Ordnung bestehen können, bleiben sie in Geltung.

Die Gewerbe-Ordnung hat an verschiedenen Stellen, wenngleich nicht überall in gleicher Form, auf die in Kraft bleibenden

Theile der Landes-Gesetzgebung hingewiesen; sie nimmt bald auf die bestehenden landesgesetzlichen Bestimmungen ausdrücklich Bezug, bald hat sie der Landes-Gesetzgebung nur die Regelung gewisser gewerblicher Verhältnisse vorbehalten oder auch die Befugniß zu einer solchen Regelung zugesprochen. Es wird nach der Absicht des Gesetzes davon auszugehen sein, daß in allen diesen Fällen diejenigen Bestimmungen der Landes-Gesetzgebung, die zur Zeit bereits bestehen, in Wirksamkeit verbleiben sollen. Es ist außerdem zu beachten, daß die Gewerbe-Ordnung, indem sie die Berechtigung zum Gewerbebetrieb grundsätzlich keinen anderen, als den von ihr ausdrücklich hervorgehobenen Beschränkungen unterwirft, nicht beabsichtigt, die Gewerbetreibenden von der Beachtung derjenigen Beschränkungen zu entbinden, welche sich aus allgemeinen polizeilichen, theils in Gesetzen, theils in Verordnungen der Behörden enthaltenen Vorschriften ergeben und die für Jedermann, er mag ein Gewerbe betreiben oder nicht, Anwendung finden. Die in den einzelnen Landestheilen bestehenden allgemeinen polizeilichen Vorschriften, insbesondere der Bau-, Feuer- Gesundheits-, Sicherheits- und Sitten-Polizei, werden daher bei dem Betriebe eines Gewerbes auch ferner noch zu beachten sein.

Ein großer Theil der Bestimmungen ist in die Gewerbe-Ordnung aus der bestehenden Preußischen Gesetzgebung unverändert übernommen. Das Preußische Gewerbe-Recht hat insofern eine sachliche Veränderung nicht erfahren. Soweit daher zu diesen Bestimmungen im Laufe der Zeit erläuternde Verfügungen ergangen sind, ist es unbedenklich, dieselben auch bei der Anwendung des neuen Gesetzes zur Richtschnur zu nehmen.

Nach §. 156. der Gewerbe-Ordnung (nach der neueren Fassung vom 1. Juli 1883 fortgefallen) werden die allgemeinen Bestimmungen und die Bestimmungen über den stehenden Gewerbebetrieb bereits mit dem 1. Oktober d. J., die Bestimmungen des dritten Titels über die Hausir-Gewerbe dagegen erst mit dem 1. Januar k. J. in Kraft treten. Unter Vorbehalt der zur Ausführung der letzteren nothwendigen Anordnungen werden für den stehenden Gewerbebetrieb die folgenden Ausführungs-Bestimmungen erlassen:

I.

1) Als allgemeines Erforderniß für den selbstständigen Betrieb eines jeden Gewerbes hat §. 14. der Gewerbe-Ordnung die Anzeige vom Beginn desselben aufgestellt. Die Anzeige hat den Zweck, die Beaufsichtigung des Gewerbe-Betriebes nach Maßgabe der Gewerbe-Ordnung und die Handhabung der sonstigen, mit den Gewerben in Beziehung tretenden Gesetze, insbesondere der Steuergesetze, zu ermöglichen.

Die Anzeige ist von dem Gewerbetreibenden an die Gemeinde-Behörde des Ortes, wo er das Gewerbe betreibt, zu erstatten; sie ist stets erforderlich, auch wenn es für den Betrieb des Gewerbes einer besonderen Genehmigung bedürfen und diese bereits ertheilt sein sollte.

Die besonderen Anmeldungen, welche nach §. 14. des Gesetzes außerdem für die Agenturen der Feuerversicherungs-Anstalten und fürdie Preß-Gewerbe vorgeschrieben sind, müssen an die dafür zuständige Polizei-Behörde und zwar an die des Wohnortes des Gewerbetreibenden gerichtet werden.

Die Gemeindebehörden haben über die an sie erstatteten Anzeigen fortlaufende Verzeichnisse zu führen.

2) Soweit die Verwaltung der Gewerbe-Polizei zur Zeit den Gemeinde-Behörden zusteht, hat es dabei, wenn nicht ein Anderes ausdrücklich bestimmt ist, sein Bewenden.

Wenn die Verwaltung der Gewerbe-Polizei der Gemeinde-Behörde nicht zusteht, so hat dieselbe bei Ertheilung der Bescheinigung über den Empfang der Anzeige vom Beginn eines Gewerbes zugleich der Polizei-Behörde des Orts von deren Inhalt Mittheilung zu machen.

Die Polizei-Behörde prüft, ob von dem Gewerbetreibenden den gesetzlichen Anforderungen Genüge geleistet ist.

Mangeln demselben für den begonnenen Gewerbe-Betrieb der vorgeschriebene Befähigungsnachweis (§§. 30. bis 34), oder die erforderliche Approbation Koncession, Bestallung, Erlaubniß oder Genehmigung (§§. 29. bis 34. 42. 43.), erscheint ferner mit Rücksicht auf eine erfolgte Bestrafung sein Gewerbe-Betrieb im polizeilichen Interesse bedenklich (§. 35.), oder entspricht der Gewerbtreibende sonst den polizeilichen Anforderungen nicht (§. 37.), so ist ihm der Gewerbebetrieb zu untersagen und, falls die Untersagung nicht beachtet wird, der zuständigen Gerichtsbehörde zur strafgerichtlichen Verfolgung Anzeige zu machen.

In denjenigen Fällen, in welchen es zu dem Betriebe einer vorherigen Approbation, Koncession, Bestallung, Erlaubniß oder Genehmigung bedurft hätte, kann der Fortbetrieb des Gewerbes im Exekutionswege verhindert werden, falls dies das polizeiliche Interesse erfordert.

Die Einlegung des Rekurses hebt die Exekution nicht auf; jedoch ist die letztere nur in Fällen, wo das öffentliche Interesse dieses erheischt, zu vollstrecken, **bevor** die untersagende Verfügung rechtskräftig geworden ist.

3) Wo die im §. 16. der Gewerbe-Ordnung aufgeführten **gewerblichen Anlagen**, zu deren Errichtung eine besondere polizeiliche Genehmigung erforderlich ist, bisher einer solchen Genehmigung nicht bedurften, ist dieselbe für jede derartige Anlage nachzusuchen, welche zu dem Zeitpunkte, mit dem die Gewerbe-Ordnung in Kraft tritt, noch nicht vollendet ist.

Zur Ertheilung der Genehmigung ist die Bezirks-Regierung (in dem Geltungsbereiche der Kreisordnung der Bezirks-, Kreis- oder Stadt-Ausschuß, Magistrat), innerhalb des Polizei-Bezirks von Berlin das Polizei-Präsidium (jetzt Bezirks- beziehungsweise Stadt-Ausschuß) zuständig.

Für die Stauanlagen der zum Betriebe auf Bergwerken und Aufbereitungs-Anstalten bestimmten Wassertrieb-Werke wird die Genehmigung von der Regierung und dem Oberbergamt gemeinschaftlich ertheilt.

Auch für die Dampfkessel-Anlagen (§. 24.) steht die Genehmigung den bezeichneten Behörden zu, mit Ausnahme der Dampfkessel, die zum Betriebe auf Bergwerken und Aufbereitungs-Anstalten bestimmt sind, und der für den Gebrauch auf den Eisenbahnen bestimmten Locomotiven. Für jene ertheilt sie das Oberbergamt; die Genehmigung dieser erfolgt nach Maßgabe der für die Eisenbahn-Verwaltung ertheilten Vorschriften.

(Die Bestimmungen und Erlasse für Dampfkessel-Anlagen sind in Abschn. IV d. Buches enthalten.)

4) Alle Anlagen, zu deren Errichtung es nach der Gewerbe-Ordnung einer besonderen Genehmigung bedarf, sind bezüglich ihres Betriebes auch für die Zukunft derjenigen polizeilichen Aufsicht unterworfen, welche besondere Gesetze oder polizeiliche Verordnungen eingeführt.

Demgemäß bleiben die in einzelnen Landestheilen bestehenden Bestimmungen, wonach die im Betriebe befindlichen Dampfkessel einer regelmäßig wiederkehrenden Revision unterworfen sind, insbesondere das Gesetz, betreffend den Betrieb der Dampfkessel, vom 7. Mai 1856 (ersetzt durch Gesetz, betreffend den Betrieb durch Dampfkessel vom 3. Mai 1872. G.S. S. 575), nebst dem dazu erlassenen Regulativ vom 23. August 1856 (ersetzt durch Regulativ vom 24. Juni 1872. M.Bl. f. d. i. V. S. 182) nach wie vor in Kraft. Ebenso behalten die auf Grund des Circular-Erlasses, betreffend die Aufstellung und den Gebrauch von Locomobilen, vom 13. März 1855 (ersetzt durch Reichs-Polizei-Bestimmung vom 19. Mai 1871. R.G.Bl. S. 122 und Min.Verf. vom 11. Juni 1871. M.Bl. f. d. i. V. S. 181) ergangenen Polizei-Verordnungen insoweit ihre Geltung, als sie den Betrieb der beweglichen Dampfkessel unter die besondere Aufsicht der Orts-Polizeibehörden gestellt und ihre wechselnde örtliche Aufstellung an die Beachtung gewisser Vorsichtsmaßregeln gebunden haben. Auf Grund der nach §. 24. der Gewerbe-Ordnung ertheilten Genehmigung können die beweglichen Dampfkessel zwar an jedem beliebigen Orte aufgestellt und in Betrieb gesetzt werden, ohne daß es einer wiederholten Genehmigung bedarf; es sind aber die für den Gebrauch derselben an den einzelnen Orten erlassenen Vorschriften nach wie vor zu beachten.

Anträge auf Genehmigung des Befahrens der Chausseen mit sogenannten Straßen-Locomotiven sind nach Maßgabe der Circular-Verfügung vom 18. März 1864 (noch gültig) (Minist.-Blatt für die innere Verw. S. 53) und der später ergänzenden Vorschriften zu behandeln.

5) Bis die allgemeinen polizeilichen Bestimmungen über die Errichtung von Dampfkessel-Anlagen, deren Erlaß dem Bundesrathe vorbehalten ist, ergangen sein werden, kommen für die Prüfung der Zulässigkeit dieser Anlagen in den einzelnen Landestheilen diejenigen Vorschriften zur Anwendung, welche zur Zeit bestehen. In denjenigen Landestheilen, wo es bisher an derartigen Bestimmungen überhaupt noch fehlte, haben bei der Prüfung neuer Kessel-Anlagen die Bestimmungen des Regulativs, betreffend die Anlage von Dampfkesseln, vom 31. August 1861 (ersetzt durch Regulativ vom 24. Juni 1872. M.Bl. f. d. i. V. S. 182) und für bewegliche Dampfkessel der Erlaß vom 13. März 1855 (ersetzt durch Reichs-Polizei-Bestimmung vom 29. Mai 1871. R.G.Bl. S. 127. Min.Verf. vom 11. Juni 1871. M.Bl. f. d. i. V. S. 181) zur Richtschnur zu dienen.

So lange für das ganze Bundesgebiet gültige polizeiliche Vorschriften nicht erlassen sind, können, insoweit nicht für besondere Verhältnisse abweichende Anordnungen getroffen sind, nur solche Dampfkessel in Betrieb gesetzt werden, welche innerhalb des Preußischen Staatsgebietes geprüft worden sind.

6) Die Polizeibehörde ist befugt, vor dem Beginn des Betriebes einer jeden gewerblichen Anlage, die der Genehmigung bedarf, sich durch eine Untersuchung zu überzeugen, daß die Ausführung den Bedingungen der ertheilten Genehmigung entspricht.

Bei Dampfkessel-Anlagen ist eine solche vorgängige Untersuchung nothwendig. Sie hat sich auf die vorschriftsmäßige Konstruktion des Dampfkessels und die gehörige Ausführung der sonstigen, für die Anlage maßgebenden, allgemeinen oder besonderen Bestimmungen zu richten.

Die Untersuchung des Kessels in Betreff der vorschriftsmäßigen Konstruktion muß vor dessen Aufstellung erfolgen und kann in der Fabrik, wo derselbe verfertigt ist, oder an dem Orte geschehen, wo er aufgestellt werden soll. Zur Ausführung derselben ist jeder Königliche Baubeamte und Revierbeamte, sowie jeder Königliche Eisenbahn-Maschinenmeister befugt.*) Soweit außer dieser

*) Auch Techniker der Dampfkessel-Ueberwachungs-Vereine. Min.Verf. vom 3. Okt. 1874 (vgl. IV. Abschn. d. Buches).

Untersuchung noch eine besondere Prüfung des Dampfkessels mittelst Wasserdruckes vorgeschrieben ist, bleiben die darüber erlassenen Bestimmungen in Kraft.

Die weitere Untersuchung — deren es bei Locomobilen nicht bedarf — wird nach der Aufstellung des Dampfkessels vorgenommen. Die Ausführung dieser Untersuchung liegt, soweit nicht besondere Beamte dafür berufen sind, dem für den Ort der Anlage zuständigen Baubeamten, bei Dampfkesseln, die der Genehmigung des Oberbergamts bedürfen, dem zuständigen Revierbeamten ob. Die Untersuchung hat spätestens 3 Tage nach Empfang der Anzeige zu erfolgen, daß die Dampfkessel-Anlage zur Untersuchung fertig und bereit gestellt sei. Ueber ihren Ausfall ist binnen 3 Tagen eine schriftliche Bescheinigung zu ertheilen.

Für jede Untersuchung hat der Besitzer des Kessels dem Beamten eine Gebühr von 3 Thalern (jetzt 15 Mark. Min.Reskr. vom 8. Oktober 1873. M.Bl. f. d. i. V. S. 277) und, wenn die Untersuchung außerhalb des Wohnorts des Beamten erfolgt, die demselben zukommenden Reisekosten zu entrichten.

Die Untersuchung der Dampfkessel auf den Rhein- und Moselschiffen richtet sich bis auf Weiteres auch fernerhin nach den darüber erlassenen besonderen Vorschriften. Die Untersuchung der Dampfkessel auf den für den Gebrauch der Eisenbahnen bestimmten Locomotiven erfolgt ausschließlich durch die dazu bezeichneten Beamten der Eisenbahn-Verwaltung und nach den dafür gegebenen besonderen Bestimmungen.

Nr. 7 bis 24 sind, als nicht hierher gehörig, fortgelassen worden.

25) Unter der Bezeichnung: höhere Verwaltungsbehörden sind die Regierungen, die Landdrosteien und das Polizei-Präsidium in Berlin, unter der Bezeichnung: untere Verwaltungsbehörden die Landräthe, die Amts-Hauptleute und Ober-Amtmänner, ferner in den deren Aufsicht nicht unterworfenen Städten die städtischen Polizeibehörden, oder die an Stelle dieser Behörden fungirenden Königlichen Polizeibehörden (Polizei-Direktionen und Polizei-Präsidien) zu verstehen.

Als Gemeindebehörden im Sinne der Gewerbe-Ordnung sind endlich diejenigen Behörden zu betrachten, welche nach der

4*

in den einzelnen Landestheilen geltenden Gemeindeverfassung den Vorstand der Gemeinden bilden.

II.

26) In Uebereinstimmung mit der bisherigen Gewerbe-Gesetzgebung hat die Gewerbe-Ordnung den Verwaltungsbehörden unter bestimmten Voraussetzungen die Befugniß ertheilt, über die Zulässigkeit eines Gewerbebetriebes zu befinden und demgemäß den Beginn überhaupt nicht zu gestatten oder dessen Fortsetzung zu untersagen. Sie weicht aber von der bisherigen Gesetzgebung darin ab, daß sie die Ausübung dieser Befugniß fast durchweg an die Einhaltung eines bestimmten Verfahrens knüpft.

In denjenigen Fällen, in welchen über den Nachweis der Befähigung zum Betriebe eines Gewerbes, insbesondere im Wege einer Prüfung (§§. 29. bis 34.), oder über die öffentliche Anstellung eines Gewerbtreibenden durch eine Behörde oder Corporation (§. 36.) zu befinden, oder über die Statthaftigkeit solcher Anlagen zu entscheiden ist, deren Betrieb ungewöhnliches Geräusch erregt (§. 27.), oder in welchen es sich um die Zulassung von Musikaufführungen, Schaustellungen u. s. w. auf den Straßen handelt (§. 42.), hat das Gesetz von einem solchen Verfahren abgesehen, ebenso hat es auch die Ausübung der polizeilichen Exekutiv-Befugnisse gegenüber einer gewerblichen Anlage, welche der nach dem Gesetz erforderlichen Genehmigung entbehrt oder den Bedingungen derselben in ihrer Einrichtung nicht entspricht (§. 147.), an bestimmte Formen nicht gebunden.

Die Verfügungen der Behörden in diesen Fällen folgen dem durch die Sache gegebenen Instanzenzuge; den Betheiligten steht gegen dieselben der gewöhnliche Beschwerdeweg offen.

Dagegen soll die Prüfung der Anträge auf Ertheilung der Genehmigung zur Errichtung oder Veränderung gewerblicher Anlagen, welche einer besonderen Genehmigung unterliegen (§§. 16. 24. 25.), — die Untersagung der ferneren Benutzung einer im Betriebe befindlichen gewerblichen Anlage (§. 51.), — die Prüfung der Gesuche um die Konzession, Erlaubniß oder Genehmigung zum Betriebe gewisser Gewerbe, welche derselben nach dem Bundesgesetze (§§. 30. bis 33. und 43.) oder nach den Landesgesetzen (§. 34) bedürfen, — die Untersagung eines Gewerbe-Betriebes, für welchen entweder die durch Gesetz vorgeschriebene Erlaubniß (§§. 30. 32. 33. 34.), oder die persönlichen Eigenschaften (§. 35.) dem Gewerbetreibenden fehlen, oder für welchen die polizeilichen Voraussetzungen nicht erfüllt sind (§. 37.), — endlich die Entziehung einer ertheilten Approbation, Konzession, Erlaubniß, Genehmigung oder Bestallung (§§. 29. bis 34. 36.), stets in einem förmlichen Verfahren mit beschränktem Instanzenzuge erfolgen.

27) Soweit die Entscheidung in diesem Verfahren den Regierungen zusteht, erfolgt dieselbe regelmäßig durch die Abtheilungen des Innern. Für den Bereich der Provinz Hannover nehmen die Landdrosteien (seit 1. Juli 1885 Bezirks-Ausschüsse) die Obliegenheiten der Regierungen wahr. Soweit für den Polizeibezirk von Berlin das Polizei-Präsidium die Stelle der Regierungen vertritt, ergehen die Entscheidungen von der I. Abtheilung desselben, welche die landespolizeilichen Geschäfte wahrzunehmen hat.

Wo die Verhandlung vor den Regierungen oder den ihnen gleichstehenden Behörden nach der Vorschrift des Gesetzes eine mündliche ist, finden zu dem Behufe öffentliche Sitzungen statt, an welchen mindestens drei stimmberechtigte Mitglieder Theil nehmen müssen. Der Verlauf dieser Sitzungen ist durch ein Protokoll, welches die Namen der Anwesenden, sowie die wesentlichen Momente der Verhandlung enthält und von dem Vorsitzenden und dem Protokollführer unterzeichnet wird, festzustellen.

Zur Ausführung der Bestimmungen, welche die Gewerbe-Ordnung in Betreff des Verfahrens enthält, werden im Uebrigen folgende Vorschriften erlassen:

A. Verfahren bei der Errichtung oder Veränderung gewerblicher Anlagen (§§. 16. und 25.).

(Die Abtheilungen A. B. C. Nr. 28—54 dieser Anweisung sind durch Erlaß der Minister für Handel und des Innern v. 19. Juli 1884 wie folgt abgeändert.)

1. Antrag des Unternehmers.

28) Anträge auf Ertheilung der Genehmigung sind als schleunige Angelegenheiten zu behandeln.

Der Antrag ist,

1. wenn die Anlage innerhalb eines Landgemeindebezirks oder selbstständigen Gutsbezirks errichtet werden soll, bei dem Landrath,

2. wenn die Anlage innerhalb eines Stadtbezirks errichtet werden soll und die Beschlußfassung dem Stadtausschusse oder dem Magistrate zusteht, bei dieser Behörde, andernfalls bei der Polizeibehörde des Stadtbezirks anzubringen.

Handelt es sich um die Genehmigung der Stauanlage für ein zum Betriebe auf Bergwerken oder Aufbereitungsanstalten bestimmtes Wassertriebwerk, so ist der Antrag an den Revierbeamten zu richten.

Aus dem Antrage muß der vollständige Name, der Stand und der Wohnort des Unternehmers ersichtlich sein. Demselben sind in zwei Exemplaren eine Beschreibung, eine Situationszeichnung und der Bauplan der Anlage beizufügen.

29) Aus diesen Vorlagen müssen hervorgehen

a. die Größe des Grundstücks, auf welchem die Betriebsstätte errichtet werden soll, die Bezeichnung, welche dasselbe im Grundbuche oder im Kataster führt, und der etwaige besondere Name,

b. die gleichartige Bezeichnung der Grundstücke, welche es umgeben, und die Namen ihrer Eigenthümer,

c. die Entfernung, in welcher die zum Betriebe bestimmten Gebäude oder Einrichtungen von den Grenzen der benachbarten Grundstücke und den darauf befindlichen Gebäuden, sowie von den nächsten öffentlichen Wegen liegen sollen,

d. die Höhe und Bauart der benachbarten Gebäude, sofern zu der Betriebsstätte Feuerungsanlagen gehören,

e. die Lage, Ausdehnung und Bauart der Betriebsstätte, die Bestimmung der einzelnen Räume und deren Einrichtung im Allgemeinen,

f. der Gegenstand des Betriebes, die Grundzüge des Verfahrens und der anzuwendenden Apparate, die ungefähre Ausdehnung des Betriebs, die Arten der bei demselben entwickelten Gase und die Vorkehrungen, durch welche deren Entweichen verhindert werden soll, die Beschaffenheit der festen und flüssigen Abfallprodukte, sowie die Art ihrer Beseitigung.

Bei Schießpulverfabriken und Anlagen zur Feuerwerkerei und zur Bereitung von Zündstoffen aller Art sind genaue Angaben über die Bestimmung und Einrichtung der einzelnen Räume sowie über den Hergang der Fabrikation erforderlich. Auch ist für jeden einzelnen Raum das Maximum der darin zu verarbeitenden oder zu lagernden Stoffe anzugeben.

30) Bei Stauanlagen ist eine Zeichnung der gesammten Stauvorrichtungen einschließlich der Gerinne und Wasserräder beizubringen. Außerdem ist ein Nivellement erforderlich, in welchem dargestellt sein muß

a. das Längenprofil des zum Betriebe bestimmten Wasserlaufes und des Mutterbaches,

b. eine Anzahl von Querprofilen beider,

und welches so weit auszudehnen ist, als die Wirkungen der anzulegenden Stauwerke reichen. Die Profile sind auf eine und dieselbe Horizontale zu beziehen, die letztere ist an einen unverrückbaren Festpunkt anzuschließen.

Es bedarf ferner einer Angabe der Höhe des gewöhnlichen, des niedrigsten und des höchsten Wasserstandes, sowie der Wassermengen, welche der Wasserlauf in der Regel führt, und einer Mittheilung darüber, welche Stauwerke ober- und unterhalb der projektirten Anlage zunächst derselben sich befinden.

In dem Situationsplane sind die Grundstücke, welche an den Wasserlauf stoßen, soweit der Rückstau reicht, mit der Nummer, welche sie im Grundbuche oder Kataster führen, und mit dem Namen des zeitigen Eigenthümers zu bezeichnen.

31) Für die erforderlichen Zeichnungen ist ein Maßstab zu wählen, welcher eine deutliche Anschauung gewährt; der Maßstab ist stets auf den Zeichnungen einzutragen.

Nivellements und die dazu gehörigen Situationspläne sind von vereideten Feldmessern oder Baubeamten zu fertigen. Alle sonstigen Zeichnungen können von den mit der Ausführung betrauten Technikern und Werkmeistern aufgenommen werden.

Beschreibungen, Zeichnungen und Nivellements sind von demjenigen, welcher sie gefertigt hat, und von dem Unternehmer zu unterschreiben.

32) Die Behörden, bei welchen der Antrag eingereicht wird, haben zu prüfen, ob gegen die Vollständigkeit der Vorlagen etwas zu erinnern ist. Das eine Exemplar der Vorlagen ist zu diesem Behufe dem zuständigen Baubeamten, das andere, sofern es sich nicht lediglich um ein Genehmigungsgesuch für eine Stauanlage handelt, dem zuständigen Gewerberath vorzulegen. Diese haben die erfolgte Prüfung auf den Vorlagen zu bescheinigen. Erscheint es mit Rücksicht auf die Natur der projektirten Anlage erforderlich, der Situationszeichnung eine weitere Ausdehnung zu geben, oder finden sich sonstige Mängel, so ist der Unternehmer zur Ergänzung auf kürzestem Wege zu veranlassen.

Den Stadtausschüssen und Magistraten, sowie den Kreisausschüssen steht es frei, an Stelle des Staatsbaubeamten einen Beamten der Stadtgemeinde oder des Kreisverbandes, welcher die gleiche Qualifikation besitzt, zuzuziehen.

33) Wird bei Veränderungen bestehender Anlagen (§. 25.) der Antrag gestellt, von der öffentlichen Bekanntmachung Abstand zu nehmen, so haben sich der Baubeamte und der Gewerberath bei Rückgabe der auf ihre Vollständigkeit geprüften Vorlagen zugleich über diesen Antrag gutachtlich auszusprechen. Demnächst werden die Akten der zuständigen Beschlußbehörde vorgelegt. Gegen den Beschluß, durch welchen der Antrag, die Genehmigung

ohne vorausgegangenes Bekanntmachungsverfahren zu ertheilen, abgelehnt wird, findet ein Rechtsmittel nicht statt.

2. Vorverfahren.

(Bekanntmachung des Unternehmens und Erörterung der erhobenen Einwendungen.)

34) Die Bekanntmachung des Unternehmens und die Erörterung der erhobenen Einwendungen erfolgt durch die Behörde, bei welcher der Antrag angebracht ist. Der Landrath ist befugt, beide Geschäfte der Ortspolizeibehörde oder einer sonstigen geeigneten Unterbehörde zu übertragen, und er ist zu dieser Uebertragung verpflichtet, wenn er selbst bei dem Unternehmen betheiligt ist. An Stelle des bei dem Unternehmen betheiligten Polizeiverwalters eines Stadtbezirks hat die Beschlußbehörde einen anderen Beamten mit der Leitung des Vorverfahrens zu beauftragen.

35) Die Bekanntmachung des Unternehmens muß enthalten

a. Namen, Stand und Wohnort des Unternehmers, den Gegenstand des Unternehmens und die Bezeichnung des Grundstücks, auf welchem dasselbe ausgeführt werden soll,

b. die Aufforderung, etwaige Einwendungen binnen 14 Tagen bei der Behörde, welche die Bekanntmachung erläßt, schriftlich in 2 Exemplaren oder zu Protokoll anzubringen,

c. die Verwarnung, daß nach Ablauf der Frist Einwendungen in dem Verfahren nicht mehr angebracht werden können,

d. den Hinweis, daß und wo die Beschreibungen, Zeichnungen und Pläne zur Einsicht ausliegen,

e. die Anberaumung eines (nicht über 10 Tage nach dem Ablauf der 14tägigen Widerspruchsfrist anzusetzenden) Termins zur mündlichen Erörterung der rechtzeitig erhobenen Einwendungen vor dem die Bekanntmachung erlassenden Beamten (falls die Bekanntmachung von dem Stadtausschuß oder Magistrat erlassen wird, vor einem namhaft zu machenden Commissar dieser Behörde),

f. die Eröffnung, daß im Falle des Ausbleibens des Unternehmers oder der Widersprechenden gleichwohl mit der Erörterung der Einwendungen werde vorgegangen werden.

36) Die Bekanntmachung ist nur einmal und zwar durch das Publicationsorgan der zuständigen Beschlußbehörde zu veröffentlichen. Dafür, daß von den Vorlagen bis zum Ablauf der Frist innerhalb der Dienststunden an geeigneter Stelle Einsicht genommen werden kann, ist von der Behörde Sorge zu tragen. Ein Belagblatt der Bekanntmachung ist zu den Akten zu bringen.

37) Ausführliche Einwendungen sind dem Unternehmer noch vor dem Erörterungstermin durch Uebersendung des beigefügten Duplikats oder einer Abschrift mitzutheilen.

Sind innerhalb der Widerspruchsfrist Einwendungen nicht erhoben, so wird der Unternehmer hiervon sowie von dem Wegfall des Erörterungstermins in Kenntniß gesetzt und mit Vorlegung der Akten an die Beschlußbehörde nach Nr. 40 Abs. 2 verfahren.

38) Erscheinen im Erörterungstermin beide Theile, so ist zunächst eine gütliche Einigung zu versuchen. Gelingt der Versuch nicht, so werden die Erklärungen über die beiderseitigen Behauptungen zu Protokoll genommen.

Nur solche Nachtheile, Gefahren oder Belästigungen, welche in der physischen Einwirkung der Anlage auf ihre Umgebung ihren Grund haben, können den Gegenstand von Einwendungen im Genehmigungsverfahren bilden. Die auf die Besorgniß nachtheiliger Folgen anderer, z. B. wirthschaftlicher Art gestützten Einwendungen sind ebensowenig zur Erörterung zu ziehen, wie Einwendungen, welche auf besonderen privatrechtlichen Titeln (wie Vertrag, Privilegium, letztwillige Verfügung) beruhen.

Ueber diejenigen Behauptungen, welche von den Parteien mit Beweis unterstützt werden und dem Beamten erheblich erscheinen, ist entweder alsbald in dem Erörterungstermin oder in einem neuen, in naher Zeit anzuberaumenden Termine Beweis zu erheben. Die Gestellung von Zeugen und Sachverständigen, welche vernommen werden sollen, ist Sache der Partei, welche die Vernehmung beantragt.

Macht der Verlauf der Verhandlungen die Ansetzung weiterer Termine nöthig, so sind dieselben unverzüglich anzuberaumen und den Parteien mündlich bekannt zu machen.

39) Sind mehrere Widersprechende vorhanden, welche ein gleichartiges Interesse haben, so ist zur Vereinfachung des Verfahrens darauf Bedacht zu nehmen, daß sie einen gemeinschaftlichen Bevollmächtigten bestellen, welcher sie bei den weiteren Verhandlungen zu vertreten hat. Soll derselbe zur Empfangnahme der Bescheide, zur Einlegung des Rekurses oder zur vergleichsweisen Einigung mit dem Unternehmer nicht ermächtigt sein, so ist dies ausdrücklich zu erklären.

40) Nach dem Abschluß der Erörterungen sind die Verhandlungen, wenn es erforderlich scheint, dem zuständigen Baubeamten zum Gutachten mitzutheilen. Bei Stauanlagen sind sie dem Baubeamten stets vorzulegen.

Demnächst werden die Verhandlungen mit einer Aeußerung über die Zulässigkeit der Anlage und über die etwa erhobenen Einwendungen in dem vorgeschriebenen Wege der Beschlußbehörde vorgelegt. Wenn es sich um die Genehmigung der Stauanlage für ein zum Betriebe auf Bergwerken und Aufbereitungsanstalten bestimmtes Wassertriebwerk handelt, sind die Verhandlungen zunächst dem Oberbergamt vorzulegen und von diesem mit seiner Aeußerung an den Bezirksausschuß (die Regierung) zu befördern.

3. Verhandlung vor der Beschlußbehörde erster Instanz.

41) Die Beschlußfassung über das Genehmigungsgesuch erfolgt durch das Collegium der Beschlußbehörde; der Erlaß eines Vorbescheids durch den Vorsitzenden dieser Behörde (§. 117 des Gesetzes über die allgemeine Landesverwaltung vom 30. Juli 1883) ist ausgeschlossen.

Sind Einwendungen gegen die Anlage nicht erhoben, so erfolgt die Beschlußfassung ohne vorgängige mündliche Verhandlung. Wird dabei die Genehmigung nach dem Antrage des Unternehmers ohne Bedingungen oder Einschränkungen ertheilt, so bedarf es eines besonderen Bescheides nicht, sondern die Behörde fertigt alsbald die Genehmigungsurkunde (Nr. 47) aus. Wird die Genehmigung versagt, oder nur unter Bedingungen oder Einschränkungen ertheilt, so erläßt die Beschlußbehörde zunächst einen schriftlichen Bescheid an den Unternehmer. Bei Stauanlagen, deren Zulässigkeit auch durch das Oberbergamt zu prüfen ist, ergeht der Bescheid von dem Bezirksausschuß (der Regierung) und dem Oberbergamt gemeinschaftlich.

Der Unternehmer kann innerhalb 14 Tagen nach Zustellung des Bescheides den Rekurs einlegen. Er kann aber auch zunächst bei der Beschlußbehörde auf mündliche Verhandlung der Sache antragen. Auf das demnächst stattfindende Verfahren finden die Bestimmungen der Nr. 42 bis 44 sinngemäße Anwendung.

42) Sind Einwendungen gegen die Anlage erhoben, so ist nach Eingang der Verhandlungen das mündliche Verfahren einzuleiten. Der Unternehmer sowie diejenigen, welche Einwendungen erhoben und diese in dem Vorverfahren nicht zurückgenommen haben, sind zur mündlichen Verhandlung zu laden. Die Ladung derselben erfolgt schriftlich gegen Zustellungsurkunde und mit der Verwarnung, daß beim Ausbleiben nach Lage der Verhandlungen werde Beschluß gefaßt werden.

Hinsichtlich der mündlichen Verhandlung sowie der Erhebung und Würdigung des Beweises finden die Vorschriften der §§. 68. 71, 72, 73 und 75, 76 bis 79 und 120 des Gesetzes über die allgemeine Landesverwaltung vom 30. Juli 1883 sinngemäße Anwendung (vgl. S. 29 u. ff.).

Die Zuziehung technischer Staats- oder Communalbeamten kann gemäß §. 118 a. a. O. (vgl. S. 32) erfolgen; insbesondere kann der zuständige Gewerberath mit Einwilligung seiner vorgesetzten Dienstbehörde zu der Verhandlung und Berathung zugezogen werden.

Für die Ausschließung oder Beschränkung der Oeffentlichkeit sind die in den §§. 173 bis 176 des Gerichtsverfassungsgesetzes enthaltenen Bestimmungen maßgebend (vgl. Anm. 4 zu §. 21 der Reichs-Gewerbe-Ordnung S. 18 d. Buches).

Der Beschluß ist den Betheiligten in dem Termin zu verkünden. Erscheint die Aussetzung desselben nothwendig, so erfolgt die Verkündung in einer sofort anzuberaumenden und den Parteien bekannt zu machenden Sitzung. Der Bescheid ist, falls er bei der Verkündung noch nicht in vollständiger Form abgefaßt war, vor Ablauf einer Woche vom Tage der Verkündung ab schriftlich abzusetzen.

43) In dem Bescheide sind der Unternehmer sowie die Widersprechenden namentlich zu bezeichnen. Die Beschlußformel, welche von den Gründen zu sondern ist, muß aussprechen, wie über den Antrag des Unternehmers entschieden ist, und wem die Kosten auferlegt sind.

Falls die Anlage für zulässig erachtet wird, empfiehlt es sich, die Genehmigung unter folgendem Vorbehalt zu ertheilen:

Die unterzeichnete Behörde behält sich vor, die Bedingungen, unter welchen diese Genehmigung ertheilt ist, abzuändern und zu ergänzen, falls sich ein Bedürfniß hierzu ergeben sollte. Die Beschlußfassung hierüber erfolgt in dem für die Beschlußfassung über Genehmigungsgesuche vorgeschriebenen Verfahren unter Zuziehung der in dem gegenwärtigen Verfahren zugezogenen Parteien.

Diese Genehmigung wird ferner nur auf so lange ertheilt, als nicht eine wesentliche Bedingung, unter welcher die Genehmigung ertheilt worden, verletzt, oder ohne neue Genehmigung eine wesentliche Veränderung der Betriebsstätte, eine Verlegung des Lokals oder eine wesentliche Veränderung in dem Betriebe der Anlage vorgenommen und wegen einer dieser Handlungen gegen den Inhaber der Anlage ein rechtskräftiges gerichtliches Urtheil ergangen ist. Tritt dieser Fall ein, so beschließt die unterzeichnete Behörde in dem für die Beschlußfassung über Genehmigungsgesuche vorgeschriebenen Verfahren und unter Zuziehung der in dem gegenwärtigen Verfahren zugezogenen Parteien darüber, ob der Fortbestand der Genehmigung zu bewilligen oder zu versagen sei. Fällt dieser Beschluß auf Versagung aus, so erreicht die ertheilte Genehmigung mit der Rechtskraft dieses Beschlusses ihr Ende.

Außerdem ist in dem Bescheide die Bemerkung aufzunehmen, daß der Unternehmer erst mit der Rechtskraft des Beschlusses die Befugniß zur Ausführung der Anlage erhält.

44) Der Bescheid ist einmal für den Unternehmer und einmal für die Widersprechenden auszufertigen. Die Ausfertigung für die letzteren wird dem gemeinschaftlichen Bevollmächtigten oder, wenn ein solcher nicht bestellt ist, einem der Widersprechenden zugestellt, die übrigen erhalten in diesem Falle Abschrift der Beschlußformel und zugleich Nachricht, wem die Ausfertigung übersandt worden ist. Behörden, welche gegen die Anlage Einspruch erhoben haben, ist stets vollständige Abschrift des Bescheides zuzustellen. Die Uebersendung erfolgt in allen Fällen gegen Zustellungsurkunde.

4. Rekursverfahren.

45) Die Rekursfrist beginnt mit Zustellung des Beschlusses oder der Beschlußformel. Für die Berechnung der Frist sind die Vorschriften der Civil-Prozeß-Ordnung maßgebend.

Auf die Einlegung des Rekurses und auf das weitere Verfahren findet der §. 122 des Gesetzes über die allgemeine Landesverwaltung vom 30. Juli 1883 Anwendung (vgl. S. 34). Unbeschadet der in Nr. 28 Abs. 1 dieser Anweisung getroffenen Bestimmung kann in einzelnen Fällen zur Begründung des Rekurses sowie zur Gegenerklärung eine Nachfrist gewährt werden.

Die Rekursschrift ist, falls eine Gegenpartei vorhanden ist, die Rekursbeantwortung in allen Fällen in zwei Exemplaren einzureichen. Wenn mehrere Gegner des Rekurrenten vorhanden sind, so erhält jeder eine vollständige Abschrift der Rekursschrift.

46) Der Rekursbescheid wird der Beschlußbehörde erster Instanz zugefertigt.[1]) Diese theilt ihn in Ausfertigung dem Unternehmer und denjenigen Gegnern mit, welche an dem Rekursverfahren Theil genommen haben, wobei wie bei Mittheilung des Bescheides erster Instanz (Nr. 44) zu verfahren ist.

Auszug aus einem Zirkularreskript des Ministeriums für Handel, Gewerbe und öffentliche Arbeiten betreffend die Mitwirkung des Medizinalraths bei den Recursentscheidungen in gewissen Fällen, v. 24. Juli 1852. (M.Bl. f. d. i. V. S. 176.)

„Auch bestimme ich bei dieser Veranlassung, daß, wenn den Anträgen auf Genehmigung gewerblicher Anlagen die Einrede entgegengestellt wird, die Anlage sei der Gesundheit von Menschen oder Vieh schädlich, jedesmal bei Einreichung der Sache zur Recursentscheidung aus dem Berichte der Königl. Regierung sich ergeben muß, daß der Medizinalrath des Collegiums mitgewirkt hat."

5. Genehmigungsurkunde.

47) Sind gegen die Anlage Einwendungen nicht erhoben worden, und soll die Genehmigung zur Ausführung ohne weitere Bedingungen nach dem Antrage des Unternehmers ertheilt werden, so fertigt die Beschlußbehörde alsbald die Genehmigungsurkunde aus. In allen anderen Fällen erfolgt deren Ausfertigung nach Abschluß des Verfahrens, sobald der Beschluß erster Instanz rechtskräftig geworden oder der Rekursbescheid ergangen ist. Zu Stauanlagen für ein zum Betriebe auf Bergwerken und Aufbereitungsanstalten bestimmtes Wassertriebwerk wird die Genehmigungsurkunde von dem Bezirksausschusse (der Regierung) und dem Oberbergamt gemeinschaftlich ausgefertigt.

In der Urkunde sind sämmtliche Bedingungen, unter welchen die Anlage genehmigt worden ist, aufzuführen und die von dem Unternehmer eingereichten, dem Verfahren zu Grunde gelegten Beschreibungen, Zeichnungen und Pläne ausführlich zu bezeichnen, auch, soweit angänglich, durch Schnur und Siegel damit zu verbinden. Auf Karten und Zeichnungen, welche in dieser Art mit der Urkunde nicht verbunden werden können, ist die Zugehörigkeit zu derselben zu vermerken.

Eine Ausfertigung der Genehmigungsurkunde ist dem Unternehmer, eine zweite mit den Verhandlungen der zuständigen Polizeibehörde zu übersenden.

Vor Ertheilung der Genehmigungsurkunde ist die Ausführung der Anlage nicht gestattet.

6. Kosten.

48) Ist eine Partei gemäß §. 22 der Gewerbeordnung in die Kosten des Verfahrens verurtheilt worden, so fallen ihr außer den baaren Auslagen der Behörde auch die baaren Auslagen des Gegners zur Last, soweit dieselben nach dem Ermessen der Be-

hörde zur zweckentsprechenden Wahrnehmung des Parteiinteresses nothwendig waren.

Anträge auf Festsetzung der einer Partei zu erstattenden Kosten sind nach Beendigung des Beschlußverfahrens bei der Beschlußbehörde erster Instanz anzubringen und von dieser zunächst der Gegenpartei zur Erklärung mitzutheilen. Gegen den Festsetzungsbeschluß steht beiden Theilen innerhalb 14 Tagen die Beschwerde an die Rekursbehörde zu, auf welche die Bestimmungen der Nr. 45 Anwendung finden.

Für die Gebühren der Zeugen und Sachverständigen gelten die in Civilprozessen zur Anwendung kommenden Vorschriften (vgl. §. 22 der Gewerbe-Ordnung S. 13).

B. Verfahren bei der Errichtung oder Veränderung von Dampfkessel-Anlagen (§§. 24 und 25).

(Vgl. IV. Abschn. d. Buches.)

49) Das Gesuch um Ertheilung der Genehmigung ist bei den in Nr. 28 bezeichneten Behörden anzubringen. Handelt es sich um die Genehmigung eines zum Betriebe auf Bergwerken und Aufbereitungsanstalten bestimmten Dampfkessels, so ist dasselbe an den Revierbeamten zu richten.

Aus dem Gesuche muß der vollständige Name, der Stand und Wohnort des Unternehmers ersichtlich sein. Demselben sind

eine Beschreibung und eine Zeichnung des Kessels in einfachen Linien,

außerdem, wenn die Anlage eines feststehenden Dampfkessels beabsichtigt wird,

eine Situationszeichnung und ein Bauriß

in je zwei Exemplaren beizufügen.

50) In der Beschreibung sind die Dimensionen des Kessels, die Stärke und Gattung des Materials, die Art der Zusammensetzung, die Dimensionen der Ventile und deren Belastung, die Einrichtung der Speisevorrichtung und der Feuerung, sowie die Kraft und Art der Dampfmaschine anzugeben.

Aus der Zeichnung muß die Größe der vom Feuer berührten Fläche zu berechnen, und die Höhe des niedrigsten zulässigen Wasserstandes über den Feuerzügen zu ersehen sein; auf die Einrichtung der Dampfmaschine braucht sie sich nicht zu erstrecken. Die Situationszeichnung hat die an den Ort der Aufstellung des Kessels stoßenden Grundstücke zu umfassen.

Aus dem Bauriß muß sich der Standort der Maschine und des Kessels, der Standort und die Höhe des Schornsteins, sowie die Lage der Feuer- und Rauchröhren gegen die benachbarten Grundstücke deutlich ergeben, den Umständen nach kann ein einfacher Grundriß und eine Längenansicht oder ein Durchschnitt genügen.

Die Zeichnungen müssen den unter Nr. 31 aufgestellten Anforderungen entsprechen.

51) Die Vorlagen sind von der Behörde, bei welcher das Genehmigungsgesuch anzubringen ist, nach den unter Nr. 32 gegebenen Vorschriften zu prüfen. Bei dieser Prüfung ist an Stelle des Baubeamten und des Gewerberaths der mit den Dampfkesselrevisionen beauftragte Sachverständige zuzuziehen. Demnächst werden die Vorlagen von der Behörde, falls dieselbe nicht zugleich die Beschlußbehörde ist, der letzteren mit einer gutachtlichen Aeußerung eingereicht.

Die Beschlußfassung über das Genehmigungsgesuch erfolgt nach den in Nr. 41 gegebenen Vorschriften.

Auf das Rekursverfahren finden die Bestimmungen der Nr. 45 und 46 sinngemäße Anwendung.

Für die Ausfertigung der Genehmigungsurkunde gelten die unter Nr. 47 gegebenen Bestimmungen. Wo das Oberbergamt über die Zulässigkeit einer Anlage entscheidet, fertigt dasselbe auch die Genehmigungsurkunde dafür aus.

C. Verfahren behufs Untersagung der ferneren Benutzung einer gewerblichen Anlage (§. 51).

52. Die Untersagung der ferneren Benutzung einer gewerblichen Anlage erfolgt durch schriftliche, dem Besitzer der Anlage

zuzustellende Verfügung der Beschlußbehörde. Der Erlaß eines Vorbescheids durch den Vorsitzenden dieser Behörde (§. 117 des Gesetzes über die allgemeine Landesverwaltung vom 30. Juli 1883) ist ausgeschlossen.

Dem Erlaß einer solchen Verfügung muß eine commissarische Erörterung des Gegenstandes vorausgehen, zu welcher der Besitzer der Anlage, etwaige Antragsteller und der Vorstand der Gemeinde, in deren Bezirk die Anlage sich befindet, zuzuziehen sind.

Der Zweck dieser Erörterung ist, festzustellen, ob und in welchem Umfang durch den Betrieb der Anlage Nachtheile und Gefahren für das Gemeinwohl entstehen.

53) Der Besitzer der Anlage kann innerhalb 14 Tagen nach Zustellung der Verfügung den Rekurs einlegen. Er kann aber auch zunächst bei der Beschlußbehörde auf mündliche Verhandlung der Sache antragen. Auf die demnächst stattfindende mündliche Verhandlung finden die Bestimmungen der Nr. 42—44, auf das Rekursverfahren die Bestimmungen der Nr. 45 und 46 sinngemäße Anwendung.

54) Nachdem die Verfügung, durch welche die fernere Benutzung der Anlage untersagt wird, rechtskräftig geworden ist, kann die Einstellung des Betriebs polizeilich erzwungen werden.[1—2])

[1]) Der ausschließlich auf die Provinz Hannover sich beziehende Schlußsatz ist fortgelassen, weil vom 1. Juli 1885 ab das Gesetz über die allgemeine Landesverwaltung vom 30. Juli 1883 und das Zuständigkeitsgesetz vom 1. August 1883 dort in Kraft getreten sind.

[2]) Die Abtheilungen D. und E. Nr. 55—66 dieser Anweisung beziehen sich ausschließlich auf personelle Konzessionen und sind darum, als nicht hierher gehörig, fortgelassen.

B.

Technische Anleitung

zur

Wahrnehmung der den Kreisausschüssen durch §. 135, V. Nr. 1 (ersetzt durch §. 109 des Zuständigkeitsgesetzes vom 1. August 1883. G.S. S. 237) **der Kreis-Ordnung vom 13. Dezember 1872 hinsichtlich der Genehmigung gewerblicher Anlagen übertragenen Zuständigkeiten.**

Vom 14. April 1875. (M.Bl. f. d. i. V. 1875, S. 105.)

I. Allgemeine Gesichtspunkte.

Bei Prüfung der Konzessionsgesuche ist davon auszugehen, daß nur solche Nachtheile, Gefahren oder Belästigungen, welche in der physischen Einwirkung der Anlage auf ihre Umgebung ihren Grund haben, zur Erörterung zu ziehen sind, Nachtheile anderer Art aber, auf welche zuweilen im kontradiktorischen Verfahren der Einspruch der Opponenten basirt wird, z. B. schädliche Konkurrenz, Vertheuerung der Arbeitskräfte, stärkere Abnutzung öffentlicher Wege, Erhöhung der Feuerversicherungsprämie u. dergl. m. ebenso außer Betracht bleiben, wie Einwendungen, welche auf speziellen privatrechtlichen Titeln beruhen. (Vergl. Nr. 38 der Instruktion vom 4. September 1869.)

Es ist zu erwägen, ob jene Nachtheile, Gefahren oder Belästigungen dasjenige Maß überschreiten, dessen Duldung sowohl den Nachbarn als dem Publikum im Interesse der für die allgemeine Wohlfahrt unentbehrlichen Industrie angesonnen werden kann.

Ist diese Frage auf der Grundlage der von dem Antragsteller vorgelegten Projektstücke zu bejahen, so wird in eine weitere Erörterung darüber einzutreten sein, ob durch Vorschriften über die Einrichtung der Anlage oder die Art und Weise des Betriebs der Umgebung genügender Schutz gewährt werden kann. Nur wenn sich dies als unausführbar herausstellt, wird die Abweisung des Konzessionsgesuchs, andernfalls aber die Ertheilung der Konzession unter gleichzeitiger Festsetzung der für erforderlich erachteten Bedingungen und Vorbehalte auszusprechen sein.

Besondere Sorgfalt verlangt die Behandlung der festen und flüssigen Fabrikabgänge. Das Vergraben und Versenken derselben wird nur ausnahmsweise bei erwiesener Unschädlichkeit dieses Beseitigungsmodus gestattet werden können und die Ableitung der Abgänge in öffentliche oder Privatgewässer ist häufig mit so schweren, die lebhaftesten und begründetsten Klagen der Adjazenten hervorrufenden Uebelständen verknüpft, daß gerade dieser Punkt die vollste Aufmerksamkeit der Konzessionsbehörde erheischt. Es kann nicht für angemessen erachtet werden, in dem Konzessionsverfahren diesen Gegenstand von der Erörterung auszuschließen und der besonderen polizeilichen Regelung auf Grund der Kabinets-Ordre vom 24. Februar 1816 (Ges. Samml. S. 108) und der §§. 3 und 4 des Gesetzes über die Benutzung der Privatflüsse vom 28. Februar 1843 (Ges. Samml. S. 41) vorzubehalten, vielmehr ist die Konzession, wenn die Absicht des Unternehmers, sich der Betriebsabgänge durch Ableitung derselben in Wasserläufe zu entledigen, aus seinen ausdrücklichen Erklärungen oder aus den Umständen des Falls erhellt, und hiervon erhebliche Uebelstände zu besorgen sind, zu versagen oder an die geeigneten Bedingungen zu knüpfen. Im Falle der Konzessionsertheilung ist es überdies rathsam, der Polizeibehörde ausdrücklich das Recht zu wahren, jederzeit die Ableitung der Abgänge in Wasserläufe von weiteren Bedingungen abhängig zu machen, oder auch gänzlich zu untersagen, falls die bei Ertheilung der Konzession gegebenen Vorschriften sich als unzulänglich erweisen sollten. Soweit Interessen von Fischereiberechtigten betheiligt sind, ist §. 43 des Gesetzes vom 30. Mai 1874 (Ges. Samml. S. 197), insbesondere Absatz 2 und 6, zu beachten.

Nach alter Praxis pflegt bei Fabriken mit größeren Feuerungsanlagen vorgeschrieben zu werden, daß der Unternehmer verpflichtet sei, durch Einrichtung der Feuerungsanlage, sowie durch Anwendung geeigneten Brennmaterials und sorgsame Bewartung auf eine möglichst vollständige Verbrennung des Rauches hinzuwirken, auch falls sich ergeben sollte, daß die getroffenen Einrichtungen nicht genügen, um Gefahren, Nachtheile oder Belästigungen durch Rauch, Ruß ꝛc. zu verhüten, auf Anordnung der Polizeibehörde solche Abänderungen in der Feuerungsanlage, im Betriebe, sowie in der Wahl des Brennmaterials vorzunehmen, welche zur Beseitigung der hervorgetretenen Uebelstände besser geeignet sind.

Die Beibehaltung dieser Konzessionsklausel empfiehlt sich nicht blos im Interesse der Nachbarschaft, sondern ebensowohl des Unternehmers, dem in der Einrichtung der Feuerungsanlage und der Wahl des Brennmaterials freier Spielraum gewährt und in Folge dessen die rasche Benutzung technischer Fortschritte und günstiger Konjunkturen ermöglicht wird.

Die Gewerbeordnung verpflichtet in §. 107 (jetzt §. 120) alle Gewerbe-Unternehmer, auf ihre Kosten alle diejenigen Einrichtungen herzustellen und zu unterhalten, welche mit Rücksicht auf die besondere Beschaffenheit des Gewerbebetriebes und der Betriebsstätte zu thunlichster Sicherung der Arbeiter gegen Gefahr für Leben und Gesundheit nothwendig sind. Wenn nun auch der Behörde das Recht zusteht, bei konzessionirten Anlagen, wie bei solchen, welche der Konzessionspflicht nicht unterliegen, jederzeit auf Ausführung der entsprechenden Einrichtungen zu dringen (§. 148 Nr. 10), (jetzt §. 147. 4) so soll doch nach §. 18 a. a. O. das Konzessionsverfahren mit dazu benutzt werden, die zum Schutze der Arbeiter erforderlichen Maßregeln zu erörtern und in Form von Bedingungen vorzuschreiben. In dieser Beziehung ist vornehmlich darauf zu sehen, daß die Arbeitsräume in Bezug auf Flächeninhalt, Lage, Heizung, Beleuchtung und Ventilation den allgemeinen Regeln der Gesundheitspflege entsprechen und die Triebmaschinen, Transmissionen, Fallthüren und Treppenöffnungen eine Einfriedigung erhalten. Beachtung verdienen ferner verschiedene andere Punkte, welche in der Formulirung, die sie in dem Erlaß einer Provinzial-Regierung gefunden haben, wie folgt lauten:

1. Jede gewerbliche Anlage und Fabrik muß mit einer ausreichenden Zahl angemessen eingerichteter und in gehöriger Ordnung zu haltender Aborte versehen sein und zwar da, wo auch Arbeiterinnen beschäftigt werden, für die Geschlechter getrennt. Die direkte Verbindung der Aborte mit den Arbeitsräumen, so daß in letztere üble Ausdünstungen einzudringen vermögen, ist unstatthaft.

Da, wo die Arbeiten in verhältnißmäßig warmen Räumen und bei leichter Bekleidung stattfinden, ist darauf zu achten, daß die Aborte zugfrei sind und von den Arbeitsräumen aus ohne besondere Gefahr vor Erkältung erreicht werden können.

2. In allen größeren Fabriken, wo die Arbeiter während der Arbeit einen Theil der Kleider abzulegen oder besondere Arbeitskleider anzulegen gezwungen sind, müssen geeignete und angemessen eingerichtete Räume hergestellt werden, in welchen die Kleider abgelegt und aufbewahrt werden; ganz besonders ist hierauf zu halten, wenn auch weibliche Arbeiter und Kinder beschäftigt werden.

Diese Räume sind für die Geschlechter zu trennen und müssen überall da, wo die Arbeiter in erheblicherem Maße dem Staub oder Erhitzung ausgesetzt sind, mit ausreichenden Waschvorrichtungen versehen sein.

3. Können in größeren Fabriken die Arbeiter während der Mittagsstunde sich nicht nach Hause begeben, so sind für dieselben ausreichende, heizbare und angemessen eingerichtete Speiseräume herzustellen, während gleichzeitig geeignete Vorkehrungen zum Erwärmen der mitgebrachten Speisen einzurichten sind.

Die sub 2 erwähnten Räume können bei angemessener Größe und Einrichtung auch als Speiseräume verwandt werden.

Ein gesundes Trinkwasser muß in allen Fabriken den Arbeitern zu Gebote stehen.

II. Einzelne Anlagen.

1. Gasbereitungs- und Gasbewahrungs-Anstalten.
(Vgl. S. 161 bis 167.)

Es handelt sich hierbei um solche Anlagen, in denen durch trockene Destillation organischer Stoffe, insbesondere von Steinkohlen, Braunkohlen, Holz 2c., Leuchtgas dargestellt, gereinigt und zur Verwendung angesammelt wird. Sie erfordern verhältnißmäßig umfangreiche Betriebsstätten und sind in gewerbepolizeilicher Hinsicht insoweit von besonderer Wichtigkeit, als sie meistens in, oder in unmittelbarer Nähe von Städten und bewohnten Orten, in denen das erzeugte Gas Verwendung findet, betrieben werden.

Die Belästigungen und Nachtheile, welche den Anwohnern durch den Betrieb dieser Anlagen erwachsen können, sind hauptsächlich folgende:

1. Belästigungen durch den Rauch der Retortenfeuerungen. Zur Verhütung solcher Belästigungen ist Bestimmung nach Maßgabe der aufgestellten allgemeinen Gesichtspunkte zu treffen.
2. Uebelstände, verursacht durch Reinigung der das Gas aus den Retorten abführenden Steigeröhren vermittelst Ausbrennens. Es empfiehlt sich, diese Art der Reinigung nicht zu gestatten.
3. Belästigungen durch übelriechende Dünste, welche sich beim Ablöschen der aus den Retorten gezogenen glühenden Koks mehr oder weniger entwickeln.

   Es kann hierin ein Anlaß liegen, das Ablöschen der glühenden Koks im Freien zu untersagen, insbesondere wenn sich in der Nähe der Ablöschstelle bewohnte Gebäude befinden, denen durch den vorherrschenden Wind dieser Dunst und Dampf zugeführt wird.
4. Verunreinigung des Erdreichs und der Gewässer durch das bei der Destillation der Kohlen und bei dem Gasreinigungsprozesse erzeugte Gaswasser.

Nach dem Abkühlen des Gases in Kondensationsvorrichtungen erfolgt dessen Reinigung theils durch Kalk, theils durch ein Gemenge von Eisenoxyd mit Sägespänen oder ähnlichen lockeren Substanzen (Laming'sche Masse). Das Gaswasser enthält Ammoniak, auch Schwefel- und Cyanverbindungen, welche, wenn dasselbe in das Erdreich versenkt wird, auf weite Entfernungen hin die Brunnen infizieren, auch die Vegetation schädigen können. Es ist daher geboten, das Versenken desselben in das Erdreich unbedingt zu untersagen und dagegen die Bedingung zu stellen, alle diese überdies mehr oder weniger widrig riechenden Flüssigkeiten und Abwässer in wasserdichten, bedeckt gehaltenen Behältern anzusammeln. Es empfiehlt sich dabei, die Beseitigung dieser Füssigkeiten von dem Grundstücke der Gasanstalt unter Kontrole zu stellen.

Anlagen zur Verarbeitung der Gewässer erfordern als chemische Fabriken besondere Konzession, zu deren Ertheilung die Bezirksregierung zuständig ist,

5. Feuer- und Explosionsgefahr, insbesondere bezüglich der Gasbehälter, der sogenannten Gasometer. Die Gasometer werden theils im Freien, theils, um sie gegen die Einwirkungen des Sturmes und des Frostes zu schützen, in besonderen Gebäuden aufgestellt, die zu anderen Zwecken gleichzeitig nicht benutzt werden dürfen. Im ersten Falle ist ihre Entfernung von nachbarlichen Gebäuden so zu bemessen, daß sie möglichst geschützt sind und von herabstürzenden brennenden Hölzern nicht getroffen werden können. Auch muß ringsum noch ein zur Aufstellung und Handhabung von fahrbaren Löschvorrichtungen genügender Raum bleiben.

Dasselbe gilt für die Gasometergebäude. Um das in Folge von Undichtheiten sich in diesen Gebäuden etwa ansammelnde Gas unschädlich in die Atmosphäre abzuführen, sind solche in ihrem oberen Theile mit Oeffnungen zu versehen, die durch entsprechende, von außen zu handhabende Vorrichtungen nach Bedürfniß geöffnet und verschlossen werden können. Die Anlage von Feuerungen im Gasometergebäude ist unbedingt zu untersagen, und das Eintreten in dasselbe mit Licht nur unter der Bedingnng zu gestatten, daß Davy'sche Sicherheitslampen benutzt werden.

Endlich ist die ausschließliche Anwendung von Davy'schen Sicherheitslampen in allen solchen Räumen der Anstalt, in denen Gasausströmungen zu befürchten sind, zur Bedingung zu machen.

2. Anstalten zur Destillation von Erdöl.
(Vgl. Seite 167 bis 176.)

In diesen Anlagen wird durch Umdestillation von rohem Erdöl raffinirtes Petroleum bereitet. Bei dem Betriebe derselben können in Folge von Undichtigkeiten der Destillationsgeräthe Dämpfe entweichen, welche die Nachbarschaft belästigen. Auch kann bei nicht feuersicher angelegten Gebäuden der Betrieb feuergefährlich sein.

Es ist deshalb bei der Konzessionirung dieser Anstalten vorzuschreiben, daß dieselben mit gut eingerichteten, völlig dichten, zu einer möglichst vollständigen Kondensation der Dämpfe geeigneten Destillationsapparaten versehen, und daß die Arbeitsräume feuersicher angelegt, am besten massiv überwölbt werden.

Die Lagerräume für das rohe Erdöl dürfen nur mit Davy'schen Sicherheitslampen betreten werden.

Auch sind die Polizeivorschriften bezüglich der Lagerung des Petroleums zu beachten.

3. a. b. Anlagen zur Bereitung von Braunkohlen- und Steinkohlentheer, sofern sie außerhalb der Gewinnungsorte des Materials errichtet werden.
(Vgl. Seite 176 bis 180.)

Es handelt sich bei diesen Anstalten um die Abschwälung von Braun- und Steinkohlen Behufs der Gewinnung von Theer und dessen Destillationsprodukten (Photogen, Solaröl, Schmieröl, Paraffin ꝛc.).

Bei diesen Prozessen können übelriechende, die Nachbarschaft belästigende, auch feuergefährliche Dünste erzeugt werden; es können durch den Betrieb der erforderlichen Feuerungsanlagen Uebelstände in Folge der Verbreitung von Rauch zc. entstehen, und auch durch die flüssigen, bei den Reinigungsoperationen entstehenden Abgänge können Belästigungen der Nachbarschaft herbeigeführt werden.

Zu diesem Gewerbebetriebe ist ein verhältnißmäßig großes Grundstück von geeigneter Lage erforderlich.

Für die Destillationsapparate gilt das unter Nr. 2 (Destillation von Erdöl) Bemerkte. Bezüglich der Beseitigung der bei dem Reinigen der Produkte entstehenden flüssigen Abgänge vergleiche Allgemeine Gesichtspunkte.

Da die Destillationsoperationen, sowie auch die Reinigungsmanipulationen Feuersgefahr herbeiführen können, so ist darauf zu sehen, daß die betreffenden Prozesse nur in solchen Räumen ausgeführt werden, welche eine genügende Garantie gegen Feuersgefahr darbieten. Die für den Betrieb erforderlichen Feuerungen müssen den in den Allgemeinen Gesichtspunkten bezeichneten Anforderungen entsprechen.

3. c. Anlagen zur Bereitung von Koks, sofern sie außerhalb der Gewinnungsorte des Materials errichtet werden. (Vgl. S. 181 u. 182.)

Bei dem Betriebe derselben werden Steinkohlen durch Erhitzung in mehr oder weniger geschlossenen Vorrichtungen, welche die Gestalt von Kanälen oder Schächten haben, in Koks verwandelt.

Mögliche Uebelstände sind:

Entwickelung dampfförmiger, brennbarer übelriechender Produkte,

Ausströmen großer Mengen von Wasserdämpfen beim Ablöschen der den Oefen entnommenen glühenden Koks,

Rauchgase und Verbrennungsprodukte, welche beim Betriebe erzeugt werden.

Mit Rücksicht hierauf wird es sich bei der Konzessionirung solcher Anlagen darum handeln, daß die bei der Verkokung entstehenden Gase und Theerdünste möglichst vollständig in den Zügen des Koksofens selbst, oder in anderen Heizvorrichtungen verbrannt werden. Auch müssen die Feuerungen so eingerichtet sein, daß sie dem unter den Allgemeinen Gesichtspunkten Gesagten entsprechen.

Die Verbreitung von Wasserdämpfen und Dünsten beim Ablöschen des glühenden Koks läßt sich durch bauliche Einrichtungen 2c. nur schwer verhüten. Deshalb dürfen derartige Anstalten nur in einer solchen Entfernung von bewohnten Gebäuden angelegt werden, daß deren Bewohner einer Belästigung durch diese Dämpfe und Dünste nicht ausgesetzt sind. Entfernungen, welche eine Garantie gegen erhebliche Belästigungen der Umwohner leisten, lassen sich allgemein nicht vorschreiben, sondern sind in jedem einzelnen Falle nach Maßgabe der lokalen Verhältnisse der projektirten Anstalten und der vorherrschenden Windesrichtungen festzustellen.

4. Glas- und Rußhütten. (Vgl. S. 182.)

Der Betrieb dieser Anlagen kann Belästigungen durch Rauch und Ruß verursachen, und deshalb ist bei deren Konzessionirung namentlich die bezügliche Bestimmung der allgemeinen Gesichtspunkte in Betracht zu ziehen.

Die gedachten Uebelstände können wie bei den Kalk- und Ziegelöfen durch einen Schornstein von angemessener Höhe wesentlich vermindert werden.

Sind bewohnte Liegenschaften in der Nähe, so empfiehlt es sich, dem Schornsteine eine solche Höhe zu geben, daß der ausströmende Rauch über die nächsten bewohnten Häuser hinweggeführt wird.

5. Kalk- (Cement-) Oefen. (Vgl. S. 183 u. 184.)

In diesen Oefen werden Kalksteine oder Cementmaterialien Behufs der Bereitung von Mörtel gebrannt. Dieselben haben eine sehr verschiedenartige Form; meistens sind sie cylindrisch, prismatisch, auch kegel- und trichterförmig gestaltet. Auch ihre Konstruktion ist sehr verschieden, je nachdem sie für einen kontinuirlichen, oder nur für einen periodischen Betrieb bestimmt sind. Bei dem Betriebe derselben können Belästigungen durch Rauch und auch durch den Staub des gebrannten Kalks herbeigeführt werden; es kommt deshalb bei ihrer Konzessionirung insbesondere die allgemeine, die Feuerungen betreffende Bestimmung in Betracht. Ein wesentliches Hülfsmittel zur Milderung des gedachten Uebelstandes ist ein Schornstein von entsprechender Höhe. Wenn bewohnte Liegenschaften in der Nähe sich befinden, so empfiehlt es sich, die Höhe des Schornsteines so zu bemessen, daß unter normalen Verhältnissen der ausströmende Rauch über die benachbarten Gebäude fortgeführt wird.

Auch empfiehlt es sich, die etwa den Nachbargrundstücken oder den öffentlichen Wegen zugekehrten Beschickungsöffnungen mit Thüren zu versehen, und auch Vorrichtungen, durch welche der Verbreitung von Kalkstaub vorgebeugt wird, z. B. Vorbauten vor den Auszugsöffnungen, anzubringen.

6. Gypsöfen. (Vgl. S. 183 u. 184.)

Durch den Betrieb dieser Oefen werden weniger leicht, als durch den Betrieb der Kalk- und Cementöfen Uebelstände durch Rauch, Ruß ꝛc. herbeigeführt, weil zum Brennen von Gyps ein wesentlich geringerer Wärmegrad als zum Brande von Kalk erforderlich ist, und in Folge dessen die Feuerungen der Regel nach weniger umfangreich sind.

Da es sich hier lediglich um die Beseitigung des Rauches handelt, so kommt insbesondere die hierauf bezügliche, unter den Allgemeinen Gesichtspunkten erwähnte Bestimmung in Betracht.

7. Ziegelöfen. (Vgl. S. 184 bis 186.)

Dieselben zerfallen in zwei Hauptklassen: in die kontinuirlichen, in welchen die Feuerung ununterbrochen unterhalten wird, und in die periodischen, bei denen der Betrieb mit Unterbrechungen stattfindet.

Die Gestalt der Brennräume und die spezielle Einrichtung der Feuerungen ist eine sehr verschiedene.

Bei dem Betriebe der Ziegelöfen können Belästigungen durch Rauch stattfinden. Dieser Uebelstand kann durch gute Konstruktion der Feuerungen und durch die Anlage eines Schornsteins von geeigneter Höhe wesentlich abgemindert werden.

Die Erfahrung hat gelehrt, daß die kontinuirlichen ringförmigen Oefen den Rauch besser verzehren, als die periodisch betriebenen, einfachen Oefen.

8. Anlagen zur Gewinnung roher Metalle.
(Vgl. S. 197.)

Die chemischen Operationen zur Darstellung der Metalle (Hüttenprozesse) sind theils Schmelzprozesse (für Blei, Silber, Kupfer, Nickel, Kobalt), theils Destillations- oder Sublimationsprozesse (für Zink oder Arsen), theils Prozesse auf nassem Wege.

Bei der Verhüttung schwefelhaltiger Erze entwickelt sich schweflige Säure, bei einem Arsengehalte der Erze auch arsenige Säure. Da die schweflige Säure schon in geringen Mengen auf große Entfernungen hin einen schädlichen Einfluß auf die Vegetation ausübt, so muß die Auswahl eines Ortes für derartige Hüttenanlagen mit besonderer Umsicht geschehen. Am besten eignet sich dafür eine sterile Gegend. Unter allen Umständen ist ein Terrain von geeigneter Größe erforderlich.

Als Mittel, den Einfluß der schwefligen Säure in möglichst engen Grenzen zu halten, empfehlen sich:

die Anwendung passend konstruirter Oefen statt der früher üblichen Haufen und Stadeln, die Benutzung der schwefligen Säure zur Schwefelsäurefabrikation, die Absorption derselben in mit Kalk oder sodagetränkten Koks gefüllten Thürmen, oder endlich, wenn diese Mittel nicht anwendbar sind, das Einleiten des Gases in einen Schornstein von beträchtlicher Höhe.

Auf die Höhe des Schornsteins wird wesentlich der Umfang des Betriebes und die Lage des Hüttenwerks, ob im Thale, an einem Berge oder auf demselben, Windrichtung und Anderes influiren.

Verflüchtigte metallische Dämpfe, welche auf den thierischen und vegetabilischen Organismus schädlich einwirken — in erster Linie Blei- und Arsenverbindungen — lassen sich durch hinreichend geräumige trockene oder nasse Kondensationskammern, verbunden mit einem hohen Schornstein, meist zur Genüge beseitigen. Man leitet zu dem Ende den Rauch zweckmäßig in geräumige Kamine oder Kanäle, event. in Bleikammern (Behufs Ausnutzung der schwefligen Säure zur Schwefelsäurefabrikation) und den Rest in den Schornstein.

Bei der Anwendung von Chlorverbindungen, z. B. von Kochsalz, so für die Silber- und Kupferextraktion treten Chlor- und Chlorwasserstoffgas auf, welche nicht minder schädlich als schweflige Säure sind. Diese Produkte können in mit Wasser gespeisten Koksthürmen größtentheils zurückgehalten werden, in welchen dann auch Metalldämpfe sich kondensiren.

Die bei den metallurgischen Arbeiten entstehenden festen Abfälle, die Schlacken, Ofenbrüche, Fluthafter ꝛc. können gleichfalls Uebelstände herbeiführen. Die Ablagerung derselben darf nur an solchen Orten geschehen, wo weder Menschen noch Vieh Schaden daran nehmen können. Die Schlacken, namentlich die vom Puddeln und Schweißen des Eisens, erhalten sich unter einer erstarrenden und leicht zerbrechenden Kruste längere Zeit sehr heiß.

Besondere Vorsicht erheischt die Aufbewahrung, Ablagerung der bei der Zink- und Arsengewinnung entstehenden Rückstände.

Derartige Abfälle gerathen nämlich, wenn u. A. Kohlentheilchen und Schwefelmetalle eingemengt sind, zuweilen in Brand und entlassen schweflige Säure. Auch können beim Verwittern und Auslaugen solcher Halden durch Regen die Vegetation verderbende und benachbarte Gewässer verunreinigende Metalllösungen entstehen, weshalb es sich empfiehlt, die Sohle der betreffenden Lagerplätze wasserdicht herzustellen und dieselben nur in größerer Entfernung von Nachbargrundstücken und Gewässern anzulegen. Ganz besondere Fürsorge ist bei Aufstürzung von Arsenikrückständen zu treffen, welche von der Verarbeitung von Arsenikkies oder Arsenikalkies auf Fliegenstein entstehen, auch nach vorheriger Röstung zu reichlicher Bildung von löslichen Metallsalzen durch

Verwitterung Veranlassung geben können. Der Verbreitung des die Umgebung belästigenden Metallrauches bei Sublimations- und Destillationsprozessen ist durch geeignete Apparate, Kondensationsvorrichtungen und Essen möglichst entgegen zu wirken. Die Aufbewahrung der Arsenhüttenprodukte hat unter sicherem Verschluß stattzufinden.

Die Metalldarstellung auf nassem Wege hat, wie z. B. der Kupferchlorations- und Cementationsprozeß, die Bildung von festen Rückständen und von sauren Abgangsflüssigkeiten im Gefolge. Für die Aufbewahrung der ersteren gilt das über Zink- und Arsenrückstände Gesagte. Die sauren metallischen Lösungen können Gewässer leicht erheblich verunreinigen und dürfen in dieselben nur dann eingelassen werden, wenn dadurch Uebelstände nicht entstehen. In jedem Falle müssen sie vorher abgeklärt und entsäuert werden.

9. Metall-Gießereien. (Vgl. S. 201 bis 208.)

Dieselben bezwecken das Umschmelzen von Metallen oder Legirungen, um dieselben in bestimmte Formen zu bringen, sowie auch die Darstellung von Legirungen. Das Schmelzen kann sowohl in Tiegeln, als auch in Oefen geschehen.

Die Anstalten, in welchen das Schmelzen lediglich in Tiegeln stattfindet, sind nicht konzessionspflichtig.

Die Schmelzräume müssen feuersicher und von bewohnten Nachbargrundstücken soweit entfernt sein, daß nicht Belästigungen durch Auswürfe von Funken oder glühenden Substanzen aus den Schornsteinen der Oefen und durch Dünste stattfinden.

Funkenfänger, sowie entsprechend hohe Schornsteine sind geeignete Schutzmittel gegen Unzuträglichkeiten, welche in der Verbreitung von Metalldünsten, Gasen und Funken beruhen können. Bei Anwendung von Ventilatoren sind Konstruktionen zu wählen, welche möglichst wenig Lärm verursachen.

10. Hammerwerke. (Vgl. S. 208 bis 211.)

Der Betrieb der Hammerwerke, zu welchen auch die Stampf- und Walzwerke zu zählen sind, kann Belästigungen durch Lärm, sowie durch Erschütterungen und auch Beschädigungen verursachen.

Die Erschütterungen werden hinreichend vermieden durch eine gute Isolirung der Fundamente, sowie bei Hammer- und Stampfwerken durch eine ausreichende Schwere der Schabotte, welche bei größeren Werken dieser Art, wenn Sandboden vorhanden ist, mindestens das Zehnfache, bei Steinboden mindestens das Zwanzigfache des Bär- oder Stempel-Gewichtes haben muß, während bei kleineren Werken das Fünf- resp. Zehnfache des Bär- oder Stempel-Gewichtes genügt.

Der Lärm läßt sich nicht vermeiden, weshalb auf eine hinreichende Entfernung von bewohnten Gebäuden Rücksicht genommen werden muß.

11. Schnellbleichen. (Vgl. S. 237 bis 239.)

In diesen Anstalten wird und zwar hauptsächlich unter Beihülfe von alkalischen Stoffen (Lauge, Kalk) und von Chlor das Bleichen von Garn und von Geweben ausgeführt.

Uebelstände werden bei diesem Gewerbebetriebe hauptsächlich durch die Ableitung der unreinen, mit Resten von Chlor und Laugen behafteten Abwässer, sowie auch durch die bei der Bereitung von Chlor resultirenden flüssigen Abgänge herbeigeführt. Um dieselben zu vermeiden, müssen die betreffenden Flüssigkeiten nach Maßgabe der unter den Allgemeinen Gesichtspunkten erörterten Bestimmungen beseitigt werden.

12. Firnißsiedereien. (Vgl. S. 239 bis 241.)

Bei der Bereitung von Firniß wird Oel mit Bleiglätte, Bolus oder ähnlichen Körpern stark erhitzt. Da hierbei übelriechende Dünste entwickelt werden, so ist es erforderlich, daß das Siedegefäß an seinem oberen Ende mit einem Rohre versehen sei, welches diese Dünste Behufs ihrer Verbrennung in die Feuerung leitet, und daß das Siedegefäß während des Siedeprozesses bedeckt gehalten werde. Wegen der durch ein starkes Erhitzen größerer Partien Oel möglicherweise entstehenden Feuersgefahr ist es erforderlich, daß die betreffenden Arbeitsräume feuersicher angelegt, am besten überwölbt werden, und daß die Feuerung der Siedekessel nicht im Sicderaume selbst stattfindet (vergl. Seifensiedereien).

Da erfahrungsmäßig troß aller Vorsichtsmaßregeln eine Emanation übelriechender Dünste, z. B. beim Oeffnen des Siedebehälters, nicht vermeidlich ist, so bietet die Konzessionirung derartiger Anstalten in der Nähe von Wohnhäusern Bedenken dar.

13. Stärkefabriken. (Vgl. S. 241 bis 243.)

Zur Fabrikation der Stärke dienen sowohl Kartoffeln, als auch Getreidearten und Reis.

Nur diejenigen Anstalten sind konzessionspflichtig, in welchen Getreide oder Reis verarbeitet wird.

Bei diesem Gewerbebetriebe können Belästigungen durch die in reichlicher Menge beim Auskanten der zerkleinerten, eingeweichten, auch in Gährung versetzten Materialien produzirten Wässer entstehen, da dieselben in Folge leicht eintretender Fäulniß oft übelriechende Dünste entwickeln.

Um diese Uebelstände zu vermeiden, muß auf die Anlage solcher Einrichtungen Bedacht genommen werden, welche dazu geeignet sind, diese Flüssigkeiten in einer Weise abzuleiten, daß dabei üble Gerüche nicht entstehen können.

In solchen Fällen, wo Gerinne, welche dieser Anforderung genügen, nicht vorhanden sind, muß die Ableitung der Wässer durch Röhren stattfinden.

In Chausseegräben und in Rinnsteine dürfen die in Rede stehenden Abwässer nicht geleitet werden.

In denjenigen Fällen, wo die Möglichkeit einer raschen Abführung der gedachten Wässer nicht erwiesen ist, kann die Konzession nicht ertheilt werden.

Bei der Abführung dieser Effluvien in Flüsse kommt das in den Allgemeinen Gesichtspunkten Gesagte in Betracht.

14. Stärkesyrups-Fabriken. (Vgl. S. 243 bis 248.)

Bei der Bereitung des Stärkesyrups, wobei die in Wasser zertheilte Stärke mit Säure gekocht wird, entwickeln sich übelriechende Dünste, welche die Nachbarschaft solcher Fabriken öfter sehr belästigen.

Eine vollständige Beseitigung dieses Uebelstandes ist noch nicht geglückt; derselbe kann indessen durch Anordnung geeigneter Kondensationsvorrichtungen vermindert werden.

15. Wachstuch-Fabriken.

Wachstuch ist ein mit einer Firnißschicht bedecktes Gewebe.

Der Betrieb einer Wachstuch-Fabrik kann Belästigungen durch übelriechende Dünste veranlassen, welche sich sowohl beim Aufstreichen der Firnisse, als namentlich beim Trocknen der gestrichenen Gewebe entwickeln. Auch können Feuersgefahren durch die Entzündung der Firnisse und der Gewebe während des Anstreichens und beim Trocknen derselben entstehen.

Da zur Zeit kein Mittel existirt, um namentlich die beim Trocknen der gefirnißten Gewebe an freier Luft emanirten Dünste zurückzubehalten oder zu beseitigen, so ist ein derartiger Gewerbebetrieb nur an solchen Plätzen statthaft, welche von bewohnten Orten oder bewohnten Liegenschaften genügend entfernt sind. Ein Maß für die erforderliche Entfernung läßt sich allgemein nicht angeben, weil auf die Verbreitung der Dünste die lokalen Verhältnisse einen wesentlichen Einfluß ausüben.

Um Feuersgefahren auszuschließen, müssen die Arbeitsräume, in welchen feuergefährliche Operationen ausgeführt, und die Räume, in denen leicht entzündbare Materialien oder Produkte aufbewahrt werden, feuersicher sein.

16. Darmsaiten-Fabriken. (Vgl. S. 278.)

Die Därme werden Behufs der Herstellung von Darmsaiten zuerst durch Einlegen in Wasser gereinigt, sodann zu Saiten zusammengedreht.

Bei diesen Operationen entstehen üble Gerüche, wenn das Rohmaterial nicht frisch ist, und wenn die an animalischen Stoffen reichen Abfallwässer in Zersetzung, in Fäulniß gerathen.

Es empfiehlt sich deshalb, dem Unternehmer zur Bedingung zu machen, daß er nur frisches Material verarbeitet, und daß die bei der Arbeit entstehenden Abfälle in wasserdichten Gruben oder Behältern angesammelt und in unschädlicher Weise beseitigt werden.

Bezüglich der Ableitung der Fabrikwässer sind die für den Betrieb der Gerbereien in Betracht zu ziehenden Grundsätze maßgebend.

17. Dachpappen- und Dachfilz-Fabriken.
(Vgl. S. 248 u. 249.)

Die sogenannten Dachpappen und Dachfilze werden durch Tränken von Pappen oder Filzen in heißem Theer hergestellt.

Hierbei entstehen übelriechende Dünste, und zwar namentlich dann, wenn die mit Theer getränkten Stoffe Behufs der Austrocknung ins Freie gebracht werden, wodurch erhebliche Belästigungen der Umwohner und des Publikums herbeigeführt werden können.

Da der Theer beim Erhitzen über freiem Feuer sich entzünden kann, auch die frisch getränkten Stoffe mehr oder weniger leicht entzündlich sind, so ist der in Rede stehende Betrieb auch feuergefährlich.

Obgleich die in der Emanation unangenehm riechender Dünste beruhenden Uebelstände erheblich geringer sind, wenn, wie es jetzt vielfach geschieht, die getheerten Pappen sofort besandet, zusammengepackt oder zusammengerollt werden, so können trotzdem Belästigungen eintreten, und es ist deshalb die Konzessionirung derartiger Anstalten in unmittelbarer Nähe von Wohnhäusern nicht rathsam. Aus Rücksichten der Feuersicherheit ist es geboten, daß die Arbeitsräume feuerfest hergestellt werden.

18. Leimsiedereien. (Vgl. S. 250 u. 251.)

Der Leim wird theils aus Hautabfällen und Sehnen (Flechsen), theils aus Knochen bereitet. Bei diesem Betriebe können Uebelstände sowohl durch die Ableitung der zum Waschen der Materialien benutzten Wässer, als auch durch die bei den Siede- und Trockenprozessen entwickelten und aus den Lagerräumen der Rohmaterialien verbreiteten Dünste entstehen.

Die Ableitung der Waschwässer darf deshalb nur in einer solchen Weise stattfinden, daß Belästigungen dadurch nicht herbeigeführt werden. Bei der Abführung derselben in Gewässer kommen die betreffenden Bestimmungen der Allgemeinen Gesichtspunkte in Betracht.

Zur Verminderung der beim Sieden leicht auftretenden, in der Verbreitung übelriechender Dünste beruhenden Unzuträglichkeiten empfiehlt es sich, daß die Siedekessel mit einem Rohre versehen werden, welches die beim Kochen entwickelten Dünste in die Feuerung ableitet.

Bei der Fabrikation des Knochenleims können überdies noch höchst übelriechende Dünste durch das Auskochen oder Dämpfen der Knochen entwickelt werden, welche die Nachbarschaft unter Umständen sehr belästigen.

Um diesen Uebelstand zu vermeiden, ist vorzuschreiben, daß die gedachten Operationen nur in geschlossenen Behältern vorgenommen werden dürfen. Die Lagerräume für die Rohmaterialien (Lederabfälle, Flechsen, Knochen ꝛc.) müssen derart eingerichtet und so belegen sein, daß durch die Speicherung der gedachten Rohstoffe keine Belästigungen für die Nachbarschaft entstehen.

19. Thransiedereien.

In den Thransiedereien wird aus dem Fischspeck Fett ausgelassen.

Der Betrieb ist ein ähnlicher, wie der der Talgschmelzen, und die zur Verminderung der bei diesem Gewerbe hervortretenden Unzuträglichkeiten empfohlenen Bestimmungen sind auch zur Verringerung der bei dem Betriebe der Thransiedereien vorhandenen Uebelstände geeignet. Siehe Nr. 23.

20. Seifensiedereien. (Vgl. S. 252 bis 257.)

Der Prozeß der Seifensiederei besteht darin, daß Fette mit kaustischer Lauge gekocht werden. Hierbei erfolgt die Bildung der Seifen (Verbindungen der Fettsäuren mit den Alkalien) unter Abscheidung von Glycerin.

Die bei diesem Betriebe leicht entstehenden Uebelstände bestehen vorwiegend in der Verbreitung übelriechender Dünste. Eine unvollkommene Einrichtung der Siedelokale kann auch Feuersgefahren herbeiführen.

Behufs der Ableitung der bei dem Siedeprozeß unvermeidlich auftretenden Dünste empfiehlt es sich, über diesen Kesseln Dampfabzüge anzulegen, welche bis über die Dachfirste des Siedehauses hinausgeführt oder mit einem Schornsteine von entsprechender Höhe verbunden werden müssen.

Erstere und auch die Schornsteine müssen eine solche Höhe erhalten, daß ein Eindringen von Dünsten und Rauch in die Fenster der benachbart gelegenen Gebäude nicht stattfinden kann.

Die erforderliche Höhe läßt sich allgemein nicht vorschreiben, richtet sich vielmehr nach den lokalen Verhältnissen der betreffenden Anlage.

Zur Verminderung der Feuersgefahr ist der Siedekessel so anzulegen, daß dessen Befeuerung nicht im Siedelokale selbst, sondern in einem besonderen, davon getrennten Feuerungsraume — Vorgelege — ausgeführt wird. Im Uebrigen ist die Feuerung den Allgemeinen Vorschriften gemäß einzurichten und zu behandeln.

Häufig wird von den Seifensiedern, ohne daß sie dazu durch eine Konzession berechtigt sind, Talg aus rohen Fettmassen ausgeschmolzen (siehe Talgschmelzen Nr. 23). Hierfür werden öfter ungeeignete Vorrichtungen benutzt, und es führt ein solcher unberechtigter Betrieb dann vielfach Belästigungen der Nachbarschaft herbei. Es ist deshalb ausdrücklich die Bedingung zu stellen, daß nur ausgeschmolzenes Fett verarbeitet werden darf.

21a. Knochenbrennereien. (Vgl. S. 257 u. 258.)

Es handelt sich um die Bereitung der vorwiegend als Reinigungsmittel der Zuckersäfte dienenden Knochenkohle. Dieselbe wird durch Verkohlung von Knochen in Töpfen oder Cylindern bereitet.

Bei diesem Betriebe entwickeln sich unvermeidlich sehr übelriechende Dünste, und da bisher kein Mittel zur Beseitigung derselben aufgefunden worden, so ist die Anlage derartiger Fabriken in der Nähe bewohnter Grundstücke unzulässig.

21b. Knochendarren, Knochenkochereien und Knochenbleichen. (Vgl. S. 259 u. 260.)

Das Auskochen der Knochen wird vorwiegend Behufs der Bereitung des als kräftiges Düngmittel dienenden Knochenmehls ausgeführt.

Zu dem Zwecke werden die Knochen entweder in Kesseln, meistens aber jetzt in Cylindern, und zwar in letzteren mit Dampf ausgekocht, dann getrocknet, wozu meistens aus Mauerwerk gebildete Darren dienen, und schließlich mittelst Mühlwerken zerkleinert.

Die aus diesem Betriebe erwachsenden Uebelstände werden hauptsächlich durch die beim Kochen der Knochen, sowie beim Darren derselben entwickelten Dünste verursacht.

Auch der aus den Mühlwerken hervordringende Knochenstaub, desgleichen die beim Kochen der Knochen resultirenden Brühen haben einen höchst unangenehmen Geruch, und können, sowie auch die Läger der rohen Knochen und der fertigen Fabrikate, zu Belästigungen Anlaß geben.

Die Uebelstände werden dadurch wesentlich abgemindert, daß das Dämpfen der Knochen in geschlossenen Cylindern, nicht in offenen Kesseln ausgeführt und die Entfernung dieser Kochgeräthe erst nach vollkommenem Erkalten derselben vorgenommen wird.

Da indessen trotz aller Vorsichtsmaßregeln, namentlich durch die beim Darren entwickelten Dünste, Uebelstände entstehen, so ist die Konzessionirung derartiger Anstalten in der Nähe von Wohnhäusern nicht unbedenklich.

22. Zubereitungs-Anstalten für Thierhaare. (Vgl. S. 261.)

In diesen Anstalten werden Thierhaare gereinigt und weiter bearbeitet, nämlich gekräuselt, versponnen und gefärbt.

Es können Belästigungen der Nachbarn sowohl durch Staub als auch durch übelriechende Dünste entstehen, welche sich bei der Behandlung der Haare und aus den mit animalischen Stoffen beladenen Effluvien entwickeln.

Die zuerst erwähnten Unzuträglichkeiten können durch zweckmäßige Ventilationsvorrichtungen abgemindert werden, deren Anlage auch im sanitären Interesse der in diesen Fabriken beschäftigten Arbeiter geboten ist.

Bezüglich der Beseitigung der gedachten Effluvien kommen die in den Allgemeinen Gesichtspunkten angeführten Bestimmungen in Betracht.

23. Talgschmelzen. (Vgl. S. 262.)

In diesen Anstalten wird aus rohen thierischen Fetttheilen (Lisen) Talg ausgelassen.

Zu dem Zwecke erhitzt man die genannten Rohmaterialien entweder in offenen, oder in geschlossenen Behältern, fügt auch wohl etwas verdünnte Schwefelsäure hinzu, wodurch der beim Schmelzen entstehende üble Geruch etwas gemindert wird. Am geringsten sind die Uebelstände in dem Falle, wenn das Ausschmelzen in geschlossenen Behältern mit überhitzten Dämpfen ausgeführt wird. Werden als Schmelzgeräthe offene Kessel benutzt, so ist es sehr zweckmäßig, dieselben mit einem Rohre zu versehen, welches die Dämpfe aus dem oberen Theile derselben (wie bei den Firnißkesseln) in die Feuerung leitet. Während des Schmelzens müssen diese Kessel dann mit einem dicht aufliegenden Deckel verschlossen werden.

In der Nähe dicht gebauten Terrains ist die Konzessionirung von Talgschmelzen wegen der durch ihren Betrieb verursachten Dünste bedenklich.

24. Schlächtereien. (Vgl. S. 263 bis 267.)

Die Schlächtereien verursachen namentlich dadurch öfter Uebelstände, daß in Folge mangelhafter Reinigung und schlechten Abflusses die thierischen Abfälle (Blut, Fleischtheile 2c.) in Fäulniß gerathen.

Die Hauptbedingungen sind:

eine genügende Räumlichkeit des Grundstückes, sowie des Schlachtlokals, und das Vorhandensein der zur Reinhaltung der Räume und der Utensilien nöthigen Wassermenge.

Es lassen sich Dimensionen für den Hofraum, sowie für das Schlachtlokal nicht wohl vorschreiben, weil die örtliche Lage eine sehr erhebliche Rolle spielt, es auch wesentlich in Betracht kommt, ob das Grundstück von Nachbargebäuden umschlossen ist, welche Höhe dieselben haben und dergleichen; auch ob unterirdische Kanäle zur Ableitung des Straßenwassers vorhanden sind.

Bezüglich der Einrichtung des Schlachthauses empfiehlt es sich, die Bedingungen zu stellen:

daß der Fußboden des Schlachthauses wasserdicht hergestellt, gepflastert, cementirt oder asphaltirt wird, nicht gedielt sein darf, daß die Wände des Schlachthauses mindestens auf 2 Meter Höhe entweder mit Oelfarbe gestrichen oder anderweit so hergerichtet werden, daß sie durch Abwaschen vollständig gereinigt werden können; daß eine mit dem Schlachthause durch eine Rinne verbundene, wasserdichte, bedeckt gehaltene Senkgrube vorhanden ist, welche im Winter wöchentlich zweimal, im Sommer nach jedem Schlachten gereinigt, auch desinfizirt werden muß.

Außerdem ist die Bedingung zu stellen, daß im Hofe des Grundstücks ein Brunnen oder im Schlachtlokale eine Wasserleitung vorhanden sein muß.

Der Abfluß der Spülwässer regelt sich nach dem in den Allgemeinen Gesichtspunkten Gesagten.

25. Gerbereien. (Vgl. S. 268 bis 273.)

Bei der Fabrikation von Leder findet zuerst ein Aufweichen der Felle, dann ein Enthaaren derselben unter Anwendung von Kalk, von Gaskalk, auch von Arsenikalien und anderen Stoffen statt.

Hierauf erfolgt, je nachdem lohgares oder weißgares Leder bereitet werden soll, die weitere Bearbeitung der Häute mit Lohe oder mit deren Surrogaten, resp. mit Thonerdebeizen, Salzen, auch mit animalischen Stoffen, wie Hundekoth und dergleichen.

Uebelstände können bei diesem Betriebe sowohl durch die Weichwässer, als auch durch die mit Kalk, Arsenikalien ꝛc. und mit organischen Resten behafteten Spülwässer, sowie durch die leicht in Fäulniß gerathenden Hautabfälle entstehen.

Der Regel nach werden Gerbereien an fließenden Gewässern angelegt, und in jedem Falle ist sorgfältig zu erwägen, ob die

Verunreinigung des Wassers, sei es durch Ableitung der Abgänge in das fließende Wasser, oder durch Weichen und Spülen der Häute in demselben für zulässig zu erachten ist.

Die in der Verunreinigung der fließenden Gewässer beruhenden Unzuträglichkeiten werden dadurch vermindert, daß das Spülen der Häute nicht unmittelbar in denselben, sondern in Gruben ausgeführt wird, welche durch eine bis nahe zum Niveau des Wassers reichende Scheidewand davon getrennt sind.

Eine Versenkung der flüssigen Abgänge erscheint in den meisten Fällen mit Rücksicht auf den Umstand unzulässig, daß dadurch eine in sanitätlicher Beziehung höchst bedenkliche Infektion des Bodens und des Grundwassers herbeigeführt wird.

Die Sohle der Werkstätten, sowie die Gruben, in denen die Felle mit Kalk, Lehm oder anderen Materialien behandelt werden, müssen wasserdicht sein.

Zur Ansammlung der bei dem Betriebe entstehenden festen Abfälle müssen wasserdichte, bedeckt gehaltene Gruben angelegt werden.

Die Anwendung von Arsenikalien wird in der Regel ausdrücklich zu untersagen sein. Wo besondere Umstände eine Ausnahme rechtfertigen, werden die bei der Anwendung zu beobachtenden Bedingungen vorzuschreiben sein.

26. Abdeckereien. (Vgl. S. 273 u. 274.)

Es ist eine bekannte Thatsache, daß der Betrieb von Abdeckereien Uebelstände durch Verbreitung übelriechender Dünste hervorbringt. Uebelriechende Dünste entstehen beim Zerlegen der Thierkadaver, beim Trocknen der Felle, der Flechsen und anderer Theile der Thierkörper, entwickeln sich auch aus den Gruben, in welchen Thierkadaver verscharrt wurden, namentlich wenn dieselben nicht genügend tief angelegt worden sind.

Da bisher keine zur Beseitigung dieser Uebelstände geeignete Mittel existiren, so müssen Abdeckereien in möglichst entlegene Gegenden verwiesen werden.

Bei der Beurtheilung der Zulässigkeit einer solchen Anlage kommt es namentlich auf die Entfernung der nächsten Wohnhäuser und der in der Umgebung vorhandenen Wege an. Oeffentliche Verkehrsstraßen dürfen in nicht zu geringem Abstande vorhanden sein, weil die Passanten durch üble Gerüche belästigt werden, auch die Pferde leicht vor dem Aasgeruche scheuen.

Ueber die einzuhaltenden Entfernungen lassen sich allgemeine Bestimmungen deshalb nicht vorschreiben, weil hierbei vorwiegend die lokalen Verhältnisse, die Beschaffenheit des Terrains, die vorherrschenden Windesrichtungen ꝛc. in Betracht kommen resp. bezüglich der Zulässigkeit derartiger Anlagen entscheidend sind.

Um den Arbeitsplatz möglichst abzugrenzen, auch die Betriebs-Operationen den Augen der Passanten thunlichst zu entziehen, ist es zweckmäßig, den Arbeitsplatz mit einer mindestens 2,5 Meter hohen, dichten Umfriedigung (Wand- und Bretterzaun) zu umgeben. Außerdem empfiehlt sich eine Umpflanzung dieser Umfriedigung mit einer Hecke.

27. Poudrette- und Dungpulver-Fabriken.

(Vgl. S. 274 bis 276.)

Dieser Gewerbebetrieb verursacht erhebliche Belästigungen, wenn in den Anstalten Latrinenstoffe oder thierische Abfälle, als Blut, Fleisch ꝛc. verarbeitet werden.

Da bisher keine Mittel bekannt geworden sind, durch welche die bei diesem Betriebe hervortretenden, in der Verbreitung höchst übelriechender Dünste beruhenden Uebelstände beseitigt werden, so müssen solche Anlagen (wie auch die Abdeckereien) in möglichst abgelegene Gegenden verwiesen werden.

Zu den Düngepulvern, gehören auch gewisse chemische Präparate, wie Superphosphat, Düngesalze ꝛc. Anstalten, welche derartige Produkte herstellen, gehören zu den chemischen Fabriken, zu deren Konzessionirung die Bezirks-Regierungen zuständig sind.

C.

Die sonstigen für das Konzessions-Verfahren gültigen Preußischen Ministerial-Verordnungen allgemeinen Charakters.

---

1. Ministerial-Reskript des Ministers des Innern, betreffend Uebergang einer konzessionspflichtigen Anlage (§§. 16, 24 und 27 der Reichs-Gewerbe-Ordnung) an einen neuen Besitzer, vom 21. Juni 1845. (M.Bl. f. d. i. V. 1845, S. 181.)

Dem in dem Berichte der Polizeibehörde zu N. vom 4. d. M. über die Beschwerde des Lohgerbermeisters N. entwickelten, auch in dem Bescheide vom 25. April d. J. ausgesprochenen Grundsatze,

> daß alle vor dem Erscheinen der Gewerbe-Ordnung vom 17. Januar d. J. schon bestandenen gewerblichen Anlagen, welche nach diesem Gesetze eine besondere polizeiliche Genehmigung erfordern, als neue Anlagen zu behandeln seien, sobald sie in die Hände eines neuen Erwerbers übergehen,

muß, als mit den bestehenden Rechtsgrundsätzen und den Bestimmungen der Gewerbe-Ordnung selbst im Widerspruche stehend, die Billigung des Ministerii versagt werden.

Sowohl aus den Bestimmungen der Gewerbe-Ordnung als aus den Motiven zu denselben geht unzweifelhaft hervor, daß die Erneuerung der polizeilichen Genehmigung zu den im §. 27. (jetzt Reichs-Gewerbe-Ordnung §. 16) des Gesetzes gedachten gewerblichen Anlagen in keinem Falle von dem Wechsel in der Person des Eigenthümers abhängig sei.

Der §. 36. (jetzt Reichs-Gewerbe-Ordnung §. 25) schreibt ausdrücklich vor, daß die polizeiliche Genehmigung so lange in Kraft bleibe, als keine Veränderung in der Lage oder Beschaffenheit der Betriebsstätte vorgenommen wird, und unter dieser Voraussetzung einer Erneuerung auch dann nicht bedürfe, wenn die Anlage auf einen neuen Erwerber übergeht.

Es kann aber auch keinem Zweifel unterliegen, daß diese Bestimmung auf alle schon mit polizeilicher Genehmigung errichteten Anlagen zur Anwendung gebracht werden muß, da es unerheblich ist, unter welchen Formen die polizeiliche Genehmigung früher ertheilt worden, und es genügt, daß die Gestattung überhaupt erfolgt ist, indem alsdann der Eigenthümer solcher früher errichteten Anlage auch die für ihn günstigen Bestimmungen der Gewerbe-Ordnung zum Schutze seines Eigenthums für sich in Anspruch nehmen kann, ebenso wie er sich den seine Berechtigung einschränkenden Vorschriften unterwerfen muß.

(Dies Reskript ist für alle Besitzer und Erwerber von Dampfkesseln, Lokomobilen und Straßenlokomotiven besonders wichtig.)

2. Ministerial-Reskript der Minister des Innern und der Finanzen, betreffend Genehmigung im Falle Aenderung in der Lage oder Beschaffenheit resp. Wiederherstellung einer konzessionspflichtigen Anlage (§§. 16. 24. und 25. der Reichs-Gewerbe-Ordnung), vom 28. September 1846. (M.Bl. f. d. i. V. 1846, S. 211.)

In Beziehung auf die in dem Berichte der Königl. Regierung vom 11. Juli v. J. wegen Auslegung der §§. 28. und 36. (jetzt Reichs-Gewerbe-Ordnung §§. 16. 25) der allgemeinen Gewerbe Ordnung vom 17. Januar v. J. gestellten Anfragen, wird der Königl. Regierung nunmehr Folgendes eröffnet.

Wenn es sich um die Wiederherstellung einer der im §. 27. (jetzt Reichs-Gewerbe-Ordnung §. 16) der Gewerbe-Ordnung gedachten gewerblichen Anlagen handelt, so ist nach §. 36. (jetzt Reichs-Gewerbe-Ordnung §. 25) zu unterscheiden, ob eine Veränderung in der Lage oder Beschaffenheit der Betriebsstätte

stätte vorgenommen werden soll, oder nicht. Soll eine solche Veränderung nicht vorgenommen werden, so ist auch die landespolizeiliche Genehmigung zur Wiederherstellung der Anlage, und das in den §§. 28. ff. (jetzt Reichs-Gewerbe-Ordnung §. 16) a. a. O. vorgeschriebene Verfahren nicht nothwendig, indem die Einleitung desselben davon, ob die landespolizeiliche Genehmigung nachgesucht werden muß oder nicht, abhängig bleibt. Die Wiederherstellung der Betriebsstätte einer nach den Grundsätzen der frühern Gesetzgebung oder der Gewerbe-Ordnung ausdrücklich oder stillschweigend genehmigten gewerblichen Anlage kann an sich für eine neue Anlage nicht erachtet werden, da die Betriebsstätte allein die Anlage nicht bildet, diese vielmehr auch durch manche andere, oft sehr wesentliche Einrichtungen und Verhältnisse bedingt wird. Es ist deshalb auch in den §§. 26. und 28. (jetzt Reichs-Gewerbe-Ordnung §. 16) der Gewerbe-Ordnung nicht zur Errichtung der Betriebsstätte, sondern zur Errichtung der ganzen gewerblichen Anlage die Genehmigung der Regierung erfordert. Diese Genehmigung bleibt aber so lange in Kraft, als die Betriebsstätte unverändert beibehalten, oder wenn sie ebenso wiederhergestellt wird, wie sie gewesen ist. Daß dem §. 36. (jetzt Reichs-Gewerbe-Ordnung §. 25) a. a. O. eine andere Auslegung nicht zu geben, folgt schon daraus, daß der Besitzer der Anlage sonst bei der geringsten, wenn auch nur zeitweisen Abänderung der Betriebsstätte, also auch bei einer Reparatur, die landespolizeiliche Genehmigung, welche nur nach Beobachtung des im §. 29. ff. (jetzt Reichs-Gewerbe-Ordnung §. 17) a. a. O. vorgeschriebenen Verfahrens ertheilt werden darf, einzuholen habe, und daher in jedem solchen Falle Gefahr laufen würde, die Anlage ganz aufgeben zu müssen. Der Besitzer der Anlage wird daher nur dann, wenn er die bisherige Lage und Beschaffenheit der Betriebsstätte, nicht um den bisherigen Zustand beizubehalten, sondern um einen andern herbeizuführen, verändert der landespolizeilichen Genehmigung bedürfen. Für eine Abänderung dieser Art ist es aber nicht zu achten, wenn bei der Wiederherstellung der Anlage solche Veränderungen eintreten, welche von der betreffenden Behörde aus polizeilichen Rücksichten für nothwendig oder angemessen erachtet werden, indem diese theils nicht von dem Willen des Besitzers, sondern nur von den Anordnungen der Polizeibehörde abhängen, theils unzweifelhaft eine Verbesserung des bisherigen Zustandes im öffentlichen Interesse bezwecken. Da jedoch bei der Wiederherstellung gewerblicher Anlagen die Beurtheilung darüber, ob eine Veränderung der Betriebsstätte eintritt oder nicht, oft schwierig ist, so scheint es angemessen, daß die Königl. Regierung Sich der diesfälligen Prüfung unterziehe, und, auch wenn sich ergiebt, daß keine Veränderung stattfindet, die Genehmigung ertheile. Dies ist schon um deswillen nothwendig, weil es im landespolizeilichen Interesse liegen kann, die Wiederherstellung der Anlage zu verhindern, und dem Besitzer derselben nach §§. 69. und 70. (jetzt Reichs-Gewerbe-Ordnung §§. 51 und 52) der Gewerbe-Ordnung eine Entschädigung zu gewähren, dies zu beurtheilen, aber der Ortspolizeibehörde nicht zusteht.

Die Königl. Regierung hat daher nach folgenden Grundsätzen zu verfahren:

1) Wenn bei der Wiederherstellung einer gewerblichen Anlage eine Veränderung in der Lage und Beschaffenheit der Betriebsstätte vorgenommen werden soll, so bedarf es dazu der landespolizeilichen Genehmigung, die Ertheilung derselben bleibt aber von dem Ausfalle des im §. 29. ff. (jetzt Reichs-Gewerbe-Ordnung §§. 17 bis 21) a. a. O. vorgeschriebenen Verfahrens abhängig, welches indiesem Falle stets eintreten muß.

2) Für eine Veränderung der Betriebsstätte ist es jedoch nicht zu achten, wenn der Besitzer der Anlage solche Abänderungen bewirkt, welche aus polizeilichen Rücksichten für angemessen oder nothwendig erachtet worden.

3) Zur Wiederherstellung einer gewerblichen Anlage, bei welcher eine Veränderung der Lage oder Beschaffenheit der Betriebsstätte nicht eintritt, bedarf es der landespolizeilichen Genehmigung, mithin auch des im §. 29. ff. (jetzt Reichs-Gewerbe-Ordnung §§. 17 bis 21) vorgeschriebenen Verfahrens nicht, der Bau darf jedoch auch in diesem Falle nicht ohne die von der Königl. Regierung zu ertheilende polizeiliche Bauerlaubniß ausgeführt werden.

Die Königl. Regierung wird veranlaßt, hiernach nicht allein selbst in Zukunft zu verfahren, sondern auch die betreffenden Unterbehörden mit der erforderlichen Anweisung zu versehen.

Wenngleich das Reskript auf Dampfkessel-Anlagen nur bedingt anwendbar, so ist es doch wegen der Definition des Begriffs „Aenderung" in der Lage und Beschaffenheit der Betriebsstätte für alle Besitzer und Erwerber von Dampfkesseln, Lokomobilen und Straßenlokomotiven von größter Wichtigkeit.

3. Cirkular-Verfügung der Minister des Innern und der Finanzen vom 13. April 1847, betreffend den Nachweis eines festen Wohnsitzes zum selbstständigen Betriebe eines stehenden Gewerbes. (§§. 1, 14 und 42 der Reichs-Gewerbe-Ordnung.) (M.Bl. f. d. i. V. 1847, S. 102.)

Wenn die allgemeine Gewerbe-Ordnung vom 17. Januar 1845. im §. 16 zu b. (jetzt Reichs-Gewerbe-Ordnung §§. 1, 14 und 42) als allgemeine Bedingung des selbstständigen Betriebes eines stehenden Gewerbes einen festen Wohnsitz innerhalb diesseitiger Lande fordert, so kann darunter — wie dem Königl. Polizeipräsidium auf den Bericht vom 16. November v. J. eröffnet wird — in Ermangelung besonderer Bestimmungen, nur ein Wohnsitz nach Maßgabe der hierüber bestehenden allgemeinen Rechtsgrundsätze (Wohnsitz im rechtlichen Sinne) verstanden werden. Daraus folgt, daß bei der Frage: ob Jemand einen festen Wohnsitz innerhalb Landes erworben habe, wenn solche in Beziehung auf den beabsichtigten Beginn eines stehenden Gewerbebetriebes zu beantworten ist, auch nur die allgemeinen gesetzlichen Vorschriften zur Norm dienen können. Nach diesen genügt nun die ausdrücklich erklärte Absicht eines selbstständigen Preuß. Unterthans, an einem bestimmten Orte seinen beständigen Wohnsitz nehmen zu wollen, in Verbindung mit der faktischen Wohnsitznahme an diesem Orte; mithin hat auch derjenige, welcher auf diese Weise den Wohnsitz erworben, damit der Bedingung des §. 16. a. a. O. zu b. (jetzt Reichs-Gewerbe-Ordnung §. 14) ein Genüge geleistet.

4. Cirkular-Erlaß des Handelsministers vom 29. September 1852, die Unzulässigkeit gewerblicher Anlagen vor dazu ertheilter Genehmigung betreffend. (§§. 16, 24 und 27 der Reichs-Gewerbe-Ordnung.) (M.Bl. f. d. i. V. 1852, S. 267.)

Es ist häufig bemerkt worden, daß bei Beurtheilung der Anträge auf Genehmigung gewerblicher Anlagen §. 27. (jetzt Reichs-Gewerbe-Ordnung §. 16) der Allgemeinen Gewerbe-Ordnung vom 17. Januar 1845 Verlegenheiten daraus entstehen, daß dergleichen Anlagen bereits vor ertheilter Genehmigung ausgeführt worden sind. Die zur Beurtheilung jener Anträge berufenen Behörden werden dadurch in die Lage versetzt, die Frage, ob eine solche Anlage ausgeführt werden dürfe, in die wesentlich verschiedene Frage umzusetzen, ob eine bereits ausgeführte Anlage wieder zu beseitigen, oder doch der Betrieb derselben zu hemmen sei.

Dies entspricht nicht den Bestimmungen des Gesetzes, welches in §. 180. (jetzt Reichs-Gewerbe-Ordnung §. 147) ausdrücklich die Errichtung von dergleichen Anlagen ohne vorgängige Genehmigung, sowie jede Abweichung von den durch dieselbe festgesetzten Bedingungen mit Strafe bedroht.

Die Königl. Regierung wird daher mit Sorgfalt darauf zu achten haben, daß der §. 180. l. c. (jetzt Reichs-Gewerbe-Ordnung §. 147, 1 und 2) nicht ferner außer Anwendung bleibe. Es empfiehlt sich, dieserhalb durch eine öffentliche Bekanntmachung darauf hinzuweisen, daß ein Jeder, welcher gegen die Vorschrift des §. 180. (jetzt Reichs-Gewerbe-Ordnung §. 147 und 2) verstößt, nicht nur der Gefahr sich aussetze, der hier angedrohten Strafe zu verfallen, sondern, daß auch bei Beurtheilung seines Gesuches um Ertheilung der Genehmigung auf die inzwischen erfolgte Ausführung nicht die mindeste Rücksicht genommen, der Antrag vielmehr lediglich so werde behandelt werden, als wenn die Ausführung noch nicht erfolgt wäre. Auch ist hierbei darauf aufmerksam zu machen, daß bei Bauten, die für einen der polizeichen Genehmigung bedürfenden gewerblichen Zweck dienen sollen, der Bau-Konsens an sich für die Errichtung der gewerblichen Anlage noch nicht genüge, diese vielmehr das in der Allgem. Gewerbe-Ordnung vorgeschriebene **Konzessions-Verfahren** erfordere.

5. **Cirkular-Erlaß des Handelsministers vom 3. Januar 1853 über das Verfahren, wenn vorschriftswidrig eingerichtete Anlagen vom Besitznachfolger ohne Konzession weiter benutzt und in Gebrauch genommen werden.** (M.Bl. f. d. i. V. 1853, S. 33.)

Nach den, hierbei zurückerfolgenden, Anlagen des Berichtes vom 22. November v. J. ist in gerichtlicher Untersuchung gegen einen Fabrikbesitzer, dessen Besitz-Vorgänger in der Fabrik, gegen die Vorschriften der §§. 27, 177, 180 (jetzt Reichs-Gewerbe-Ordnung §. 147, 1 und 2) der Gewerbe-Ordnung ohne besondere polizeiliche Genehmigung, einen demnächst explodirten Dampfkessel aufgestellt hatte, ein freisprechendes Erkenntniß mit Rücksicht darauf ergangen, daß die, in dem §. 177. (jetzt Reichs-Gewerbe-Ordnung §. 147, 1 und 2) der Gewerbe-Ordnung enthaltenen Worte „oder fortsetzt" im §. 180. l. c. (jetzt Reichs-Gewerbe-Ordnung §. 147, 1 und 2) nicht enthalten sind, hiernach also anzunehmen sei, daß nur derjenige, welcher die Anlage ohne vorgängige Einholung der erforderlichen Genehmigung errichtet, nicht aber auch derjenige, welcher diese Anlage, ohne Konzession, weiter in Gebrauch gehabt und zu seinem Fabrikbetriebe weiter benutzt habe, eine, nach den Bestimmungen der Gewerbe-Ordnung strafbare Kontravention begangen habe.

Aus den Gründen des ergangenen ersten Erkenntnisses ergiebt sich aber auch, daß die gewerbliche Anlage, wie sie der Angeschuldigte von seinem Vorbesitzer übernommen, lange Zeit bestanden hatte, und daß der Richter angenommen hat, der Angeschuldigte habe bei deren Uebernahme allen Grund gehabt, vorauszusetzen, daß bei deren Anlage alle gesetzlichen Formalitäten erfüllt worden seien, worin er nur durch die bisherige Konnivenz der Polizei-Behörde habe getäuscht werden können.

Damit den Besitzern solcher gewerblicher Anlagen, welche, obwohl der besondern polizeilichen Genehmigung unterworfen, ohne solche oder mit Abweichung von den festgesetzten Bedingungen errichtet, und demnächst an andere übertragen wurden und von diesen betrieben werden, nicht auch in anderen Fällen solcher Einwand zu Statten komme, weise ich die Königliche Regierung an, die rücksichtlich solcher Anlagen, insbesondere derjenigen, welche der §. 37. (jetzt Reichs-Gewerbe-Ordnung §. 24) der Gewerbe-Ordnung bezeichnet, bestehenden Verhältnisse sorgfältig zu prüfen und zu veranlassen, daß geeigneten Falls sofort das Nöthige verfügt werde, hiernach auch die betreffenden Behörden mit Anweisung zu versehen.

Wo die Vorschrift des §. 180. (jetzt Reichsgewerbe-Ordnung §. 147, 1 und 2) der Gewerbe-Ordnung unzweifelhaft Anwendung findet, ist, der Bestimmung des zweiten Absatzes derselben gemäß, mit Nachdruck darauf zu halten, daß die Anlage weggeschafft oder den polizeilichen Bestimmungen gemäß, abgeändert werde. Wo aber, wie im vorliegenden Falle, die von der Fassung des §. 177. (jetzt Reichs-Gewerbe-Ordnung §. 147, 1 und 2) der Gewerbe-Ordnung abweichende Bestimmung des §. 180. l. c. (jetzt Reichs-Gewerbe-Ordnung §. 147, 1 und 2) zur Erwägung kommt, unterliegt die sofortige Sistirung des Gewerbebetriebes bis zur Erledigung der, gegen den Betrieb der gewerblichen Anlage bestehenden, aus den Bestimmungen der Gewerbe-Ordnung hervorgehenden Anstände keinem Bedenken, und muß dieselbe, zur Sicherstellung der, durch die vorschriftswidrig eingerichtete oder betriebene Anlage bedrohten öffentlichen Interessen, ohne Weiteres angeordnet werden.

(Für alle Besitzer von Dampfkesseln, Lokomobilen und Straßenlokomotiven wichtig.)

6. Bescheid des Handelsministers vom 18. Februar 1874, betr. die polizeiliche Einwirkung bei Errichtung oder Veränderung anderer gewerblicher Anlagen, als der im §. 16 der Gewerbe-Ordnung vom 21. Juni 1869 aufgeführten. (M.Bl. f. d. i. V. 1874, S. 56.)

Die in dem Berichte des Königlichen Polizei-Präsidiums vom 3. Dezember v. J. aufgeworfene Frage, ob für die Anlegung oder Veränderung der in §. 3 der Baupolizei-Ordnung für die Stadt Berlin vom 21. April 1853 aufgezählten gewerblichen Anlagen, insoweit dieselben in dem Verzeichniß des §. 16 der Gewerbe-Ordnung vom 21. Juni 1869 nicht enthalten sind, an dem Erforderniß einer besonderen Genehmigung auch in dem Falle festgehalten werden könne, wenn bauliche Anlagen oder Veränderungen nicht beabsichtigt werden, zu denen auf Grund des von der Bauerlaubniß im Allgemeinen handelnden §. 1 der Baupolizei-Ordnung baupolizeiliche Erlaubniß erforderlich sein würde, ist zu verneinen.

Aus dem §. 1. der Gewerbe-Ordnung, wonach der Betrieb eines Gewerbes Jedermann gestattet ist, soweit nicht durch das gedachte Gesetz Ausnahmen oder Beschränkungen vorgeschrieben oder zugelassen sind, ergiebt sich vielmehr der Grundsatz, daß die Errichtung oder Veränderung anderer gewerblicher Anlagen, als der in §. 16. aufgeführten, von der besonderen Genehmigung der Behörde nicht abhängig ist. Dies schließt jedoch die Befugniß der Polizei-Behörde nicht aus, auf Grund des Gesetzes über die Polizeiverordnung vom 11. März 1850 über den Betrieb der in Rede stehenden Gewerbe, insbesondere hinsichtlich des zu benutzenden Lokals, Vorschriften zu erlassen.

7. Ministerial-Verfügung des Handelsministers, betreffend die Sicherung der bei gewerblichen Unternehmungen beschäftigten Arbeiter gegen Gefahr für Leben und Gesundheit, vom 27. April 1872. (M.Bl. f. d. i. V. 1872, S. 227.)

Zur Sicherung der bei gewerblichen Unternehmungen beschäftigten Arbeiter gegen Gefahr für Leben und Gesundheit sind in die Gewerbe-Ordnung vom 21. Juni 1869 der §. 107. (jetzt Reichs-Gewerbe-Ordnung §. 120 Abs. 3) und die demselben entsprechende Strafbestimmung des §. 148. Nr. 10. (jetzt Reichs-Gewerbe-Ordnung §. 147 Nr. 4) aufgenommen. Außerdem können nach §. 18. (der Reichs-Gewerbe-Ordnung) bei denjenigen gewerblichen Anlagen, zu deren Errichtung nach §§. 16. und 24. (der Reichs-Gewerbe-Ordnung) eine besondere Genehmigung erforderlich ist, Anordnungen, welche zum Schutze der Arbeiter gegen die gedachten Gefahren nothwendig sind, unter die Bedingungen aufgenommen werden, an welche die Genehmigung geknüpft wird. Zuwiderhandlungen gegen solche Anordnungen, unterliegen der strengeren Strafbestimmung des §. 147. Nr. 2. (der Reichs-Gewerbe-Ordnung) und es kann eventuell die Polizeibehörde die im Schlußsatze dieses §. erwähnten polizeilichen Zwangsmittel gegen die Unternehmer in Anwendung bringen.

Die Königliche Regierung (2c.) wird es als Ihre Aufgabe anzusehen haben, in jedem Konzessions-Verfahren ex officio auch die Frage zu prüfen, welche Anforderungen zur Vermeidung der im Gesetze erwähnten Nachtheile für die Arbeiter an den Antragsteller zu erheben sind. Dabei wird von dem Grundsatze auszugehen sein, daß jeder Unternehmer in dieser Beziehung alles dasjenige zu leisten hat, was erfahrungsmäßig und nach dem jeweiligen Stande der Technik für den fraglichen Gewerbebetrieb als bewährt und ausführbar anzusehen ist.

Bei denjenigen gewerblichen Betrieben und Anlagen, zu denen eine besondere Genehmigung nicht erforderlich, oder bei deren Genehmigung seiner Zeit Anordnungen, welche den gegenwärtig zu stellenden Anforderungen genügen, nicht getroffen sind, kann die Absicht des Gesetzes nur durch eine sorgfältige und konsequente Handhabung der in den §§. 107. und 148. Nr. 10. (jetzt Reichs-Gewerbe-Ordnung §. 120 Abs. 3 und 147 Nr. 4) gegebenen Bestimmungen erreicht werden. Die Königliche Regierung (2c.) wird deshalb dafür Sorge zu tragen haben, daß es in keinem Falle, wo eine Verletzung der Vorschrift des §. 107. (jetzt Reichs-Gewerbe-Ordnung §. 120) konstatirt wird, an der „voraufgegangenen Aufforderung der Behörde" fehle, von welcher der §. 148. Nr. 10.

jetzt Reichs-Gewerbe-Ordnung §. 147 Nr. 4) die Strafbarkeit der Zuwiderhandlungen gegen jene Vorschrift abhängig macht. Zu dem Ende veranlasse ich die Königliche Regierung (rc.), die in Ihrem Bezirke vorhandenen gewerblichen Unternehmungen, deren Betrieb mit Gefahren für die darin beschäftigten Arbeiter verbunden ist, zu ermitteln, die zur Sicherung gegen diese Gefahren nothwendigen Einrichtungen festzustellen und zu deren Herstellung binnen einer angemessenen Frist die betreffenden Unternehmer aufzufordern.

Entstehen Zweifel darüber, was in dieser Beziehung billiger Weise gefordert werden kann, so sind zuvor einzelne intelligente und wohlwollende Unternehmer, auch nach Umständen unbetheiligte Sachverständige zu hören. Für die Folgezeit sind die Polizeibehörden anzuweisen, die Befolgung der Vorschrift des §. 107. (jetzt Reichs-Gewerbe-Ordnung §. 120 Abs. 3) fortlaufend zu überwachen, und, wo sich ein Bedürfniß zeigt, soweit erforderlich nach Einholung vorgängiger Instruktion von der Königlichen Regierung (rc.) die nöthigen Aufforderungen an die Unternehmer zu richten.

8. Cirkular-Verfügung des Ministers des Innern vom 8. Juni 1874 an die Regierungen und Ober-Präsidenten im Geltungsbereiche der Kreisordnung, die Bekanntmachung der von den Kreisausschüssen zu genehmigenden gewerblichen Unternehmungen betreffend. (§§. 16 und 24 der Reichs-Gewerbe-Ordnung und §. 109 des Zuständigkeits-Gesetzes vom 1. August 1883. G. S. 237.) (M.Bl. f. d. i. V. 1874, S. 163. 164.)

Auf den Bericht vom 27. April d. Js. bestimme ich nach vorherigem Einvernehmen mit dem Herrn Handels-Minister, unter Abänderung der Vorschrift unter Nr. 34. (gegenwärtig Nr. 36) der Anweisung vom 4. September 1869 zur Ausführung der Gewerbe-Ordnung vom 21. Juni desselben Jahres, bezw. in §. 17 Nr. 4 des Geschäfts-Regulativs für die Kreisausschüsse vom 20. November 1873 (Minist.-Bl. S. 325), (gegenwärtig §. 17 der Gesch.-Regul. f. d.

Kreis-Aussch. v. 28. Febr. 1884), daß die Bekanntmachung derjenigen gewerblichen Unternehmungen, deren Genehmigung nach §. 135, V. 1. der Kreisordnung vom 13. Dezember 1872 (jetzt §. 109 des Zuständigkeitsgesetzes-Gesetzes vom 1. August 1883. G.S. S. 237) den Kreisausschüssen zusteht, an Stelle der Amtsblätter fortan durch die Kreisblätter, und in denjenigen Kreisen, welche zur Zeit eigene Kreisblätter noch nicht besitzen, durch die für diese Kreise bestehenden anderweitigen amtlichen Publikationsorgane der Kreisbehörden zu bewirken ist.

Diejenigen gewerblichen Unternehmungen, deren Genehmigung nach der Kreisordnung den Regierungen verblieben ist (gegenwärtig Bezirks-Ausschuß), sind wie bisher, so auch ferner durch die Amtsblätter bekannt zu machen.

Die Königliche Regierung veranlasse ich, die Landräthe hiernach mit entsprechender Weisung zu versehen.

9. Cirkular an die Königl. Regierungen vom 9. Mai 1874 und abschriftlich an die Herren Ober-Präsidenten der Provinzen im Geltungsbereiche der Kreisordnung, betreffend die Zuziehung Königl. Beamten Seitens der Bezirks- und Kreis-Ausschüsse bei Erledigung von Geschäften der allgemeinen Landes-Verwaltung. (§§. 20 u. 21 der Reichs-Gew.-Ord. (M.Bl. f. i. V. 1874 S. 119.)

Der Königlichen Regierung übersenden wir in der Anlage (a.) die von uns in Betreff der Zuziehung Königlicher Beamten von Seiten der Kreisausschüsse und Verwaltungsgerichte (gegenwärtig Bezirksausschüsse) bei der Erledigung von Geschäften der allgemeinen Landesverwaltung unter dem heutigen Tage erlassene vorläufige Anweisung mit dem Auftrage, dieselbe den Kreisausschüssen und Verwaltungsgerichten sowie den betreffenden Beamten zur Nachachtung mitzutheilen, sowie die unter Nr. I. und IV. der Anweisung vorbehaltenen näherenBestimmungen zu treffen.

Vgl. §. 345 u. ff. der Deutschen Civil-Prozeß-Ord. v. 30. Januar 1877 R.G.Bl. S. 83 u. ff., ferner §. 78 des Landes-Verwalt.Ges. v. 30. Juli 1883. GS. S. 195, und Minist.-Erlaß vom 6. April 1883. M.Bl. f. d. i. V. S. 80.

10. **Cirkular-Verfügung des Minister des Innern an die Königl. Regierungen und das Königl. Polizei-Präsidium zu Berlin, die fortdauernde Stempelpflichtigkeit der Ausfertigungen, Resolute und Resolutionen betreffend, vom 14. Juli 1874.** (§§. 16 bis 25 u. 54 der Reichs-Gew.-Ord.) (M.Bl. f. i. V. 1874 S. 189.)

Durch die im §. 2. Nr. 2 des Gesetzes vom 26. März 1873 (G.S. S. 131) erfolgte Aufhebung der Stempel-Abgaben von Bescheiden auf Gesuche, Anfragen und Anträge in Privat-Angelegenheiten hat, nach den Motiven dieses Gesetzes, die Stempelpflichtigkeit der Ausfertigungen, Resolute und Resolutionen nicht berührt werden sollen.

I. Es unterliegen hiernach die nach den §§. 16. bis 25., 40. Absatz 2, 43, 54 und 57 Absatz 2, der Reichs-Gewerbeordnung vom 21. Juni 1869 in dem formellen Verfahren der §§. 20. und 21. dieses Gesetzes zu erlassenden, den Parteien in schriftlicher Ausfertigung zuzustellenden Entscheidungen — soweit sie nicht im Geltungsbereiche der Kreisordnung vom 13. Dezember 1872 zur Zuständigkeit der Kreisausschüsse oder der Verwaltungsgerichte (gegenwärtig Bezirksausschüsse) gehören, mithin nach den §§. 162. Absatz 1 und 195. der Kreisordnung stempelfrei zu erfolgen haben, — nach wie vor der Stempelpflichtigkeit.

Als stempelpflichtig werden demgemäß in Gewerbeangelegenheiten der fraglichen Art zu behandeln sein:

1) die in erster Instanz von einer kollegialischen Behörde auf mündliche Verhandlung erlassenen Entscheidungen (zu vergl. jedoch der Ausnahmefall unten II b.),
2) die sämmtlichen Rekursbescheide.

Dabei ist indessen zu beachten, daß nur die den Parteien zuzustellenden Ausfertigungen oder beglaubigten Abschriften der Bescheide, nicht auch diejenigen Ausfertigungen, welche von der Rekursbehörde der Behörde erster Instanz übersandt werden und die sodann bei den Akten der Letzteren verbleiben, der Stempelpflichtigkeit unterliegen und daß die Zustellung einer Ausfertigung oder einer beglaubigten Abschrift der Entscheidung an die Parteien zu unterbleiben hat, wenn diese Entscheidung — sei sie erster oder zweiter Instanz —

a. in dem Verfahren bei der Errichtung oder Veränderung gewerblicher Anlagen (§§. 16. und 25. der Reichs-Gewerbeordnung) auf Ertheilung der Konzession ohne Bedingungen und Einschränkungen lautet und Opponenten nicht vorhanden sind;

b. in dem Verfahren bei der Errichtung oder Veränderung von Dampfkessel-Anlagen (§§. 24. und 25. der Reichs-Gewerbeordnung) auf Ertheilung der Konzession ohne Bedingungen oder Einschränkungen lautet:

c. in dem Verfahren wegen Versagung der Genehmigung zum Betriebe eines stehenden Gewerbes oder eines Legitimationsscheins zum Gewerbebetriebe im Umherziehen (§§. 30. 32. 33. 34. 43. 57. der Reichs-Gewerbeordnung) auf Ertheilung der Konzession resp. des Legitimationsscheins lautet;

da in allen diesen Fällen ohne Weiteres die Konzessionsurkunde resp. der Legitimationsschein dem Antragsteller zugefertigt wird (vergl. Nr. 47, 51 letzter Absatz).

II. Von der Stempelpflichtigkeit sind dagegen, in Angelegenheiten der gedachten Art, befreit die folgenden, im gewöhnlichen Geschäftsgange zu erlassenden und daher zu den „Bescheiden" im Sinne des Gesetzes vom 26. März 1873 zu rechnenden Entscheidungen:

a. die in erster Instanz von einer kollegialischen Behörde erlassenen vorläufigen, durch rechtzeitigen Antrag auf mündliche Verhandlung außer Kraft tretenden Bescheide;

b. die in erster Instanz von einer nicht kollegialischen Behörde — in der Provinz Hannover auch die von den Magisträten der selbstständigen Städte (vergl. Cirkular-Verfügung vom 5. März 1870) erlassenen Entscheidungen.

III. Schließlich machen wir noch besonders darauf aufmerksam, daß in denjenigen gewerblichen Angelegenheiten, auf welche das Verfahren der §§. 20. und 21. der Reichs-Gewerbeordnung keine

Anwendung findet, (vergl. Nr. 26 Absatz 2 der Instruktion vom 4. September 1869) die Bescheide aller Instanzen der Stempelpflicht nicht unterliegen.

Wir veranlassen die Königliche Regierung, nach diesen Grundsätzen fortan zu verfahren und die betheiligten nachgeordneten Behörden mit einer entsprechenden Anweisung zu versehen.

Wegen Stempelpflichtigkeit des Inbetriebsetzungs-Attestes für Dampfkessel-Anlagen vgl. IV. Abschnitt d. Buches.

11. Verfügung des Ministers des Innern an den Königl. Regierungspräsidenten Herrn N. zu N., betreffend die an einen Stellvertreter des Inhabers einer Erlaubniß zum Gewerbebetriebe zu erhebenden Anforderungen, vom 24. Febr. 1882. (§§. 45 und 46 der Reichs-Gew.-Ord.) (M.Bl. f. d. i. V. 1882 S. 65.)

Wie ich aus den Anlagen ersehe, scheint der Kreis-Ausschuß des Kreises N. von der Ansicht auszugehen, daß bei denjenigen Gewerbebetrieben, welche einer besonderen Erlaubniß bedürfen, die Zulassung von Stellvertretern gemäß §§. 45 und 46 der Reichs-Gewerbe-Ordnung an dieselben Formen gebunden sei, wie sie für Ertheilung der Erlaubniß an den Inhaber des Gewerbebetriebes selbst vorgesehen sind. Diese Auffassung ist, wie dies auch von dem Königl. Oberverwaltungsgerichte wiederholt ausgesprochen worden, nicht zutreffend. Die Zulassung von Stellvertretern ist vielmehr auch in diesen Fällen der Regel nach lediglich Sache der Ortspolizeibehörde, welche hierüber im Wege der gewöhnlichen Verfügung zu befinden hat. Da nach §. 45 der Stellvertreter den für das betreffende Gewerbe insbesondere vorgeschriebenen Erfordernissen genügen muß, so hat die Polizeibehörde vor der Zulassung eine Prüfung in dieser Beziehung vorzunehmen, und für den Fall des Nichtvorhandenseins der vorgeschriebenen Erfordernisse die Zulassung des nicht qualifizirten Stellvertreters zu dem Gewerbebetriebe zu versagen, nöthigenfalls auch die Versagung im

Wege des polizeilichen Zwangsverfahrens zur Geltung zu bringen.

Ew. ꝛc. wollen hiernach für den Fall, daß das vorerwähnte Verfahren auch jetzt noch vor dem Kreisausschuß zu N. oder anderen Kreisausschüssen des Bezirks beobachtet werden sollte, auf eine entsprechende Aenderung hinwirken.

D.

Die wichtigeren gerichtlichen Entscheidungen.

1. Erkenntniß des Oberverwaltungsgerichts vom 9. April 1879, betreffend die Unzulässigkeit der Verhängung von Geldbußen im polizeilichen Zwangsverfahren gegen die — ohnehin strafbare — Fortsetzung eines ohne die vorgeschriebene polizeiliche Genehmigung begonnenen Gewerbebetriebes. (§§. 15 Abs. 2 und 147 Nr. 1 der Reichs-Gew.-Ord.) Entscheid. des O.V.G. Band V Nr. 44 S. 281 u. ff. (ursprünglich für Schankwirthschaft beurtheilt aber sinngemäß anwendbar auf gewerbliche Anlagen gemäß §§. 16. 24 und 27 der Reichs-Gewerbe-Ordnung.)

Der §. 15 Abs. 2 der Reichs-Gewerbe-Ordnung hat, wie seine Entstehungsgeschichte (R.T.B. I S. 270, II S. 1067 u. III S. 115) klar ergiebt, keineswegs den Zweck, der Polizeibehörde für die hier bezeichneten Gewerbebetriebe besondere Befugnisse, welche über die der Polizei nach allgemeinen Rechtsgrundsätzen (§. 10 Tit. 17 Th. II ALR.) ohnehin zustehenden Rechte hinausgehen, beizulegen, sondern will im Gegentheile die präventive Thätigkeit abgrenzen.

Auch hat bei dieser Auffassung die Bestimmung (des §. 15 Abs. 2) ihren guten Sinn, ohne daß es nothwendig wäre, hier eine Abweichung von allgemeinen Rechtsgrundsätzen anzunehmen, was um so bedenklicher erschiene, als sich Gründe dafür in den Materialien der Gesetzgebung auch nicht einmal angedeutet finden, und als die Frage, in welcher Weise und mit welchen Mitteln der polizeiliche Zwang durchzuführen sei, gar nicht zur Aufgabe der

Reichs-Gewerbe-Ordnung gehörte, sondern den einzelnen Landesgesetzgebungen überlassen blieb.

Ist demnach anzunehmen, daß der zweite Abs. des §. 15 der Reichs-Gewerbe-Ordnung für die Frage, ob die Polizeibehörden befugt seien, den unerlaubten Betrieb eines Gewerbes, zu dessen Beginn eine besondere Genehmigung erforderlich ist, mit Exekutivstrafe zu bedrohen, nicht entscheidend ins Gewicht fällt, so muß diese Frage weiter nach allgemeinen Grundsätzen über die Befugnisse der Polizei geprüft werden. In dieser Hinsicht kommt nun vor Allem die Frage in Betracht,

> ob und inwieweit Exekutivstrafen in Gemäßheit der §§ 30 ff. des Zuständigkeitsgesetzes vom 26. Juli 1876 (jetzt §§ 132 u. ff. des Gesetzes über die allgemeine Landesverwaltung vom 30. Juli 1883, G.S. S. 195 ff.) zulässig sind, wenn die Handlung, deren Unterlassung erzwungen werden soll, gesetzlich mit Strafe bedroht ist.

Diese Frage ist in Bezug auf einzelne Handlungen (z. B. das Abhalten einer vereinzelten Tanzlustbarkeit), welche gesetzlich oder durch eine Polizeiverordnung mit Strafe bedroht waren, vom Gerichtshofe bereits wiederholt und insbesondere in einem Erkenntnisse vom 12. April 1878 (M.Bl. f. d. i. V. 1878 S. 125) im verneinenden Sinne entschieden worden. Die Gründe aber, welche für jene Fälle zu einer Verneinung der Frage führten, treffen in gleichem Maße auf Fälle, wie den vorliegenden, zu, in welchem durch die Androhung der Exekutivstrafe eine ganze Reihe künftiger Handlungen, von denen eine jede einzelne die Ausübung oder Fortsetzung eines Gewerbes in sich schließt, verhütet werden soll. Denn jede einzelne dieser Handlungen ist bereits durch §. 147 Nr. 1 der Reichs-Gewerbe-Ordnung mit Strafe bedroht, und in dieser generellen Strafbestimmung liegt auch hier dasjenige Mittel zur Verhütung der strafbaren Handlungen, welches da, wo es an einer generellen Bestimmung fehlt, in der Androhung einer Exekutivstrafe auf Grund des §. 33 des Zuständigkeitsgesetzes (jetzt §. 172 des Gesetzes über die allgemeine Landesverwaltung vom 30. Juli 1883) zu finden ist. Ob die Verhütung einer einzelnen Handlung oder öfter wiederkehrender, den gleichen Zweck verfolgenden Handlungen in Frage steht, macht dabei keinen Unterschied. Anders würde die Sache liegen, wenn die Androhung der Exekutivstrafe die Beseitigung eines dauernden gesetzwidrigen Zustandes bezweckte, weil sie alsdann einen wesentlich anderen Zweck verfolgen würde als die für die einzelne Handlung angedrohte Strafe. Allein von der Beseitigung eines dauernden Zustandes kann da nicht die Rede sein, wo die polizeiliche Verfügung nicht etwa die Schließung des zum Ausschanke bestimmten Lokals, die Wegnahme der zum Betriebe des Schankgewerbes dienenden Utensilien oder ähnliche Maßregeln anordnet, welche sich gegen die gegenwärtige Beschaffenheit der Kellerräume als Lokale für den Betrieb des Schankgewerbes richten, wo die Verfügung vielmehr das Verbot des weiteren Betriebes des Ausschanks in diesen Lokalitäten zum Gegenstande hat, mithin das Verbot eines Gewerbebetriebes, welcher der Natur der Sache nach in einer Reihe von einzelnen diskontinuirlichen Handlungen besteht, die bereits durch §. 147 Nr. 1 der Reichs-Gewerbe-Ordnung mit Strafe bedroht sind.

Der beklagten Polizeiverwaltung bleibt daher, sofern der etwaige weitere Ungehorsam des Klägers gegen ihr Verbot nicht durch Anträge auf gerichtliche Bestrafung sollte gebrochen werden, nur die Befugniß, durch Anwendung unmittelbaren Zwanges die Ausübung der Schankwirthschaft in den Kellerräumen zu hindern, oder aber den Kläger zur Beseitigung aller derjenigen Einrichtungen in jenen Räumen anzuhalten, welche nur dem Betriebe des Schankgewerbes dienen.

2. **Erkenntniß des Oberverwaltungsgerichts vom 7. Juni 1879 betreffend Sicherung des Unternehmens gegen nachträgliche Auflagen beziehungsweise gegen Entziehung der Konzession bei Leistung von Schadenersatz (§§. 16, 24 und 51 der Reichs-Gewerbe-Ordnung).** (Entsch. des O.V.G. Bd. V Nr. 45 S. 289.) (Ursprünglich für Schankwirthschaft beurtheilt, aber auch anwendbar auf gefährliche Anlagen bezw. Dampfkessel.)

Indem die Reichs-Gewerbe-Ordnung vermöge der §§. 16 u. 24 die Beschränkung auferlegt, daß die zum Betriebe des Gewerbes bestimmte Anlage in Bezug auf das Lokal, Einrichtungen und Betrieb einer vorgängigen Prüfung zu unterziehen und von dem Ausfalle dieser Prüfung die Ertheilung der Erlaubniß abhängig zu machen sei, setzt das Gesetz zugleich die Grenze fest, bis zu welcher das öffentliche Interesse an der Beschaffenheit und Lage des Lokales bezw. Betriebes berücksichtigt werden soll.

Wollte man neben dieser vorgängigen Prüfung der Lokalität es der Polizeibehörde gestatten, nachträglich in Bezug auf das Lokal mit Rücksicht auf den Gewerbebetrieb noch weitere Anforderungen zu stellen — sei es im Wege der Einzelverfügung oder auch der Polizeiverordnung —, so würde die Sicherheit, welche der Konzessionirte nach dem Willen des Gesetzgebers dadurch erlangen soll, daß ihm die Erlaubniß nur auf dem in § 53 (resp. §. 51) der Reichs-Gewerbe-Ordnung bezeichneten Wege wieder entzogen werden kann, völlig illusorisch werden; denn diese Anforderungen könnten unter Umständen so erheblich sein, daß sie thatsächlich einer Entziehung gleichkommen.

Aehnliche Beschränkungen enthält die Gewerbe-Ordnung in den Fällen der §§. 16 und 24 (gefährliche Anlagen bezw. Dampfkessel). In derartigen Fällen steht es nach den §§. 18 und 24 Abs. 2 der die Genehmigung ertheilenden Behörde zu, bei dieser Ertheilung die sich als nöthig ergebenden Bedingungen festzusetzen bezw. die erforderlichen Vorkehrungen und Einrichtungen vorzuschreiben. Sofern der Unternehmer nicht selbst die Anlage ändert oder eine Aenderung von selbst im Laufe der Zeit eintritt, darf die Polizeibehörde nicht nachträglich neue Bedingungen stellen; das öffentliche Interesse findet, soweit es nicht schon dadurch gewahrt werden kann, daß die gestellten Bedingungen den nöthigen Spielraum gewähren, seinen Schutz lediglich in der Bestimmung des §. 51 der Gewerbe-Ordnung, wonach wegen überwiegender Nachtheile und Gefahren für das Gemeinwohl die fernere Benutzung der Anlage durch die höhere Verwaltungsbehörde — jedoch nur gegen Leistung von Schadenersatz — untersagt werden kann.

3. Erkenntniß des Oberverwaltungsgerichts vom 29. Oktober 1883, betreffend Entziehung der Konzession und Stellung der Polizeibehörden gegenüber nicht konzessionspflichtigen Anlagen. (§§. 16 und 24 der Reichs-Gewerbe-Ordnung.) (Entsch. des O.V. Bd. X Nr. 37 S. 263 u. ff.)

Soweit es sich hierbei um Anlagen handelt, welche in Gemäßheit des §. 16 u. ff. konzessionirt sind, findet allerdings das öffentliche Interesse seinen Schutz lediglich in denjenigen Bedingungen, welche bei Ertheilung der Genehmigung zufolge der §§. 18 u. 24 Abs. 2 von der zuständigen Behörde festgesetzt sind, und falls diese nicht ausreichen, in der Bestimmung des §. 51, wonach wegen überwiegender Nachtheile und Gefahren für das Gemeinwohl die fernere Benutzung einer jeden gewerblichen Anlage durch die höhere Verwaltungsbehörde gegen Leistung von Schadenersatz untersagt werden kann. Denn das Erforderniß einer besonderen Genehmigung, deren Ertheilung nach vorangegangener Prüfung zu einem speziell geordneten Verfahren erfolgen soll, dient nicht blos zum Schutze der Besitzer und Bewohner der benachbarten Grundstücke, sowie des Publikums überhaupt, sondern bezweckt zugleich eine Sicherung des Unternehmers gegen künftige Anfechtungen.

Die Genehmigung bleibt deshalb so lange in Kraft, als keine Aenderung in der Lage oder Beschaffenheit der Betriebsstätte oder in dem Betrieb vorgenommen wird (§. 25), und die Polizeibehörde darf demgemäß nicht ihrerseits neue Anforderungen an den Unternehmer stellen (vgl. Entscheid. des O.V. Band V S. 289. Siehe S. 109 d. Buches). Derartige Schranken sind aber der Polizeibehörde nicht gezogen, wo sie einer nicht genehmigten Anlage gegenüber steht; hier kommen die der Polizei überhaupt zustehenden Befugnisse (vgl. namentlich §. 10 II. 17 A.L.R.) in vollem Umfange zur Anwendung.

(Die Entscheidung hatte eine Kunstwollfabrik, welche vor der Zeit der Genehmigungspflicht für letztere errichtet worden, zum Gegenstande.)

4. Erkenntniß des Ober-Verwaltungs-Gerichts vom 17. Dezember 1883, betreffend den Gegensatz von wesentlichen und nicht wesentlichen Betriebsstätteänderungen. (§§. 16, 24, 25 und 147 Nr. 2 der Reichs-Gewerbe-Ordnung.) (Entsch. des O.V. Bd. X Nr. 39 S. 279.) (Ursprünglich für Wasserstauanlage beurtheilt.)

Zwar ist es nicht unzweifelhaft, ob das Erforderniß einer Genehmigung nur für „wesentliche" oder ob es nicht vielmehr für alle Aenderungen der Betriebsstätte bei den im §. 16 der Reichs-Gewerbe-Ordnung bezeichneten Anlagen als gesetzlich vorgeschrieben angesehen werden muß. Indeß hat das Ober-Verwaltungs-Gericht bereits in einem früheren Falle sich im Sinne der ersteren Alternative ausgesprochen, welche Auffassung sich hauptsächlich darauf gründet, daß der §. 147 der Reichs-Gewerbe-Ordnung eben nur gegen eine wesentliche Veränderung der Betriebsstätte gerichtet ist. Allerdings erscheint es auffallend, daß der §. 25 Abs. 1 im zweiten Satze, woselbst von der Betriebsstätte gehandelt wird, die Genehmigung dem Wortlaute nach schlechtweg, „sobald eine Veränderung der Betriebsstätte vorgenommen wird", dagegen im dritten, von dem Betriebe handelnden Satze nur bei wesentlichen Veränderungen für nothwendig oder erforderlich erklärt.

Die Betriebsstätte anlangend — ist hieraus gefolgert worden — sei demnach nicht blos zu einer wesentlichen, sondern auch zu einer unwesentlichen, zu jeder Veränderung derselben die Genehmigung einzuholen (Meves in Bezolds Gesetzgebung des Deutschen Reichs Thl. III Bd. I S. 62, Seydel in Hirth und Seydel's Annalen des Deutschen Reichs Jahrg. 1881 S. 634 Nr. 2). Allein die Entstehungsgeschichte der §§. 25 und 147 der Reichs-Gewerbe-Ordnung erweist die Unannehmbarkeit dieser Folgerung (vgl. R.T.V. II S. 768—769 und III S. 105).

Die bei Gelegenheit der Berathung des Entwurfs zur Gewerbe-Ordnung vom Reichstage beschlossenen Einschaltungen des Wortes „wesentliche" sind in den §. 147 des Gesetzes übergegangen; demnach kann auf Grund des §. 147 Nr. 2

gegen die Vornahme nicht genehmigter Veränderungen sowohl der Betriebsstätte als auch in dem Betriebe genehmigungspflichtiger gewerblicher Anlagen §. 16 nur dann, wenn die Veränderung eine wesentliche ist, strafrechtlich, und desgleichen nur unter eben derselben Voraussetzung in Gemäßheit des Schlußsatzes des §. 147 a. a. O., lautend:

„In dem Falle zu 2. kann die Polizeibehörde die Wegschaffung der Anlage oder die Herstellung des den Bedingungen entsprechenden Zustandes derselben anordnen"

Seitens der Polizeibehörde eingeschritten werden. Mit diesen Strafbestimmungen und der der Polizeibehörde ertheilten Befugniß zum Einschreiten gegen eine Veränderung im Betriebe genehmigungspflichtiger Anlagen wollte der Gesetzgeber, wie schon nach der auch im Wortlaute übereinstimmenden Bezeichnung der „Veränderungen" in den §§. 25 und 147 Nr. 2 nicht zu bezweifeln ist, die Einholung der Genehmigung solcher Veränderungen in allen denjenigen Fällen sichern, für welche die Genehmigung im §. 25 a. a. O. gesetzlich vorgeschrieben worden ist. Die in den damaligen Reichstagsverhandlungen geltend gemachten Gründe sprechen mit gleichem Gewichte für eine gleichmäßige Beschränkung der die Genehmigungspflicht sichernden Vorschriften des §. 147 auf wesentliche Veränderungen im Betriebe, als auch in der Betriebsstätte, gleichwie nicht minder für eine gleichmäßige Beschränkung der im §. 25 geordneten Genehmigungspflicht für Veränderungen einerseits im Betriebe, und andererseits der Betriebsstätte auf solche Veränderungen, welche sich als wesentliche darstellen. Es muß hiernach angenommen werden, daß der Gesetzgeber, wie er nur die nicht genehmigte Vornahme einer wesentlichen Veränderung der Betriebsstätte unter Strafe stellt, so auch unter der im §. 25 für genehmigungsbedürftig erklärten „Veränderung der Betriebsstätte" nur eine „wesentliche" Veränderung derselben verstanden hat (vgl. Kommentare Berger's, Wirchinger's und Schicker's zu §. 25 der Reichs-Gewerbe-Ordnung). Für die Beantwortung der ferneren Frage, ob eine Veränderung der Betriebsstätte im einzelnen Falle „wesentlich" sei, wird im allgemeinen der Gesichtspunkt entscheidend sein, ob die Veränderung auf diejenigen Rücksichten einwirken kann, welche im Eingange des §. 16 als solche hervorgehoben werden, die nach dem Gedanken des Gesetzgebers überhaupt die Anlage genehmigungspflichtig gemacht haben, nämlich die Rücksichten, daß die Anlagen „durch die Beschaffenheit der Betriebsstätte für die Besitzer oder Bewohner benachbarter Grundstücke oder für das Publikum überhaupt erhebliche Nachtheile, Gefahren oder Belästigungen herbeiführen können". Nach diesen Rücksichten ist es aber von keiner Bedeutung (wie im vorliegenden Falle), aus welchem Materiale — ob aus Holz oder Mauerwerk — das Gerinne, der Fachbaum, die Schützen bestehen, falls nur in Beziehung auf die Dimensionen des Gerinnes, sowie auf die Lage des Fachbaumes und der Schützen keine Veränderungen vorgenommen sind.

III. Abschnitt.

Technische Special-Bestimmungen

und

Ministerial-Verordnungen.

Schießpulver- Schießwolle- und Sprengstoff-Fabriken.

1. Cirkular-Verfügung des Ministers des Innern, betreffend die Maßregeln zur Abwendung von Unglücksfällen in Pulver-Fabriken, vom 14. September 1846, nebst der abändernden Verfügung vom 31. Mai 1856. (M.Bl. f. d. i. V. 1846 S. 202 und 1856 S. 170.)

..... Bei Errichtung neuer oder Veränderung bestehender Pulverfabriken ..... unterliegt nach der G.O. der Genehmigung der Regierung, aber auch in Beziehung auf bereits bestehende derartige Anlagen unterliegt es nach den Bestimmungen des §. 10. Thl. II. Tit. 17. des Allg. Landrechts keinem Bedenken, daß die Königl. Regierung, sofern es sich nicht um Abänderung ausdrücklich genehmigter baulicher Einrichtungen handelt, diejenigen Anordnungen zu treffen hat, welche vom Standpunkte der Sicherheits-Polizei aus für unerläßlich zu erachten sind.

Um der Königl. Regierung in beiden Beziehungen eine Anleitung über die in jedem einzelnen Falle nach den obwaltenden Verhältnissen zu treffenden Maßregeln zu geben, wird Derselben (in der Anl. a.) eine ..... mitgetheilte Zusammenstellung der zur Abwendung von Unglücksfällen in Pulverfabriken zu befolgenden Anordnungen übersandt, und muß Ihrer nähern Erwägung überlassen bleiben, welche dieser Vorschriften mit Beziehung auf die lokalen Verhältnisse und Betriebs-Einrichtungen in Ihrem Bezirke für anwendbar zu achten sind.

A. Lage und bauliche Einrichtung der Gebäude und Werke.

1) Die Gebäude und Werke für den gefährlichen Betrieb sind von einander abgesondert anzulegen und insoweit mit einem bis zum Dach reichenden Erdwall zu umgeben, daß bei einem etwaigen Auffliegen die benachbarten Gebäude durch Leitung der Explosion nach oben möglichst geschützt werden.

Die mit Feuerungsanlagen verbundenen Ateliers, als: die Köhlerei, Salpeterläuterei rc., so wie die Wohngebäude und Holzniederlagen, sind von den Gebäuden des gefährlichen Betriebes möglichst entfernt zu placiren (vgl. Nachtrag zu A. 1 S. 124).

2) Neben den einzelnen Pulverarbeitshäusern und gegen diese durch einen Erdwall geschützt, sind kleine Ablage-Magazine zur einstweiligen Unterbringung der aus einem Atelier in das andere übergehenden Zwischenfabrikate anzulegen (vgl. Nachtrag zu A. 2 S. 124).

3) Das Fabrikterrain ist wo möglich mit Bäumen und Strauchwerk zu bepflanzen und namentlich in der nächsten Umgebung der Pulverhäuser für die Unterhaltung eines guten Graswuchses zu sorgen.

Die Wege sind mit Gerberlohe zu beschütten (vgl. Nachtrag zu A. 3 S. 124).

4) Die Gebäude des gefährlichen Betriebes sind möglichst leicht, am besten aus bloßem, mit gut in einander gefalzten, glatten Brettern bekleideten Stielwerk herzustellen und mit einem leichten Dache zu versehen*).

Sie erhalten, um der Explosion einen leichten Ausweg zu verschaffen, große Fenster. Wo diese fehlen und schwere Dächer vorhanden sind, werden zu gleichem Zweck in den Umfassungswänden und im Dache nach außen sich öffnende Klappen angebracht.

*) Wellblech-Dächer anstatt Papp-Dächer. Vorschlag des Kgl. Gewerberaths Reg.-Bez. Minden-Münster. Siehe J.B. 1881 S. 150.

5) Um das Einwehen von Sand und Staub zu verhüten, sind die Gebäude des gefährlichen Betriebes mit einem Vorflur zu versehen.

6) Der eigentliche Arbeitsraum ist von dem Vorgelege des treibenden Wasserrades oder Pferdegöpels durch eine Wand zu trennen, damit sich der Pulverstaub nicht auf den Betriebsrädern ablagern kann.

7) Die Thür- und Fensterbeschläge ꝛc. sind ganz oder doch in der Art theilweise aus Kupfer, Bronze oder Messing herzustellen, daß eine Reibung von Eisen auf Eisen niemals stattfinden kann.

Alle Eisentheile im Innern der Arbeitsräume, deren Anbringung sich nicht vermeiden läßt, müssen, soweit als irgend angänglich, mit Holz verkleidet oder mit Leinwand behäutet werden.

8) Die von der Sonne beschienenen Fensterscheiben sind mit weißer Oelfarbe zu überstreichen, damit darin befindliche Warzen und Blasen nicht als Brenngläser wirken können.

9) Jedes Gebäude, in welchem sich Pulver oder Pulversatz befindet, zum Mindesten aber das Pulvermagazin, erhält einen Blitzableiter.

10) Das gesammte Etablissement ist mit einem Zaun zu umgeben, oder in anderer geeigneter Weise abzuschließen (vgl. Nachtrag zu A. 9 und 10 S. 125).

B. Betriebs-Einrichtungen.

1) Die Mengung des Satzes in Tonnen mittelst Bronzekugeln und die Verdichtung desselben durch Walzenpressen erscheint minder gefährlich, als die Bereitung des Pulvers auf Walz- und Stampfmühlen.

2) Da, wo Mühlen der letzteren Art vorhanden sind, dürfen die Stampfen in keinem Falle mit Eisen beschlagen werden. Der Schuh derselben muß vielmehr aus Bronze oder Kupfer bestehen.

3) Ebenso sind eiserne Läufer in den Walzwerken nur dann zulässig, wenn sie mit einem starken Reifen von Kupfer oder Bronze umgeben sind. In dieser Weise bekleidete konische Läufer verdienen aber rücksichtlich der Abwendung von Gefahr noch den Vorzug vor zylindrischen Läufern aus Stückstein.

4) Was oben sub A. 7. über die Vermeidung einer Reibung von Eisen auf Eisen gesagt worden, ist auch bei Anlage und Einrichtung der Maschinen zu beachten.

Das Eindringen des Pulverstaubes in die Zapfenlager sucht man durch Bedeckung derselben mit einem, mit Schafwolle gefutterten Trichter oder durch eine mit dergleichen Wolle bekleidete Stopfbüchse zu verhüten. Der untere Zapfen senkrecht stehender und sich schnell bewegender Maschinen-Wellen wird am Besten in Wasser gestellt.

5) Macht der Betrieb die Aufbewahrung gemahlener Pulver-Kohle nöthig, so muß hierzu, der möglichen Selbstentzündung wegen, ein feuersicheres und durch eine eiserne Thür verschlossenes Gewölbe vorhanden sein (vgl. Nachtrag zu B. 5 S. 125).

6) Die Räume zum künstlichen Trocknen des Pulvers, dürfen nicht durch gewöhnliche Oefen geheizt werden; die Heizung ist vielmehr durch Wasserdämpfe zu bewirken. Die Dampfküche muß sich hierbei in einem besonderen, von dem Trockenhause durch einen Erdwall getrennten Gebäude befinden (vgl. Nachtrag zu B. 6 S. 125).

C. Allgemeine Vorsichtsmaßregeln beim Betriebe selbst.

1) Zur Arbeit in den Pulver-Fabriken dürfen nur zuverlässige und nüchterne Leute angestellt werden.

2) Kann der Inhaber der Fabrik die Arbeiter nicht fortwährend selbst inspiziren, so ist er einen sachkundigen Werkmeister anzustellen verpflichtet.

3) Jedem Arbeiter ist ein bestimmter Wirkungskreis anzuweisen, und der Betrieb so anzuordnen, daß die Arbeiten gehörig in einander greifen und nirgend Verwirrung oder eine zu große Ansammlung von Menschen und Material entstehen kann.

4) Den bei den Feuerungs-Anlagen beschäftigten Arbeitern, als: den Salpetersiedern, Köhlern, Heizern rc. dürfen keine Geschäfte übertragen werden, welche sie während der Arbeit in die Lokale führen würden, in denen das Pulver bereitet wird, und umgekehrt.

5) In den Ateliers dürfen sich nur diejenigen Arbeiter aufhalten, die nach der Betriebs-Ordnung darin beschäftigt werden.

6) Der Besuch von Frauen und Kindern in den Pulver-Arbeitshäusern ist nicht statthaft.

7) Fremde dürfen die Ateliers nur in Begleitung eines Aufsehers betreten.

8) Jeder in ein Pulverhaus Eintretende muß Filzschuhe überziehen, oder seine Fußbekleidung ablegen. Die Schuhe oder Stiefel der Arbeiter dürfen nicht mit eisernen Nägeln oder Absatzeisen versehen sein (vgl. Nachtrag zu C. 8 und 9 S. 125).

9) Der Fußboden jedes Pulverhauses muß mit Decken belegt sein, und am Eingange eine Strohdecke liegen, um Sand und Schmutz abkratzen zu können.

10) Fässer und andere Gefäße müssen vor dem Hineinbringen in ein Pulverhaus sorgfältig von Sand und Erde befreit, auch die leeren Gefäße inwendig gut gereinigt werden. Diejenigen Fässer, worin Pulver und Pulversatz aufgenommen werden soll, müssen dicht gearbeitet und fest gebunden sein, so daß ein Verstreuen oder Durchstauben nicht stattfinden kann.

11) Zum Transport der Pulvermasse von einem Werke zum andern sind nur mit Deckeln versehene Gefäße anzuwenden.

12) Die Karren und Wagen, deren man sich zu diesen Transporten bedient, dürfen keine mit Eisen beschlagene Räder erhalten.

13) Die Pulverkohle darf erst 3 bis 4 Tage nach ihrer Darstellung gekleint werden, um Selbstentzündungen zu verhüten. Zur Aufnahme der gekleinten Kohle sind flache Gefäße von Eisenblech mit gut schließendem Deckel zu verwenden.

14) Werden Satzmaterialien oder Pulvermassen durch Unvorsichtigkeit verschüttet, so sind dieselben als verunreinigt anzu-

sehen und nicht weiter zur Fabrikation zu verwenden. Das Verschüttete wird vielmehr in ein Kehrichtfaß gethan, welches sich in jedem Atelier befinden muß, und insofern dasselbe aus Pulvermasse besteht, sofort stark angefeuchtet.

15) Unter keinerlei Umständen darf mehr Pulver oder Satz in den Werken vorhanden sein, als gerade in der Arbeit begriffen und hierzu unbedingt erforderlich ist. Das fertige Fabrikat ist sogleich nach dem nahegelegenen Ablage-Magazin zu bringen, und aus diesem auch die noch weiter zu verarbeitende Masse nur allmählig, nach dem Fortschritte der Arbeit, heranzuholen (vgl. Nachtrag zu C. 15 S. 125).

16) Während der Arbeit darf in den Pulver-Arbeitshäusern nicht geklopft, gescharrt, geschoben oder geworfen werden. Die Gefäße sind behutsam zu heben, zu tragen und niederzusetzen und Stoß und Reibung zu vermeiden.

17) Die im Gebrauch befindlichen Geräthe dürfen nicht von Eisen sein.

18) Bevor eine Reparatur in irgend einem Pulverhause vorgenommen wird, muß alle Pulvermasse daraus entfernt und der Fußboden oder die Stelle, wo die Reparatur geschehen soll, so stark genäßt werden, daß ein entstehender Funke keine Entzündung mehr veranlassen kann.

Die Reparatur selbst darf nur unter der Aufsicht eines Werkmeisters der Fabrik stattfinden.

19) Die Arbeiter müssen auf die Mühlenwerke und Maschinen ein wachsames Auge haben, solche gut in Schmiere halten und dafür sorgen, daß die Schraubenmuttern fest angezogen sind. Wenn etwas bricht oder sich auch nur ein unordentlicher Gang der Maschine zeigt, so müssen sie die Mühle augenblicklich einschützen oder die Maschine ausrücken.

20) Die Pulverarbeit darf nur bei völliger Tageshelle ausgeführt werden. Bei Schluß derselben ist alles Pulver und der Pulversatz nach den Ablage-Magazinen zu schaffen, das Werk vollständig aufzuräumen und zu verschließen (vgl. Nachtrag zu C. 20 S. 125).

21) Der Gebrauch von Laternen in Pulverhäusern ist unter allen Umständen unstatthaft (vgl. Nachtrag zu C. 20 und 21 S. 125).

22) Bei anhaltend trockener Witterung müssen die Thürschwellen und die unmittelbaren Umgebungen der Pulverarbeitshäuser tüchtig genäßt werden.

23) Das Tabackrauchen in der Nähe der Fabrik-Anlagen ist nicht zu gestatten. Es darf daher auch kein Arbeiter weder Tabackspfeife noch Feuerzeug bei sich führen.

24) Die Schornsteine der Salpeterläuterei, Köhlerei und des Trockenhauses sind fleißig zu fegen, und die Anhäufungen von Brennmaterial in diesen Gebäuden zu vermeiden.

25) Sämmtliche Werke und Arbeitsräume müssen allwöchentlich einmal gründlich gereinigt werden. Es sind hiebei die Fußdecken aufzunehmen und an einem abgelegenen Orte auszuklopfen, der Fußboden, die Wände, Decken, Maschinen rc. vom Staube zu reinigen und die Kehrichtfässer zu entleeren.

Hiermit ist denn auch jedesmal eine gründliche Revision der Maschinen und eine Beseitigung etwaniger Mängel an denselben zu verbinden.

26) Die Fabrik muß mit dem erforderlichen Feuerlöschgeräth, wozu auch ein gefüllter Wasserkübel neben jedem Pulverhause gehört, versehen sein, und dessen Zustand zum öftern revidirt werden.

27) Auch ist es zweckmäßig, diejenigen Hülfsmittel nahe bei der Hand zu haben, welche bei einer etwanigen Brandbeschädigung von Menschen augenblicklich angewendet werden können.

28) Sämmtliche Arbeiter sind über ihr Verhalten bei vorkommenden Explosionen und bei Brandunglück genau zu instruiren. Die nächste Maßregel wird hierbei immer die sein, das Pulver oder den Pulversatz in den durch Feuer gefährdeten Arbeitsräumen sofort stark mit Wasser zu begießen.

29) Die nach den besonderen Verhältnissen für jede Fabrik eigens zu entwerfenden polizeilichen Vorschriften sind den versammelten Arbeitern von Zeit zu Zeit in Erinnerung zu bringen, und eine jede Vernachlässigung derselben streng zu rügen.

30) Eine gehörige nächtliche Bewachung erscheint für jede Pulver-Fabrik unerläßlich nothwendig.

Siehe auch „Dienstinstruktion für Meister und Ober-Arbeiter, welche auf den der Aktien-Gesellschaft Vereinigte Rhein.-Westfäl. Pulver-Fabriken in Köln gehörigen Werken beschäftigt sind". J.B. 1881 S. 219—222.

Nachtrag zu obigem Reskript.

2. Reskript des Ministers für Handel, Gewerbe und öffentliche Arbeiten vom 31. Mai 1856. (M.Bl. 1856 S. 170.)

ad A. 1. Daß ein Schutz entfernter liegender Oertlichkeiten durch Umwallungen und Baumwuchs nicht absolut erreicht werden kann, hat die Erfahrung bei stattgehabten Explosionen gezeigt, indem die in die Höhe gesprengten brennbaren Gegenstände jene überflogen und in größeren Entfernungen durch ihr Einschlagen in andere Arbeitsräume neue Explosionen verursachten. Welche Entfernung hiernach als diejenige angesehen werden soll, in welcher bei Neuanlagen die Betriebs- und Aufbewahrungs-Räume von schon vorhandenen Wohngebäuden oder öffentlichen Wegen mindestens abgelegen bleiben müssen, läßt sich im Allgemeinen nicht bestimmen. Für nahe gelegene Gebäude und Oertlichkeiten und für die Quantitäten von einigen Zentnern Pulver, welche sich in den Arbeitsräumen während der Arbeit befinden, wird ein Erdwall und in vielen Fällen auch schon eine Mauer von 2½ Fuß Stärke einen Schutz gewähren, der in den meisten Fällen eine Weiterverbreitung der Explosionen zu verhindern im Stande ist.

ad A. 2. Die Anlage von besonderen Ablage-Magazinen darf in dem Falle erlassen werden, wenn der Betrieb so eingerichtet ist, daß jede Operation der Zeit nach unmittelbar an die folgende sich anschließt.

ad A. 3. Die Beschüttung der Wege mit Gerberlohe, oder was nach neuern Erfahrungen noch vorzuziehen ist, mit gewöhnlichen Sägespänen kann unter Umständen sehr kostspielig werden.

Es wird daher, wo dies der Fall sein sollte, ausnahmsweise davon abzustehen sein, wenn durch die Explosion des, innerhalb der Fabrik von einem Gebäude zum andern zu schaffenden Pulvers die öffentliche Sicherheit nicht gefährdet erscheint.

Von den Anordnungen

ad A. 9. u. 10. darf auf den Antrag der Fabrikanten abgestanden werden, sofern nicht besondere Verhältnisse deren Anwendung bedingen. Auch ist bei Ertheilung der polizeilichen Genehmigung stets der Vorbehalt auszusprechen, daß, sofern der Umfang der aufgehäuften Vorräthe oder sonstige Umstände im Interesse der öffentlichen Sicherheit die Errichtung von Blitzableitern nach Ermessen der Königlichen Regierung nothwendig machen sollte, deren Ausführung nachträglich erfolgen müsse. Die Anordnung:

ad B. 5. darf dem Fabrikanten überlassen bleiben, vorausgesetzt, daß die Bestimmung unter C. 13. gehörig beobachtet wird.

ad B. 6. Die Anwendung von Heizöfen darf unter der Bedingung nachgelassen werden, wenn solche von einem besonderen Raume aus geheizt, ferner durch einen soliden und dicht schließenden Mantel von starken Eisen- oder Kupferplatten geschützt und vollständig abgesperrt werden und der Schornstein so hoch ist, daß er keine Funken sprüht.

ad C. 8. und 9. Die Schlußbestimmung unter Nr. 8. ist festzuhalten, das Uebrige darf dem Ermessen des Fabrikanten überlassen bleiben. Letzteres gilt auch von der Bestimmung:

ad C. 15., sofern die oben zu A. 2. erwähnte Maßgabe stattfindet.

ad C. 20. Es darf dem Ermessen des Fabrikanten überlassen bleiben, einen Arbeitsraum als Aufbewahrungsort der Fabrikate der letzten Arbeitsstunden für die Nacht und bis zur Fortsetzung der Arbeit in einem anderen Raume am folgenden Tage zu benutzen.

ad C. 20. u. 21. Die Pulverarbeit darf bei nächtlicher Beleuchtung gestattet werden, wenn letztere mit der erforderlichen Vorsicht und Sorgfalt ausgeführt wird.

Soweit in Vorstehendem nicht Abänderungen und Erleichterungen in den polizeilichen Anordnungen ausdrücklich erwähnt sind, muß es bei den unterm 14. September 1846. mitgetheilten Bestimmungen bewenden. Insbesondere ist die Befolgung der unter B. 2. und 3. gegebenen Vorschriften ganz unerläßlich und auf die unter C. 1.—7., 10.—14. und 16.—19. getroffenen Anordnungen mit besonderer Strenge zu halten.

3. Cirkular-Reskript der Minister für Handel, Gewerbe und öffentliche Arbeiten und des Innern vom 8. Januar 1866, betreffend die Zulässigkeit der Dampfkraft beim Betrieb der Pulvermühlen. (M.Bl. f. d. i. V. 1866 S. 28.)

Auf den Bericht vom 22. September v. J. erwiedern wir der Königlichen Regierung, daß die Anwendung der Dampfkraft zum Betriebe von Pulvermühlen im Allgemeinen für unzulässig nicht zu erachten ist. In den mittelst Circular-Erlasses vom 14. September 1846 (Minist.Bl. S. 202) Ihr mitgetheilten Vorschriften wegen Abwendung von Unglücksfällen in Pulver-Fabriken ist unter B. Nr. 6 die Anwendung von Dämpfen zum Trocknen des Pulvers bereits ausdrücklich vorgesehen, und damit die Aufstellung von Dampf-Entwicklern in der Nähe von Pulvermühlen als zuläßig anerkannt. Ob die Dämpfe zum Trocknen des Pulvers oder zum Betrieb der Mühle benutzt werden, ist auf die Gefahr nicht von Einfluß, welche durch die Nähe des Dampfkessels herbeigeführt werden kann.

In Betreff der Bedingungen, unter welchen die Anwendung von Dampfkraft in Pulvermühlen zu gestatten, ist in den gedachten Vorsichten a. a. O. bestimmt, daß die Dampfküche — die Kesselfeuerung — sich in einem besonderen, vom Trockenhause durch einen Erdwall getrennten Gebäude befinden muß. Da das Kesselhaus ferner zu den „mit Feuerungs-Anlagen verbundenen Ateliers" im Sinne der erwähnten Vorschriften zu rechnen ist, so muß dasselbe nach der sub A. Nr. 1 getroffenen Bestimmung von den Gebäuden des gefährlichen Betriebs möglichst entfernt placirt werden. Welche Entfernung hiernach als diejenige anzusehen ist, welche bei Neuanlagen vorzuschreiben sei, läßt sich, wie dies bereits in der Circular-Verfügung vom 31. Mai 1856 (Minist.Bl. S. 170) bemerkt worden, im Allgemeinen nicht bestimmen, und wird nach den jedesmaligen lokalen Verhältnissen zu beurtheilen sein.

In jedem Falle wird indessen die Entfernung so groß sein müssen, daß weder durch die aus der Feuerung oder der Esse etwa fliegenden Funken, noch auch im Falle einer Explosion des Dampfkessels durch die dabei emporgeschleuderten Gegenstände für die Betriebs- und Aufbewahrungs-Räume eine Gefahr verursacht werden kann. Welche Entfernung hiernach bei dem Ihrer Entscheidung vorliegenden Spezialfalle für ausreichend zu erachten, ist aus den in dem Berichte vom 22. September vorgetragenen Umständen nicht zu entnehmen. Daß jedoch die von Ihr vorgeschlagene Minimal-Entfernung von 20 Fuß als viel zu gering zu erachten, ergiebt sich schon daraus, daß bei Dampfkessel-Explosionen erfahrungsmäßig brennende Gegenstände oft über 100 Fuß weit fortgeschleudert werden. Die Leitung der Dämpfe, oder falls die Dampfmaschine im Kesselhause selbst aufgestellt wird, die Leitung der Betriebskraft auf eine so bedeutende Entfernung, verursacht nach dem Gutachten der Königlichen technischen Deputation für Gewerbe keine unüberwindlichen Schwierigkeiten 2c. 2c.

Signalvorrichtung zwischen Dampfmaschine und einzelnen Arbeitslokalen der Pulverfabriken vorgeschlagen der Kgl. Gewerberath Reg.-Bez. Oppeln. Siehe J.B. 1880 S. 70.

4. Vorschriften zur Anlage von Blitzableitern für Pulverfabriken nach einer Instruktion der Pariser Akademie der Wissenschaften vom Jahre 1854.

1) Die Auffangstangen und Ableiter müssen einen hinreichenden Querschnitt haben. Nach Erfahrungssätzen können starke Blitze Kupferdrähte von 2 Linien Durchmesser schmelzen, daher ist nach Versuchen ermittelt und konstatirt worden, daß die Erhitzungen, welche metallische Leiter erfahren, wenn elektrische Ströme durchgeführt werden, sich umgekehrt verhalten wie die vierten Potenzen ihrer Durchmesser. Während die Querschnittsflächen im Verhältniß der Quadrate der Durchmesser zunehmen, nehmen die entsprechenden Erhitzungen im Biquadrat ab. Ein Kupferdraht von 12,5 mm genügt daher vollständig; wendet man Schmiedeeisen an, so müssen die eisernen Leiter eine größere Stärke haben als kupferne, weil das Eisen eine 5,6 mal geringere Leitungsfähigkeit besitzt als Kupfer und dem Rosten mehr ausgesetzt ist. Bei Quadrat-

eisen soll der Querschnitt 20 mm, bei Rundeisen der Durchmesser nie unter 18 mm betragen.

2) Die Auffangstangen und Ableiter müssen dicht zusammenhängend und von der Spitze der Auffangstange bis zur gemeinschaftlichen Ausleitung ohne Unterbrechung sein. Es ist zwar nicht zu verkennen, daß man bei Anwendung gehöriger Vorsichtsmaßregeln 2 Stücke Eisen oder Kupfer so genau verbinden und verbolzen kann, daß sie dem elektrischen Fluidum einen wirklichen Zusammenhang bieten, allein Rost zwischen den Verbindungsflächen oder Nachlässigkeit der Arbeiter haben die Pariser Akademie der Wissenschaften veranlaßt, in ihrer Instruction den allerdichtesten, also ununterbrochenen Zusammenhang der Leitung vorzuschreiben und dabei noch besonders zu verordnen, daß:

a) die Verbindungen nach der ganzen Länge auf ein Minimum bis zur Ausleitung zu beschränken sind;

b) alle Verbindungen, welche wegen Form oder Länge der Theile des Blitzableiters an Ort und Stelle gemacht werden müssen, mit Zinnlöthung auszuführen, und daß diese Löthungen stets an Flächen zu machen sind, die wenigstens 10 qcm haben und außerdem durch Schrauben, Bolzen oder Muffen zu versichern sind;

c) die Spitze der Auffangstange ist nicht allzu stark zu verdünnen. Diese Spitze soll einen Durchmesser von nicht weniger als 20 mm haben, an welche ein Kegel von 20 mm Höhe angefeilt wird. Ob eine einzige Spitze oder mehrere strahlenförmige Spitzenan der Auffangstange angebracht werden, wird dem Verfertiger der Leitung überlassen bleiben können, da hierüber bestimmte Erfahrungen fehlen.

3) Ein Hauptaugenmerk ist auf die Ableitung in feuchtes Erdreich oder in Wasser zu richten. Das erstere wird gewöhnlich gewählt, ohne dabei zu beachten, ob das Erdreich auch bei Sommerhitze noch feucht ist. Letzteres ist aber unter allen Umständen nothwendig, und wenn diese Feuchtigkeit nicht vorhanden ist, so wird die Leitung bis in den nächsten Bach oder Brunnen zu führen sein.

4) Ueber die Größe des Schutzkreises der Blitzableiter steht zwar noch nichts Positives fest, doch werden nachstehende Grundsätze bis jetzt als maßgebend betrachtet:

a) eine Auffangstange kann einen Umkreis von 18 bis 20 m Durchmesser schützen. Nach anderen Erfahrungen schützt

b) eine Auffangstange einen Kreis, dessen Durchmesser 4mal so groß ist als die Höhe des Blitzableiters.

Die Akademie läßt diese Frage unentschieden und empfiehlt einen Schutzkreis der Blitzableiter mit einem Halbmesser von der zweifachen Höhe des Blitzableiters.

5. **Bedingungen für Fabrik-Anlagen zur Herstellung von Nitroglycerin-Präparaten, Sprengöl, Dynamit, Dualin, Felsenbrecher** 2c. (Vgl. Min. Verf. v. 20. April 1871.)

1. Die Arbeits-Lokalien müssen möglichst von einander getrennt und die betreffenden einzelnen Fabrik-Gebäude möglichst weit von einander entfernt angelegt werden.

2. Der Raum, in welchem das Nitroglycerin bereitet wird, muß getrennt von den Räumen angelegt werden, in welchen Patronen gefertigt werden, desgleichen von denen, in welchen fertige Patronen, oder Vorräthe explosiver Fabrikate lagern.

3. Die Räume, in welchen Nitroglycerin bereitet und in welchen Patronen angefertigt werden, dürfen nur aus leichten Holzwänden ohne Anwendung von Stein oder Metall hergestellt und mit einem leichten Papp- oder Bretterdache versehen werden.

Der als Magazin für Patronen oder andere explosive Gegenstände dienende Raum muß gleichfalls aus leichten Holzwänden hergestellt und mit einer schützenden Erdschicht von mindestens 1/2 Meter Höhe bedeckt werden.

4. Die in 2. und 3. genannten Gebäude sind mit einem Erdwalle zu umgeben, dessen oberer Rand die Dachfirste dieser Gebäude überragen muß.

5. Die Fußböden der in 2. und 3. genannten Räume dürfen weder gedielt noch gepflastert sein; sie müssen aus reiner Sand- oder Erdschüttung hergestellt werden.

6. Die Räume, in welchen Nitroglycerin gewaschen resp. neutralisirt wird, desgleichen die Räume zur Anfertigung der Patronen müssen, um das Erstarren des Oels zu verhüten, erwärmt werden können. Die Heizvorrichtungen dürfen nur außen angebracht sein.

7. Die künstliche Beleuchtung sämmtlicher Arbeitsräume darf ebenfalls nur außen stattfinden. Es müssen die Beleuchtungs-Vorrichtungen vor den mit starken Glasscheiben verschlossenen Fenstern angebracht werden. Das Betreten der Arbeits- oder Lagerräume mit Laternen oder Lichtern ist unzuläßig.

8. Das zur Nitrirung des Glycerins dienende Gefäß muß mit zweckmäßigen Einrichtungen zum Kühlen und Umrühren des Gemisches von Glycerin und Nitrirsäure und mit einem Thermometer versehen sein, welches die Temperatur dieses Gemisches sicher erkennen läßt.

9. Leitungen, welche bestimmt sind, das Nitroglycerin aus dem Nitrirungs-Apparat nach dem Wasch- resp. Neutralisirungs-Apparat zu führen, müssen mit ersterem in fester Verbindung stehen.

10. Bei der Bereitung des Nitroglycerins, desgleichen bei der Vermischung desselben mit der Infusorienerde, oder bei ähnlichen Operationen dürfen Eimer mit Metallbeschlag oder derartige Geräthe aus Metall, Glas oder Geschirrmasse nicht angewendet werden. Es sind für diesen Zweck nur Geräthe aus Holz oder Guttapercha zuläßig. Auch ist das Betreten der Fabrikräume mit Fußbekleidungen, die mit Eisen beschlagen sind, unstatthaft.

11. An den Apparaten, welche zur Bereitung des Nitroglycerins dienen, müssen sich Vorrichtungen befinden, welche im Falle der Gefahr die sofortige Entleerung dieser Geräthe ermöglichen.

12. Die fertigen Fabrikate, die mit Patronen gefüllten Kisten müssen sogleich aus den Arbeitsräumen entfernt und in das Magazin geschafft werden.

13. Die Bereitung des Nitroglycerins darf nur in Gegenwart und unter spezieller Leitung des technischen Dirigenten der Fabrik stattfinden.

14. In Betreff der Ableitung der sauren Wasch- und Spülwässer sind Vorkehrungen zu treffen, welche Benachtheiligungen der Nachbarschaft ausschließen.

15. Die Polizei-Behörde hat die Befugniß, jeder Zeit eine Revision der Fabrik vorzunehmen.

Im Uebrigen sind die Vorsichtsmaßregeln mit Rücksicht auf die örtliche Lage der Betriebsstätte, in dem vollen Maße, wie es dem sicherheitspolizeilichen Interesse entspricht, vorzuschreiben.

Weitergehende Vorschriften in speziellen Fällen sind von einzelnen Regierungen erlassen. Dieselben sind zu finden in den Jahresberichten der Fabrik-Inspektoren. Merseburg-Erfurt 1880 S. 99; 1881 S. 100 u. 101; 1882 S. 128 u. 129; 1881 S. 210 ff. u. Köln-Koblenz 1882 S. 233; Düsseldorf 1881 S. 196—199.

6. **Konzessionsbedingungen bei Anlage einer Fabrik für nitrirte Baumwolle und Salpetersäure, welche von Seiten der Königl. Regierung in Aachen außer Vorschriften über die Unschädlichmachung saurer Abwässer gestellt werden.** (Vgl. J.B. 1880 S. 244.)

1. Trocken- und Lagerhaus sind von einander getrennt anzulegen, ein jedes ist mit einer bis zum Dache reichenden, vollständig umfassenden Erdumwallung zu versehen. Die Wallkrone erhält 1 Meter Breite; die inneren Wallböschungen dürfen nicht flacher, die äußeren nicht steiler als unter einem Winkel von 45 Grad zur Horizontale fallen. — Trocken- wie Lagerhaus erhalten thunlichst leichte Umfassungs- und Zwischenwände und Dächer, sowie Blitzableiter in hinreichender Anzahl.

2. Zur Arbeit dürfen nur zuverlässige Personen angenommen werden. Es ist eine Fabrik-Ordnung zu erlassen, lesbar in jedem Arbeitsraume anzuschlagen, und von Zeit zu Zeit den Arbeitern in Erinnerung zu bringen, welche den Wirkungskreis der Arbeiter in den einzelnen Betriebsräumen feststellt und die zur Betriebssicherheit, sowie zum Schutze der Gesundheit der Arbeiter etwa nothwendigen Vorsichtsmaßregeln anordnet. Ein Exemplar dieser Fabrik-Ordnung ist jedem neu eintretenden Arbeiter einzuhändigen.

3. Das Werk ist zur Verhinderung des Eintritts Unbefugter mit einem Zaune oder einer anderen entsprechenden Einfriedigung

mit verschließbarem Zugange zu versehen. — Fremde Personen dürfen die Betriebsräume und Magazine nur in Begleitung eines Meisters betreten.

4. Ein Meister oder Aufseher muß auf dem Fabrik-Grundstück wohnen. — Das Werk darf niemals, weder bei Tage, noch bei Nacht, ganz ohne Aufsicht sein; es muß vielmehr stets ein Meister, Aufseher oder eine sonstige zuverlässige Person zum Zwecke der Bewachung in demselben anwesend sein.

7. Konzessionsbedingungen für den Gebrauch von Patronenpressen in einer Dynamitfabrik, von Seiten der Königl. Regierung in Köln gestellt. (Vgl. J.B. 1882 S. 233.)

1. Der Dynamit, welcher mit den Pressen zu Patronen verarbeitet werden soll, muß vorher durch ein feines Sieb durchgerieben werden.

2. Die Stopfbüchse (st. und g. der Patentschrift) darf nicht aus Metall, sondern muß aus Holz hergestellt werden.

3. Die mit dem Stemmer versehene Kolbenstange muß eine zuverlässige Begrenzung ihres Hubes nach unten in der Art haben, daß sie unter keinen Umständen mit der an die Stopfbüchse unten angeschraubten messingenen Röhre in Berührung kommen kann.

4. Der Betrieb der Patronen-Pressen darf nur mit der Hand, nicht durch Riemenbetrieb ausgeführt werden.

5. Vor Beginn jeder Arbeitsschicht, sowie nach jedem Auswechseln von Stopfbüchsen und Stemmer hat der Aufseher die einzelnen Pressen zu untersuchen und dabei namentlich auch zu beachten, daß die Hornstemmer gut befestigt und in gutem Zustande sind, daß die Kolbenstange vollständig gerade und ihr Hub richtig begrenzt ist.

6. Die Arbeiter sind strenge anzuweisen, bei jeder sich etwa zeigenden Unregelmäßigkeit in dem Gang der Presse, bei schwerem Gang derselben, bei einem etwa vorkommenden ungewöhnlichen Geräusch u. s. w., dieselbe sofort stille zu setzen und dem Aufseher von dem Sachverhalt Anzeige zu machen.

8. Konzessionsbedingungen zur Herstellung von gewöhnlichem Dynamit und von Allas-Dynamit (Reichspatent vom 28. November 1879), von der Königl. Regierung in Köln gestellt.*) (Vgl. J.B. 1881 S. 210 ff.)

1. Die Konzession erstreckt sich nur auf die Darstellung von gewöhnlichem Dynamit und von Allas-Dynamit (Reichs-Patent vom 28. November 1879).

2. Bezüglich der Gebäude und Räume, in welchen explosive Substanzen bereitet, verarbeitet und gelagert werden sollen und die, wenn nachstehend nichts anderes bestimmt wird, nach Maßgabe der dem Genehmigungs-Gesuche beiliegenden Pläne zu errichten und aufzustellen sind, wird Folgendes angeordnet:

a. Die genannten Fabrikations-Gebäude und -Räume dürfen nur aus leichtem Holz ohne Anwendung von Ziegeln oder Bruchsteinen und von Metall ausgeführt und müssen mit einem leichten Papp- oder Bretterdache versehen werden. Die als Magazine für Patronen oder andere explosive Gegenstände dienenden Räume müssen gleichfalls aus leichten Holzwänden hergestellt und mit einer schützenden Erdschicht von mindestens $^1/_2$ Meter Höhe bedeckt werden.

b. Die nach Maßgabe der Pläne auszuführenden Erdwälle müssen den oberen Rand der Dachfirste der zwischen ihnen liegenden Gebäude überragen.

c. Auch die Wagen, in denen explosive Körper dargestellt und weiter verarbeitet werden, sind mit einem Erdwalle zu umgeben, der die oberste Kante der Wagenkasten überragt.

d. Die Fußböden der vorgenannten Räume dürfen in der stationären Anlage weder gedielt noch gepflastert sein; sie müssen aus einer Sand- oder Erdschüttung hergestellt werden. In den sub c. bezeichneten Wagen müssen die

*) Die Unternehmer beabsichtigten die Fabrikation in einer bleibenden Anlage, und außerdem in einer auf Wagen einzurichtenden, beweglichen Anlage vorzunehmen.

Fußböden in einer Höhe von mindestens 5 cm mit Infusorien-Erde oder einer anderen, das Nitro-Glycerin leicht aufsaugenden Masse bedeckt werden.

e. Die Kamine der nach Maßgabe der Pläne einzurichtenden, indirekten Heizvorrichtungen für die zu heizenden Arbeits-Räume sind mit gut funktionirenden Funkenfängern zu versehen. Außerdem müssen die Gebäude, in welchen die Arbeits- und Lager-Räume sich befinden, mit Blitzableitern ausgestattet sein.

f. Die Arbeits- und Lager-Räume dürfen nicht mit Licht betreten werden; es müssen vielmehr zur Beleuchtung derselben während der Nachtzeit Laternen mit fest umschlossenen Flammen außerhalb angebracht und das Licht der letzteren in die Räume durch Oeffnungen eingeführt werden, welche mit mindestens 12 mm starken, fest eingesetzten Glasplatten verschlossen sind.

3. In Bezug auf die Einrichtung der Apparate und Geräthe wird Folgendes bestimmt:

a. Die Nitrir-Gefäße für Nitro-Glycerin müssen mit zweckmäßigen Einrichtungen zum Kühlen und Umrühren des Gemisches für Nitro-Glycerin und Nitrirsäure und mit einem Thermometer versehen sein, welches die Temperatur dieses Gemisches sicher erkennen läßt.

b. Leitungen, welche bestimmt sind, das Nitro-Glycerin aus dem Nitrir-Apparat abzuführen, müssen mit letzterem in fester Verbindung stehen.

c. Bei der Bereitung des Nitro-Glycerins, desgleichen bei der weiteren Verarbeitung desselben dürfen Eimer mit Metallbeschlag oder derartige Geräthe aus Metall, Glas- oder Geschirrmasse nicht angewendet werden. Es sind für diesen Zweck nur Geräthe aus Holz oder Guttapercha zulässig.

d. An den Apparaten, welche zur Bereitung des Nitro-Glycerins dienen, müssen sich Vorrichtungen befinden, welche im Falle der Gefahr die sofortige Entleerung dieser Geräthe ermöglichen.

4. Es ist durch geeignete Ventilations=Vorrichtungen dafür zu sorgen, daß die in den Arbeitsräumen sich entwickelnden Gase und Dämpfe leicht und rasch aus denselben abgeführt werden.

5. Betreffs der Führung des Betriebes wird Nachstehendes angeordnet:

a. Die Bereitung des Nitro=Glycerins, sowie eventuell auch anderer explosiver Rohstoffe darf nur unter spezieller Aufsicht und in Gegenwart eines mit dem Betrieb genau bekannten Beamten geschehen.

b. Die fertigen Fabrikate, die mit Patronen gefüllten Kisten müssen sogleich aus den Arbeitsräumen entfernt und in das für sie bestimmte Magazin geschafft werden.

c. Die einzelnen Fabrikations=Räume dürfen nur ausschließlich für die Zwecke benutzt werden, für welche sie nach Angaben des Genehmigungs=Gesuchs und der denselben beigefügten Zeichnungen bestimmt sind.

Rohmaterialien, welche explosive Eigenschaften haben, dürfen unter keinen Umständen in den Arbeitsräumen gelagert werden. Es ist nur gestattet, gleichzeitig das Quantum derselben in die einzelnen Arbeits=Räume zu bringen, welches sofort in weitere Verarbeitung genommen wird.

d. Der Unternehmer hat eine Fabrikordnung zu erlassen, die in sämmtlichen Arbeitsräumen anzuschlagen ist, und durch welche die Arbeiter auf die Gefahren der Fabrication aufmerksam gemacht und mit Anweisung bezüglich ihres Verhaltens bei den einzelnen Arbeiten versehen werden.

Insbesondere ist in der Fabrik=Ordnung unter Androhung von sofortiger Entlassung zu verbieten:

Das Mitbringen von Feuerzeug in die Fabrik, sowie das Tabackrauchen und Branntweintrinken während der Arbeit.

Es ist fernerhin anzuordnen, daß das Betreten der Fabrikräume mit Fußbekleidungen, die mit Eisen beschlagen sind, unstatthaft ist.

6. Die Einrichtung zum Eindampfen der Abfallsäure muß mindestens 60 m von den Fabrikationsräumen und Sprengstoff=Magazinen entfernt liegen.

9. Konzessionsbedingungen bei Anlage einer Sprenggelatine- und Dynamitfabrik von Seiten der Königl. Regierung zu Düsseldorf im Jahre 1881 gestellt. (Vgl. J.B. 1881 S. 196—199.)

A. Bauliche und Betriebs-Einrichtungen.

1. Während des Betriebes der Fabrik muß stets ein verantwortlicher Betriebsführer zugegen sein; derselbe muß ein sachverständiger Chemiker sein, über dessen Qualifikation in Zweifelfällen die Regierung entscheidet.

2. Für die Sprengöl- und Sprenggelatine-Fabrik einerseits und für die Dynamit- und Patronenfabrik anderseits ist je ein zuverlässiger Meister anzustellen, der andauernd den Betrieb zu bewachen hat. Sind beide Abtheilungen im Betriebe, so können die beiden Meister einander nicht vertreten, sondern nur durch den Betriebsführer oder dessen Stellvertreter vertreten werden.

3. Die Persönlichkeiten des Betriebsführers, seines etwaigen Vertreters, sowie der beiden Meister und deren etwaiger Vertreter sind alsbald und längstens binnen drei Tagen nach ihrem Dienstantritt dem Bürgermeister schriftlich namhaft zu machen.

Sämmtliche genannte Persönlichkeiten sind alsbald nach der Anzeige von dem Bürgermeister durch Handschlag und zu Protokoll an Eidesstatt auf die genaue Beobachtung der Genehmigungs-Bedingungen, der sonstigen Vorschriften und der Fabrikordnung zu verpflichten.

Die den Meistern ertheilten Instruktionen, sowie die Seitens der Fabrik erlassene Fabrikordnung und die den einzelnen Arbeiterklassen ertheilten Weisungen sind der Königl. Regierung mitzutheilen.

4. Die Meister sollen die Arbeitsräume und die Arbeiter während der Arbeit sorgfältig überwachen, am Schlusse der Arbeitszeit jeden Arbeitsraum nach Anleitung der Vorschriften und Instruktionen untersuchen, auch die Arbeiter in keinem Falle früher entlassen, als die Untersuchung beendet ist, und jeden Arbeitsraum selbst verschließen. Jede Unregelmäßigkeit oder Ungehörigkeit, oder jede auffällige Erscheinung sollen sie in ihr Tagebuch eintragen und dem Betriebsführer davon Mittheilung machen

5. Veränderungen, das Einsetzen neuer Theile, Reparaturen u. s. w. an Gebäuden, Maschinen und Geräthen dürfen nicht die Arbeiter selbständig, sondern müssen die Meister oder die von diesen beauftragten Personen, unter Verantwortlichkeit der Meister, vornehmen.

6. Die Arbeiter sollen ihren Instruktionen und den anderweiten Weisungen der Meister getreulich Folge leisten. Die Instruktionen müssen den einzelnen Arbeiterrotten monatlich einmal — jedem neuen Arbeiter auch vor dem Arbeitsbeginn — von den Abtheilungs-Meistern vorgelesen und erläutert werden. Unfolgsame Arbeiter sind zu entlassen.

7. Die Arbeitsschicht der Meister und der Arbeiter darf die Dauer von zwölf Stunden nicht überschreiten.

8. Abtropfbare Gemenge von Sprengöl mit entzündlichen oder anderen Körpern dürfen nicht hergestellt werden.

9. Sprengöl darf als solches vom 1. Juli d. J. ab über Nacht nicht aufbewahrt, sondern es muß — in säurefreiem und schwach alkalischem Zustande — täglich aufgearbeitet, bezw. mit Aufsaugestoffen soweit gemengt werden, daß die Vorschrift sub 8 erfüllt ist.

10. Nitrocellulose darf weder in saurem noch neutralem Zustand bezogen oder verarbeitet werden.

11. Der zum Trocknen der Nitrocellulose bestimmte Raum darf nur mittelst Luft, welche mit einer Temperatur von höchstens 20° C. eintritt, erwärmt werden; diese warme Luft muß mittelst Wasser- oder Dampfheizung hergestellt und ihre Eintrittsöffnung in den Trockenraum mittelst feinen Metall- oder sonstigen Gewebes von dem Heizmittel geschieden sein. — Ueber und innerhalb eines Quadratmeters um diese Eintrittsöffnung darf Nitrocellulose nicht niedergelegt werden.

Das Heizmittel muß außerhalb des Trockenraumes angebracht, von außerhalb zugänglich sein und täglich nachgesehen werden.

12. Die Hürden der Trockenstube sollen aus Holz oder gelochtem Kupferblech hergestellt, mit je einem dichtgewebten, dunkelgefärbten Leinentuche belegt und auf diesem die Nitrocellulose so ausgebreitet werden, daß sie nach dem Trocknen in dem Tuche bequem verwogen und zur Gelatinebude transportirt werden kann.

13. Die Erwärmung der die Gelatinekessel umgebenden Wärmkästen darf nur mittelst Wasser von höchstens 50° C. Wärme, welches aus einem auf dem Walle oder neben der Gelatinebude anzulegenden Warmwasser-Bassin entnommen wird, erfolgen; es dürfen also Dampfrohre in jenen Wärmkästen nicht angelegt werden.

Das Sprengöl und das Gemenge des Sprengöles mit Nitrocellulose darf nie länger als eine halbe Stunde auf 40 bis 50° C. erwärmt werden; tritt während dieser Zeit die Gelatinebildung nicht vollständig ein, so ist das warme Wasser der Wärmkästen zu entleeren und durch kühleres (15 bis 20° C.) zu ersetzen, so daß das Gemenge abgekühlt und die Gelatinisirung bezw. die Verarbeitung kalt bewirkt wird.

14. Für alle Räume, in welchen Explosivmittel hergestellt werden, gilt das Folgende:

a. Decke, Wände und Thüren müssen innen mit festem, hellgefärbtem, glattem Papier bekleidet sein.

b. Nur die für die Arbeit unentbehrlichen, stets erforderlichen Geräthe und Materialien dürfen darin vorhanden sein. Kleider, Eßgeschirre und sonstiges Eigenthum der Arbeiter sind nicht darin zu dulden und den darin beschäftigten Arbeitern ist durch die Fabrik-Ordnung zu verbieten, irgend welche Gegenstände in den Taschen bei sich zu tragen.

c. Bezüglich der Heizvorrichtung hat das zu 11 Gesagte sinngemäße Geltung.

d. Die Fenster müssen innen mit einem Drahtgitter von in maximo 5 mm Maschenweite überkleidet und entweder wie die Thüren mit einem gegen die Sonnenstrahlen schützenden Ueberbau oder mit einem weißgestrichenen Außenfenster versehen sein.

e. Eine künstliche Beleuchtung darf nur von außen mittelst wohlverschlossener, hellleuchtender Laternen, die vor den verschlossenen Fenstern aufgestellt werden, erfolgen. Als Brenn-Material sollen leicht entzündliche oder flüchtige oder verharzende Leuchtstoffe nicht verwendet werden.

f. Der Fußboden, die Geräthe und Maschinen sind täglich nach beendeter Arbeit von Sprengmaterial, Fett oder Schmutz sorgfältig zu reinigen, die Heizvorrichtungen zu revidiren. — An einem Wochentage muß vor Beginn der Arbeit der Fußboden, wo er aus Sand besteht, zwei Zoll hoch fortgenommen und erneuert, wo er aus Holz oder Blei besteht, mit Natronlauge gereinigt werden; die Geräthe sind einmal wöchentlich am Schlusse der Arbeitszeit in gleicher Weise zu reinigen. — Der abgehobene Sand, die alkalischen Spül- und Waschwässer sind nach Anweisung der Meister (siehe deren Instruktion) zu entfernen.

15. Für die Räume, in welchen Sprengmittel aufbewahrt werden, finden die Vorschriften unter 14 b. bis f. sinngemäße Anwendung.

16. Die Patronen-Maschinen sind so einzurichten und zu betreiben, daß das Explosivmittel selbst nicht zufällig zwischen Metalltheilen gedrückt und nicht gestoßen werden kann; das Schmieren derselben soll mit reinem Mineralöl geschehen und die Putzwolle nicht in den Arbeitsräumen, sondern außerhalb in eisernen, wohlverschlossenen Gefäßen aufbewahrt werden. — Die Maschinen sind mindestens einmal wöchentlich auseinander zu nehmen und in allen ihren Theilen einer sorgfältigen Untersuchung, Reinigung und etwa nöthigen Reparatur zu unterziehen.

17. Alle Arbeitsräume, in welchen Sprengmittel gearbeitet oder verpackt werden, müssen mit den Arbeitsstuben der Meister und Dirigenten telegraphisch verbunden sein.

18. Während eines Gewitters muß der Betrieb in den Lagern und in den sub 17 genannten Räumen ruhen.

B. Fabrikation von Sprenggelatine-Präparaten.

1. Für die zu errichtende „Trommelbude" gilt die Bedingung unter 6 der Konzession vom 24. August 1872. (Danach sind die Vorrichtungen zur künstlichen Beleuchtung der Arbeitsräume außen hinter den mit starken Glasscheiben versehenen Fenstern anzubringen, Laternen oder Lichter sind in Arbeitsräumen verboten.)

2. Die zu vermahlende Kohle darf nicht selbst entzündlich, d. h. sie muß wenigstens 24 Stunden der Einwirkung der Luft ausgesetzt gewesen sein.

3. Die Sprenggelatine und deren Präparate und Patronen dürfen nicht gleichzeitig mit Dynamit und dessen Präparaten in denselben Räumen gearbeitet werden.

4. In den Arbeitsbuden (Patronenbuden, Mischbuden) sollen mehr als zwei Arbeiter gleichzeitig nicht beschäftigt sein.

5. Das zum Mischen und Herstellen der Sprenggelatine bestimmte Gefäß und ebenso die zugehörige Patronen-Maschine müssen nach jedesmaligem Gebrauch mit alkalischem Wasser sorgfältig gereinigt oder unter Wasser aufbewahrt werden.

6. Für die bei der neuen Fabrikation Beschäftigten ist eine Arbeitsanweisung zu erlassen.

7. Die Sprenggelatine-Präparate dürfen in den Lagerräumen nicht zusammen mit Dynamit aufbewahrt werden.

8. Die Schießbaumwolle darf nur naß (unter Wasser) aufbewahrt werden.

9. Die Mengebude muß in gleicher Weise wie die übrigen Buden feuersicher gedeckt und in ihren Fenstern durch Weißanstrich geblendet, und ferner durch passende Beschaffenheit und Handhabung der Transport-Gefäße dafür Sorge getragen werden, daß beim Sprengöl-Transport von dem Waschhaus zur Mischbude das Sprengöl weder anhaltend der Sonne ausgesetzt noch verschüttet wird.

C. Anlage eines neuen Dynamit-Magazins einer Fabrik.

1. Das Holzwerk des Magazins muß mit Wasserglas getränkt werden.

2. Die Dachpappe muß (durch dicken Sandasphalt-Belag) feuersicher gemacht werden.

3. Der Wall muß mit einem Blitzableiter, dessen Seilwurzel in das Grundwasser reicht, versehen werden.

Betreffend die Zubereitung, Feilhaltung, Transport, Aufbewahrung explosiver Stoffe siehe ferner: Reskr. der Min. f. Handel und des Innern v. 30. März 1858; Cirk.-Verf. d. Min. f. Handel und des Innern v. 5. Febr. 1866; desgl. v. 23. März 1866, v. 2. Mai 1867, v. 25. Nov. 1868; Bergpolizei-Verordn. des Ober-Bergamts Bezirk Dortmund v. 30. Aug. 1876; Polizei-Verordn. des Reg.-Bez. Arnsberg v. 17. Sept. 1879.

10. Gesetz gegen den verbrecherischen und gemeingefährlichen Gebrauch von Sprengstoffen. Vom 9. Juni 1884. (R.G.B. S. 61.)

§. 1. Die Herstellung, der Vertrieb und der Besitz von Sprengstoffen sowie die Einführung derselben aus dem Auslande ist unbeschadet der bestehenden sonstigen Beschränkungen nur mit polizeilicher Genehmigung zulässig.

Wer sich mit der Herstellung oder dem Vertriebe von Sprengstoffen befaßt, hat ein Register zu führen, aus welchem die Mengen der hergestellten, aus dem Auslande eingeführten oder sonst zum Zweck des Vertriebes angeschafften Sprengstoffe, sowie die Bezugsquellen und der Verbleib derselben ersichtlich sein müssen. Dieses Register ist der zuständigen Behörde auf Erfordern jederzeit vorzulegen.

Auf Sprengstoffe, welche vorzugsweise als Schießmittel gebraucht werden, finden vorbehaltlich abweichender landesrechtlicher Vorschriften die Bestimmungen des ersten und des zweiten Absatzes keine Anwendung. Die Bezeichnung dieser Stoffe erfolgt durch Beschluß des Bundesraths.

Insoweit Sprengstoffe zum eigenen Gebrauch durch Reichs- oder Landesbehörden von der zuständigen Verwaltung hergestellt, besessen, eingeführt oder vertrieben werden, bleiben die Vorschriften des ersten und zweiten Absatzes ebenfalls ausgeschlossen.

§. 2. Die Zentralbehörden der Bundesstaaten erlassen die zur Ausführung der Vorschriften in dem §. 1 Absatz 1 und 2, sowie in dem §. 15 erforderlichen näheren Anordnungen und bestimmen die Behörden, welche über die Gesuche um Gestattung der Herstellung, des Vertriebes, des Besitzes und der Einführung von Sprengstoffen Entscheidung zu treffen haben.

§. 3. Gegen die versagende Verfügung ist nur die Beschwerde an die Aufsichtsbehörde innerhalb 14 Tagen zulässig. Dieselbe hat keine aufschiebende Wirkung.

§. 4. Die Ertheilung der nach §. 1 Absatz 1 erforderlichen Erlaubniß erfolgt in widerruflicher Weise. Wegen der Beschwerde gegen die Zurücknahme gilt die Vorschrift des §. 3 des gegenwärtigen Gesetzes.

§. 5. Wer vorsätzlich durch Anwendung von Sprengstoffen Gefahr für das Eigenthum, die Gesundheit oder das Leben eines Anderen herbeiführt, wird mit Zuchthaus bestraft.

Ist durch die Handlung eine schwere Körperverletzung verursacht worden, so tritt Zuchthausstrafe nicht unter fünf Jahren, und wenn der Tod eines Menschen verursacht worden ist, Zuchthausstrafe nicht unter zehn Jahren oder lebenslängliche Zuchthausstrafe ein.

Ist durch die Handlung der Tod eines Menschen herbeigeführt worden und hat der Thäter einen solchen Erfolg voraussehen können, so ist auf Todesstrafe zu erkennen.

§. 6. Haben Mehrere die Ausführung einer oder mehrerer nach §. 5 zu ahndender strafbarer Handlungen verabredet oder sich zur fortgesetzten Begehung derartiger, wenn auch im einzelnen noch nicht bestimmter Handlungen verbunden, so werden dieselben, auch ohne daß der Entschluß der Verübung des Verbrechens durch Handlungen, welche einen Anfang der Ausführung enthalten, bethätigt worden ist, mit Zuchthaus nicht unter fünf Jahren bestraft.

§. 7. Wer Sprengstoffe herstellt, anschafft, bestellt, oder in seinem Besitze hat, in der Absicht, durch Anwendung derselben Gefahr für das Eigenthum, die Gesundheit oder das Leben eines Anderen entweder selbst herbeizuführen oder andere Personen zur Begehung dieses Verbrechens in den Stand zu setzen, wird mit Zuchthaus bis zu zehn Jahren bestraft.

Der gleichen Strafe verfällt, wer Sprengstoffe, wissend, daß dieselben zur Begehung eines in dem §. 5 vorgesehenen Verbrechens bestimmt sind, an andere Personen überläßt.

§. 8. Wer Sprengstoffe herstellt, anschafft, bestellt, wissentlich in seinem Besitze hat oder an andere Personen überläßt unter Umständen, welche nicht erweisen, daß dies zu einem erlaubten Zweck geschieht, wird mit Zuchthausstrafe bis zu fünf Jahren oder mit Gefängniß nicht unter einem Jahre bestraft. Diese Bestimmung findet auf die gemäß §. 1 Abs. 3 vom Bundesrath bezeichneten Stoffe nicht Anwendung.

§. 9. Wer der Vorschrift in dem ersten Absatz des §. 1 zuwider es unternimmt, ohne polizeiliche Ermächtigung Sprengstoffe herzustellen, vom Auslande einzuführen, feilzuhalten, zu verkaufen oder sonst an Andere zu überlassen, oder wer im Besitze derartiger Stoffe betroffen wird, ohne polizeiliche Erlaubniß hierzu nachweisen zu können, ist mit Gefängniß von drei Monaten bis zu zwei Jahren zu bestrafen.

Gleicher Strafe verfällt, wer die Vorschriften des §. 1 Absatz 2, die von den Zentralbehörden in Gemäßheit des §. 2 getroffenen Anordnungen oder die bereits bestehenden oder noch zu erlassenden sonstigen polizeilichen Bestimmungen über den Verkehr mit Sprengstoffen, auf welche §. 1 Absatz 1 Anwendung findet, übertritt.

§. 10. Wer öffentlich vor einer Menschenmenge oder wer durch Verbreitung oder öffentlichen Anschlag oder öffentliche Ausstellung von Schriften oder anderen Darstellungen, oder wer in Schriften oder anderen Darstellungen zur Begehung einer der in den §§. 5 und 6 bezeichneten strafbaren Handlungen oder zur Theilnahme an denselben auffordert, wird mit Zuchthaus bestraft.

Gleiche Strafe trifft denjenigen, welcher auf die vorbezeichnete Weise zur Begehung der im Absatz 1 gedachten strafbaren Handlungen insbesondere dadurch anreizt oder verleitet, daß er dieselben anpreist oder als etwas Rühmliches darstellt.

§. 11. In den Fällen der §§. 5, 6, 7, 8 und 10 kann auf Zulässigkeit von Polizeiaufsicht erkannt werden. In den Fällen der §§. 5, 6, 7, 8 und in dem Falle einer Anwendung der Strafvorschriften des §. 9 ist auf Einziehung der zur Zubereitung der Sprengstoffe gebrauchten oder bestimmten Gegenstände, sowie der im Besitze des Verurtheilten vorgefundenen Vorräthe von Sprengstoffen zu erkennen, ohne Unterschied, ob dieselben dem Verurtheilten gehören oder nicht.

§. 12. Die Bestimmungen im §. 4 Absatz 2 Nr. 1 des Strafgesetzbuchs für das Deutsche Reich finden auch auf die in den §§. 5, 6, 7, 8 und 10 dieses Gesetzes vorgesehenen Verbrechen Anwendung.

§. 13. Der in dem §. 139 des Strafgesetzbuchs für das Deutsche Reich angedrohten Strafe verfällt, wer von dem Vorhaben eines im §. 5 vorgesehenen Verbrechens oder von einer im §. 6 vorgesehenen Verabredung oder von dem Thatbestande eines im §. 7 des gegenwärtigen Gesetzes unter Strafe gestellten Verbrechens in glaubhafter Weise Kenntniß erhält und es unterläßt, der durch das Verbrechen bedrohten Person oder der Behörde rechtzeitig Anzeige zu machen.

§. 14. Die §§. 1, 2, 3, 4, 9 dieses Gesetzes treten drei Monate nach dessen Verkündigung, die übrigen Bestimmungen desselben mit dem Tage der Verkündigung in Kraft.

§. 15. Auf Personen, welche bei dem Inkrafttreten der §§. 1, 2, 3, 4, 9 dieses Gesetzes sich bereits im Besitze von Sprengstoffen befinden oder sich bis zu diesem Tage gewerbsmäßig mit der Herstellung oder mit dem Vertriebe von Sprengstoffen beschäftigt haben, finden die Vorschriften des §. 9 Absatz 1 erst zwei Wochen nach dem Inkrafttreten der gedachten Paragraphen, und wenn seitens dieser Personen innerhalb dieser Frist ein Gesuch um Ertheilung der nach §. 1 Absatz 1 erforderlichen polizeilichen Genehmigung bei der zuständigen Behörde eingereicht worden ist, erst eine Woche nach Behändigung des ablehnenden Bescheides letzter Instanz (§. 3) Anwendung.

Anlagen zur Feuerwerkerei und zur Bereitung von Zündstoffen aller Art.

1. Auszug aus der Ministerial-Instruktion vom 19. April 1847, betreffend den Betrieb der Feuerwerkerei. (M.Bl. f. d. i. V. 1847 S. 90, 91.)

8. Der zu Konzessionirende muß, nächst dem Besitz des Fähigkeitszeugnisses, als ein nüchterner, ordnungsliebender, besonnener und gesetzter Mann bekannt sein, und durch seinen Charakter zu der Voraussetzung berechtigen, daß er die bei dem Betriebe dieses gefährlichen Gewerbes nöthigen Vorsichtsmaßregeln strenge und gewissenhaft beobachten, und bei eintretender Gefahr mit Besonnenheit und Entschlossenheit sich benehmen werde.

Es ist ihm zur Pflicht zu machen, gleiche Rücksichten bei Auswahl seiner Gehülfen zu nehmen.

9. Das Laboratorium darf unter keinen Umständen in bewohnten Gebäuden angelegt werden, es soll vielmehr eine möglichst

isolirte Lage haben, so daß die nähern Umgebungen desselben durch einen eintretenden Unglücksfall nicht leicht gefährdet werden können.

Die in dieser Beziehung zu stellenden speziellen Bedingungen hängen von dem Umfange des Betriebes und den obwaltenden lokalen Verhältnissen ab und bleiben daher dem Ermessen der Orts-Polizeibehörde überlassen. Dieselben Rücksichten geben auch die Bestimmungsgründe dafür ab, ob das Laboratorium massiv oder in Fachwerk zu erbauen ist, oder ob dasselbe ganz oder theilweise aus bloßen Bretterschuppen bestehen kann. Letztere müssen aber jedenfalls so dicht sein, daß ein Einwehen von Sand und Staub nicht stattfinden kann.

Der Fußboden darf weder gepflastert sein, noch aus einem Staub erzeugenden Material bestehen.

Zur Aufbewahrung der Vorräthe an Pulver und fertigen Feuerwerksstücken ist ein besonderes Magazin erforderlich, sobald das Pulver-Quantum, mit Einschluß des in den Feuerwerksstücken befindlichen Satzes, mehr als 20 Pfund beträgt.

10. Diejenigen Laborirgeräthe, welche bei der Arbeit mit Pulver oder entzündlichen Sätzen in Berührung kommen, sollen so weit, als angänglich, nur aus Holz, Horn, Kupfer, Messing oder Bronze bestehen. Geräthe der Art, welche dem Zwecke entsprechend nicht anders als aus Eisen dargestellt werden können, müssen an den Stellen, welche bei der Arbeit mit Pulver oder Satz in Berührung kommen, mit Kupfer vorgeschuht sein. Eine Ausnahme hiervon machen die Raketenbohrer und die Dorne der Raketenstöcke, die nur von Stahl und resp. Eisen angefertigt werden können.

Für die Bereitung und Verarbeitung von chlorsaures Kali enthaltenden Sätzen ist eine besondere Garnitur von Laborir-Geräthschaften anzuschaffen, welche zu keiner andern Arbeit verwendet werden darf.

11. Bei der Arbeit selbst hat der Feuerwerker mit Sorgfalt und Strenge auf Ruhe, Ordnung und Reinlichkeit zu halten. Rasche und übereilte Behandlung des Pulvers und zündbaren Satzes, Reibungen von Eisen auf Eisen, Sand, Steine u. dgl.

sind in der Nähe der Pulverarbeiten sorgfältig zu vermeiden. Der Fußboden der Arbeitsstelle ist mit wollenen Decken zu belegen, oder doch vor Beginn der Arbeit mit Wasser zu besprengen und während der Dauer derselben genäßt zu erhalten.

Ein Verstauben oder Verstreuen von Pulver und Satz ist soviel als möglich zu verhindern. Sollte es dennoch vorkommen, so ist das Verstreute mit einem Borstwisch zusammenzufegen, behutsam aufzunehmen und nicht weiter zur Verarbeitung zu verwenden, sondern sofort in ein mit Wasser gefülltes Gefäß zu schütten. Die Stelle des Fußbodens, auf welcher das Verstreuen stattgefunden, ist stark zu befeuchten.

12. Alle Arbeiten, bei welchen Feuerung nothwendig ist, dürfen nur im Freien, oder in einer von den übrigen Arbeitslokalen abgesonderten Küche vorgenommen werden. Die vom Feuer genommenen Gefäße müssen, bevor sie in die Arbeitszimmer gebracht werden, mit feuchten Lappen abgewischt und ihre Füße in kaltem Wasser gut abgekühlt werden.

13. Giftige Stoffe sind, um das Stauben zu verhüten, vor ihrer Verarbeitung mit Weingeist anzufeuchten.

14. In dem Laboratorio darf sich nie mehr als 20 Pfund an Pulver und zündbarem Satze in verschlossenen oder doch bedeckten Gefäßen befinden; in den Arbeitsräumen selbst nur soviel, als zur geregelten Fortsetzung der Arbeit unumgänglich nothwendig ist, jedoch höchstens per Arbeitsstelle $\frac{1}{2}$ Pfund. Die fertigen Arbeitsstücke dürfen sich in den Arbeitsräumen niemals anhäufen.

15. Die Anwendung von Sätzen, welche einer Selbstentzündung fähig sind, ist möglichst zu vermeiden. Kommt dieselbe aber vor, so dürfen dergleichen Feuerwerksstücke niemals in Vorrath, sondern nur kurze Zeit vor dem Gebrauch angefertigt werden. Ihre Niederlegung in dem Magazin ist unstatthaft, sie sind vielmehr in verschlossenen Blechkasten oder Töpfen zu verpacken und diese an einem feuersichern Orte, etwa in einem mit einer eisernen Thür verschlossenen Kamine aufzustellen.

In derselben Weise ist bei Aufbewahrung frischgebrannter Holzkohle zu verfahren. Das Zerkleinern derselben und ihre

Verarbeitung zu Feuerwerkssätzen darf frühestens am fünften Tage nach vollendeter Schwelung erfolgen.

16. Zum Abbrennen eines Feuerwerks ist die spezielle Erlaubniß der Orts-Polizeibehörde erforderlich, welche unter genauer Angabe des Schauplatzes und der beabsichtigten Anordnung rechtzeitig und jedenfalls vor Erlaß einer öffentlichen Bekanntmachung einzuholen ist.

17. Der Verkauf von Lustfeuerwerks-Gegenständen unterliegt denselben gesetzlichen Bestimmungen, wie der des Schießpulvers.

Die in dem Hause des Verkäufers niederzulegenden Feuerwerksstücke dürfen im Ganzen nicht mehr als 20 Pfund Pulver und zündbaren Satz enthalten, und müssen in gut verschlossenen Kisten verpackt sein. Die Hälfte davon kann in dem Verkaufslokal aufbewahrt werden, die zweite Hälfte aber muß auf dem Boden des Hauses liegen.

18. Kontraventionen gegen die in den vorstehenden §§. 8—17. enthaltenen Bestimmungen sind mit einer Geldstrafe von 15 bis 60 Mark, eventuell achttägiger bis vierwöchentlicher Gefängnißstrafe zu belegen.

Grobe oder wiederholte Fahrlässigkeit, durch welche Unglücksfälle wirklich entstanden sind, oder doch leicht hätten herbeigeführt werden können, zieht außer der gesetzlichen Strafe den Verlust der Konzession nach sich.

2. **Ministerial-Verfügung des Ministers des Innern vom 29. Oktober 1843 an die Kgl. Regierung zu Erfurt, betreffend Knallquecksilberpräparate.** (M.Bl. f. d. i. V. 1843 S. 286.)

Da die mit der Bereitung des zu den Zündhütchen benutzten knallsauren Quecksilbers verbundene Gefahr der Explosion noch erheblich größer ist, als bei der Schießpulververfertigung, indem das Knallquecksilber, dessen Kraft im trocknen Zustand die des Schießpulvers an Intensität um vieles übertrifft, sich nicht allein durch Schlag und Stoß, sondern auch durch Reibung entzündet so darf die Anlage einer Anstalt zur Bereitung des knallsauren

Quecksilbers nur in einer solchen Entfernung von bewohnten Gebäuden und öffentlichen Wegen nachgelassen werden, daß für den Fall des Unglücks einer Explosion weder das Leben oder die Gesundheit etwa in der Nähe befindlicher Menschen, noch das Eigenthum durch Feuer gefährdet werden kann. Die Entfernung von beziehungsweise 300 und 400 Schritt von den nächsten bewohnten Baulichkeiten ..... genügt daher bei weitem nicht zum Schutze der Menschen und des Eigenthums gegen dabei etwa eintretende Unglücksfälle .....

3. Concessionsbedingungen bei Anlage einer Feuerwerkerei im Außenviertel der Stadt Düsseldorf, erlassen von Seiten der Königl. Regierung daselbst. (Vgl. J.B. 1882 S. 216.)

1. Explosive und Feuerwerkskörper dürfen in einer größeren Menge als 25 kg auf dem fraglichen Grundstücke nicht vorhanden sein.

2. Die Beleuchtung des Fabrikraumes muß von außen, und die Beheizung durch Wasser oder Dampf geschehen.

3. Auf dem fraglichen Grundstücke dürfen Versuche mit Feuerwerkskörpern nicht angestellt werden.

4. Concessionsbedingungen bei Anlage einer Fabrik von Sicherheitszündern — Bikfordsche Zündschnur — zur Sprengarbeit in Bergwerken und Steinbrüchen, erlassen von Seiten der Königl. Regierung in Minden. (Vgl. JB. 1883 S. 192—193.)

1. Das Spinngebäude — in dem die rohe Schnur angefertigt wird — sowie das Pulverhaus dürfen nur von außen erleuchtet werden.

2. Das Pulverhaus, welches die für den Tagesbedarf erforderliche Pulvermenge von höchstens 50 kg enthalten soll, muß

a. mit Wellblech gedeckt werden, eine Umwallung ist nicht nothwendig;

b. aus einem Vorraum und dem Raum für die Aufbewahrung des Pulvers bestehen, welche beide durch eine verschließbare Thür getrennt sind;
c. an den Beschlägen 2c. ist eine Berührung von Eisen auf Eisen zu vermeiden;
d. das Betreten ist nur gestattet, wenn die Fußbekleidung aus weichen Materialien besteht, als Filz, Holz, Leder mit Messing- oder Kupfer-Stiften;
e. das Betreten des Pulverraumes ist nur einem bestimmten männlichen Arbeiter gestattet;
f. die Ausgabe des Pulvers geschieht im Vorraum und
g. der Transport nach den Spinngebäuden in bedeckten nicht eisernen Gefäßen;
h. verschüttetes Pulver bezw. Pulver-Kehricht muß durch Auslaugen mittelst Wasser unschädlich gemacht werden;
i. vor dem Pulverhaus muß eine geeignete Vorkehrung zum Reinigen der Fuß-Bekleidung, am besten eine Reisigmattte liegen. Im Pulverraum selbst muß eine Matte oder Decke liegen.

3. In dem weißen Gebäude ist der Raum zur Aufbewahrung von Pech und Theer feuersicher herzustellen.

4. a. In dem Abpack- und Theer-Gebäude ist der Raum, in welchem der Theer erwärmt wird, feuersicher auszuführen, wenn die Erwärmung durch eine besondere Feuerung geschieht;
b. in diesem Falle sind die Oeffnungen der Theerkocherei mit eisernen Läden verschließbar einzurichten, und
c. ist die Feuerung so einzurichten, daß die Einwirkung der Flamme auf die Kessel sofort aufgehoben werden kann, z. B. durch Schieber oder Entfernung des Brenn-Materials;
d. der Eingang zur Theerkocherei muß auf der, dem Pulverhause entferntesten Seite des Abpack-Gebäudes liegen;
e. die Bedingungen unter 4 a, b, c und d fallen fort, wenn mit Dampf erwärmt bezw. gekocht wird, wie es für Wasser, Leim und Guttapercha beabsichtigt ist.

5. a. In sämmtlichen Arbeits- und Lager-Räumen ist nur Dampfheizung zulässig und

b. das Tabakrauchen und offenes Licht verboten;

c. diese Räume sind mit einem weißen Kalk-Anstrich zu versehen, welcher genügend oft erneuert werden muß, und ist überhaupt auf große Reinlichkeit zu halten.

6. Jugendliche Arbeiter dürfen nicht beschäftigt werden.

7. a. Das Betreten der Fabrikräume ist Unbefugten untersagt und

b. muß das Grundstück eingefriedigt werden.

8. Denjenigen Personen, welche den betr. Arbeitern das Essen 2c. bringen, muß ein bestimmter Raum für den event. Aufenthalt angewiesen werden.

4. Zirkular-Reskript des Ministers des Innern vom 12. Dezember 1842, betreffend die allgemeinen Grundsätze für die feuersicheren Anlagen von Zündholz-Trockenöfen. (M.Bl. f. d. i. V. 1842 S. 402.)

Die Zweifel der Polizeibehörden über die feuersichere Anlage von Zündholz-Trockenöfen haben Veranlassung gegeben, darüber die Königl. Ober-Baudeputation mit ihrem Gutachten zu hören. Nach demselben wird bei Ertheilung der baupolizeilichen Erlaubniß zur Errichtung solcher Oefen, mit gehöriger Rücksicht auf die Ausdehnung des Gewerbebetriebes und die dazu bestimmte Oertlichkeit, im allgemeinen Folgendes von den Orts-Polizeibehörden zu beobachten sein.

1) Ein Zündholz-Trockenofen muß in den äußeren Wänden so stark gebaut werden, daß nicht nur bei regelmäßiger Benutzung, sondern auch bei etwaniger Entzündung der im Trockenraume gelagerten Zündhölzer, welche durch Ueberheizung oder zufällige Schadhaftigkeit des Ofens herbeigeführt werden kann, der Einsturz desselben nicht zu besorgen ist, auch keine übermäßige Erhitzung der äußeren Fläche erfolgen kann;

2) nicht nur die Feuerung, sondern auch die Oeffnung des Trockenraumes muß mit einer Thür von Eisenblech versehen werden, auch

3) alles eingebundene Holzwerk, sowie alle Brennmaterialien müssen so weit entfernt bleiben, daß sie auch bei Eröffnung der Thür des Trockenraums von der Flamme der etwa in Brand gerathenen Zündhölzer nicht ergriffen werden können.

4) Wenn der zur Anlage bestimmte Raum nicht überwölbt ist, muß der Ofen unter einem gewölbten oder einem eisernen Rauchfange aufgestellt werden, damit eine Schadhaftigkeit der Ofendecke nicht feuergefährlich werde. Der gewölbte Rauchfang muß auf einem Gurtbogen oder einem eisernen Rauchfangbalken ruhen, oder der hölzerne Rauchfangbalken in der Horizontale gemessen, wenigstens zwei Fuß von den äußeren Ofenflächen entfernt bleiben, in welchen die Oeffnung des Trockenraumes sich nicht befindet.

5) Ueber dieser Oeffnung muß eine hinreichend weite, also besteigbare Schornsteinröhre vorhanden sein, um beim Brande der Zündhölzer den Rauch und die herausschlagende Flamme aufzunehmen und den Rauch abzuführen.

6) Das Dach des Gebäudes, in welchem ein Trockenofen angelegt werden soll, muß mit unverbrennlichem Material, Ziegeln, Metall, Dornscher Deckmasse ꝛc. belegt sein.

Der Königl. Regierung bleibt überlassen, hiernach die Polizeibehörden mit Anweisung zu versehen.

5. Ministerial-Verfügung vom 29. Oktober 1857, betreffend die Bedingungen für die Anlage von Zündholzwaaren-Fabriken. (M.Bl. f. d. i. V. 1857 S. 199.)

a. Bei Anwendung von gewöhnlichem (weißen) Phosphor.

1. Mit Rücksicht auf die, bei dem erheblichen Umfang der Fabrikation von Phosphor-Zündhölzern verhältnißmäßig geringe Zahl von Erkrankungen der Arbeiter in den Fabriken und mit Rücksicht darauf, daß die Versuche wegen Darstellung gleich bequemer Streichzündwaaren aus rothem Phosphor noch nicht genügend gelungen sind, ist der Anwendung gewöhnlichen Phosphors zu diesem Zweck zur Zeit nicht entgegenzutreten.

2. Bei Neu-Anlagen von Zündwaaren-Fabriken ist darauf zu achten, daß die Fabrikgebäude eine möglichst freie Stellung gegen andere bewohnte Gebäude erhalten.

3. Die Arbeitsräume müssen in denselben zu ebener Erde angelegt werden. Sie müssen eine Höhe von mindestens 15 Fuß haben, geräumig und gewölbt sein; und dürfen weder mit Wohnzimmern noch mit anderen Geschäftsräumen in unmittelbarer Verbindung stehen.

4. Die betreffenden Arbeiten (mit Ausschluß des Schneidens der Hölzer) müssen wenigstens auf zwei größere Räume und einen kleinern Raum, welcher am zweckmäßigsten zwischen beiden liegt, vertheilt werden. In dem einen großen Raum werden die Hölzer in die Pressen (Rahmen) gelegt. In dem kleineren Raum, der ganz aus Steinen aufgemauert und gewölbt sein muß, ist der hintere Theil zum Trockenraum einzurichten; in dem vorderen Theile dieser Abtheilung kann die Pfanne zum Schwefel und der Behälter zum Eintauchen in die Zündmasse aufgestellt werden, für den Fall, daß die Operationen zu einer Zeit ausgeführt werden, in welcher zum Trocknen nichts ausliegt. Ist dies nicht ausführbar, so muß für das Eintauchen in Schwefel und Zündmasse ein besonderer Raum in der Nähe angelegt werden. In dem zweiten größern Raum werden die Hölzer aus den Pressen genommen und eingepackt.

5. Die Verdampfung des Phosphors in Räumen, in denen sich Arbeiter aufhalten, muß so viel als möglich beseitigt und wo sie nicht ganz zu vermeiden ist, muß für schnellen und guten Luftwechsel gesorgt werden. Der Luftwechsel kann nur durch warme Luftheizung gehörig bewirkt werden. Am besten wird diese im Keller eingerichtet. Das Feuer im Heizungs-Ofen erregt einen fortdauernden Zug in dem Schornstein. Die durch den Ofen im Kellergewölbe erwärmte Luft ist in den Trockenraum durch eine im Boden desselben angebrachte Oeffnung mittels Aufziehens eines eisernen Schiebers einzulassen und durch Verschließen desselben sofort wieder abzusperren. Nach vollendetem Trocknen wird die warme, mit Phosphordämpfen erfüllte Luft dieses Raumes durch mehrere unten im Schornstein angebrachte Oeffnungen in diesen

wieder abgeführt. Während der kalten Jahreszeit wird die warme Luft des Heizungsraumes gleichfalls in die beiden Arbeitslokale geleitet und von dort wiederum entweder nach außen durch Oeffnungen, die sich nahe am Boden in der Mauer befinden, oder durch Kanäle, die in den Schornstein oder unter den Feuerungsrost münden, entfernt. Das Zuströmen reiner Luft in diese Lokale muß durch Oeffnen der Fenster und Thüren, oder durch Kanäle, welche in der Nähe der Zimmerdecke einmünden und mit der freien Luft in Verbindung stehen, bewirkt werden.

6. Der Schornstein muß mindestens 30 Fuß hoch sein und für den Fall, daß das Fabrikgebäude oder benachbarten Gebäude eine größere Höhe als 30 Fuß haben, dieselben noch mindestens 5 Fuß überragen.

7. Zur Bereitung der Phosphor=Zündmasse darf thierischer Leim durchaus nicht verwandt werden, sondern es ist an dessen Stelle nur der Gebrauch von arabischem Gummi oder Traganth zu gestatten.

8. Die Bereitung und das Zusammenrühren der Zündmasse muß in einem besondern, ebenfalls mit hinlänglichem Luftzug versehenen Raume vorgenommen werden.

9. Die Arbeiter müssen in den Arbeits=Lokalen einen besondern Anzug haben, den sie beim Verlassen derselben ablegen und zurücklassen. Zu diesem Zwecke muß ein besonderes Zimmer neben dem Fabrikgebäude vorhanden sein, in welchen abgesonderte Behälter zum Aufhängen der Arbeits=Anzüge und der gewöhnlichen Kleidungsstücke hergerichtet sind. Ehe die Arbeiter dieses Zimmer verlassen, müssen sie sorgfältig Gesicht und Hände waschen und den Mund mit kaltem Wasser ausspülen.

10. Die Arbeiter dürfen in der Fabrik selbst und ehe sie die Arbeitskleider abgelegt und sich gewaschen haben, durchaus nichts genießen.

11. Wenn die Arbeiter die Fabrik verlassen, müssen die Räume täglich gereinigt und der Abfall beim Anheizen des Ofens oder auf einem besonderen Rost, der einen Abzug in den Schornstein hat, verbrannt werden. Abfälle in eine gewöhnliche Hofgrube zu werfen, darf nicht gestattet werden.

12. Die Vorräthe fertiger Zündwaaren sind in eignen, von den Arbeitslokalen getrennten, feuersicheren Räumen aufzubewahren; am besten in einem unter dem Fabrikgebäude befindlichen Keller.

13. Der Besitzer einer Zündwaaren=Fabrik hat eine Betriebs=Ordnung mit einer kurzen Belehrung für die Arbeiter in Bezug auf die zum Schutze ihrer Gesundheit zu empfehlenden Vorsichtsmaßregeln zu entwerfen, ein Exemplar davon jedem eintretenden Arbeiter einzuhändigen und desgleichen einen Abdruck derselben im Fabriklokal an einer (jedem Arbeiter) zugänglichen Stelle auszuhängen.

14. Der Inhaber der Fabrik hat die Ueberwachung des Gesundheitszustandes der Arbeiter einem Arzte zu übertragen, welcher die Ausführung der Vorsichtsmaaßregeln zu kontroliren und sowohl die Arbeiter, als auch den Besitzer auf vorgefundene Mängel aufmerksam zu machen hat. Außerdem ist dem Kreis= oder Bezirks=Physikus der Eintritt in die Fabrik jeder Zeit zu gestatten, damit dieser sich von der nachhaltigen Befolgung der vorgeschriebenen Anordnungen Ueberzeugung verschaffe.

15. Zur Kontrolle über den Wechsel und Verbleib der Arbeiter ist der Fabrikbesitzer verpflichtet, ein Buch zu führen, welches Vor= und Zunamen, Alter, Wohnort, so wie den Tag des Ein= und Austritts jedes Arbeiters enthalten muß.

16. Für die vorhandenen, bereits konzessionirten Fabriken von Zündwaaren können die unter Nr. 2. 3. 4. 5. 6. 12. in Bezug auf bauliche Einrichtungen bei Neubauten gegebenen Vorschriften nicht durchweg maaßgebend sein, da vorauszusetzen ist, daß die Inhaber dieselben mit polizeilicher Genehmigung angelegt und die ihnen bei deren Einrichtung gestellten Bedingungen erfüllt haben werden. Der Landespolizeibehörde ist indessen unbenommen, die vorhandenen derartigen Anlagen nachträglich einer näheren Prüfung zu unterwerfen und diejenigen Einrichtungen oder Abänderungen der Betriebsstätte in jedem einzelnen Falle vorzuschreiben, welche die Rücksicht auf den Gesundheitszustand der Arbeiter unerläßlich erscheinen lassen und welche die Umstände auszuführen gestatten. Die übrigen in Bezug auf das Verhalten der Arbeiter in den

Fabriken und auf Ueberwachung des Gesundheitszustandes derselben erlassenen Bestimmungen finden auch auf die bereits bestehenden Zündwaaren-Fabriken Anwendung.

b. **Bedingungen für diejenigen Zündholz-Fabriken, in denen ausschließlich amorpher (rother) Phosphor zu s. g. schwedischen Reibzündhölzern verwendet wird.**

1. Es dürfen für Aufbewahrung der Rohstoffe, als amorpher Phosphor, chlorsaures Kali, Schwefel-Antimonium u. dgl. nur feuersichere, von den Arbeitslokalen gesonderte Räume benutzt werden.

2. Chlorsaures Kali ist von den übrigen Materialien gesondert aufzubewahren.

3. Die Anfertigung der Reibflächen muß in einem Lokale vorgenommen werden, welches mit den übrigen Arbeitsräumen keine unmittelbare Verbindung durch Thüren oder andere Oeffnungen hat.

Welche sonstigen Bedingungen mit Rücksicht auf die örtlichen Verhältnisse zu stellen sind, ist in jedem einzelnen Falle besonders zu ermessen.

(Siehe die Min.-Verfügung vom 19. Januar 1872, M.Bl. f. d. i. V. 1872 S. 56.)

6. Gesetz, betreffend die Anfertigung und Verzollung von Zündhölzern. Vom 13. Mai 1884. (R.G.B. 1884 S. 49.)

§. 1. Die Anfertigung von Zündhölzern unter Verwendung von weißem Phosphor darf nur in Anlagen stattfinden, welche ausschließlich für die Herstellung von Zündhölzern benutzt werden.

§. 2. In Räumen, in welchen

a) das Zubereiten der Zündmasse,

b) das Betunken der Hölzer,

c) das Trocknen der betunkten Hölzer

erfolgt, darf jugendlichen Arbeitern (§. 136 der Gewerbeordnung), in Räumen, welche

d) zu dem Abfüllen der Hölzer und ihrer ersten Verpackung dienen, darf Kindern (§. 135 Absatz 1 und 2 der Gewerbeordnung) der Aufenthalt nicht gestattet werden.

§. 3. Zuwiderhandlungen gegen die Vorschrift im §. 1 werden mit Geldstrafe bis zu dreihundert Mark, im Unvermögensfalle mit Haft bestraft. Neben der Strafe ist auf Einziehung der in dem gesetzwidrigen Betriebe benutzten beweglichen Gegenstände und der hergestellten Zündhölzer zu erkennen.

§. 4. Zuwiderhandlungen gegen die Vorschrift im §. 2 werden mit Geldstrafe bis zu zweitausend Mark, im Unvermögensfalle mit Gefängniß bis zu sechs Monaten bestraft.

Die auf Grund der vorstehenden Bestimmung auferlegten Geldstrafen fließen der im §. 116 der Gewerbeordnung bezeichneten Kasse zu.

§. 5. Auf die zur Zeit des Erlasses dieses Gesetzes bestehenden Betriebe finden die Bestimmungen desselben erst nach Ablauf von zwei Jahren Anwendung.

§. 6. Der Nr. 5e des Zolltarifs zu dem Gesetze vom 15. Juli 1879, betreffend den Zolltarif des deutschen Zollgebiets ꝛc. (Reichs-Gesetzbl. S. 207), ist folgende Bestimmung beizufügen:

„Anmerkung zu e:

Zündhölzer und Zündkerzchen 10 Mark für 100 Kilogramm."

Dieser Zollsatz tritt mit dem 1. Juli d. J. in Kraft.

7. Bekanntmachung, betreffend die Einrichtungen von Anlagen, welche zur Anfertigung von Zündhölzern unter Verwendung von weißem Phosphor dienen. Vom 11. Juli 1884. (C.B. 1884 S. 195.)

§. 1. Für jede der nachfolgend bezeichneten Verrichtungen:

a) das Zubereiten der Zündmasse,

b) das Betunken der Hölzer,

c) das Trocknen der betunkten Hölzer,

d) das Abfüllen der Hölzer und ihre erste Verpackung

müssen besondere Räume vorhanden sein.

Diese Räume dürfen nur unter einander, nicht aber mit anderen Arbeitsräumen oder mit Wohn- und Geschäftsräumen in unmittelbarer Verbindung stehen. Es ist indessen eine unmittelbare Verbindung des für das Betunken der Hölzer bestimmten Raumes mit dem Einlegeraume, sowie des für das Abfüllen und die erste Verpackung der Hölzer bestimmten Raumes mit den Lagerräumen für fertige Waare gestattet. In jedem der bezeichneten Räume dürfen ausschließlich diejenigen Arbeiten vorgenommen werden, für welche derselbe bestimmt ist; jedoch ist es erlaubt, in den zum Betunken der Hölzer bestimmten Räumen (b) auch das Schwefeln und Paraffiniren der Hölzer vorzunehmen.

§. 2. Die Räume, in welchen die im §. 1 unter a, b, d bezeichneten Verrichtungen vorgenommen werden, müssen mindestens fünf Meter hoch, die Räume unter b und d feuersicher abgedeckt, die Trockenräume (c) in ihrem ganzen Umfange feuersicher hergestellt sein. Die Wände der Räume, in welchen die unter a, b, d bezeichneten Verrichtungen vorgenommen werden, müssen mit einem Anstrich von Kalkmilch versehen sein, welcher mindestens einmal halbjährlich zu erneuern ist, nachdem der frühere Anstrich gut abgerieben ist.

§. 3. Die Räume, in welchen Zündmasse bereitet wird, müssen so eingerichtet sein, daß ein beständiger Luftwechsel stattfindet, welcher ausreicht, um entstehende Phosphordämpfe sofort abzuführen.

Die Bereitung der Zündmasse darf nur in luftdicht geschlossenen Gefäßen stattfinden, deren Füllöffnung so einzurichten ist, daß sie zugleich als Sicherheitsventil wirkt.

Gefäße, in welchen Zündmasse enthalten ist, müssen stets gut bedeckt gehalten werden.

§. 4. Das Betunken der Hölzer muß mittelst solcher Vorrichtungen geschehen, welche das Eindringen der Phosphordämpfe in die Arbeitsräume ausschließen.

Wird erwärmte Tunkmasse verwendet, so dürfen zum Betunken nur Vorrichtungen benutzt werden, welche für diesen Zweck von der höheren Verwaltungsbehörde besonders genehmigt sind.

§. 5. Die Räume, in welche betunkte Hölzer zum Trocknen gebracht werden, müssen ausreichend ventilirt sein.

In künstlich erwärmten Trockenräumen darf die Temperatur 35 Grad Celsius nicht übersteigen. In jedem Trockenraume ist ein Thermometer anzubringen, an welchem durch eine in die Augen fallende, von außen wahrnehmbare Marke der höchste zulässige Temperaturgrad bezeichnet ist.

Das Beschicken und Entleeren der Räume darf, sofern dazu das Betreten der letzteren erforderlich ist, nur stattfinden, wenn vorher mindestens eine halbe Stunde lang durch Oeffnen der Thüren und Fenster oder durch besondere Ventilationsvorrichtungen ein völliger Luftwechsel hergestellt ist.

§. 6. Die Abfüllräume, und sofern die erste Verpackung der Hölzer in besonderen Räumen erfolgt, auch diese, müssen so bemessen sein, daß für jeden der darin beschäftigten Arbeiter ein Luftraum von mindestens 10 Kubikmeter vorhanden ist. Die gedachten Räume müssen mit Fenstern, welche geöffnet werden können, und mit ausreichend wirkenden Ventilationsvorrichtungen versehen sein.

§. 7. Die in §. 1 unter a, b, d bezeichneten Räume müssen täglich nach Beendigung der Arbeit gereinigt werden. Die dabei zu sammelnden Abfälle sind sofort nach beendigter Reinigung der Räume zu verbrennen.

§. 8. Der Arbeitgeber hat dafür zu sorgen, daß die Arbeiter, welche in den im §. 1 a bis d bezeichneten Räumen beschäftigt sind, einen besonderen Oberanzug oder eine auch den Oberkörper deckende Schürze tragen, und daß dieselben diese Kleidungsstücke jedesmal beim Verlassen der Arbeitsräume in einem besonderen, getrennt von den letzteren herzurichtenden Raum ablegen und zurücklassen. In diesem Raume müssen abgesonderte Behälter zum Aufhängen der Arbeitsanzüge und der gewöhnlichen Kleidungsstücke, welche vor Beginn der Arbeit abgelegt werden, vorhanden sein.

§. 9. Der Arbeitgeber darf nicht gestatten, daß die Arbeiter Nahrungsmittel in die Arbeitsräume mitbringen oder in denselben verzehren. Er hat dafür zu sorgen, daß das Einnehmen der Mahlzeiten nur in Räumen geschieht, welche von den Arbeitsräumen, sowie von den An- und Auskleideräumen vollständig getrennt sind. Auch müssen außerhalb der Arbeitsräume Vorrichtungen zum Erwärmen der Speisen vorhanden sein.

§. 10. Außerhalb der Arbeitsräume, aber in unmittelbarer Nähe derselben, müssen für die Zahl der darin beschäftigten Arbeiter ausreichende Wascheinrichtungen angebracht und Gefäße zum Zwecke des Mundausspülens in genügender Anzahl aufgestellt sein.

§. 11. Der Arbeitgeber hat dafür zu sorgen, daß die Arbeiter vor dem Einnehmen der Mahlzeiten, sowie vor dem Verlassen der Fabrik sich die Hände gründlich reinigen, den Mund mit Wasser ausspülen und die während der Arbeit benutzten Oberkleider oder Schürzen ablegen.

§. 12. Der Arbeitgeber darf in den im §. 1 unter a bis d bezeichneten Räumen nur Personen zur Beschäftigung zulassen, welche eine Bescheinigung eines approbirten Arztes darüber beibringen, daß sie nicht an der Phosphornekrose leiden und vermöge ihrer Körperbeschaffenheit der Gefahr, von dieser Krankheit befallen zu werden, nicht in besonderem Maße ausgesetzt sind.

Die Bescheinigungen sind zu sammeln, aufzubewahren und dem Aufsichtsbeamten (§. 139 b der Gewerbeordnung) auf Verlangen vorzulegen.

§. 13. Der Arbeitgeber hat die Ueberwachung des Gesundheitszustandes der von ihm beschäftigten Arbeiter einem, dem Aufsichtsbeamten (§. 139 b der Gewerbeordnung) namhaft zu machenden approbirten Arzte zu übertragen, welcher im Laufe des ersten Jahres nach Inkrafttreten dieser Vorschriften monatlich, später vierteljährlich mindestens einmal eine Untersuchung der Arbeiter vorzunehmen und den Arbeitgeber von jedem ermittelten Falle einer Erkrankung an Phosphornekrose in Kenntniß zu setzen hat.

Der Arbeitgeber ist verpflichtet, von jeder unter den Arbeitern vorkommenden Erkrankung an Phosphornekrose, sobald er durch den Fabrikarzt oder auf andere Weise davon Kenntniß erhält, dem Aufsichtsbeamten schriftliche Anzeige zu erstatten. Er darf an der Phosphornekrose erkrankte Arbeiter nicht ferner in den im §. 1 a bis d bezeichneten Räumen beschäftigen.

§. 14. Der Arbeitgeber ist verpflichtet, zur Kontrole über den Wechsel und Verbleib der Arbeiter ein Buch zu führen, welches Vor- und Zunamen, Alter, Wohnort, sowie den Tag des Ein-

und Austritts jedes Arbeiters enthalten muß. In dieses Kontrolbuch hat der Fabrikarzt das Ergebniß seiner Untersuchungen und den Tag der letzteren einzutragen. Dasselbe ist dem Aufsichtsbeamten (§. 139 b der Gewerbeordnung) auf Verlangen vorzulegen.

§. 15. In jedem Arbeitsraume muß eine Abschrift oder ein Abdruck des §. 2 des Gesetzes vom 13. Mai 1884 und der §§. 1 bis 14 dieser Vorschriften sowie eine Anweisung für die in dem betreffenden Raume beschäftigten Arbeiter an einer in die Augen fallenden Stelle aushängen. Ein Exemplar dieser Anweisung ist jedem Arbeiter, welcher in den im §. 1 unter a bis d bezeichneten Räumen beschäftigt werden soll, einzuhändigen.

§. 16. Neue Anlagen, in welchen Zündhölzer unter Verwendung von weißem Phosphor angefertigt werden sollen, dürfen erst in Betrieb gesetzt werden, nachdem ihre Errichtung dem zuständigen Aufsichtsbeamten (§. 139 b der Gewerbeordnung) angezeigt worden ist. Der letztere hat nach Empfang dieser Anzeige schleunigst durch persönliche Revision festzustellen, ob die Einrichtung der Anlage den erlassenen Vorschriften entspricht.

§. 17. Im Falle der Zuwiderhandlung gegen §. 1 des Gesetzes vom 13. Mai 1884 und gegen die §§. 1 bis 16 dieser Vorschriften kann die Polizeibehörde die Einstellung des Betriebes bis zur Herstellung des vorschriftsmäßigen Zustandes anordnen.

§. 18. Auf die zur Zeit des Erlasses dieser Vorschriften bestehenden Betriebe finden die Bestimmungen der §§. 1, 2, 3 Absatz 2 und §. 6 erst nach Ablauf von zwei Jahren nach dem Inkrafttreten des Gesetzes vom 13. Mai 1884 Anwendung.

Für Anlagen, welche zur Zeit des Erlasses dieser Vorschriften im Betriebe standen, können Ausnahmen von den Vorschriften des §. 1 und des §. 2 Satz 1 durch den Bundesrath zugelassen werden, wenn nach den bisherigen Erfahrungen anzunehmen ist, daß durch die vorhandenen Einrichtungen ein gefahrloser Betrieb sichergestellt wird.

Gasbereitungs- und Gasbewahrungs-Anstalten.

(Vgl. S. 71 Nr. 1.)

1. Zirkular-Verfügung des Ministers für Handel und Gewerbe vom 10. März 1856, betreffend die Bedingungen zur Aufstellung von Gasometern und Anlegung von Gasbereitungs-Anstalten behufs Verhütung von Explosionen. (M.Bl. f. d. V. 1856 S. 72.)

Wiederholentlich vorgekommene Unglücksfälle durch Explosionen von Gasometern und Gasbereitungs-Anlagen geben Veranlassung, der Königlichen Regierung folgende Vorschriften zur Beachtung bei Ertheilung der Konzessionen für dergleichen Anlagen zu empfehlen.

1) Die Aufstellung eines Gasometers im Freien ist nur bei ganz isolirter Lage und wenn die Umgebungen keine Gefahr für die Entzündung des Gases darbieten, zu gestatten.

2) Andernfalls ist für den Gasometer ein isolirt stehendes, mit massiven Umfassungswänden aufgeführtes Gebäude erforderlich.

3) Dies Gebäude muß den nöthigen Raum darbieten, um von allen Seiten an den Gasometer gelangen und etwaige Reparaturen ohne Schwierigkeiten ausführen zu können.

4) Jede Art von Feuerungs-Anlagen in diesem Gebäude bleibt verboten. Ist eine Heizung des innern Raumes, etwa um das Einfrieren des Wassers in der Zisterne zu verhindern, erforderlich, so muß dieselbe durch Zuleitung von Dämpfen oder von heißem Wasser von Außen her bewirkt werden. Die dazu nöthige Feuerungs-Anlage ist aber ganz getrennt vom Gasometer-Gebäude in einem besondern feuersichern Gebäude anzubringen. Auch darf das Gasometer-Gebäude mit keinen andern Baulichkeiten, am allerwenigsten mit solchen, die, wie das Retortenhaus oder der Raum zum Abkühlen der Koaks, offene Feuerungen enthalten, in irgend einer Verbindung stehen.

5) Zweckmäßig ist ein offener Schlott im Dache des Gebäudes, durch welchen entweichendes Gas in geringerer Menge stets seinen Abzug findet. Für den Fall größerer Gasausströmungen bedarf es aber überall der Anbringung von Lüftungsklappen im Dache, deren Umfang nach der Größe des innern Raums dergestalt zu bemessen ist, daß bei Entleerung des Gasometers durch Beschädigung oder durch andere außerordentliche Veranlassung für das darin enthaltene Gas ein schnelles Entweichen durch Oeffnung dieser Klappen möglich ist. Letztere sind daher mit Ketten zu versehen, welche, über Rollen laufend, von Außen her ein Oeffnen der gedachten Klappen gestatten.

6) Die Anbringung bewohnter Räume über einem Gasometer darf nicht gestattet werden. Ob solche über den Räumen, worin sich die Retorten und die Koaksabkühlung befinden, nachgelassen werden kann, ist nach Maaßgabe des, mitunter geringen Umfangs solcher Anlagen in jedem einzelnen Falle näher zu erwägen, jedoch immer nur dann zuzulassen, wenn die betreffenden Räume massiv überwölbt sind.

7) Das Gebäude, in welchem sich der Gasometer befindet, darf niemals mit offenem Licht, sondern stets nur mit Davy'schen Sicherheitslampen betreten werden, damit bei etwa unvorhergesehenen Gasausströmungen eine Entzündung des Gases verhütet wird.

In Betreff der bestehenden Gasanstalten wird der Königlichen Regierung anheimgegeben, durch örtliche Prüfung festzustellen, ob diesen Bedingungen entsprochen ist. Wo dies nicht der Fall, ist durch Verhandlung mit dem Betheiligten möglichst dahin zu wirken, daß den in ihrem eigenen Interesse begründeten Anforderungen zur Verhütung von Unglücksfällen, insbesondere der Vorschrift unter 4 genügt werde.

Das Betreten der Gasometer-Gebäude mit Licht in anderer Weise, als mittelst der Davy'schen Sicherheitslampe, ist durch Polizei-Verordnung ..... sofort zu untersagen.

2. **Concessionsbedingungen für Anlagen zur Gasbereitung aus Steinkohlen.** (R. Cremer, Concessionirung gewerbl. Anlagen. Braunschweig 1870, S. 123 u. 124; ferner L. Jacobi, Gewerbe-Gesetzgebung. Berlin 1874, S. 358.)

1) Die Gebäude, in welchen das Gas zubereitet und gereinigt wird, müssen aus massivem Mauerwerk bestehen, dürfen keine durchgehenden Balkenlagen, sondern müssen statt dieser eiserne Zuganker und möglichst leicht eingedeckte Dächer haben. Der Gasometer darf nicht im Zusammenhang mit dem Gasbereitungsgebäude aufgestellt werden und muß ebenfalls ein nur leicht eingedecktes Dach erhalten. Das Mauerwerk der Retortenfeuerung muß wenigstens 5 Zoll von den Umfassungsmauern der Gebäude und wenigstens 5 Fuß von allen feuerfangenden Gegenständen abstehen. Von dem Schornstein muß das Holzwerk ringsum 6 Zoll entfernt bleiben. Die Schornsteinwangen müssen in den unteren, dem Feuer am meisten ausgesetzten Theilen 1 Stein oder 10 Zoll stark angelegt werden.

2) Konzessionär ist verpflichtet, alle bereits bekannten Maßregeln und Vorrichtungen, durch welche die Verzehrung des Rauchs und die Beseitigung des für die Besitzer der benachbarten Grundstücke lästigen Niederschlags bewirkt wird, anzuwenden, namentlich gute Feuerungszüge anzulegen und eine hinlängliche Menge atmosphärischer Luft unter dem Rost und hinter die Feuerbrücke zu führen, auch das zu starke Rauchen durch Anbringung von Exhaustoren zu vermindern. Sollten diese Maßregeln, um die Verbreitung des Rauchs aus den Schornsteinen der Gasfabrik unschädlich zu machen, sich später als ungenügend beweisen, so ist Konzessionär verbunden, auch andere Maßregeln und Vorrichtungen nach näher ihm zu ertheilender Vorschrift anzuwenden, um die durch seine Anlage für Andere etwa entstehenden Nachtheile zu vermindern und zu beseitigen. Er unterwirft sich unbedingt und ohne irgend eine Einrede allen Anordnungen, welche die Ortspolizeibehörde in dieser Beziehung für nöthig erachten wird, vorbehaltlich des Rekurses auf die Entscheidung der Königl. Regierung.

3) Aus der Anlage darf kein Wasser auf die Straße oder auf fremdes Eigenthum abgeleitet werden.

4) Zur Befeuerung darf nur Koaks angewendet werden.

5) Die Behälter für Theer und Theerwasser dürfen nicht unter offenen Schuppen, sondern müssen in geschlossenen Räumen angelegt werden.

6) Dieselben, sowie auch der Behälter für den Gasometer sind ferner mit Cement wasserdicht zu mauern, und sind in diesen Cisternen noch besondere gehörig dichte, eiserne oder hölzerne Gefäße zur Aufnahme der genannten Flüssigkeit einzusetzen.

7) Die Anhäufung dieser Flüssigkeiten, es sei denn in geschlossenen Gebäuden, muß unter allen Umständen vermieden werden.

8) Konzessionär ist verpflichtet, die zur Reinigung des Gases angewendete Kalkflüssigkeit, welche sich in der Anstalt nicht anhäufen darf, so bald als möglich aus derselben und zwar in geschlossenen Tonnen und bei Nachtzeit zu entfernen. Diese Rückstände dürfen nicht in die Nähe bewohnter Häuser oder öffentlicher Wege geschüttet, sondern müssen an solche Orte geschafft werden, wo sie durch Geruch die Nachbarn oder das Publikum nicht belästigen, noch durch Vertheilung in dem Erdreich das Wasser der Brunnen ungenießbar machen oder sonst den Bedarf der Umgegend an reinem Wasser beeinträchtigen können.

Vor Inbetriebsetzung der Anlage ist die örtliche Untersuchung derselben bei dem Königl. Bauinspektor N. schriftlich zu beantragen und behufs der Steuerveranschlagung der Gemeindebehörde die gesetzlich vorgeschriebene Anzeige zu machen.

3. Concessionsbedingungen für Anlagen zur Bereitung von Oelgas. (R. Cremer, Concessionirung gewerbl. Anlagen. Braunschweig 1870, S. 125.)

Die Thüren, Fensterrahmen und Fensterladen des Raums worin das Gas bereitet wird, müssen aus Eisen angefertigt werden und die Gewände sämmtlich aus Hausteinen bestehen. Der Raum, worin der Gasometer sich befindet, muß durch eine 3 Zoll über dem Fußbodenpflaster vorstehende steinerne Schwelle und eine in steinernem Geschränk dicht schließende eiserne Thür von den übrigen mit dem Gasometer unter einem Dach befindlichen Räumen abgesperrt werden, welche Thür sich stets von selbst schließen muß. Das Mauerwerk der Feuerungen muß wenigstens 5 Zoll von den Umfassungsmauern der Gebäude und wenigstens 6 Fuß von allen feuerfangenden Gegenständen abstehen.

4. Concessionsbedingungen für Gasfabriken, welche Paraffinöl verarbeiten, erlassen seitens der Königl. Regierung zu Düsseldorf. (J.B. 1881 S. 195.)

1) Die Gasbehältergrube, die Theergrube und die zur Aufnahme der Paraffinöl-Fässer bestimmte Grube müssen öl- und wasserdicht hergestellt werden.

2) Die Fußböden der Fabrikationsräume müssen öl- und wasserdicht hergestellt werden.

3) Das Oeffnen der Retorten darf nur nach völligem Erkalten derselben geschehen.

4) Das Verbrennen von Rückständen oder sonstigen Materialien, welche irgend übelriechende Ausdünstungen bewirken, darf nicht auf dem Terrain der Gasanstalt stattfinden.

5. Concessionsbedingungen für Anlagen zur Bereitung von Oelgas, erlassen seitens der Königl. Regierung in Aachen. (Vgl. J.B. 1881 S. 232.)

1) Bei allen Arbeiten am Gasometer, den Oelbehältern, Oelleitungsröhren, sowie an den Behältern für Rückstände, welche nicht bei Tageslicht ausgeführt werden können, sind Sicherheitslampen (des Davy'schen oder eines anderen bewährten Systems) anzuwenden. Dieselben müssen im Retortenhause zu jederzeitiger Benutzung in brauchbarem Zustande bereitgehalten werden.

2) Im Retortenhause darf Oel nur in cementirten, mit eisernen Deckeln verschließbaren Behältern aufbewahrt werden. Die Auf-

stellung hölzerner Oelfässer ist verboten. — Das Retortenhaus darf, wenn es im Betriebe ist, niemals ohne zuverlässige Aufsicht gelassen werden.

6. Concessionsbedingungen für eine Anlage zur Gewinnung von Salmiakgeist aus den Theerwässern der Gasanstalten, erlassen von der Königl. Regierung zu Düsseldorf. (Vgl. J.B. 1881 S. 194. 195 und 1882 S. 240.)

1) Der Betrieb der Salmiakgeist-Fabrik darf sich nur auf die Verarbeitung der in der Gasanstalt der Gesellschaft gewonnenen Ammoniakwasser erstrecken. Sollte bei Betriebsstörungen oder aus sonstigen Ursachen eine Verarbeitung der Ammoniakwasser eingestellt werden, so müssen diese Wasser durch Abfuhr in durchaus dichten Behältern und unter möglichster Vermeidung aller bei dem Einfüllen entstehenden belästigenden Ausdünstungen entfernt werden.

2) Das Abkochen der Ammoniakwasser muß mit einem solchen Zusatz von einem Eisensalz oder von einem Eisenoxydhydrat stattfinden, daß der in den Schwefelverbindungen desselben vorhandene Schwefel ausgefällt wird.

3) Die abgekochten Ammoniakwasser müssen mittelst einer dichten Rohrleitung einem System von drei wasser- und luftdicht verschlossenen Cisternen, welche untereinander nicht in Verbindung stehen, zugeführt werden. Diese Cisternen sind behufs Abführung der sich aus den heißen Wassern entwickelnden Dünste mit dem 30 m hohen Kamine in Verbindung zu bringen.

4) Eine Benutzung der abgekochten Ammoniakwasser, insbesondere auch zum Ablöschen der Kokes, ist untersagt; dieselben müssen vielmehr, aber erst in völlig erkaltetem und geklärtem Zustande, durch eine durchaus wasserdichte Rohrleitung direkt dem Bache zugeführt werden. Die Ausmündung dieser Rohrleitung an letzterem darf eine Weite von 15 mm nicht übersteigen, und ist für die Ausmündung selbst von der Orts-Polizeibehörde ein zur Kontrole geeigneter Platz anzuweisen. Die Genehmigung zur Abführung der fraglichen Wasser in den Bach wird übrigens nur unter dem Vorbehalte jederzeitigen Widerrufs ertheilt.

5) Der bei der Fabrikation des Salmiakgeistes restirende Kalk darf nur in erkaltetem Zustande aus dem Fabrikraume entfernt werden, und muß bis zur Abfuhr, welche mindestens alle acht Tage zu geschehen hat, in einem in der Sohle wasserdichten, verschlossenen Gelaß oder Behälter aufbewahrt werden. Eine Benutzung dieses Kalkes zu Anschüttungen, das Vergraben desselben auf dem Terrain der Gasanstalt und dergleichen ist ausdrücklich verboten.

6) Die bei der Destillation des Salmiakgeistes zurückbleibenden Reinigungs-Materialien müssen ebenso wie der Kalk aufbewahrt und in angemessenen Fristen durch Abfuhr beseitigt werden.

Anstalten zur Destillation von Erdöl.

(Vgl. S. 73 Nr. 2.)

Besondere Ministerial-Verordnungen hinsichtlich dieser Anlagen existiren nicht, dagegen gehören Polizeiverordnungen, betreffend die Lagerung und Aufbewahrung von Petroleum und anderen brennbaren Flüssigkeiten hierher.

1. Ministerial-Reskript der Minister für Handel ꝛc. und des Innern vom 6. December 1862, betreffend den Transport, die Lagerung und Verarbeitung von Petroleum. (M.Bl. f. d. i. V. 1863 S. 14.)

Die Königl. Regierung erhält in der Anlage eine Zusammenstellung derjenigen Vorsichtsmaßregeln, welche zur Abwendung von Gefahr bei dem Transport, der Lagerung und der Verarbeitung von Petroleum zu beobachten sind, mit der Anweisung, deren Beobachtung mittelst besonderer, auf Grund des Gesetzes vom 11. März 1850, — G.-S. S. 265 — zu erlassenden Polizeiverordnung unter Androhung der im §. 11 daselbst bezeichneten Strafen anzuordnen.

Es ist darauf zu halten, daß die Polizeibehörden, in deren Hand die Ausführung der Maßregeln gelegt ist, dafür sorgen, daß die besonderen Liege-, Lade- und Lagerplätze ein für allemal bestimmt und zur Kenntniß der Betheiligten gebracht werden.

Anlage.

Das in neuerer Zeit in den Handel gekommene, insbesondere aus Amerika importirte Petroleum oder Steinöl, auch Erdöl, roc-oil, coal-oil 2c. genannt, ist, vermöge seines reichen Gehaltes an flüchtigen Kohlenwasserstoffen von außerordentlicher Entzündbarkeit und steht in dieser Beziehung, selbst in raffinirtem Zustande, dem stärksten Alkohol nicht nach. — Die Gefährlichkeit wird dadurch erhöht, daß es specifisch leichter als Wasser ist, also auf dem Wasser schwimmt, und wenn es brennt, durch Wasser nicht gelöscht werden kann. Zur Verhütung dieser Gefahr werden für den Transport, die Lagerung und die Bearbeitung die nachstehenden Bestimmungen getroffen.

I. Transport zu Wasser.

II. Transport zu Lande.

Beide Abschnitte haben für das Konzessionswesen keinerlei Bedeutung und sind deshalb fortgelassen.

III. Aufbewahrung und Verarbeitung.

13) Petroleum darf in größeren Quantitäten nur in einzeln stehenden, nicht bewohnten Gebäuden gelagert werden. Für den Privatgebrauch oder den Detailhandel darf es nur in Quantitäten, welche 500 Pfd. nicht übersteigen, und nur in feuersicheren Räumen gehalten werden.

14) Das Raffiniren rohen Petroleums ist nur in Räumen gestattet, welche von der Polizeibehörde besonders genehmigt worden sind.

2. Polizei-Verordnung der Königl. Regierung in Aachen vom 17. April 1869, betreffend die Aufbewahrung und Behandlung von Erdöl (Petroleum), Aether, Schwefelkohlenstoff und anderen brennbaren Flüssigkeiten.

Nachdem weitere Erfahrungen die Unzulänglichkeit der rücksichtlich der Lagerung von Erdöl (Petroleum) ergangenen, in den Polizeiverordnungen vom 17. December 1862 (Amtsblatt S. 327) und vom 5. September 1863 (Amtsblatt S. 198) enthaltenen Bestimmungen ergeben haben, wird, unter Aufhebung dieser Polizeiverordnungen, soweit sie die Lagerung von Erdöl betreffen, auf Grund der §§. 6 a. g. und 11 des Gesetzes über die Polizeiverwaltung vom 11. März 1850 in Betreff der Aufbewahrung und Behandlung von Petroleum, sowie auch von Aether, Schwefelkohlenstoff und anderen brennbaren Flüssigkeiten von der unterzeichneten Königl. Regierung für den Umfang des Regierungsbezirks Aachen die nachstehende Polizeiverordnung erlassen.

Rohes Erdöl und größere Vorräthe von gereinigtem Petroleum.

§. 1. Innerhalb der Ortschaften dürfen nicht gelagert werden:
rohes Erdöl und Rückstände davon;
gereinigtes Erdöl in Quantitäten von mehr als je 5 Centnern.

§. 2. Auch außerhalb der Ortschaften darf diese Lagerung nur in angemessener Entfernung von allen bewohnten Gebäuden in solchen unterirdischen oder zur ebenen Erde gelegenen Räumlichkeiten geschehen, welche feuerfest überwölbt, unheizbar, gut ventilirt und gut verschließbar sind, und keine Ausflüsse und Abgänge nach außen haben. Diese Lagerräume dürfen ferner keine nutzbaren Räumlichkeiten über und neben sich haben und selbst nicht zur Aufbewahrung anderer, leicht entzündlicher oder große Wärme entwickelnder Gegenstände dienen.

§. 3. Der Fußboden dieser Lagerräume muß gepflastert und mit einer mindestens 6 Zoll hohen Sandschicht bedeckt sein, es sei denn, daß in dem Lager eine wasserdichte Sammelgrube von ausreichenden Dimensionen sich befindet, nach welcher der Fußboden von allen Seiten ein angemessenes Gefälle hat. Sowohl die Außeneingänge, als die inneren Verbindungsthüren der Lagerräume dürfen erst 1 Fuß hoch über dem Fußboden eingerichtet und müssen mit einer bis zu dieser Höhe reichenden, $1^1/_2$ Fuß starken, massiven Schwellenmauer versehen sein. Die Einrichtung der Fenster muß der Art sein, daß von außen in dieselben Nichts hineingeworfen werden kann.

§. 4. Das Betreten der Lagerräume mit Licht darf nur mit im guten Zustande sich befindenden Sicherheitslampen und immer nur auf kurze Zeit geschehen. Soll eine dauernde künstliche Beleuchtung der Räume erzielt werden, so müssen die mit Laternen fest umschlossenen Flammen außerhalb angebracht und das Licht durch Oeffnungen eingeführt werden, welche mit mindestens 1/2 Zoll starken, fest eingerahmten Glasplatten verschlossen sind. Gas- und Wasserröhren in oder durch die Lagerräume zu leiten ist nicht gestattet. Auch ist der Gebrauch von Reibzündzeugen, namentlich von Reibzündhölzern, sowie das Tabakrauchen in denselben verboten.

§. 5. In Fällen, wo die fraglichen Lagerräume in so beträchtlicher Entfernung von anderen Baulichkeiten liegen, daß bei einer Entzündung des Petroleums eine Weiterverbreitung des Feuers nicht zu befürchten steht, kann die Ortspolizeibehörde auf besonderen schriftlichen Antrag der Betheiligten mit Genehmigung der Königl. Regierung von den vorstehenden Bestimmungen, soweit sie die bauliche Beschaffenheit und die Einrichtung der Lagerräume betreffen, zeitweilig ganz oder theilweise dispensiren.

Die §§. 6—9 betreffen den Kleinhandel und die Verbrauchsvorräthe von gereinigtem Petroleum.

Polizeiliche Aufsicht.

§. 10. Räume, in denen rohes Petroleum resp. größere Quantitäten von gereinigtem Petroleum (§. 2) gelagert werden sollen, dürfen zu diesem Zwecke nicht eher in Benutzung genommen werden, als bis auf den schriftlichen Antrag der Betheiligten die Erlaubniß der Ortspolizeibehörde dazu ertheilt worden ist. Hinsichtlich solcher Räume, in denen kleinere Quantitäten (§. 6) behufs des Verkaufs vorräthig gehalten werden sollen, bedarf es nur einer vorherigen schriftlichen an die Polizeibehörde zu richtenden Anzeige.

Alle Räume, in denen Petroleum, sei es in größeren oder geringeren Mengen gelagert wird, unterliegen jederzeit der polizeilichen Revision.

Aether, Schwefelkohlenstoff.

§. 11. Bei der Aufbewahrung von Aether, Schwefelkohlenstoff, Benzin, Petroleum-Naphta, Petroleum-Sprit, Gasäther (Mischung von Alkohol und Terpentinöl), Photogen, Kamphin, Solaröl, überhaupt von allen brennbaren Flüssigkeiten, welche auf 40° C. (= + 32° R.) erwärmt, durch eine bis auf ½ Zoll nahe gebrachte Flamme entzündet werden, sollen die vorstehenden, hinsichtlich der Aufbewahrung von Petroleum ertheilten Vorschriften ebenfalls beobachtet werden. Es macht dabei hinsichtlich der zulässigen Maß- und Gewichtsmengen keinen Unterschied, ob das betreffende Lager einen oder mehrere der vorbezeichneten Stoffe enthält.

§. 12. Spirituosen, Kienöl und Terpentinöl gehören nicht zu den Flüssigkeiten, welche der Bestimmung des §. 11 unterliegen.

Strafbestimmung.

§. 13. Zuwiderhandlungen gegen die vorstehenden Bestimmungen werden, insofern nicht die Bestimmungen des §. 347 Nr. 5 und 9 des Strafgesetzbuches zur Anwendung kommen, mit Geldbuße bis zu 10 Thlr. und im Unvermögensfalle mit verhältnißmäßigem Gefängniß bestraft.

§. 14. Wo dermalen innerhalb von Ortschaften rohes Erdöl oder größere Quantitäten von gereinigtem Erdöl, beziehentlich Aether 2c. als nach §. 6 gestattet bleibt, gelagert sind, müssen dieselben binnen einer von der Ortspolizeibehörde zu bestimmenden Frist von längstens 4 Wochen entfernt werden.

Die über die bauliche Beschaffenheit und Einrichtung der Lagerräume in den §§. 2 bis 4 enthaltenen Bestimmungen finden erst vom 1. Oktober d. J. an Anwendung. Bis dahin ist vorbehaltlich der von der Ortspolizeibehörde (§. 10) zu bestimmenden Sicherheitsvorkehrungen, die fragliche Lagerung in einzelstehenden, unbewohnten Schuppen oder Gebäuden gestattet. Im Uebrigen tritt die gegenwärtige Polizeiverordnung vom Tage ihrer Verkündigung ab in Kraft.

3. Ministerial-Reskript der Minister für Handel rc. und des Innern vom 14. Dezember 1869, betreffend die Lagerung und Aufbewahrung von Petroleum und ähnlichen flüchtigen Mineral-Oelen. An sämmtliche Regierungen ergangen. (M.Bl. f. d. i. V. 1870 S. 17.)

Die näheren Bestimmungen über die zur Abwendung von Gefahr bei der Lagerung von Petroleum und ähnlichen flüchtigen Mineral-Oelen einzuhaltenden Bedingungen sind, so weit darüber nicht in den Circular-Verfügungen vom 6. Dezember 1862 (Minist.Bl. 1863 S. 14) und vom 15. August 1863 (Minist.Bl. 1863 S. 182) Vorschriften ertheilt worden, bisher den Regierungen und Orts-Polizeibehörden überlassen gebieben, welche den Gegenstand großentheils durch besondere Polizei-Verordnungen geregelt haben. Ueber diese, ihrem Inhalt nach von einander abweichende Verordnungen sind in neuerer Zeit mehrfache Beschwerden erhoben worden, indem einer Seits über zu große Strenge und über Erschwerung des Verkehrs, anderer Seits darüber geklagt wird, daß im feuerpolizeilichen Interesse die angeordneten Kautelen nicht ausreichend seien. Um den gerügten Uebelständen, soweit sie als begründet anzuerkennen sind, abzuhelfen, und die wünschenswerthe Gleichförmigkeit für den ganzen Umfang der Monarchie herzustellen, ist der Gegenstand einer erneuten sorgfältigen Erwägung unterzogen und nach dem Ergebnisse derselben der anliegende Entwurf einer Polizei-Verordnung aufgestellt worden, welche die Bestimmung hat, in allen Regierungsbezirken unter Aufhebung der bisher erlassenen Polizei-Verordnungen publizirt zu werden, jedoch mit der Maßgabe, daß die auf Grund der obengenannten Circular-Verfügungen erlassenen Polizei-Verordnungen, soweit ihr Inhalt mit dem Entwurfe vereinbar ist, daneben in Kraft bleiben.

Die Königliche Regierung wird demnach veranlaßt, eine dem Entwurfe entsprechende Polizei-Verordnung durch Ihr Amtsblatt zu veröffentlichen und auf deren Ausführung und Beobachtung zu halten. Der im Eingange offen gelassene Termin für den Beginn der Wirksamkeit der Verordnung ist von der Königlichen Regierung nach Ihrem pflichtmäßigen Ermessen zu bestimmen.

Anlage.

a.

4. Polizei-Verordnung, betreffend die Lagerung und Aufbewahrung von Petroleum und ähnlichen flüchtigen Mineral-Oelen.

Die Aufbewahrung und Lagerung von Petroleum (Erd-Oel), Ligroin, Petroleumäther, Photogen und ähnlichen flüchtigen Mineral-Oelen darf vom ...... an nur unter Beobachtung nachstehender Vorschriften Statt finden:

§. 1. Die in den gewöhnlichen Verkaufsräumen Behufs des Detailhandels zu haltenden Vorräthe dürfen nicht mehr als 30 Pfd. betragen.

§. 2. Die Lagerung größerer Mengen dieser Leuchtstoffe bis zu 25 Zentner einschließlich ist nur in Kellern oder in zu ebener Erde belegenen Räumen gestattet, welche nicht geheizt werden können, gut ventilirt sind und keine Abflüsse (Gerinne) nach Außen (nach Straßen, Höfen rc.) haben.

§. 3. Mengen bis 500 Pfd. einschließlich dürfen in den mit den Verkaufslokalien in Verbindung stehenden Kellern oder zu ebener Erde belegenen Speicher-Räumen gelagert werden, sofern dieselben den im §. 2. gegebenen Bestimmungen entsprechen. Der Fußboden des zur Aufbewahrung der Mineral-Oele dienenden Theils der Lager-Räume muß jedoch mit einer mindestens 8 Zentimeter hohen Sandschicht bedeckt sein, welche mit einer aus feuerfestem Materiale hergestellten Umfassung zu umschließen ist und eine solche Ausdehnung haben muß, daß zwischen den Lagerfässern und der Umfassung ein mindestens ½ Meter breiter Zwischenraum verbleibt.

§. 4. Zur Lagerung von Mengen über 500 Pfd. bis 25 Zentner einschließlich dürfen nur abgeschlossene Lager-Räume benutzt werden, welche außer den im §. 2. angeführten noch folgende Bedingungen erfüllen:

a. Die Keller- resp. Speicher-Räume müssen feuersicher hergestellt und mit Stein überwölbt sein. Die Anwendung von Eisenkonstruktionen und Holzverbindungen, eisernen oder hölzernen Säulen und Trägern ist ausgeschlossen.

b. Unter der Sohle derselben muß sich eine Senkgrube von angemessener Größe befinden, nach welcher der Fußboden von allen Seiten her Gefälle hat.

c. Thür-Oeffnungen dürfen in keiner geringeren Höhe als 16 Zentimeter über dem Fußboden angelegt werden; die Thüren müssen aus Eisen bestehen, oder mit starkem Blech überkleidet sein.

d. Die Fenster-Oeffnungen müssen mit Eisenblech verkleidete und von Außen verschließbare Läden besitzen.

e. Die Durchführung von Gasröhren durch die Räume ist unstatthaft.

f. Eine künstliche Beleuchtung darf nur mittelst von Außen angebrachter, durch Umhüllungen genügend geschützter Flamme bewirkt werden. Das Betreten der Räume mit Licht ist unzulässig.

§. 5. Mengen über 25 Zentner dürfen nur in besonderen Lagerhäusern gelagert werden. Diese müssen mindestens 150 Meter von anderen Baulichkeiten entfernt und so belegen sein, daß sie bequem von allen Seiten mit Löschgeräthen umfahren werden können. Die Anwendung von Holzkonstruktionen ist unzulässig. Die Sohle der Lager-Räume muß mindestens 6 Dezimeter tiefer als die Terrain-Sohle liegen. Auch müssen sich in denselben Senkgruben von ausreichenden Dimensionen befinden, nach welchen hin der Fußboden ein angemessenes Gefälle hat.

§. 6. Zuwiderhandlungen gegen die vorstehenden Vorschriften werden, soweit nicht die Bestimmungen des Strafgesetzbuchs Anwendung finden, mit einer Geldbuße bis zu 10 Thaler oder einer Gefängnißstrafe bis zu 14 Tagen bestraft.

5. Ministerial-Verfügung der Minister des Innern und des Handels, betreffend die Lagerung von Schmierölen, vom 11. Dezember 1883. (Handels-Minist. Nr. 13921.)

Euer Hochwohlgeboren erwidern wir auf den gefälligen Bericht vom 20. August d. J., betreffend die Polizeiverordnung über den Verkehr mit Mineralölen, ergebenst, daß wir es nicht für gerechtfertigt erachten, das zu den Destillationsprodukten des Rohpetroleums gehörende Schmieröl von den Vorschriften der Verordnung zu eximiren. Allerdings ist anzuerkennen, daß dieses Oel, dessen Entflammungspunkt zwischen 120 und 190° C. liegt, zu den wenigst gefährlichen Mineralölen gehört. Immerhin aber übertrifft es an Gefährlichkeit die vegetabilischen Oele, deren Entflammungspunkt von dem Kaiserlichen Gesundheitsamte für Rüböl auf 280° C., für Leinöl auf 295° C. ermittelt worden ist, um ein Bedeutendes. Den Verkehr mit Schmieröl von den Vorschriften der Verordnung ganz auszunehmen, scheint uns um so weniger geboten, als die §§. 3 und 4 der concessionirenden Behörde die Möglichkeit gewähren, die geringe Gefährlichkeit dieses Oels angemessen zu berücksichtigen.

Euer Hochwohlgeboren ersuchen wir demgemäß ergebenst, einerseits die Landespolizeibehörden über die bei Concessionirung von Lagerräumen für Schmieröl zu beobachtenden Rücksichten mit Anweisung zu versehen, andererseits die Aeltesten der Kaufmannschaft daselbst und die Handelskammer zu M. entsprechend zu bescheiden.

6. **Concessionsbedingungen für eine Theer-Destillations-Anlage, erlassen von Seiten der Königl. Regierung zu Düsseldorf.** (Vgl. J.B. 1883 S. 227.)

1. Die Destillations-Produkte müssen mittelst Aspirators aus den Destillirblasen abgesaugt, und diejenigen, welche im Schlangenrohr nicht verdichtet werden, in drei größere Wasser-Condensatoren so eingeleitet werden, daß nur die verbleibenden Gase entweichen; diese letzteren sind in einer Feuerung zu verbrennen.

2. Ammoniakwasser muß in wasserdichten und gut verschlossenen Behältern aufgefangen und darf nicht in den Boden gelassen werden.

3. Es ist ein dritter Pechkühler von der Capacität zweier Destillirblasen anzulegen. Die Ablasse-Stutzen der Pechkühler sind mit Dampfmantel zu versehen.

4. Die Rinnen zwischen den Pechkühlern und der Pechzisterne müssen gut verdeckt sein.

5. Die Pechzisterne, welche das Endprodukt aufnimmt, muß sowohl von oben so überdacht, als seitlich so dicht abgeschlossen sein, daß Dämpfe aus derselben nicht entweichen können.

6. Die Armatur der Pechkühler ist so einzurichten, daß beim Einlassen des heißen Peches keine Dämpfe direkt in die Luft treten können, sondern durch ein Rohr abgeleitet werden, welches mindestens 5 cm in Wasser eintaucht; der dieses Wasser enthaltende Behälter muß mit einem sicheren Wasserstands-Zeiger versehen sein.

7. Das Ablassen des Peches mit den Blasen in die Pechkühler und aus letzteren in die Pechzisterne darf nur in den Stunden zwischen 6 Uhr Morgens und 6 Uhr Abends geschehen; die letztere Operation darf erst erfolgen, wenn das Pech mindestens 12 Stunden in den Pechkühlern verblieben und auf 100° C. abgekühlt ist.

8. Es dürfen keine Destillations-Produkte in das Erdreich oder auf Wege oder Nachbar-Grundstücke gelangen.

9. An den Stellen, wo die Kondensation der Destillations-Produkte stattfindet, und wo dieselben, sowie die trockenen Abfallstoffe aufbewahrt werden, muß der Fußboden wasserdicht hergestellt und so eingerichtet werden, daß etwa überfließende Flüssigkeiten in eine wasserdichte Zisterne abfließen.

Anlagen zur Bereitung von Braunkohlentheer und Steinkohlentheer, sofern sie außerhalb der Gewinnungsorte des Materials errichtet werden.

(Vgl. Techn. Anleitung II. 3. a. b. S. 73—74.)

1. Concessionsbedingungen für Anlagen zur Destillation des Steinkohlentheers behufs Gewinnung von Mineralölen und Paraffin, aufgestellt von Seiten der Königl. technischen Deputation für Gewerbe.

1) Die Theerdämpfe sind vollständig zu condensiren, wobei besonders darauf zu achten ist, daß die Condensationsröhren nicht

zu weit sein dürfen, was am besten versuchsweise festzustellen ist; Hauptsache bleibt hierbei die Beschaffung einer möglichst großen Kühlfläche.

2) Die Abführung des aus dem Condensator austretenden Gases in höhere Luftschichten durch ein wenigstens 80' hohes Eisenblechrohr, sofern anders eine solche Vorrichtung getroffen werden kann.

3) Zum Zwecke der Verbrennung der schädlichen Gase muß eine besondere Einrichtung der Art getroffen werden, daß dieselben über die Flamme der Retortenfeuerung geleitet werden. Damit aber eine rückwärts schlagende explosive Entzündung nicht stattfindet, wird das Gas entweder, wie bei der Sicherheitslampe durch ein Drahtnetz hindurch in das Feuer geleitet, oder mittelst eines Exhaustors durch eine Sperrflüssigkeit hindurch angesogen und von demselben ins Feuer getrieben werden müssen.

2. **Concessionsbedingungen für eine neu zu errichtende Naphtalinfabrik, welche gleichzeitig Ruß herstellen will, erlassen von Seiten des Bezirks-Ausschusses zu Potsdam.** (Vgl. J.B. 1883 S. 53.)

1. Die für die Kondensation der Naphtalin-Dämpfe bestimmten Räume müssen durchaus luftdicht hergestellt sein, so daß keine Gas-Entweichungen stattfinden können.

2. Die Naphtalin-Lagerräume müssen ausschließlich von massivem Mauerwerk mit massiven Gewölben ohne irgend welchen Holz- oder Eisenverband hergestellt sein.

3. Das Rohprodukt darf niemals im Destillations-Raume lagern.

4. Die Naphtalin-Produkte und der Ruß sind beide gesondert von einander aufzubewahren.

5. Das mit Benzol gereinigte krystallinische Naphtalin muß unter offenen Schuppen abdampfen und ist erst nach gänzlicher Befreiung von Benzol in Lagerräumen unterzubringen.

6. Die Naphtalin-Lagerräume dürfen des Abends nur mit Sicherheits-Lampen und niemals mit offenem Licht betreten werden.

7. In der Fabrik darf nirgends geraucht werden.

3. Polizei-Verordnung für die Kreise Weißenfels, Zeitz, Merseburg, Mansfelder See- und Saal-Kreis, betreffend die Unschädlichmachung der bei dem Betriebe von Theerschweelereien und Mineralölfabriken fallenden Schmutzwässer, Coakse und Aschen, erlassen von Seiten der Königl. Regierung zu Merseburg, vom 31. Juli 1880.

Auf Grund der §§ 6. und 15. des Gesetzes über die Polizei-Verwaltung vom 11. März 1850. und des §. 78. der Kreisordnung vom 13. December 1872. verordne ich (der betreffende Kreislandrath) unter Zustimmung des Kreis-Ausschusses für den Umfang des Kreises .... hierdurch Folgendes:

1. Die bei dem Betriebe von Theerschweelereien und Mineralölfabriken fallenden Coakse und Aschen dürfen, ausgenommen in dem unter Nr. 4. vorgesehenen Falle, auf Plätzen außerhalb der Fabrik nicht in ungelöschtem Zustande abgelagert werden.

Werden zum Löschen Wassergruben benutzt, die in den Aschenhalden angelegt sind, so müssen diese wenigstens drei Meter von der Böschung entfernt sein.

2. Zu der Löschung sind die bei dem Betriebe fallenden Fabrikwasser und zwar in erster Reihe die Theerwasser (Ammoniakwasser) der Schweelereien, die abgelassenen Säurewässer (Waschwässer) aus den Mischereien, alle sonstigen, Oele mitsichführenden Fabrikwässer und die Abblasewässer aus dem Dampfkesseln zu verwenden, insofern nicht die Fabrikwässer in anderer unschädlicher Weise z. B. durch Versumpfen in Tagebauen, Brüchen ꝛc. oder durch Verbrennen mit der durch sie befeuchteten Feuerkohle abgeführt werden.

3. Kommen Fabrikwässer wegen zu großer Menge nicht vollständig zum Löschen zur Verwendung, so dürfen dieselben öffentlichen und Privatgewässern nur nach vorgängiger Reinigung von gesundheitsgefährlichen oder belästigenden Beimischungen abgeführt werden.

4. Reichen die Fabrik- und sonstigen zur Verfügung stehenden Wässer zum Löschen der Coaks und Aschen nicht aus, so ist

das Ablagern dieser in ungelöschtem Zustande auf Plätzen außerhalb der Fabrik, sei es auf freien Halden oder behufs Ausfüllung von Brüchen zwar gestattet, jedoch nur in einer Entfernung von öffentlichen Wegen von mindestens 35 Meter. Auch müssen dann diese Halden entweder durch Mauern, feste Holzbarrièren, Drahtseil- oder Kettenumzäunungen oder durch Gräben geschützt und in jedem Falle durch Warnungstafeln markirt sein.

5. Fabrikbesitzer und Betriebsführer von Fabriken, welche den Bestimmungen vorstehender Polizei-Verordnung zuwiderhandeln, resp. Zuwiderhandlungen geschehen lassen, werden in jedem einzelnen Falle mit Geldbuße bis zu 30 Mark, oder im Unvermögensfalle mit verhältnißmäßiger Haft bestraft.

4. Gesichtspunkte für die Concessionirung von Mineralölfabriken, aus den Jahresberichten der mit Beaufsichtigungen der Fabriken betrauten Beamten. (Vgl. J.B. 1879 S. 126, 1880 S. 98, 1881 S. 104, 1882 S. 131.)

1) Verbot, die schwarze aus den Mischhäusern der Mineralöl-Fabriken kommende Verbrauchs-Schwefelsäure in den Düngemittel-Fabriken zu verwenden, nachdem sich herausgestellt hatte, daß die Benutzung derselben zum Aufschließen der Düngemittel die Verpestung der Luft in der Nachbarschaft bedeutend vermehrt hatte.

2) Einrichtung von Bade-Einrichtungen für die Arbeiter zur Verhütung der Paraffin-Krätze.

3) Aufspeicherung der Paraffinöl-Vorräthe in eisernen in Wasser schwimmenden Bassins, nach dem sich gezeigt hatte, daß die nachlässige Bauart eines 8000 Zentner Paraffinöl haltenden Cement-Reservoirs das Wasser mehrerer benachbarter Brunnen unbrauchbar gemacht hatte.

4) Verbot des Abflusses der ammoniakalischen Theerwässer, der sauren Waschwässer aus den Mischhäusern, der Wässer aus den Destillationen und den Paraffin-Preßräumen, nachdem sich gezeigt hatte, daß dieselben die öffentlichen Gewässer bis zur Unbrauchbarkeit verderben und die Fischerei schädigen.

5. Empfohlen wird, diese Wässer in ein Hochreservoir zu pumpen, aus welchem die benöthigten Kohlen zur Kesselfeuerung angefeuchtet, der übrige Theil aber zur Ablöschung der Halden, der glühenden Aschen, und der nicht zum Grudecoaks verwendeten Coakes benutzt werden.

6. Bedeckung der Halden-Böschungen mit der ad 5 entstandenen, gelöschten und erkalteten Massen.

5. Concessionsbedingungen für eine Anlage zur Fabrication von Mineral-Schmierölen, erlassen von Seiten der Königl. Regierung zu Cöln. (Vgl. J.B. 1882, S. 232.)

1. Sollten bei dem Behandeln der Rohmaterialien mit Schwefelsäure schädliche oder belästigende Gase, namentlich schwefelige Säure, sich entwickeln, so darf dieser Prozeß nur in geschlossenen, mit Gasabzügen versehenen Gefäßen vorgenommen werden.

2. Die Mauer zwischen den Destillations-Kesseln und dem Kondensations-Raume muß bis zum Dache aufgeführt und beiderseits verputzt werden. Es darf in derselben weder eine Thür noch eine andere Oeffnung angebracht werden.

3. Die kondensirten Oele sind in geschlossenen Gefäßen aufzufangen, aus denen Rohre zum Ableiten der unkondensirt gebliebenen Gase bis durch das Dach des Kondensations-Raumes geführt werden müssen.

4. Der Kondensations-Raum wie der Lager-Raum für die bei der Kondensation erhaltenen leichten Oele dürfen nicht mit Licht betreten werden, es müssen vielmehr zur Beleuchtung derselben bei etwaiger Nachtarbeit Laternen mit fest umschlossenen Flammen außerhalb angebracht und das Licht der letzteren in die Räume durch Oeffnungen eingeführt werden, die mit fest eingesetzten Glasplatten verschlossen sind.

5. Das Tabakrauchen in den oben erwähnten Fabrikräumen ist streng verboten.

Anlagen zur Bereitung von Koks, sofern sie außerhalb der Gewinnungsorte des Materials errichtet werden.

(Vgl. S. 74 Nr. 3 c.)

1. Ministerial-Reskript des Finanz- und Ministers des Innern vom 10. April 1846, betreffend die Feststellung des Begriffes „Gewinnungsorte". (M.-Bl. f. d. i. V. 1846 S. 96.)

Nach §. 27 der Allg. Gewerbe-Ordnung vom 17. Januar v. J. (jetzt Reichs-Gewerbe-Ordnung §. 16) bedürfen Anlagen zur Bereitung von Steinkohlentheer und Koaks nur in sofern einer besonderen polizeilichen Genehmigung, als sie außerhalb der Gewinnungsorte des Materials errichtet werden. Es ist eine nähere Bestimmung darüber in Antrag gebracht worden, was unter Gewinnungsorten des Materials zu verstehen sei. Wir finden uns daher veranlaßt, die Königl. Regierung darauf aufmerksam zu machen, daß mit dem Ausdrucke „Gewinnungsorte" nur diejenigen Orte, an denen die Steinkohlen zu Tage kommen, sowie die damit in Verbindung stehenden Niederlageplätze der betreffenden Gruben haben bezeichnet werden sollen.

Die Ausnahmebestimmungen im §. 27 l. c. sind daher auf diejenigen Theer- und Coaksöfenanlagen zu beschränken, welche auf den Förderpunkten oder Niederlagen der betreffenden Gruben oder in unmittelbar anschließender Nähe derselben gemacht werden, sofern nicht etwa bewohnte Gebäude bereits in deren Nähe sich befinden. Hiernach hat die Königl. Regierung in vorkommenden Fällen sich zu richten.

2. Concessionsbedingungen für Anlagen zur Coaksbereitung.

1) Die sich entwickelnden Gase müssen vollständig zur Verbrennung gelangen, oder zur Gewinnung von Ammoniak und Steinkohlentheer benutzt werden.

2) Der Coaksofen muß in einer Entfernung von mindestens 30 Meter von allen öffentlichen Wegen entfernt angelegt werden.

Glas- und Rußhütten.

(Vgl. S. 75 Nr. 4.)

Concessions-Bedingungen für die Anlage von Rußhütten. (Cremer, Concessionirungen gewerbl. Anlagen. Braunschweig 1870, S. 159.)

1) Das Fabriklocal muß massive Umfassungsmauern und der Raum für die Ruß- und Schwärzkammern massiv überwölbte Decken erhalten.

2) Während der Fabrikation muß der Ofen stets geschlossen bleiben und ist der Unternehmer überhaupt gehalten, solche Vorkehrungen zu treffen, welche eine Verbreitung des Rußes auf die benachbarten Grundstücke verhindern. Sollten diese Vorkehrungen aber nicht genügen, so ist derselbe verpflichtet, auf Anordnung der Ortspolizeibehörde solche Einrichtungen zu treffen, welche zur Beseitigung eines etwaigen Uebelstandes besser geeignet sind. Den Anforderungen der gedachten Behörde hat der Unternehmer vorbehaltlich des Recurses auf Entscheidung der Königl. Regierung unbedingt Folge zu leisten.

3) Ueber dem mit einem Drahtgitter zu versehenden Schornstein muß zur Verhütung von Feuersgefahr das Sparrenwerk von Eisen construirt und alles Holzwerk in einer solchen Entfernung von dem Schornstein angelegt werden, daß eine Erhitzung desselben nicht stattfinden kann.

4) Aus dem Fabriklocal dürfen keine Flüssigkeiten auf fremdes Eigenthum oder auf öffentliche Wege abgeleitet werden; auch sind in Bezug auf die Feuerungsanlagen die darüber erlassenen baupolizeilichen Verordnungen zu beachten.

Kalk-, Ziegel- und Gypsöfen.

(Vgl. S. 75 und 76 Nr. 5, 6, 7.)

1. Zirkular-Verfügung des Ministers für Handel vom 15. Oktober 1849, betreffend die Benutzung von Kalk- und Flechtöfen zu vorübergehenden wirthschaftlichen Bedürfnissen oder zu einzelnen Feldbränden. (M.Bl. f. d. i. V. 1849 S. 231.)

Auf den Bericht vom 22. v. M. erklärt sich das unterzeichnete Ministerium damit einverstanden, daß, wenn Kalk- oder Flechtöfen nur vorübergehend zu wirthschaftlichen Bedürfnissen oder zu einzelnen wenigen Feldbränden benutzt werden, mithin bei demselben die Voraussetzungen in der Verfügung vom 14. August 1845 (Minist.Bl. S. 263; vgl. weiter unten bei Ziegelöfen S. 184 d. Buches) hinsichtlich der Feldziegelöfen zu treffen, die Vorschriften der §§. 27 ff. der allgemeinen Gewerbeordnung (jetzt Reichs-Gewerbe-Ordnung §. 16) außer Anwendung bleiben, vielmehr für derartige Kalköfen die ortspolizeiliche Genehmigung genügt.

2. Schema zum Konzessionsgesuch für einen Kalkofen.

Beschreibung der Anlage.

Die von dem Kaufmann N. N. auf seinem in ...... belegenen Grundstücke neu zu erbauenden zwei Kalköfen stehen im Hypothekenbuche Band VII S. 739 Nr. 93 verzeichnet.

Der Neubau der gedachten Kalköfen A und B soll, wie aus dem beigefügten Bau- und Situationsplane ersichtlich ist, in der Weise ausgeführt werden, daß die in einer Entfernung von 4,30 Meter stehenden 2 Oefen von einem Brennschauer eingeschlossen sind.

Die Oefen sind im Fundament achteckig, 7 Meter breit, 6,15 Meter hoch und haben in ihrem Innern einen 5 Meter hohen, im Mittel 3,5 Meter weiten konischen Brennraum C aus feuerfesten massiven Mauern; auf dem achteckigen Schaft ist ein

4 Meter weiter und 10,60 Meter hoher konischer Schornstein D aufgeführt.

Durch die Construktion der 4 sich gegenüberliegenden Feuerungen a, b, c, d, welche gleichzeitig im Brande sich befinden, verzehren die entstehenden Feuergase sich gegenseitig, so daß nur ein ganz geringer Procentsatz derselben nebst der aus dem Kalk entwickelten Kohlensäure durch den Schornstein entweicht.

Im Uebrigen schließt der theils massiv, theils in Fachwerk aufgeführte Brennschauer, indem er mit dichtschließenden Thüren und Fensterläden versehen ist, den gesammten Brennbetrieb nach außen hin ab, so daß kein Kalkstaub ins Freie zu dringen vermag. Da außerdem die Anlage nur von Feld und Garten umgeben, die Entfernung der nächsten Wohn- und Wirthschaftsgebäude 200 Meter weit, so erscheint eine Belästigung der Nachbarn oder des Publikums gänzlich ausgeschlossen.

Der Betrieb ist derart anzunehmen, daß ein Ofen per Brand 180 Tonnen fertigen Kalk liefert. Dagegen wird sich der Umfang des Betriebes lediglich nach den Arbeitsverhältnissen regeln.

3. Zirkular-Verfügung des Finanz- und Ministers des Innern vom 14. August 1845, betreffend die Benutzung von Ziegelöfen zu vorübergehenden wirthschaftlichen Bedürfnissen oder zu einzelnen Feldbränden. (M.Bl. f. d. i. V. 1845 S. 263.)

Der Königl. Regierung wird auf den Bericht vom 29. Juni c. eröffnet, daß die Vorschriften der §§. 27 ff. der Gewerbeordnung vom 17. Januar 1845 (jetzt Reichs-Gewerbe-Ordnung §. 16) über das Verfahren bei Prüfung der Zulässigkeit der einer besonderen polizeilichen Genehmigung bedürfenden gewerblichen Anlagen, auf diejenigen Feldziegelöfen oder Feldbrände, bei welchem es sich nicht um die Errichtung eines zur dauernden Benutzung bestimmten Ziegelofens, sondern nur um die vorübergehende Verarbeitung des im Felde vorgefundenen Materials zu Ziegeln handelt, keine Anwendung finden, weil solche Ziegelbrände nach dem bei der Verwaltung festgestellten Sprachgebrauch zu den im §. 27 (jetzt

Reichs-Gewerbe-Ordnung §. 16) a. a. O. genannten Ziegelöfen nicht gerechnet werden. Soweit daher solche nur vorübergehend in Betrieb gesetzte Feldbrände in Betracht kommen, unterliegt die Beibehaltung des rücksichtlich der polizeilichen Genehmigung und Beaufsichtigung derselben im dortigen Verwaltungsbezirk bisher zur Anwendung gekommenen Verfahrens keinem Bedenken; dagegen ist die Zulässigkeit jeder Anlage zur fortgesetzten gewerbsmäßigen Anfertigung von Ziegeln nach den Bestimmungen der Gewerbeordnung zu erörtern.

Eine analoge Anweisung enthält die Ministerial-Verfügung des Ministers für Handel und Gewerbe an sämmtliche Regierungen vom 21. November 1849, betreffend die ortspolizeiliche Erlaubniß zum Feldziegelbrennen. (M.Bl. 1849 S. 231.)

4. Concessions-Bedingungen für die Errichtung einer Ziegelei.

1. Die Anlage muß genau nach Maßgabe der eingereichten

. . . .

Vorlagen und zwar:

a. des Situations-Planes, gefertigt von N. N. de dato,

b. der Bauzeichnung, " " "

c. der Beschreibung, " " "

ausgeführt werden.

2. Unternehmer ist verpflichtet, durch Einrichtung der Feuerungs-Anlage nach bewährten technischen Grundsätzen, sowie durch Anwendung geeigneten Brennmaterials und sorgsame Bewartung auf eine möglichst vollständige Verbrennung des Rauches hinzuwirken, auch — falls sich ergiebt, daß die getroffenen Einrichtungen nicht genügen, um Gefahren, Nachtheile und Belästigungen für die Besitzer und Bewohner benachbarter Grundstücke durch Rauch, Ruß ꝛc. zu verhüten, — solche Abänderungen in der Feuerungs-Anlage und im Betriebe, sowie in der Wahl des Feuerungs-Materials vorzunehmen, welche zur Beseitigung der Gefahren, Nachtheile und Belästigungen besser geeignet sind.

(Nr. 1 der vorstehenden Bedingungen wird als allgemeines Muster für den Eingang aller Genehmigungs-Urkunden dienen können.)

Erklärung des Unternehmers.

Nachdem mir in Vorstehendem die Bedingungen für die von mir beabsichtigte Anlage einer Ziegelei mitgetheilt worden sind, erkläre ich mich zur Innehaltung derselben bereit und beantrage die entsprechende Ausfertigung der Genehmigungs-Urkunde.

. . . . den . . ten . . . . . . 18 . .

(Unterschrift.)

(Diese Erklärung des Unternehmers ist anwendbar für die große Mehrzahl der Fälle, in denen derselbe mit den Seitens der Behörde von Amtswegen nöthig befundenen Bedingungen einverstanden ist, und daher der Erlaß eines besonderen Bescheides hierüber vermieden werden (vgl. Nr. 41 der Ausf.Anweisungen S. 59 d. Buches), — vielmehr sogleich die Aus- und Zufertigung der Konzession (nach dem in der folgenden Nr. 5 mitgetheilten Formular) erfolgen kann.)

5. **Genehmigungs-Urkunde für eine Ziegelei-Anlage** (zweifache Ausfertigung).

Nachdem der N. zu N. N. die Genehmigung nachgesucht hat, eine Ziegelei auf dem Grundstücke N. N. anzulegen, auch die durch §§. 17 und folgende der Reichs-Gewerbe-Ordnung vorgeschriebenen Förmlichkeiten, nach Maßgabe der Art. 28 ff. der Ausführungs-Anweisung zu vorbezeichnetem Gesetze gehörig beobachtet worden sind, wird die beantragte Genehmigung, vorbehaltlich aller etwa entgegenstehenden Privatrechte, unter den beigehefteten Bedingungen hierdurch ertheilt.

Diese Genehmigung erlischt, wenn der Unternehmer **ein** ganzes Jahr verstreichen läßt (§. 49 G.O.), ohne davon Gebrauch zu machen, oder wenn späterhin der Betrieb während der Dauer von **drei** Jahren ruhen bleibt. (§. 49 G.O.)

(L. S.)

(Das vorstehende Formular läßt sich allgemein bei Genehmigung gewerblicher Anlagen in Anwendung bringen.)

Anlagen zur Gewinnung roher Metalle und Röstofen.

(Vgl. S. 77 Nr. 8.)

Zu diesen Anlagen sind alle nicht direkt mit Bergwerken in Verbindung stehende Erz- und Metall-Aufbereitungs-Anstalten zu rechnen.

1. Circularverfügung des Ministers für Handel, Gewerbe und öffentliche Arbeiten an die Königl. Oberbergämter zu Bonn, Dortmund, Halle und Breslau, das Verfahren bei Ertheilung der Erlaubnißurkunden für die Anlage von Aufbereitungsanstalten betreffend, vom 1. Mai 1855. (M.Bl. f. d. i. V. 1855 S. 104.)

Wiewohl diese Ministerial-Verfügung keine gesetzliche Gültigkeit mehr hat, so dient sie noch gegenwärtig den Bergbehörden zur Nachachtung.

Für die Anlage von Aufbereitungs-Anstalten (Wäschen aller Art, Poch-, Quetsch- und Mahlwerke), welche die Zugutemachung eines oder mehrerer zum Bergwerks-Regal gehörigen Minerale zum Zwecke haben, bedarf es einer Erlaubniß der Berg-Behörde. Diese wird jedoch jetzt nicht überall eingeholt, und auch da, wo es geschieht, findet ein verschiedenartiges Verfahren Statt. So werden in gewissen Revieren dergleichen Anstalten, wie andere unmittelbar zu dem Betriebe der Gruben gehörige Anlagen ohne besondere Erlaubniß angelegt, obwohl §. 80. Tit. 16. Thl. II des dort als Subsidiar-Recht geltenden Allgemeinen Landrechts ausdrücklich bestimmt, daß Wasch- und Pochwerke besonders gemuthet und verliehen werden sollen. So lange die Betriebs-Leitung bei den gewerkschaftlichen Bergwerken in den Händen der Berg-Behörde lag, konnte diese, theils bei der ersten Anlage, theils auch noch später, die geeigneten Maaßregeln ergreifen, um Beschädigungen der betreffenden Boden-Eigenthümer, wenn nicht ganz zu verhüten, doch möglichst zu vermindern. Unter den gegenwärtigen Verhältnissen ist aber ein solches Verfahren nicht mehr statthaft, sondern es kommt darauf an, schon vor der Anlage die zum

Schutze des Grund-Eigenthums oder auch anderer Interessenten erforderlichen Einrichtungen genau festzustellen und hierzu den Betreiber im Voraus zu verpflichten, damit die Berg-Behörde im Unterlassungsfalle ein bestimmtes Anhalten habe, gegen denselben einzuschreiten.

In anderen Revieren werden zwar für Aufbereitungs-Anstalten besondere Erlaubniß-Urkunden eingeholt, darin aber die oben erwähnten Verpflichtungen gar nicht, oder doch nicht vollständig genug angegeben. Ueberdies erscheint es nothwendig, wie auch in einigen Revieren schon jetzt geschieht, vor der Feststellung der zum Schutze des Grund- und anderen Eigenthums erforderlichen Einrichtungen, also vor der Ertheilung der Erlaubniß, den Interessenten Gelegenheit zu geben, ihre etwaigen Einwendungen anzubringen, indem dadurch späteren Klagen vorgebeugt und die Behörde in Stand gesetzt wird, zu beurtheilen, ob der ganzen Anlage nicht etwa so erhebliche Bedenken entgegenstehen, daß sie die Erlaubniß versagen muß, z. B. wenn dadurch ein wichtigerer Gewerbs-Betrieb gestört werden würde.

Obwohl Aufbereitungs-Anstalten, da sie im §. 27 der Gewerbe-Ordnung vom 17. Januar 1845 (Ges.-S. S. 45) nicht besonders genannt sind, nicht zu denjenigen Anlagen gerechnet werden können, auf welche nach den Vorschriften des Gesetzes das im §. 28.ff. vorgeschriebene Verfahren zur Anwendung kommen muß, und das Cirkular-Reskript vom 30. Juni 1846 auf Aufbereitungs-Anstalten keine Anwendung findet, weil das danach zu beobachtende Verfahren Anlagen voraussetzt, zu denen nach §. 27. ff. eine besondere landespolizeiliche Genehmigung erforderlich ist, so unterliegt es doch keinem Zweifel, daß die Berg-Behörde, welche die Erlaubniß zur Anlage von Aufbereitungs-Anstalten zu ertheilen hat und hierzu der Information bedarf, um die dabei zu berücksichtigenden Zwecke möglichst sicher zu stellen, befugt ist, ein den Vorschriften der §§. 28. bis 32. der Gewerbe-Ordnung analoges Verfahren anzuordnen. Es versteht sich aber, daß hierbei die Mitwirkung der Königlichen Regierungen nur begutachtend eintreten darf, da die Abfassung förmlicher Resolute mit Eröffnung des Rekursweges, auf welchem für die bei der Anlage Betheiligten Rechte erlangt werden, nur auf gesetzliche Bestimmungen gegründet werden kann.

Hiernach bestimme ich hinsichtlich des Verfahrens bei der Ertheilung der Erlaubniß-Urkunden für die Anlage von Aufbereitungs-Anstalten in allen Landestheilen, mit Ausnahme des linksrheinischen Theiles der Rhein-Provinz, was folgt:

§. 1. Wer zum Zwecke der Zugutemachung eines oder mehrerer der zum Bergwerks-Regal gehörigen Mineralien eine Aufbereitungs-Anstalt anlegen oder betreiben will, bedarf hierzu der Erlaubniß der Berg-Behörde; gleichviel, ob die Anlage auf einem bestehenden verliehenen Bergwerke als Zubehör desselben gemacht, oder als besonderes Werk errichtet werden soll.

Bevor nicht die Erlaubniß-Urkunde ausgefertigt und dem Nachsucher zugestellt ist, darf der Betrieb nicht angefangen werden.

§. 2. Das Erlaubniß-Gesuch ist schriftlich bei dem Bergamte des Bezirks einzureichen und muß enthalten:

a. die Angabe des Minerals oder der Mineralien, welche aufzubereiten beabsichtigt wird,
b. die Bezeichnung der Stelle, auf welcher die Anlage gemacht werden soll, so wie der Gemeinde, des Kreises und Regierungs-Bezirks,
c. die Angabe des Wassers, welches dazu benutzt werden soll, so wie seines Gefälles,
d. eine Beschreibung der beabsichtigten Betriebs-Einrichtungen,
e. die deutliche Namens-Unterschrift, den Charakter und Wohnort des Ansuchers, beziehungsweise des Repräsentanten der betreffenden Gewerkschaft.

Soll die Anlage Zubehör eines bestehenden Bergwerks werden, so ist dies im Gesuche anzuführen.

§. 3. Dem Gesuche (§. 2.) ist eine Zeichnung beizufügen, aus welcher sich die Zahl und Lage der einzelnen Theile des Werks und dessen Einrichtung entnehmen läßt, ferner ein Situations-Plan und, wenn Wasser-Gefälle in Betracht kommen, ein Nivellements-Plan.

§. 4. Fehlt eine der Angaben (§. 2.) oder der Beilagen (§. 3.), oder sind dieselben nicht vollständig, so wird der Ansucher zur Beibringung, resp. Vervollständigung aufgefordert, und ihm dazu eine Frist von 4 Wochen gestellt, nach deren fruchtlosem Verlauf angenommen werden muß, daß es nicht Absicht sei, das Gesuch zu verfolgen.

§. 5. Das Gesuch wird seinem wesentlichen Inhalte nach von dem Bergamte durch Anschlag in dem Bergamts-Hause und im Amtsblatt der Königlichen Regierung des Bezirks mit der Aufforderung bekannt gemacht, daß alle diejenigen, welche gegen die Anlage gegründete Einwendungen zu haben glauben, dieselben binnen vier Wochen, vom Tage der Ausgabe des die Bekanntmachung enthaltenden Amtsblattes an gerechnet, bei dem Bergamte anzumelden und zu begründen haben, widrigenfalls darauf später keine Rücksicht genommen werden solle. Dabei ist anzuführen, daß die Beschreibung und die Zeichnungen zu Jedermanns Einsicht in der Registratur des Bergamts niedergelegt seien.

§. 6. Bei großer Entfernung des Ortes der Anlage von dem Sitze des Bergamts können, nach Ermessen des Bergamtes, die Beschreibung und die Zeichnungen auf dem Bürgermeisterei-Amte oder bei der Orts-Polizei-Behörde, welche dem Orte der Anlage am nächsten sind, niedergelegt werden. In solchem Falle ist dies in der Bekanntmachung (§. 5.) zu vermerken.

§. 7. Die eingehenden Einwendungen werden von dem Bergamte dem Erlaubnißsucher unverzüglich in Abschrift mit der Aufgabe zugefertigt, sie binnen vier Wochen zu beantworten. Sind die Einwendungen privatrechtlicher Natur, so werden sie zur richterlichen Entscheidung verwiesen, ohne daß von der Erledigung dieser Einwendungen die weitere Verhandlung über die Genehmigung der Anlage (§§. 8 ff.) abhängig gemacht wird.

§. 8. Sind Einwendungen nicht eingegangen, oder diese durch gütliche Einigung beseitigt und läßt sich übersehen, daß bei der Anlage keine Verhältnisse in Betracht kommen, welche das Ressort der Landes-Polizei-Behörde berühren, so ladet das Bergamt den Erlaubnißsucher zu einem Local-Termine ein und bestimmt zur Abhaltung desselben einen Kommissar, in der Regel den Bergmeister des Reviers, in welchem die Anlage gemacht werden soll.

§. 9. In diesem Termine wird das Gesuch (§. 2.), so wie die Richtigkeit der Zeichnungen (§. 3.), insbesondere des Situations- und Nivellements-Plans durch Vergleichung mit der Oertlichkeit geprüft; es werden alle Theile der Anlage, ferner diejenigen Einrichtungen, welche gegen Beschädigungen von Grundeigenthum, gegen den Abfluß unreiner Wasser und gegen Wegführung ausgeschlagener Abgänge (Sand und Schlämme) durch Wasser und Wind zu treffen sind, beziehungsweise auch die Zeitperioden, während welcher der Betrieb etwa nur umgehen oder ruhen soll, so wie überhaupt alle Verpflichtungen erörtert und festgestellt, welche der Erlaubnißsucher zu übernehmen hat.

Hierbei ist insbesondere auf Betriebs-Einrichtungen Bedacht zu nehmen, durch welche das beim Wasch-Betriebe verunreinigte Wasser nach erfolgter Abklärung in Sümpfen oder Teichen, im Umkreise benutzt wird, und die Ableitung solches Wassers in vorhandene zum öffentlichen oder zum besonderen Gebrauch Anderer dienende Gewässer nur da zu gestatten, wo ohne dieselbe das Unternehmen ganz behindert oder wesentlich erschwert werden würde.

§. 10. Ueber die in dem Termine verhandelten Gegenstände (§. 9.) wird ein ausführliches, von allen Anwesenden zu unterschreibendes Protokoll aufgenommen und dem Bergamte vorgelegt.

§. 11. Das Bergamt entwirft die Erlaubniß-Urkunde nach den hier beigeschlossenen Schema und überreicht dieselbe nebst den Instructions-Acten und den Zeichnungen dem vorgesetzten Ober-Bergamte. Findet letzteres gegen die Verhandlungen nichts zu erinnern, so gehen dieselben an den Minister für Handel, Gewerbe und öffentliche Arbeiten, welcher die Urkunde vollzieht.

§. 12. Sind Einwendungen eingegangen, welche der Erlaubnißsucher nicht zu beseitigen im Stande gewesen ist, und beziehen sich dieselben auf Verhältnisse, über welche nur die Landes-Polizei-Behörde zu entscheiden hat, z. B. wenn es sich um die Anwendung der Vorschriften des Gesetzes vom 28. Februar 1843 über die Benutzung der Privatflüsse (Ges.-Samml. S. 41.) handelt, so wie insbesondere, wenn das durch den Wäschbetrieb verunreinigte Wasser in fließende Gewässer geleitet werden soll (§. 9.), so hat das Bergamt das Erlaubniß-Gesuch und die Zeichnungen nebst den Einwendungen und den Beantwortungen derselben dem Ober-Bergamte vorzulegen. Dieses theilt die Sachen der betreffenden Regierung mit und bezeichnet dabei sogleich den seinerseits für die Lokal-Untersuchung ernannten Kommissar. Die Regierung ernennt hierauf auch ihrerseits einen Kommissar und läßt demselben die Schriftstücke und Zeichnungen zugehen.

§. 13. Diese Kommissarien (§. 12.) haben sich über die Ansetzung des Lokal-Termins zu verständigen, zu welchem dann das Bergamt den Erlaubnißsucher und die Opponenten einladet, die letzteren mit der Verwarnung, daß, im Falle des Nichterscheinens, dieselben mit ihren gegen die Anlage erhobenen Einsprüchen nicht weiter gehört werden würden.

In dem Termine wird unter vollständiger Vernehmung der Erschienenen über die oben (§. 9.) bezeichneten Gegenstände verhandelt. Das Protokoll geht an das Bergamt, welches, wenn Bedenken nicht obwalten, nach §. 11. verfährt.

§. 14. Das Ober-Bergamt sendet die instruirten Akten an die Regierung, erklärt sich letztere mit den im Entwurf zur Erlaubniß-Urkunde aufgenommenen Bedingungen einverstanden, so überreicht das Ober-Bergamt den Entwurf nebst Akten dem Minister für Handel, Gewerbe und öffentliche Arbeiten zur Vollziehung.

Sollten die Regierung und das Ober-Bergamt über die Zulässigkeit der Anlage, oder über die in der Erlaubniß-Urkunde vorzuschreibenden Bedingungen verschiedener Ansicht sein, so hat das Ober-Bergamt über die Differenzpunkte zu berichten und die Entscheidung des Ministers für Handel, Gewerbe und öffentliche Arbeiten einzuholen.

§. 15. In Betreff aller Einrichtungen, welche zum Schutze des Eigenthums dienen sollen (§. 9.), bleibt der Berg-Behörde, beziehungsweise der Polizei-Behörde vorbehalten, zur Abwendung von Nachtheilen, welche weder von Privaten vorher geltend gemacht worden sind, noch von der Behörde vorausgesehen werden konnten, die erforderlichen Anordnungen zu treffen, auch in solchem Falle eine Ableitung verunreinigten Wassers in fließende Gewässer ganz zu untersagen. Dieser Vorbehalt ist in die Erlaubniß-Urkunde aufzunehmen.

§. 16. Wer die Lage oder Einrichtung einer bereits bestehenden Aufbereitungs-Anstalt verändern will, hat davon dem Bergamte Anzeige zu machen, die beabsichtigte Veränderung deutlich und vollständig zu beschreiben und die zum Verständniß nöthigen Zeichnungen beizufügen. Erkennt das Bergamt die Veränderung als eine wesentliche an, so tritt das in den §§. 5—15. vorgeschriebene Verfahren ein, nach dessen Ergebniß die Behörde die Erlaubniß zu ertheilen oder zu versagen hat. Erkennt das Bergamt die Veränderung als eine unwesentliche an, so hat dasselbe den Unternehmer davon in Kenntniß zu setzen, daß der den gemachten Vorlagen entsprechenden Ausführung nichts entgegenstehe.

Das Königliche Ober-Bergamt hat hiernach die Bergämter seines Ressorts mit der erforderlichen Instruktion zu versehen und die öffentliche Bekanntmachung der gegenwärtigen Verfügung durch die Amtsblätter der betreffenden Königlichen Regierungen, welchen ich dieselben dato abschriftlich zugefertigt habe, zu veranlassen.

2. Concessionsurkunde für die Erweiterung einer Aufbereitungsanstalt, erlassen von Seiten des Königl. Ober-Bergamtes zu N.

Art. 1. Den Besitzern der zu dem Blei- und Kupfererz-Bergwerke N N. gehörigen, auf dem linken Ufer des Bleibachs, in der —gasse oberholb X. in der Gemeinde und Bürgermeisterei X., Kreis X., Regierungsbezirk N. gelegenen, unterm ꝛc. permittirten Aufbereitungsanstalt, N. und Consorten, wird hiermit die Erlaubniß ertheilt, diese Aufbereitungsanstalt zu erweitern.

Art. 2. Die Erweiterung soll nach den der Urschrift dieser Urkunde beigefügten, von dem Königl. Oberbergamte zu N. unterm ꝛc. beglaubigten Plänen der Situation und der Anlage in

1 Pochwerk mit 8 Stempeln in 2 Sätzen,
3 Stoßheerden,
7 Glasurerzheerden,
4 Hüvel-Schüppgräben und
4 Klärsümpfen

bestehen, und durch dieselbe die Aufbereitungsanstalt auf einen Bestand von

2 Pochwerken von je 8 Stempeln in 2 Sätzen,
2 Mehlführungen, die des oberen Pochwerks bestehend aus 2 Gefällen und 2 Schlammgräben, die des unteren Pochwerks aus 2 Gefällen und 5 Schlammsümpfen,
3 Stoßheerden,
9 Glasurerzheerden,
7 Hüvel-Schüppgräben,
2 Letten-Schüppgräben,
1 Kehrheerd,
1 Glasurerzmühle,
1 Trockenheerd,
1 Kühlheerd und
6 Klärsümpfen

gebracht werden.

Das neue Pochwerk und die Stoßheerde sollen im Innern des Gebäudes, worin die beiden Krummöfen stehen, welche durch die Urkunde vom ꝛc. für die Aufbereitungs- und Bleihütten-Anlage X. gestattet worden sind und nach der Bleihütte bei der Aufbereitungsanstalt X. verlegt werden sollen, erbaut werden. Südwestlich und südöstlich von diesem Gebäude sollen 4 Glasurerzheerde und 3 Hüvel-Schüppgräben nebst 3 Klärsümpfen, die zusammen nicht unter 320 Quadratfuß Oberfläche erhalten dürfen und ausgemauert oder mit Bohlen ausgeschlagen werden müssen, eingerichtet und mit den ersteren Vorrichtungen vereint betrieben werden.

Die übrigen Vorrichtungen, nämlich: 3 Glasurerzheerde, 1 Hüvel-Schüppgraben und einen Klärsumpf werden mit dem schon früher permittirten Werke vereinigt, indem das Pochwerk, die beiden Letten-Schüppgräben, der Kehrheerd, sowie die Glasurerzmühle nebst Trocken- und Kühlheerd an ihren früheren Stellen innerhalb des älteren, an ersteres Gebäude nordöstlich anschließenden Pochwerksgebäudes verbleiben, nördlich davon aber die Glasurerzheerde, 5 an der Zahl, und östlich des Schreinereigebäudes die 4 Hüvel-Schüppgräben, und südöstlich der letzteren die 4 Klärsümpfe zu liegen kommen.

Die Klärsümpfe sollen entweder ausgemauert oder mit Bohlen ausgeschlagen werden, und dürfen die beiden Sümpfe für die Trübe von den 4 Hüvel-Schüppgräben östlich von der Schreinerei zusammen nicht unter 80 Quadratfuß und die beiden anderen Sümpfe nicht unter 270 Quadratfuß Oberfläche erhalten.

Das 19 Fuß 6 Zoll hohe mittelschlägige Treibrad des letzteren Werkes wird beibehalten, statt des Gebläserades aber ein 9 Fuß im Durchmesser haltendes oberschlägiges Rad eingerichtet und von demselben das neue Pochwerk und die Stoßheerde, letztere mittelst eines Vorgeleges, betrieben werden.

Der Aufschlag für die Treibräder erfolgt aus dem gemeinschaftlichen Obergraben resp. Untergraben von X. mit einem Gefälle von 10 Fuß 3 Zoll. Auch die Poch- und Waschwasser werden bei beiden Werken aus dem Obergraben entnommen und die Trüben bei jedem Pochwerk besonders geklärt, bevor sie abgelassen werden. Der Abfluß der geklärten Wasser erfolgt beim neuen Pochwerke in den daselbst vorhandenen Abschlagsgraben, beim älteren wie bisher in den Werksuntergraben.

Art. 3. Dieser Bestand der Anlage darf ohne eine von dem Minister für Handel, Gewerbe und öffentliche Arbeiten besonders zu ertheilende Erlaubniß nicht erweitert, umgeändert oder an einen anderen Ort versetzt werden; auch ist es nicht gestattet, den auf den Situationsplänen (Art. 2) bezeichneten Wasserlauf oder das Gefälle zu verändern.

Art. 4. Indem die unterm 2. September 1829 und 21. December 1836 ausgefertigten Permissionsurkunden hierdurch aufgehoben werden, erhalten die Permissionäre die gegenwärtige Permission zur Anlage der im Art. 2 bezeichneten Aufbereitungsanstalt unter der ausdrücklichen Bedingung, daß die Anlage binnen sechs Monaten vom Tage der gegenwärtigen Permissionsurkunde an gerechnet in vollen Betrieb gestellt werde, und daß der Betrieb demnächst ohne nöthigende Ursachen, worüber die Bergbehörde zu erkennen hat, nicht über die gewöhnliche Zeit unterbrochen werde.

Sollte die Aufbereitungsanstalt ohne Genehmigung der Behörde über Jahr und Tag außer Betrieb bleiben, so kann solche nicht anders als auf Grund einer neuen Permission wieder in Betrieb gesetzt werden.

Art. 6. Die zur Aufbereitung benutzten Wasser dürfen erst nach erfolgter Abklärung in den zu diesem Behufe einzurichtenden, im Art. 2 näher angegebenen Klärsümpfen durch die Abflußgräben dem Untergraben zugeführt werden. Sobald die Umstände ein Ausschlagen der Sümpfe erforderlich machen, darf letzteren die Trübe nicht zugeführt werden, und es bleibt den Permissionären überlassen, entweder den Waschbetrieb während des Ausschlagens zu sistiren oder die Wasser in neu einzurichtenden Sümpfen abzuklären, bevor sie abgelassen werden.

Auch müssen die von dem Aufbereitungsbetriebe herrührenden Aftern unschädlich beseitigt werden. Sollte wider Erwarten bei dieser Einrichtung die Abklärung der Wasser nicht in genügender Weise erfolgen oder die Aftern in Folge einer mangelhaften Umschließung dem Bleibache zugeführt werden, so sind die Permissionäre gehalten, diejenigen weiteren Vorkehrungen in Ausführung zu bringen, welche von der Bergbehörde als erforderlich werden angeordnet werden.

Röstöfen.

(Vgl. Techn. Anleit. S. 77 Nr. 8 d. Buches, ferner J.B. 1878 S. 151—156, 1880 I S. 245, 1881 S. 231.)

1. Circularverfügung des Ministeriums für Handel rc., betreffend die bei Ertheilung von Konzessionen zur Errichtung von Röst-Oefen für Nickelspeise zu stellenden Bedingungen, vom 30. September 1857. (M.B. f. d. i. V. 1857 S. 177.)

Da beim Rösten der Nickelspeise arsenige Säure entweicht, welche durch hohe Schornsteine nicht ganz beseitigt werden kann, so hat die Königliche Regierung bei der Ertheilung der Konzession zur Errichtung von Röst-Oefen für Nickelspeise, abgesehen von sonst noch erforderlich scheinenden Einrichtungen oder Bestimmungen über den Betrieb, jederzeit die Bedingung zu stellen, daß dieselben mit Giftfängen versehen werden, und auf die Ausführung dieser Bedingung sorgfältig zu achten.

2. Concessionsbedingungen zum Schutze der Nachbarn für eine mit Blenderöstung verbundene und in angebauter ländlicher Gegend belegene Zinkhütte, von der Königl. Regierung zu Düsseldorf im Jahre 1881 gestellt. (Vgl. J.B. 1881 S. 193.)

Außer den Specialbedingungen behufs Ausnutzung des Schwefelgehalts der Blende zur Herstellung von Schwefelsäure wurde ferner noch vorgeschrieben:

1. Mit den Röstgasen dürfen höchstens 5% des nicht ausgenutzten, in den Erzen enthaltenen Schwefels in die Atmosphäre gelangen.

2. Der Schornstein ist 100 m hoch aufzuführen.

3. Vom Tage der Inbetriebsetzung der Anlage ab hat ein von der Orts-Polizeibehörde besonders zu verpflichtender Hüttenbeamter täglich mit einem Orsat'schen oder einem anderen von der Kgl. Regierung zu bestimmenden Apparate eine Analyse der zum Kamin gehenden Röstgase auszuführen und das Resultat derselben in ein besonderes Buch einzutragen. Dieser Kontrol-

Apparat muß zur Benutzung für den staatlichen Revisions-Beamten jederzeit betriebsfähig erhalten werden.

4. Außerdem ist, sobald die Kgl. Regierung dies verlangt, seitens des Unternehmers ein Apparat einzurichten, welcher zur dauernden quantitativen Feststellung der in den abziehenden Gasen enthaltenen schwefligen Säure geeignet ist.

5. Unternehmerin ist verpflichtet, fortdauernd über die Mengen der verarbeiteten Blende, ihren Schwefelgehalt im rohen und abgerösteten Zustand und über die zur Absorption der schwefligen Säure verwendeten Menge gebrannten Kalkes Buch zu führen, auch die Einsicht dieser Bücher dem staatlichen Revisions-Beamten jederzeit zu gestatten.

6. Die bei dem Betrieb der Absorptions-Thürme etwa übrig bleibenden Abwässer dürfen nicht sauer sein und dürfen nicht in Wasserläufe, sondern müssen in eine auf dem Terrain der Unternehmer liegende Schlinggrube (Senke), die von Nachbargrundstücken, Trinkbrunnen und Wohngebäuden genügend entfernt ist, geleitet werden.

7. Alle Schlacken und Rückstände sind in völlig abgelöschtem Zustande zur Halde zu schaffen und muß eine Selbstentzündung derselben durch Berieselung verhindert werden.

Dazu ist noch zu bemerken, daß die Schwefelsäurefabrik mit Glowerthurm und Gaylussac-Condensatoren ausgerüstet ist.

(Vgl. ferner die Berichte über die Zinkblende-Röstanlagen der Reckhütte zu Rösdzin in Ober-Schlesien. J.B. 1878 S. 151 bis 156, Stolberger Hütten bei Aachen. J.B. 1880 S. 245 und 1881 S. 231.)

3. Concessionsbedingungen zum Schutze der Nachbarn für Anlage eines Kupfer-Extractions-Werks, Seitens der Königl. Regierung zu Düsseldorf im Jahre 1883 gestellt. (Vgl. J.B. 1883 S. 225—226.)

1. An der Zentralesse des Werkes, welcher die sämmtlichen Rösterei- und Schmelzerei-Gase zugeführt werden, ist in 10 m oder mehr Höhe eine geeignete Einrichtung zum Untersuchen der entweichenden Gase anzubringen.

2. Die Untersuchung der Gase ist durch einen Chemiker zweimal täglich und möglichst so vorzunehmen, daß die eine Probe zu einer Zeit stattfindet, wo die Entbindung saurer Gase am stärksten ist.

3. Jede Untersuchung muß die Azidität und den Salzsäure-Gehalt der Essengase feststellen. Dieselben dürfen mehr als 0,45 gr Chlorwasserstoff im cbm nicht enthalten.

Die Ergebnisse der Untersuchungen sind in ein geeignetes Buch einzutragen.

4. Ein betriebsfertiger Untersuchungs-Apparat und die erforderliche Hülfe ist auf Verlangen des staatlichen Aufsichts-Beamten für denselben bereit zu halten.

5. Die Firma ist gehalten, auf eine weitere Verminderung des Salzsäure-Gehaltes der Abgase (Nr. 3) und eine ausgedehntere Kondensation der sämmtlichen Säuren stetig Bedacht zu nehmen und jedes hierfür praktikable Mittel in Anwendung zu bringen.

6. Ingleichen ist auf die thunlichste Verminderung der Abwässer, bezw. auf das Zugutemachen derselben stetig Bedacht zu nehmen, und auch das Eindringen saurer Flüssigkeiten in den Boden thunlichst zu verhindern.

7. Saure Flüssigkeiten oder solche, welche giftige und für die Fischerei schädliche Substanzen enthalten, dürfen in den Rhein nicht abgelassen werden. Falls die Ableitung der eisenvitriolhaltigen, neutralen überschüssigen Laugen in den Rhein sich nach dem Dafürhalten der Königl. Regierung als schädlich erweisen sollte, ist die Unternehmerin gehalten, auf ihre Kosten diejenigen Einrichtungen zu treffen, welche zur Beseitigung der Schädigung von der Königl. Regierung vorgeschrieben werden.

Nachdem sich inzwischen herausgestellt hatte, daß Brunnen, welche 400 m von der Hütte entfernt liegen, durch kupferhaltige Laugen stark verunreinigt werden — ihr Wasser enthielt bis zu 86 Chlor, bis zu 82 Schwefelsäure, bis zu 98 Natron und bis zu 3,35 Kupfer in 100 000 Theilen —, und daß der Betrieb des Kupferschlacken-Ofens die Nachbarschaft gelegentlich durch arsenhaltige Dämpfe belästigte, wurde ferner angeordnet, daß:

8. die Canäle des Werkes und die Bottiche der Laugerei erneuert bezw. wasserdicht hergestellt und unterhalten werden,

um das Eindringen der Kupferlaugen in den Boden zu verhindern;

9. der Krummofen jedesmal, bevor derselbe in Gebrauch kommt, sorgfältig angeheizt wird, so daß der Abzug der Fabricationsgase durch den zum Hauptcanal führenden Zwischencanal gerichtet ist;

10. die beim Abstechen des Krummofens etwa entstehenden Metalldämpfe abgefangen und in den Hauptcanal abgesogen werden.

4. Concessions-Bedingungen für die Anlage einer Alaunhütte, seinerzeit von dem Königl. Ober-Bergamt für die niederrheinischen Provinzen gestellt. (Vgl. Cremer, Concessionirung gewerbl. Anlagen. Braunschweig 1870, S. 230.)

Art. 1. Den Besitzern der Alaunhütte am *** bei ***, NN., wird hierdurch die Erlaubniß ertheilt, gedachtes Hüttenwerk in die Nähe der X.schen Alaunthongrube behufs Benutzung des daselbst zu gewinnenden Alaunthons, und zwar die Laugerei in der Art wie sie besteht mit dem Röstplatze auf ihr dortiges Grundeigenthum von 23 Morgen Flächeninhalt zu verlegen, die Alaunhütte mit der Siederei aber circa 130 Ruthen ins Thal hinab, auf ihr dasiges Grundeigenthum von 10½ Morgen Inhalt im sogenannten Benden zu versetzen.

Art. 2. Die Alaunhütte soll enthalten die Siederei mit 10 Stück Siedekesseln, ferner das Krystallisationsgebäude mit den Krystallisirkasten und dem Mutterlaugen-Reservoir, das Läuterungsgebäude mit seinen verschiedenen Behältern, und sonstige nöthige Räumlichkeiten, wie solches Alles der verificirte Werkriß näher angiebt.

Art. 3. Die auf der X.schen Haide fabricirte Lauge soll durch Rinnen zur Hütte und hier zunächst in anzulegenden Reservoirs aufgefangen werden.

Art. 4. Die Gewerkschaft wird sich zur Heizung der Siedepfannen nur der Steinkohlen als Brennmaterial bedienen.

Art. 5. Die Gewerkschaft ist nicht befugt, die vorbemerkte Anzahl der Siedekessel zu vermehren oder dieselben wesentlich zu verändern, darf auch die Fabrikation auf kein anderes Product als Alaun und Eisenvitriol ausdehnen, ohne dieserhalb in den gesetzlichen Formen die Erlaubniß dazu besonders nachgesucht und erhalten zu haben. Es soll derselben jedoch gestattet werden, gemauerte Behälter statt der Siedekessel zur Gahrlaugenbereitung anzulegen und zu benutzen, wobei zur Bedingung gestellt wird, daß die darin zu erzeugende Gahrlauge das Quantum, welches in den gedachten Siedekesseln darzustellen ist, nicht überschreitet, und daß der Plan zu dieser Siedevorrichtung zunächst und vor der Benutzung dem Königl. Bergamte zur Prüfung und fernerweitigen vorzubehaltenden Genehmigung vorzulegen bleibt.

Art. 6. Die auf dem Werke benutzten Wasser sollen in einem Graben, welcher an der Seite des von der Hütte nach dem Gemeindewege zu erbauenden Abfuhrweges anzulegen ist, zu dem westlichen Graben dieses Gemeindeweges geführt und in letzterem zu der am Wege nach *** gelegenen Schlinggrube geführt werden.

Die Gewerkschaft ist verpflichtet, für einen anderen Abzug der Wasser durch Anlegung von Schlinggruben zu sorgen, sofern die Bergbehörde solches für erforderlich erachtet.

Art. 7. Bei Nichterfüllung der in den Artikeln 1 bis 6 gegenwärtiger Erlaubniß ertheilten Vorschriften von Seiten der Gewerkschaft verliert dieselbe alle und jede Rechte an selbiger.

Metallgießereien.

(Vgl. S. 79 Nr. 9.)

1. **Bescheid der Königl. Regierung zu Cöln vom 9. November 1853, betreffend das Concessions-Gesuch zur Anlage einer Eisengießerei in der Stadt Cöln.** (Cremer, Concessionirung gewerbl. Anlagen, Braunschweig 1870 S. 225—226.

Im vorliegenden Falle war von Seiten der Königl. Fortificationsbehörde gegen diese Anlage Einspruch erhoben, weil dieselbe in zu großer Nähe ihrer Laboratorien 2c. projectirt sei.

Auf das Gesuch des NN. hierselbst vom 18. August c. um Erlaubniß zur Anlage einer Eisengießerei ertheilt die unterzeichnete Königl. Regierung ungeachtet des Seitens der hiesigen Königl. Fortificationsbehörde unterm 23. September c. dagegen erhobenen Einspruchs nach Beendigung des gemäß §. 29 der Gewerbeordnung vom 17. Januar 1845 eingeleiteten Verfahrens auf den Grund des §. 32 a. a. O. (jetzt Reichs-Gewerbe-Ordnung §§. 18 bis 22) hiermit zum Bescheide: daß dem Unternehmer NN. hierselbst vorbehaltlich der Privatrechte Dritter und vorbehaltlich der Befolgung der einschlägigen ortspolizeilichen Vorschriften, die Erlaubniß zur Anlage einer Eisengießerei auf dem X.'schen Grundstück nach Maßgabe des vorgelegten Planes, jedoch unter Vorbehalt einer besonderen Betriebserlaubniß und unter nachstehenden Bedingungen ertheilt werden könne:

1) Zwischen den Umfassungsmauern des Betriebsgebäudes und dem Feuerungs- und Rauchgemäuer der Eisengießerei muß ein freier Raum von wenigstens zwei Fuß bleiben.
2) Der Schornstein des Schmelzofens muß eine Höhe von vierzig Fuß erhalten und ringsum zwei Fuß von allem Holzwerk entfernt bleiben.
3) Sollte die Erfahrung lehren, daß eine Höhe von vierzig Fuß für den Schornstein nicht hinlänglich ist, um gegründeten Beschwerden vorzubeugen, so ist Concessionär verpflichtet, auf Verlangen der Polizeibehörde denselben fortschreitend bis zu sechszig Fuß zu erhöhen.
4) Der Eigenthümer der Eisengießerei unterwirft sich vorbehaltlich des Recurses auf unsere Entscheidung allen Anordnungen, welche die Polizeibehörde in gesundheits- und feuerpolizeilicher Hinsicht, sowie zum Zwecke der Beseitigung allenfallsiger Belästigung der Nachbarn, künftig irgend vorzuschreiben für nöthig erachten wird.
5) Die Leitung irgend einer Flüssigkeit nach der Straße hin ist untersagt.

Thatbestand und Gründe.

Nach den als Publicationsdocumente beigebrachten Exemplaren der C.'schen Zeitung und des Amtsblattes ist das Vorhaben des NN. zur öffentlichen Kenntniß gebracht worden. Der

Seitens der hiesigen Königl. Fortificationsbehörde unterm 23. September c. binnen der gesetzlichen Präclusivfrist gegen die Ausführung des Projectes erhobene Einspruch besteht darin, daß die projectirte Anlage zu nahe an dem Laboratorium (im Karthäuser Hof) und dem Kriegspulvermagazin Nr. 1 (gegenüber der Bottmühle am Sewerinswall) gelegen sei, und hält dieselbe es deshalb für nothwendig, daß dem NN. die Concession so lange vorenthalten werde, bis er sich über die Zustimmung der Königl. Militärbehörde genügend ausweisen könne. Nach dem Schreiben der hiesigen Königl. Commandantur an den NN. vom 10. October c. findet diese gegen die in Rede stehende Anlage nichts zu erinnern, wenn dieselbe 200 Schritte von dem Laboratorium und 70 Schritte vom Karthäuser Wall entfernt ausgeführt wird. Dieser Bedingung ist nach dem von dem hiesigen Geometer X. ausgestellten Attest vom 19. October c., mit Rücksicht auf den veränderten Stand der Oefen, Genüge geleistet, indem die bezüglichen Entfernungen 223⅓ und 74 Schritt und 2 Fuß 4 Zoll betragen, und steht mithin der Ertheilung der Genehmigung zu der Eisengießerei-Anlage nichts entgegen.

Durch den gegenwärtigen Bescheid erlangt der Unternehmer noch keineswegs die Erlaubniß zur Ausführung der Anlage; diese wird vielmehr erst nach rechtskräftig erfolgter Entscheidung durch eine besondere Concessionsurkunde ertheilt werden, und würde der Unternehmer sich daher durch Ausführung der Anlage vor Aushändigung dieser Urkunde nach Vorschrift des §. 180 der allgemeinen Gewerbeordnung (jetzt Reichs-Gewerbe-Ordnung §. 147) straffällig machen.

Gegen diesen Bescheid steht beiden Theilen der Recurs an das Königl. Ministerium für Handel, Gewerbe und öffentliche Arbeiten offen. Derselbe muß aber in Gemäßheit der Bestimmungen des §. 33 der allgemeinen Gewerbeordnung (jetzt Reichs-Gewerbe-Ordnung §. 20) binnen einer präclusiven Frist von zehn Tagen (jetzt 14 Tage), vom Tage der Eröffnung des Bescheides an gerechnet, bei der Polizeiobrigkeit angemeldet werden.

Da kein Recurs angemeldet wurde, so erfolgte die Ausstellung der Concessionsurkunde in der gewöhnlichen Form.

Sind Nachbarhäuser in der Nähe der projectirten Eisengießerei, so ist noch die Bedingung vorzuschreiben, daß der Ofen drei Fuß von denselben entfernt bleiben muß.

2. Concessionsbedingungen zum Schutze der Arbeiter (§. 18 der Gew.Ord.) bei der Anlage eines Hochofenwerkes, erlassen von Seiten der Königl. Regierung zu Düsseldorf im Jahre 1882. (Vgl. J.B. 1882 S. 209.)

1. Der Fußboden ist an Verkehrs- und Arbeitsstellen von Unebenheiten, umherliegendem Material und Abfall, Feuchtigkeit und dergleichen thunlichst frei und in gutem Zustand zu halten.

2. Verkehrs- und Arbeitsstellen sind gut zu erleuchten.

3. Bodendurchlässe, Sturzlöcher, Laufbühnen und sonstige Niveau-Abstürze an Arbeits- und Verkehrsstellen sind brusthoch und genügend dicht zu umwähren, oder, wo dies wegen der Art der Arbeit nicht angeht, hell zu beleuchten.

4. Die an Verkehrs- und Arbeitsstellen belegenen Räder, Scheiben, Regulatoren, Achsen, Kurbeln, Schubstangen, Kuppelungen, Riemen und Seile, deren Berührung Gefahr bietet, sind genügend hoch und dicht, bezw. so zu umwähren, daß ein unfreiwilliges Erfaßtwerden oder Hineinfallen von Personen verhütet wird. Ebenso sind verzahnte und Friktions-Getriebe, wenn ihre Einzugseite offen liegt, oder wenn sie sich dicht an Festpunkten vorüber bewegen, zu verdecken.

5. Maschinen und Transmissionen, welche mechanischen Antrieb haben, oder von erheblichen Schwungmassen beeinflußt sind, müssen mit Abstellvorrichtungen versehen sein, die leicht erreichbar und so beschaffen sind, daß sie rasch und zuverlässig wirken.

6. Beim Gebrauch der Bohrmaschinen sind die Bohrspindeln thunlichst fettfrei zu halten, die Bohrköpfe und Bohrer ohne Anwendung hervorragender Schrauben und dergleichen einzusetzen und die Bohrobjekte in geeigneter Weise zu befestigen, — beim Gebrauch von Drehbänken sind die Bahnen rasch rotirender Planscheiben und Arbeitsstücke von größerem Rotations-Radius zu umwähren.

Den bei solchen Arbeits-Maschinen Beschäftigten ist das Tragen weiter Blousen, bauschiger Aermel und hängender Halstücher nicht zu gestatten.

7. Räder, Schleifsteine, Riemen und Seile von erheblicher Umfang-Geschwindigkeit, sowie Hebezeuge und die zum Tragen oder Heben von Lasten bestimmten Seile, Gurten und Ketten müssen öfteren Revisionen durch sachkundige Personen unterworfen, die Ketten und deren Zubehör in angemessenen Zeitabschnitten auch vorher ausgewärmt werden.

8. Schneidezeug-Werkmaschinen mit schnell laufendem Schneidezeug (z. B. Heißsägen, Holzbearbeitungs-Maschinen u. s. w.) müssen so eingerichtet und betrieben sein, daß die Arbeiter vom Schneidezeug wider ihren Willen nicht berührt und von den geschleuderten Splittern und Stücken nicht getroffen werden. Wo (z. B. bei Bandsägen) die unausgesetzte Beobachtung des Schneidezeugs erforderlich ist, oder wo eine vollständige Sicherung der betr. Arbeiter etwa nicht thunlich sein sollte, dürfen nur geübte erfahrene Personen mit der Arbeit betraut, und müssen Einrichtungen getroffen werden, welche erhebliche Geschwindigkeits-Differenzen des Schneidezeugs ausschließen.

9. Hebezeuge für schwere Lasten oder mit erheblicher Uebersetzung müssen mit gut wirkenden, thunlichst selbstthätigen, Brems- und Sperr-Vorrichtungen ausgerüstet sein. Hebezeuge, in deren Lastbahn gearbeitet oder verkehrt wird, dürfen nur so weit belastet werden, daß sie eine mindestens sechsfache Sicherheit gegen Bruch bieten. Die zulässige Belastung muß in deutlicher Schrift auffällig darauf angegeben sein. Auf Schienen laufende Hebezeuge sind mit Schienenräumern zu versehen.

10. Die Aufzüge müssen so eingerichtet und betrieben sein, daß die Bahn des Fördergefäßes und der Gegengewichte genügend dicht abgeschlossen, die Verschlußvorrichtungen des Schachtes an den Förderstellen selbstthätig und zuverlässig, die Verständigung zwischen den Förderstellen gesichert ist, auch vom Förderkorb und von den Förderstellen nichts in den Schacht stürzen kann und das Fördergefäß in der Ruhe auf festen Uebersetzern aufliegt. Menschen dürfen auf ihnen nur gefördert werden, wenn ihr

Fördergefäß mit verläßlichen Fangvorrichtungen und Korbdach versehen ist, und die in Nr. 7 vorgesehenen Revisionen täglich vorgenommen werden.

11. Die aus den Heerd- und Schmelzöfen abfließenden Schlacken müssen vom Fußboden der Arbeits- und Verkehrsstellen ferngehalten, bezw. in besonderen transportablen Kisten aufgefangen werden. Letztere dürfen erst nach völliger Erstarrung der Schlacken entleert werden.

12. Arbeiter, welche bei ihrer Arbeit erfahrungsgemäß Augenverletzungen ausgesetzt sind, (durch abfliegende Schlacken u. s. w.) müssen mit schützenden Drahtmasken oder Brillen, — solche, welche bei der Arbeit auch sonst Verbrennungen ausgesetzt sind, mit Schurzfell und bezw. Leder- oder Blech-Gamaschen ausgerüstet, — benachbarte Arbeits- und Verkehrsstellen aber durch geeignete Vorkehrungen gegen abfliegende Schlacken, Spähne und Schleuderstücke geschützt — und der Gebrauch solcher Schutzmittel sichergestellt werden.

13. Die Aufstapelung von schweren Stücken muß so geschehen, daß ein etwaiges Auseinanderfallen des Haufens Niemand gefährdet.

14. Rasch laufende Schleifsteine von mehr als 15 m Umfangs-Geschwindigkeit, sowie Schmirgelscheiben müssen mit starken schmiedeeisernen Umhüllungen so umgeben sein, daß nur die Schleifstelle frei bleibt. Der Support für die Schleifobjecte muß dicht vor der Schleiffläche angebracht und letztere darf weder unrund noch bucklig sein. Der beim Trockenschleifen entstehende Staub muß an der Entstehungsstelle unschädlich gemacht werden.

15. Kollergänge, Quetschwalzen und Mühlen, welche staubendes Material verarbeiten, sind bis auf die, mit Tüchern verschlossenen Füll- und Entleerungs-Oeffnungen gleich den etwa zugehörigen Sieb- und Hebewerken gut abzudichten, — Kollergänge und Walzen für nicht staubendes Material aber so einzurichten, daß die Arbeiter nicht wider ihren Willen vor die Auflaufstellen gelangen können.

16. Die hydraulischen und sonstigen Bewegungsmittel für Apparate, welche geschmolzene Metalle oder Schlacken enthalten —, und solche Apparate selbst (Oefen, Convertoren, Gießkessel, Coquillen u. s. w.) — sowie die Mittel, welche auf die geschmolzenen Massen behufs Mengung, Raffinage, Kühlung u. s. w. einwirken (z. B. gespannte Luft, Dampf, Wasser und dergl.) — müssen so beschaffen sein, und so angewandt werden, daß eine unvorhergesehene, und die Arbeiter gefährdende heftige Bewegung der geschmolzenen Massen nicht eintritt. Eine beabsichtigte heftige Bewegung derselben muß den in der Nähe befindlichen Personen jedesmal durch passende Warnungs-Signale kundgegeben werden.

17. Beginn und Ende der Bewegungen der Transmissionen und Maschinen muß den Arbeitern vom zugehörigen Motor aus durch passende Signale kundgegeben werden.

18. Das Reinigen, Schmieren und Repariren von Transmissions- und Maschinentheilen, sowie die Handhabung, Wartung und Reparatur von Kraftübertragungs-Riemen, -Seilen, und -Ketten darf nicht geduldet werden, wenn die Arbeiter dabei mit bewegten Mechanismen in gefährliche Berührung kommen können oder einen unsicheren Standort einnehmen.

19. Die zur Verwendung kommenden Leitern müssen am untern Ende der Bäume, wenn sie für weichen Boden bestimmt sind, mit umwickelten (Filz) Füßen, und am oberen Ende mit Haken versehen sein.

20. Mit der Hand bewegte, auf Eisen laufende Rollwagen und Karren müssen so eingerichtet sein, daß die Laststücke beim Transport nicht herabfallen, und ein Kippen der Wagen nur mit dem Willen der Arbeiter erfolgt, und daß sie auf geneigter Bahn sicher angehalten werden können.

21. Bei Arbeiten in Gasleitungen, Rauchkanälen und derartigen Apparaten, welche erfahrungsgemäß Stickgase enthalten können, muß ein Meister die Arbeiter ständig kontroliren und dafür sorgen, daß die fraglichen Apparate nicht betreten werden, bevor die Arbeiter in eine Rettungsleine eingehängt sind. Letzteres gilt auch für alle Arbeiten an hochgelegenen oder in ähnlicher Weise Gefahr drohenden Stellen.

22. Aschenhalden, welche glühendes oder heißes Material enthalten, müssen so umwährt sein, daß Kindern und Frauen der Zutritt nicht möglich ist.

23. Es darf nicht geduldet werden, daß Arbeiter auf den Kokesöfen ruhen oder schlafen.

24. Die Füllöffnungen der Kokesöfen müssen so eingerichtet sein, daß sie sich nicht leicht verschieben.

25. Die Gase der Kokesöfen sind zum Heizen zu verwenden.

26. Es müssen allgemeine, und für die einzelnen Arbeiter-Abtheilungen besondere Arbeits-Ordnungen, welche Meister und Arbeiter über die vorhandenen Gefahren und deren Vermeidung aufklären, erlassen und deren Bestimmungen durchgeführt werden. Dieselben bedürfen der Genehmigung der Aufsichts-Behörde.

Hammerwerke.

(Vgl. S. 79 Nr. 10.)

1. **Schema zur Genehmigungsurkunde eines Puddlings- und Walzwerks, seinerzeit vorgeschrieben vom Minister für Handel und Gewerbe.** (Vgl. Cremer, Concessionirung gewerbl. Anlagen. Braunschweig 1870, S. 228.)

Concessionsurkunde für den N.schen Bergwerks- und Hütten-Actienverein zu X. über ein Puddlings- und Walzwerk 2c. bei der N.schen Hütte zu X.

Auf Stempel von 15 Sgr.

Im Namen des Königs!

Nachdem der N.sche Bergwerks- und Hütten-Actienverein zu X. die Erlaubniß nachgesucht hat, bei dem demselben gehörigen, unter dem 10. Juni 1851 concessionirten Hüttenwerk und zwar auf den Grundstücken u. s. w. ein Puddlings- und Walzwerk zu errichten und zu betreiben, und nachdem dies Gesuch vorschriftsmäßig publicirt und instruirt, Einwendungen dagegen aber nicht erhoben worden sind, wird die nachgesuchte Concession auf den, in Uebereinstimmung mit der Königl. Regierung zu C. gestellten Antrag des Königl. Oberbergamts zu S. unter nachfolgenden Bedingungen hiermit ertheilt:

§. 1. Die auf dem Eisenhüttenwerk N. in vier Gebäuden auszuführenden neuen Anlagen sollen bestehen aus:

A) einem Puddlingswerk mit
zwanzig Puddlingsöfen und
drei Dampfhämmern;

B) einem Walzwerk mit
sechzehn Schweißöfen,
vier Glühöfen,
fünf Walzenstraßen,
drei Dampfhämmern,
einer Dampfscheere,
einer Kreissäge und
zwei Materialeisen-Scheeren, und

C) einem Scheerenhause mit
drei Luppenscheeren.

Als Betriebskraft sollen Dampfmaschinen benutzt werden, für deren Anlage und Betrieb die von der Königl. Regierung zu C. zu ertheilende Concession maßgebend ist.

§. 2. Die Anlagen (§. 1) dürfen ohne besondere Concession weder vermehrt oder erweitert, noch in ihren wesentlichen Theilen verändert oder verlegt werden.

Insbesondere hat der Concessionär dafür zu sorgen, daß weder durch die Anhäufung von Schlackenmassen, noch durch die Dämpfe für die umliegenden Grundstücke und für die Bewohner in der Umgegend des Hüttenwerks Nachtheile entstehen. Jeden hierdurch verursachten Schaden hat derselbe vollständig zu ersetzen.

§. 3. Wenn der Betrieb des Werks, der vorgeschriebenen Sicherheitsmaßregeln ungeachtet, demnächst dennoch den Nachbarn zu begründeten Beschwerden über erhebliche Nachtheile, Gefahren oder Belästigungen Veranlassung geben sollte, so ist der Concessionär verpflichtet, die von der Behörde zur Beseitigung für erforderlich erachteten Abänderungen der Betriebsanstalten oder des Betriebes ohne Anspruch auf Entschädigung unweigerlich in Ausführung zu bringen.

§. 4. Der Concessionär ist verbunden, den bestehenden oder noch zu erlassenden Berggesetzen, Verordnungen und Reglements stets pünktlich nachzukommen, sowie den in Polizei- und Steuersachen ergehenden Verfügungen des Königl. Bergamts zu C. Folge zu leisten.

§. 5. Ueber die Production und deren Geldwerth, sowie über die Arbeiter und deren Verhältnisse sind die vorschriftsmäßigen Nachweisungen zu führen und in den bestimmten Terminen dem Königl. Bergamt zu C. einzureichen.

§. 6. Von der gegenwärtigen Concession muß binnen Jahresfrist Gebrauch gemacht werden, widrigenfalls dieselbe erlischt.

Urkundlich ꝛc.

Berlin, den ꝛc.

Der Minister für Handel, Gewerbe und öffentl. Arbeiten.

2. Concessionsbedingungen zum Schutze der Arbeiter bei der Genehmigung verschiedener Walz- und Hammerwerke, von der Königl. Regierung zu Düsseldorf gestellt. (Vgl. J.B. 1882 S. 211.)

1. Die oben beim Hochofenwerk (S. 204 u. ff.) unter den Nummern 1 bis 22 und 26 enthaltenen Vorschriften, und ferner:

2. Das Einführen von Wasser in die Puddelheerde zum Zweck periodischer Kühlung derselben muß mittelst Röhren, und darf nicht zu schnell geschehen.

3. Das Wasser der Gezähetröge muß durch Zufluß frischen Wassers kühl gehalten werden.

4. Die Walzwerke müssen so eingerichtet und betrieben werden, daß das Walzgut nicht schief oder gekrümmt austritt, — daß die Arbeiter gegen austretende und einschnellende Enden dünnen Walzengutes, und die Hebeler gegen Hebelschläge bei schwerem Walzgut geschützt sind.

5. Beim Block- und Brammen-Schmieden dürfen Hebel mit aufgebogener Spitze nicht benutzt werden, und beim Rundschmieden auf ebener Fläche müssen Vorkehrungen gebraucht sein, welche das Abspringen des Schmiedestückes verhüten.

Diese Vorschriften und die Arbeitsordnungen sind an den Eingängen des Walzwerkes in leicht leserlicher Schrift auszuhängen.

3. **Concessionsbedingungen für ein Bleiwalzwerk nebst Entzinnungs-Anstalt, von Seiten der Kgl. Regierung zu Düsseldorf gestellt.** (Vgl. J.B. 1882 S. 212.)

1. Die oben beim Hochofenwerk (S. 204 u. ff.) unter 1 bis 21 und 26 enthaltenen Vorschriften, und ferner:

2. Die Räume, in welchen Blei erhitzt oder bleiische Materialien verarbeitet werden, sind mit gut wirkenden Lüftungs-Vorrichtungen, welche einen stetigen und ausreichenden Luftwechsel sicherstellen, zu versehen.

3. Bleidämpfe und bleiischer Staub müssen in oder an den Apparaten, in welchen sie entstehen, so abgefangen werden, daß sie nicht in die Luft der Arbeitsräume gelangen.

4. Die in den unter 2 genannten Räumen beschäftigten Arbeiter müssen Speise und Trank außerhalb jener Räume in einem besonderen Speiseraume, nachdem sie Hände und Mund sorgfältig gereinigt haben, genießen und wöchentlich mindestens ein warmes Bad nehmen. — Die hierzu erforderlichen Einrichtungen muß die Firma alsbald treffen.

5. Ueber die Erkrankungen der Arbeiter ist halbjährlich ein Nachweis einzuliefern, aus welchem die Krankheit und ihre Dauer, sowie der Arbeiterverkehr (Ab- und Zugang) ersichtlich ist.

Chemische Fabriken.

(Zur Bestimmung des allgemeinen Begriffs „Chemische Fabrik" vgl. Recursbescheid des Handelsministers vom 3. April 1869 S. 237 d. Buches; ferner die Denkschriften des Bundesraths, betreffend Kalifabriken, vom Jahre 1881, desgl. Herstellung von Celluloid 1882 S. 279 und 287 d. Buches. Danach wird die Existenz einer chemischen Fabrik ausschließlich durch den Betrieb eines chemischen Processes begründet; es gehört dazu, daß nicht allein die äußere Form des Rohproductes, sondern auch die Elementarsubstanz des Bildungskörpers verändert, oder ein anderer Körper, welcher vorher nicht frei war, nicht nur auf mechanischem als vielmehr auf chemischem Wege ausgeschieden wird.)

1. Circularrescript des Handelsministeriums an sämmtliche Königl. Regierungen, betreffend den Betrieb chemischer Fabriken, vom 23. September 1855. (M.Bl. f. d. i. V. 1855 S. 188.)

Nach Vorschrift der §§. 30. und 32. der Allgemeinen Gewerbe-Ordnung vom 17. Januar 1845 (jetzt Reichs-Gewerbe-Ordnung §§. 18—21) sind in der polizeilichen Konzession zu den, im §. 27. a. a. O. (jetzt Reichs-Gewerbe-Ordnung §. 16) bezeichneten gewerblichen Anlagen, namentlich zur Einrichtung und zum Betriebe chemischer Fabriken aller Art, wenn deren bedingte Ertheilung für zulässig erkannt ist, die, sich als nöthig ergebenden Bedingungen, oder diejenigen Vorkehrungen und Einrichtungen vorzuschreiben, welche zur Abhülfe von Beschwerden über erhebliche Nachtheile, Gefahren oder Belästigungen durch den Betrieb solcher Fabriken geeignet sind.

Bei Ertheilung solcher Konzession ist jedesmal, wenn dies auch nicht ausdrücklich vorgesehen sein sollte, von der sich von selbst verstehenden Voraussetzung ausgegangen, daß solche Fabriken auf das zweckmäßigste werden eingerichtet und auf das sorgfältigste werden betrieben werden, da sonst deren Betrieb, nach dessen Umfang und nach Verschiedenheit der Produktion, stets mit mehr oder minder, immer aber erheblichen Nachtheilen oder Belästigungen des Publikums, zunächst der Nachbaren, verbunden zu sein pflegt. Die Polizei-Behörden sind demnach, wenn über solche Nachtheile oder Belästigungen begründete Beschwerden geführt werden, so berufen als verpflichtet, denselben Abhülfe zu verschaffen, insoweit sich dazu geeignete Mittel darbieten, und es unterliegt keinem Zweifel, daß sie die Veränderung der Einrichtung oder des Betriebs solcher Fabriken vorschreiben können, welche hinter anderen gewerblichen Anlagen dieser Art, die sich die Fortschritte der Wissenschaft und der Technik angeeignet haben, zurückgeblieben sind, wenn durch die Erfahrung unzweifelhaft dargethan ist, daß und durch welche Mittel jene Nachtheile oder Belästigungen ganz beseitigt oder doch vermindert werden können.

Die Orts-Polizeibehörden haben hiernach diejenigen chemischen Fabriken, deren Betrieb zu begründeten Beschwerden Anlaß giebt, zu überwachen, und das Geeignete anzuordnen, und sind hiernach mit Anweisung zu versehen. Die Orts-Polizeibehörden sind indeß darauf hinzuweisen, daß sie, wenn der ebengedachte Fall nicht vorliegt, den Gewerbebetrieb nicht zu beschränken oder zu erschweren, ihre Anordnungen vielmehr auf dasjenige zu beschränken haben, was das Bedürfniß fordert, und was erfahrungsmäßig den Zweck sicher zu stellen geeignet ist.

Um aber diejenigen, welche fortan die polizeiliche Genehmigung zur Anlage chemischer Fabriken nachsuchen, auf die möglichen Folgen mangelhafter Einrichtungen und ungehörigen Betriebs solcher Fabriken aufmerksam zu machen, ist in die, die Genehmigung zur Anlage derselben aussprechenden Bescheide und in die Ausfertigung der Konzessionen ausdrücklich der Vorbehalt als Konzessions-Bedingung aufzunehmen: daß, wenn die Einrichtung oder der Betrieb der Fabrik, mögen deshalb Vorkehrungen oder Bedingungen besonders vorgesehen sein oder nicht, demnächst dem Publikum oder den Nachbarn zu begründeten Beschwerden über erhebliche Nachtheile, Gefahren oder Belästigungen Anlaß geben sollte, alsdann durch polizeiliche Verfügung diejenigen Veränderungen in der Einrichtung oder im Betriebe würden vorgeschrieben werden, welche den Mängeln Abhülfe zu gewähren geeignet seien, und daß die Unternehmer solche, ohne Anspruch auf Entschädigung, zu treffen verpflichtet blieben.

2. **Schema von Concessions-Bedingungen für die Errichtung chemischer Fabriken.** (Vgl. Jacobi, Gewerbe-Gesetzgebung S. 360, Berlin 1874.)

1. Der Unternehmer darf in der Wahl der zu gewinnenden Erzeugnisse und in dem Verfahren der Gewinnung nicht über seine eigenen Erklärungen in dem vorgelegten Erläuterungs-Berichte vom .... hinausgehen. Insbesondere bleiben nach demselben

a. Arsenik, schweflige Säure, Chlor und Schwefelwasserstoff aus dem Kreise seiner Arbeiten ausgeschlossen;

b. ebenso alle feuergefährlichen oder explodirenden Körper.

Die Ausschließung dieser Stoffe und Fabrikate bietet durchaus keine allgemeine Regel dar, sondern gehört nur einem *einzelnen bestimmten Falle* an.

2. Die Vorrichtungen zur unschädlichen Ableitung der Dämpfe sind so zu treffen, daß dieselben dem Zwecke stets vollständig entsprechen; insbesondere bleibt die Erhöhung des Schornsteins nach Bedürfniß vorbehalten.

3. Die Waschwässer und sonstigen Abgangs-Flüssigkeiten sind mittelst unterirdischer gemauerter Kanäle in wasserdichte Sammelgruben von ausreichendem Rauminhalte zu leiten. Diese Sammelgruben sind, falls die Polizei-Behörde solches zur Verhütung von Belästigungen der Nachbarn oder des Publikums für nöthig finden sollte, möglichst luftdicht zu schließen und nur bei Nachtzeit zu leeren.

4. Die Benutzung des .... Flusses zur Aufnahme der Ablaufwässer bildet nicht einen Gegenstand dieser Konzession, sondern regelt sich gemäß §. 3 des Gesetzes vom 28. Februar 1843, wonach durch die Zuleitung der Fabrikabflüsse weder der Bedarf der Umgegend an reinem Wasser beeinträchtigt, noch eine erhebliche Belästigung des Publikums verursacht werden darf. Jedenfalls dürfen die abgehenden Flüssigkeiten nur im geklärten Zustande dem .... Flusse zugeführt werden.

5. Die beabsichtigte Verwendung der Abfälle zu Kompost-Dünger bleibt von der gegenwärtigen Genehmigung ausgeschlossen.

6. Vor der Inbetriebsetzung der Anlage hat der Unternehmer die Erfüllung der vorstehend unter 2. und 3. aufgeführten Bedingungen durch eine Bescheinigung des Kreis-Baubeamten der Orts-Polizeibehörde nachzuweisen.

7. Sollte sich ergeben, daß die oben festgesetzten Bedingungen nicht genügen, um die Besitzer oder Bewohner benachbarter Grundstücke oder das Publikum überhaupt, oder das Leben und die Gesundheit der in der Fabrik beschäftigten Arbeiter vor erheblichen Gefahren und Nachtheilen zu schützen, so bleibt Unternehmer gehalten, ohne Anspruch auf Entschädigung alle diejenigen Einrichtungen zu treffen, welche zur Erreichung größerer Sicherheit ihm von der Polizei-Behörde vorgeschrieben werden. (Vgl. Min.-Verf. vom 23. Sept. 1855. — M.Bl. f. d. i. V. 1855 S. 188, S. 212 u. ff. d. Buches.)

Bezüglich der Vorsichts-Maßregeln bei Genehmigung von Schwefelsäure-, Soda- und Chlorkalk-Fabriken siehe a. den Aufsatz von Prf. Dr. Schubarth:

„Ueber die sauren Gase, welche Schwefel- und Soda-Fabriken verbreiten, und die Mittel, dieselben unschädlich zu machen“; b. „die Englische Alkali-Akte von 1864“, durch welche die Kondensation des in Soda- rc. Fabriken entwickelten salzsauren Gases dahin vorgeschrieben wird, daß — bei Strafe bis zu 100 Pfd. St. für jeden Uebertretungsfall — höchstens 5% entweichen dürfen. (Verhandlungen des Vereins zur Beförderung des Gewerbefleißes in Preußen. 1857 u. 1867.)

3. Ministerial-Rescript des Ministers für Handel, Gewerbe und öffentliche Arbeiten, vom 10. Juni 1865, betreffend Anlage von Anilin-Fabriken, an das Königl. Polizei-Präsidium zu Berlin. (M.Bl. f. d. i. V. 1865 S. 158.)

Bezüglich der Anlage von Anilin-Fabriken wird hiermit folgendes bestimmt:

Da die Bereitung von Anilinfarben wegen der dabei stattfindenden Verwendung von Arsensäure erheblichen Gefahren für die Arbeiter und für das Publicum überhaupt zur Folge hat, ist es geboten, die polizeiliche Erlaubniß zur Errichtung der zur Darstellung solcher Pigmente bestimmten Fabriken nur unter Bedingungen zu ertheilen, welche zur Verhütung dieser Gefahren geeignet sind.

Als solche Bedingungen sind auf Grund der bisher gemachten Erfahrungen die folgenden anzusehen:

1. Diejenigen Arbeitsräume der Anilin-Farben-Fabriken, in welchen mit arsenikhaltigen Produkten gearbeitet wird, müssen mit wasserdichten Fußböden versehen werden. Zur Herstellung der letzteren sind Fliesen, welche in eine Unterlage von Zement zu legen sind, zu verwenden. Ableitungen nach den Rinnsteinen oder nach anderen Abzügen dürfen in diesen Arbeitsräumen nicht angebracht werden, sondern es ist zur Aufnahme des Spülwassers unter der Sohle des Fußbodens ein wasserdichter Behälter anzulegen. Der Inhalt desselben wird, wie die arsenhaltigen Laugen, nach der unter Nr. 4 folgenden Vorschrift behandelt. Die Wände der Arbeitsräume sind, um dem Eindringen arsenikhaltiger Flüssigkeiten vorzubeugen, unten mit einer Zementschicht von mindestens 1 Fuß Höhe über dem Fußboden zu überkleiden.

2. Die zur Darstellung der Anilin-Pigmente zu verwendende Arsenik-Säure, sowie die arsenikhaltigen Fabrik-Rückstände, müssen

in besonderen Räumen, deren Fußböden mit Fliesen und Zement ausgelegt worden sind, aufbewahrt werden. Andere als die genannten Gegenstände dürfen in den Räumen nicht gelagert werden. Zum Messen und Wiegen der Arsensäure müssen daselbst besondere Geräthe, welche zum Messen und Wiegen anderer Gegenstände nicht benutzt werden dürfen, gehalten werden. Die zur Aufbewahrung der Arsensäure und der Rückstände dienenden Räume müssen unter Verschluß gehalten werden.

3. Die Arsensäure darf auf dem Fabrik-Areale ohne besondere Erlaubniß nicht bereitet werden.

4. Die flüssigen, Arsenik-Säure enthaltenden Laugen, welche bei der Fabrikation der Anilin-Pigmente entstehen, desgleichen arsenikhaltige Residua jeder Art (vergl. Nr. 1) dürfen weder den Gewässern durch Gräben oder Kanäle zugeführt, noch in Senkgruben gebracht, sondern müssen, nachdem sie mit einer zur Bindung der Arsensäure geeigneten Menge Kalk versetzt worden sind, eingedampft werden. Das Eindampfen dieser Laugen, sowie die Erhitzung von Flüssigkeiten, welche gleichzeitig Arsenik-Säure und Salzsäure enthalten, darf nur unter gut ziehenden Dampffängen erfolgen.

5. Zur Abfuhr der eingedampften Arsenik-Rückstände sind dichte, mit der Aufschrift „Arsenikkalk" versehene Fässer zu benutzen. Die Abfuhr darf nur nach solchen Orten erfolgen, welche von der Polizei-Behörde als dazu geeignet anerkannt sind.

6. Es ist ein Giftbuch zu führen, welches das Datum des Bezuges, den Namen und Wohnort des Lieferanten, sowie das Gewicht der bezogenen Arsenik-Säure, ferner das Datum der Wegschaffung der Arsenik-Rückstände, deren Gewicht, den Ort, wohin dieselben geschafft worden, und den Namen des Spediteurs nachweisen muß.

7. Das Mitbringen von Eßwaaren in die Fabrikations-Räume ist den Arbeitern zu untersagen.

8. Der Betrieb der Fabrik darf erst nach stattgehabter Revision beginnen.

9. Unternehmer bleibt gehalten, falls sich ergeben sollte, daß die getroffenen Einrichtungen nicht genügen, um Gefahren für das Leben oder die Gesundheit der in der Fabrik beschäftigten

Arbeiter oder des Publikums abzuwenden, alle diejenigen Einrichtungen zu treffen, welche zur Errichtung größerer Sicherheit ihm von der Polizei-Behörde vorgeschrieben werden.

10. [In Betreff der Errichtung der Feuerungen u. s. w. finden die für konzessionspflichtige, gewerbliche Anlagen überhaupt geltenden Bestimmungen Anwendung.]

4. Concessions-Bedingungen, betreffend die Einrichtung und den Betrieb von Autoklaven in Anilinfabriken, anerkannt von Seiten der Königl. Regierung zu Wiesbaden nach sorgfältigen amtlichen Verhandlungen mit den Leitern derartiger Anlagen. (Vgl. J.B. 1883 S. 173.)

1. Die Gebäulichkeiten, in welchen Autoklaven-Arbeit betrieben wird, sollen thunlichst isolirt stehen und nur mit einem leichten Dach bedeckt sein; in den betreffenden Räumen sollen während des Betriebs andere Arbeiten nicht vorgenommen werden.

2. Die Anwendung von Metall- oder Oelbädern ist nicht erforderlich, dieselben können sogar nachtheilig für die Sicherheit des Betriebs werden. Am besten geschieht das Erhitzen in richtig konstruirten Luftbädern, die Schüröffnungen sollen außerhalb des Arbeitsraumes sich befinden.

Sehr geeignet erscheint die Feuerungs-Anlage von Alb. Pütsch in Berlin, welche in der Actiengesellschaft für Anilinfabrication in Berlin eingerichtet ist. (Vgl. Sicherung der Arbeiter ꝛc. von Alb. Pütsch. Berlin 1883, Fr. Kortkampf, S. 205.)

3. Als Ausrüstungs-Gegenstände soll jeder Apparat enthalten: Maximal-Manometer, Thermometer und eine Vorrichtung, welche das Ablassen eines unvorhergesehen eingetretenen Ueberdrucks zu jeder Zeit gestattet. Die Einrichtung wird derart zu treffen sein, daß die bei letzterer Gelegenheit entweichenden Dämpfe sich nicht im Raume verbreiten, sondern über das Gebäude abgeleitet werden.

4. Innerhalb der Autoklaven-Räume sollen keinerlei Flammen erzeugt oder unterhalten werden.

5. Jeder Apparat muß, bevor er in Gebrauch genommen wird, mindestens auf das Doppelte des Arbeitsdruckes geprüft

sein, und diese Prüfung ist nach 20 bis 25maligem Gebrauche regelmäßig zu wiederholen. Emaillirte Einsätze sind einer öfteren Prüfung zu unterziehen.

6. Ist der Verschluß eines Apparates nicht hinlänglich dicht und fängt ein solcher bei erhöhtem Drucke an zu blasen, so darf das Anziehen der Schrauben nur im Beisein des Betriebs-Beamten oder dessen Stellvertreters stattfinden.

7. Für den Autoklaven-Betrieb sollen nur die zuverlässigsten Arbeiter verwendet und denselben neben einer mündlichen Anweisung über ihre Obliegenheiten auch noch eine solche schriftlich gegeben werden. Ganz besonders ist vorzuschreiben, daß die Arbeiter bei Eintritt einer jeden Unregelmäßigkeit (z. B. dem Blasen) den betriebsführenden Beamten Anzeige machen; um letzteres thunlichst rasch zu ermöglichen, sollte eine leicht zu handhabende Signal-Vorrichtung vorhanden sein.

5. **Concessionsbedingungen zum Schutze der Arbeiter, erlassen im Jahre 1883 seitens der Königl. Regierung zu Cöln für eine Fabrik zur Herstellung von Aethyl- und Methyl-Verbindungen unter Anwendung von Autoklaven.** (Vgl. J.B. 1883 S. 245.)

1. Bei den Druckproben, von denen die erste vor der Inbetriebsetzung der Autoklaven zu erfolgen hat, müssen die letztern mindestens den dreifachen Druck aushalten, mit dem sie beim späteren Betrieb in Anspruch genommen werden sollen.

2. Die Druckprobe ist zu wiederholen zum ersten Male nach hundertmaligem Gebrauch des Autoklaven, später nach jeder fünfzigsten Operation, sowie dann, wenn die nach jeder Operation vorzunehmende Besichtigung des Autoklaven Merkmale erkennen läßt, welche auf eine wesentliche Verminderung der Widerstandsfähigkeit des Autoklaven hinweisen.

3. Ueber die ausgeführten Druckproben ist unter genauer Bezeichnung der einzelnen Autoklaven ein Buch zu führen, welches über den Ausfall der Druckprobe und die Zeit derselben Auskunft giebt und der Orts-Polizeibehörde sowie dem zuständigen Gewerbe-Rath zur Einsicht auf Wunsch vorgelegt werden muß.

4. Vor jeder neuen Operation muß der gute Zustand des Manometers und der Schrauben, sowie des Autoklaven-Körpers, insoweit letzteres durch den Augenschein möglich ist, untersucht werden, ebenso muß das Sicherheits-Ventil vor jeder Operation auf seine Sauberkeit und Gangbarkeit nachgesehen werden.

5. Sollten Sublimate in dem Autoklaven sich entwickeln, die ein Verstopfen und Ungangbarmachen des Sicherheits-Ventils befürchten lassen, so ist der Sitz des letzteren etwa 20 cm tief durch die obere Kümpelplatte in den Dampfraum zu versenken.

6. Während die Autoklaven im Druck stehen, dürfen Arbeiten an denselben, wie das Anziehen von Schrauben u. s. w. nicht vorgenommen werden; bei einer etwa stattfindenden Undichtigkeit ist vielmehr das Feuer herauszuziehen und die betreffende Reparatur-Arbeit erst dann zu beginnen, wenn kein Druck mehr im Autoklaven vorhanden ist.

7. Die Oberkante der Feuerzüge muß mindestens 20 cm unter dem Oelniveau im Oelbade bleiben. Die Temperatur des Oelbades ist durch ein in dasselbe zu versenkendes Thermometer zu kontroliren und darf ein Maximum von 180°—190° C. (neuerdings werden 350° C. gestattet) nicht übersteigen.

8. Für die Ueberwachung des Betriebs der Autoklaven ist ein zuverlässiger Beamter anzustellen, der auch für die richtige Handhabung der vorstehenden Bestimmungen verantwortlich zu machen ist.

6. Concessionsbedingungen zum Schutze der Nachbarn und der Arbeiter, von Seiten der Königl. Regierung zu Wiesbaden für eine Anlage zur Bereitung von Naphtol und Alizarin im Jahre 1883 gestellt. (Vgl. J.B. 1883 S. 175 und 176.)

(Die hier vorgeschriebenen Concessions-Bedingungen finden sinngemäße Anwendung bei den Anstalten zur Destillation von Erdöl und bei den Anlagen zur Bereitung von Braunkohlen und Steinkohlentheer, vgl. S. 175 u. ff. d. Buches.)

1. Alle Apparate, in denen saure, ammoniakalische oder sonst übelriechende Gase und Dämpfe sich entwickeln, sind während des Betriebes geschlossen zu halten. Die Ausdünstungen sind in geeigneten Räumen mittelst Verstäubungen von Wasser oder Kalk-

milch zu reinigen, und sodann in die Fabrikschornsteine zu leiten, oder falls sie brennbar sind, in den Feuerungen zu verbrennen.

2. Alle Räume, in denen Benzin oder ähnliche feuergefährliche Stoffe gelagert oder verarbeitet werden, sind feuersicher herzustellen. Dieselben dürfen weder ein nach dem Abflußkanal führendes Gerinne, noch Feuerungsanlagen enthalten und müssen erforderlichen Falls künstlich, ausschließlich mittelst außerhalb angebrachten, genügend geschützten Flammen erleuchtet werden.

3. Alle Fußböden, auf welche saure Abwässer gelangen können, sowie die zur Ableitung der letzteren dienenden Kanäle und Röhren sind in dem nöthigen Gefälle und so wasserdicht herzustellen und zu unterhalten, daß die gedachten Abwässer nicht in den Grund eindringen können.

Das Versumpfen der Fabrikabwässer ist verboten, auch dürfen zur Beseitigung derselben unterirdische Kanäle nicht vorhanden sein. Die zur Beseitigung der Abwässer früher angelegten Senkgruben (Cisternen) sind derart zu beseitigen, daß ihre Benutzung nicht mehr stattfinden kann.

4. Alle Abwässer ohne Unterschied sind dem Neutralisations-Raume zuzuführen und vor der Entsäuerung nicht abzuleiten.

5. Der zur Ableitung der entsäuerten Abwässer dienende offene Kanal ist vom Einfluß der letzteren an 25 m lang zu bedecken und an der Einflußstelle derselben mit einem Luftschornsteine zu verbinden.

6. Die Dampfkessel-Feuerungen sind mit den nach dem gegenwärtigen Stande der Technik geeignetsten Vorrichtungen zur Rauchverzehrung zu versehen.

Die Verbrennung von Ruß und Rauch entwickelnden Fabrikations-Rückständen ist verboten. Dieselben sind nach Vorschrift der Polizei-Behörde anderweit unschädlich zu beseitigen.

7. Alle Fabrikations-Räume, in welche saure, ammoniakalische oder sonst übelriechende Gase und Dämpfe, z. B. bei dem unvermeidlichen zeitweiligen Oeffnen der Gefäße gelangen können, sind in einem das Austreten der Dünste verhindernden baulichen Zustande zu erhalten und zum Schutze der Arbeiter nach den Fabrik-Schornsteinen hin zu ventiliren.

In gleicher Weise verordnete die Königl. Regierung zu Cöln bei Erweiterung einer Alizarinfabrik (vgl. J.B. 1883 S. 254):

8. Sollte durch die Entwicklung von schwefliger Säure beim Ausfällen des Alizarins irgend merkliche Gesundheitsschädigungen der Nachbarschaft eintreten, so sind die Fabricanten gehalten, den Ausfällungsprozeß in einer Weise auszuführen, die es gestattet, die entweichenden Gase aufzufangen und zu neutralisiren.

7. **Concessions-Bedingungen zum Schutze der Nachbarn und der Arbeiter, von Seiten der Königl. Regierung zu Wiesbaden im Jahre 1883 für eine Anlage zur Bereitung von Schweinfurter Grün, Pariser Blau und Chromsaurem Kali gestellt.** (Vgl. J.B. 1883 S. 175 und 177.)

1. Die Räume, in welchen die Verarbeitung von Arsenik oder solches enthaltenden Flüssigkeiten geschieht, müssen mit wasserdichten (asphaltirten) Fußböden versehen sein. Die Wände derselben sind mit einer Asphaltschicht von mindestens 30 cm Höhe über dem Fußboden und diesem unmittelbar anschließend zu überkleiden, Rinnsteine dürfen die gedachten Räume nicht enthalten.

2. Sofern die in der Beschreibung angeführte Beseitigungsart der Dämpfe, welche beim Glühen von Horn, Knochen oder ähnlichen Materialien entstehen, nicht ausreicht, um Belästigungen der Umgebung zu verhüten, sind diese Dämpfe in Feuerungen einzuleiten und ihre völlige Verbrennung herbeizuführen.

3. Entstehende Abwässer müssen in cementirten Klärgruben abgeklärt und dürfen nur frei von suspendirten und gelösten nachtheiligen Stoffen abgelassen werden, dieselben dürfen weder freie Säuren, noch andere schädliche Stoffe, insbesondere Verbindungen des Arseniks, des Bleies, des Kupfers, der Chromsäure, Cyankalium oder Ferro-Cyankalium nicht enthalten.

4. Die bei der Bereitung des Blutlaugensalzes abfallenden Laugen dürfen weder mit konzentrirten noch mit verdünnten Säuren zusammengebracht werden.

5. Die Lagerung des weißen Arseniks und etwaiger arsenikhaltiger Abfälle, sowie der arsenikhaltigen Farben muß in getrennten, unter Verschluß stehenden Räumen, in welchen andere Materialien nicht aufbewahrt werden, geschehen.

Die zur Verarbeitung des Arseniks dienenden Geräthe, als Wagen, Löffel u. s. w. dürfen zu anderen Arbeiten nicht benutzt werden.

6. Wird der durch Zusammenbringen von Arsenik und einer Kupferverbindung erzeugte Niederschlag von Schweinfurter Grün gekocht, so sind die Kochgefäße während der Dauer der Operation thunlichst bedeckt zu halten, die Dämpfe aber mittelst eines Dunstrohres ins Freie zu leiten. Arsenikhaltige Abfälle jeder Art müssen in feste Form gebracht und in dichten Fässern gelagert werden. (§. 1.)

7. Die Zerkleinerungs-, Sieb- und Misch-Vorrichtungen für giftige Stoffe, insbesondere für Schweinfurter Grün, müssen sich in geschlossenen, von außen zu bedienenden Räumen befinden. Ist das Betreten der letzteren durch einen Arbeiter nothwendig, so darf solches erst geschehen, nachdem der Staub sich gesetzt und der Arbeiter einen dem Zweck entsprechenden Respirator angelegt hat.

8. Das Mitbringen von Eßwaaren in die Räume, in welchen mit Arsenik-, Blei-, Kupfer-, Chromsäure enthaltenden Verbindungen, oder anderen, der Gesundheit nachtheiligen Stoffen gearbeitet wird, ist den Arbeitern zu untersagen. Dieselben sind, sofern sie mit diesen Stoffen arbeiten, anzuweisen, ihre Mahlzeiten nur in einem hierfür herzurichtenden Raum und nachdem sie sich genügend gereinigt haben, einzunehmen.

9. Denjenigen Arbeitern, welche mit Arsenik oder solches enthaltenden Stoffen arbeiten, sind geeignete Anzüge oder Ueberkleider zu beschaffen, welche sie während der Arbeit anzulegen und bei Verlassen der Fabrik zurückzulassen haben. Es ist darauf zu halten, daß diese Arbeiter, wenn sie etwa dem Staube arsenikhaltiger Gegenstände ausgesetzt waren, in einem hierfür herzurichtenden und entsprechend auszustattenden Raume ein Bad nehmen.

10. Wenn die zur Gewinnung von Pariser Blau, durch Zusammenbringen von Eisenvitriol und Blutlaugensalz, entstehenden Niederschläge mit Salpetersäure gekocht werden sollen, so sind die hierbei entstehenden Dämpfe erforderlichen Falls durch Anbringung eines Rieselthurms zu beseitigen.

8. **Concessions-Bedingungen, betreffend die Herstellung von Schwefelkohlenstoff.** (Vgl. Cremer, Concessionirung gewerbl. Anlagen. Braunschweig 1870, S. 274.)

1. Das Laboratorium muß massive Umfassungsmauern und einen mit Steinplatten belegten Fußboden erhalten. Letzterer muß wenigstens drei Zoll tiefer liegen als die Oberfläche der von Werksteinen anzubringenden Thürschwelle.

2. Zur Verhinderung der Verbreitung unangenehmer Gerüche oder ungesunder Ausdünstungen müssen solche Vorkehrungen getroffen werden, wodurch alle sich entwickelnden Gase condensirt werden. Außerdem sind bei denjenigen Operationen, welche dies nicht vollständig zulässig machen, die Fenster und Thüren des Locals sorgfältig verschlossen zu halten, weshalb dieselben in gehörig verschließbarem Zustand erhalten werden müssen.

Professor Bischof in Bonn sprach sich gelegentlich eines Gutachtens über dergleichen Anlagen dahin aus, daß das Schwefelwasserstoffgas durch Chlor zerstört werden könne. Er bemerkt ferner: „Es ist zu erwarten, daß Unternehmer schon in seinem eigenen Interesse die Entwickelung des Chlorgases so reguliren wird, daß es sich nicht in größerer Menge entwickele, als es zur Zerstörung des Schwefelwasserstoffgases erforderlich ist, weil sonst durch das überschüssige Chlorgas weit nachtheiligere Folgen als durch das Schwefelgas in den Umgebungen entstehen würden. Der sehr brennbare und flüchtige Schwefelkohlenstoff verbreitet zwar einen nicht minder unangenehmen Geruch als das Schwefelwasserstoffgas; da er aber bei der Bereitung unter Wasser aufgefangen wird und es im Interesse des Producenten liegt, so wenig als möglich davon zu verlieren, so ist nicht zu erwarten, daß sich der Geruch desselben merklich weiter verbreiten wird, als innerhalb des Fabrikraums. Daß durch verflüchtigten Schwefelkohlenstoff die Silbertheilungen von Instrumenten &c. in der Nachbarschaft ebenso wie durch Schwefelwasserstoff geschwärzt werden könnten, ist nicht zu erwarten, da jener bei gewöhnlicher Lufttemperatur nicht, sondern erst dann auf Metalle wirkt, wenn er im Dampfkessel mit glühenden Metallen in Berührung kommt."

3. Die im Laboratorium entstehenden unreinen Flüssigkeiten und andere Stoffe müssen in der Weise beseitigt werden, daß sie hierdurch niemals unangenehme Gerüche auf die Umgebung verbreiten.

Es sind zu diesem Behufe cementirte Senkgruben anzulegen, welche regelmäßig durch Abfuhr zu entleeren sind. (Vgl. Nr. 3, Pariser Blau, S. 221.)

4. Sollte die Errichtung oder der Betrieb der Fabrik, mögen deshalb Vorkehrungen oder Bedingungen besonders vorgesehen sein oder nicht, demnächst dem Publikum oder den Nachbarn zu begründeten Beschwerden über erhebliche Nachtheile, Gefahren oder Belästigungen Anlaß geben, so müßten alsdann durch polizeiliche Verfügung diejenigen Veränderungen in der Einrichtung oder im Betriebe vorgeschrieben werden, welche den Mängeln Abhülfe zu gewähren geeignet seien, und daß die Unternehmer solche ohne Anspruch auf Entschädigung zu treffen verpflichtet bleiben.

9. Concessions-Bedingungen für Mennig-Fabriken. (Jacobi, Gewerbe-Gesetzgebung. Berlin 1874, S. 362.)

1. Zur Verhütung des Entweichens von Bleioxyd ist der Fuchs der Oefen nicht unmittelbar in den Schornstein, sondern in eine längs der hinteren Wand der Oefen fortlaufende Kammer zu führen, und aus dieser ein Kanal in die Esse zu leiten.

2. Das Mahlen und Schlämmen des Bleioxyds muß unter beständigem Zufluß von Wasser stattfinden.

3. Die Räume, in denen Mennige fabrizirt werden soll, dürfen nach der Straße hin keinen Ausgang, noch andere Fenster haben, als solche, die nicht zu öffnen sind.

4. Der Fußboden um die Feuerungen muß überall wenigstens in einem Umfange von 4 Fuß mit einem feuerfesten Belag versehen werden.

5. Keinerlei Fabrikwässer dürfen auf öffentliche Wege geleitet werden.

Im Uebrigen finden hier diejenigen für Bleiweißfabriken vorzuschreibenden Bedingungen sinngemäße Anwendung. (Vgl. weiter unten S. 225 d. Buches.)

10. Concessions-Bedingungen für eine Anlage zur Herstellung von chemisch reinem Zinnoxyd und bleihaltiger Zinnasche auf trockenem Wege von Seiten der Königl. Regierung zu Cöln im Jahre 1882 gestellt. (Vgl. J.B. 1882 S. 240 u. 241.)

1. Zur Herstellung des chemisch reinen Zinnoxyds darf nur reines, namentlich vollständig arsenfreies Zinn verwandt werden. Die Oxydation ist durch den Sauerstoff der Luft und ohne Anwendung irgend welcher anderer Oxydationsmittel zu bewirken.

2. Auch für die Herstellung von bleihaltiger Zinnasche dürfen nur vollständig arsenfreie Rohmaterialien benutzt werden, und auch hier ist die Verwendung anderer Oxydationsmittel als des Sauerstoffs der Luft untersagt.

3. Sollte in irgend bemerkenswerther Weise Metalloxydstaub aus dem Kamin der Fabrik entweichen, so sind die Konzessionäre verpflichtet, in den Kanal zwischen Oefen und Kamin Staubfangkammern in den ihnen seitens der Behörde anzugebenden Dimensionen einzuschalten.

4. Die bei der Setzarbeit allenfalls resultirenden Abfallwasser sind vor dem allenfallsigen Versenken vollständig abzuklären.

5. Die Mühlen zum Mahlen der Oxyde sind der Art einzurichten, daß kein Staub in den Arbeitsraum oder ins Freie entweichen kann.

6. Beim Entleeren der Oefen, dem Beschicken und Entleeren der Mühlen, sowie beim Verpacken sind, insoweit bleihaltige Zinnasche verarbeitet wird, die Arbeiter mit Respiratoren und Mundschwämmen zu versehen.

7. Es ist eine Wascheinrichtung herzustellen, und es sind die Arbeiter bei Strafe anzuweisen, sich vor dem Genuß von Speisen Gesicht und Hände zu waschen.

11. Concessions-Bedingungen für eine neu zu errichtende Bleiweissfabrik von Seiten der Königl. Regierung zu Cöln im Jahre 1879 gestellt. (Vgl. J.B. 1879 S. 263.)

1. Ueber dem Blei-Schmelzkessel ist ein Dampffang von Blech oder Brettern anzubringen, von dessen Spitze ein Blechrohr

zur Entfernung der aufsteigenden Dämpfe in den Kamin zu leiten ist. In das Fenster des Schmelzraumes ist eine Klappscheibe, welche sich nach Innen öffnet, einzusetzen, damit — ohne daß die Arbeiter Erkältungen ausgesetzt werden, — eine ständige Zufuhr von frischer Luft ermöglicht wird.

2. Den an der Bleiweiß-Mühle, sowie den beim Trocknen und Packen beschäftigten Arbeitern sind Arbeitskleider, sowie Mundschwämme oder Respiratoren zum Gebrauch bei der Arbeit zu liefern.

3. Einrichtungen, welche die Arbeit an der Bleiweiß-Mühle, sowie das Packen minder gesundheitsgefährlich zu machen vermögen, bleibt der Unternehmer verpflichtet, nach Angabe der Regierung jederzeit einzuführen.

4. In einem staubfreien Theile der Fabrik ist ein Speise-Raum für die Arbeiter herzustellen und — sofern der Arbeiterbestand die Zahl 6 übersteigt — auch ein Wasch- und Ankleide-Raum nach anliegender Skizze (vgl. J.B. 1877 S. 306 und 307) — Handtücher, schwarze Seife und flache Bimssteinstücke (welch' letztere sich als ganz besonders zweckmäßig zur Oeffnung der Poren der Haut erwiesen haben) sind den Arbeitern in ausreichender Menge beim Waschen zu liefern.

5. Der Fabrikleiter hat eine Fabrik-Ordnung schriftlich zu erlassen und an heller Stelle im Fabrik-Lokale anzuheften, in welcher unter Androhung von Geldstrafen, beziehungsweise Entlassung die Arbeiter gehalten werden:

a. Speisen jeder Art nur in dem für Frühstück und Mahlzeit bestimmten Raume zu sich zu nehmen, nicht aber in den Arbeitsräumen, in welchen Nahrungsmittel und dergleichen nicht aufbewahrt werden dürfen.

b. den Speiseraum nur nach Ablegung der Arbeitskleider und gründlicher Reinigung von Gesicht und Händen zu betreten. Auch empfiehlt es sich, den Mund vor dem Essen gründlich mit Wasser auszuspülen.

6. Ueber sämmtliche Erkrankungen der Arbeiter ist ein Krankenbuch zu führen, an dessen Spitze derjenige Beauftragte seinen Namen einzutragen hat, der für die Richtigkeit

der Führung desselben von dem Besitzer der Fabrik verantwortlich gemacht wird.

Das Krankenbuch hat nachzuweisen:

a. den Namen des erkrankten Arbeiters,
b. den Tag der Erkrankung,
c. den Namen des behandelnden Arztes,
d. den Tag der Genesung (Wiederaufnahme der Arbeit, bezw. Tag der Entlassung des Arbeiters und Grund des Austrittes aus der Arbeit.

Das Krankenbuch ist jederzeit der Ortspolizeibehörde, sowie dem Gewerberathe des Regierungs-Bezirks zur Einsicht vorzulegen.

7. Daß der Betrieb begonnen hat, ist dem Gewerberathe des Regierungs-Bezirks binnen 8 Tagen anzumelden.

12. Concessions-Bedingungen für eine Anlage zur Darstellung von Niederschlags-Bleiweiß und von Mennige, von Seiten der Königl. Regierung zu Cöln im Jahre 1880 gestellt.
(Vgl. J.B. 1880 S. 226 u. ff.)

1. Sämmtliche Arbeiten mit denen Staubentwickelung verbunden ist, das Trockenmahlen, Packen, Beschicken und Entleeren der Glätte- und Mennige-Oefen, Mennige-Beutel u. s. w. dürfen nur unter Benutzung von Respiratoren oder Mundschwämmen ausgeführt werden. Auch sind die bei diesen Arbeiten beschäftigten Leute mit Arbeitskleidern zu versehen. Das Tabakrauchen ist bei den genannten Arbeiten unbedingt verboten.

2. Die Räume, in denen Staubentwickelungen statt haben, müssen während der Arbeitszeit von anderen Arbeitsräumen so abgeschlossen werden, daß kein Staub in die letzteren eintreten kann.

3. Für die Arbeiter, welche mit nassem Bleifarben-Material in der Art in Berührung kommen, daß ein Beschmutzen ihrer Kleider mit demselben zu befürchten steht, wie für die beim Naßmahlen, Schlämmen u. s. w. beschäftigten Leute, genügt die Benutzung von Arbeitsschürzen anstatt der Arbeitskleider.

4. Wer seine Arbeitskleider, sowie die Respiratoren oder Mundschwämme an den Stellen und bei den Arbeiten, wo solches von seiten der Werkleitung befohlen wird, nicht vorschriftsmäßig benutzt, wird in jedem Betretungsfalle unnachsichtig bestraft. Auch behält sich die Werkverwaltung vor, einen Arbeiter, der sich wiederholt Uebertretungen nach besagter Richtung schuldig macht, sofort zu entlassen.

5. Die Concessions-Nachsucher sind verpflichtet, ein Krankenbuch zu führen und einen Beamten namhaft zu machen, der die Verantwortung für die richtige Führung dieses Buches der Behörde gegenüber hat.

Das Krankenbuch muß auf Verlangen der Ortspolizeibehörde sowohl wie dem zuständigen Gewerberath jeder Zeit zur Einsicht vorgelegt werden.

6. Von Zeit zu Zeit, womöglich wöchentlich einmal, sind sämmtliche Arbeiter auf die Anzeichen einer drohenden Bleikolik durch den Fabrikarzt zu untersuchen und ist von demselben ein Befundbericht über die Zahl der vorgefundenen Kranken in das Krankenbuch einzutragen.

(Vgl. ferner J.B. 1879 S. 234—236, und 1883 S. 252—253.)

Bei Erweiterung einer Bleiweißfabrik wurde 1883 von Seiten der Kgl. Regierung zu Cöln außer obigen Bedingungen weiter vorgeschrieben: (vgl. J.B. 1883 S. 253.)

7. Die Fabrikanten haben die Reinigung und das Waschen der Arbeitskleider (wöchentlich mindestens einmal) zu besorgen. Den Kammerarbeitern sind wöchentlich mindestens zweimal frische Arbeitskleider zu geben.

13. Concessions-Bedingungen für eine Bleiweißfabrik, vorwiegend zum Schutze der Arbeiter (§. 18 der Reichs-Gewerbe-Ordnung) von Seiten der Königl. Regierung zu Düsseldorf im Jahre 1883 gestellt. (Vgl. J.B. 1883 S. 222 u. ff.)

1. Das Schmelzen des Blockbleies muß bei thunlichst niedriger Temperatur erfolgen und die Bleiasche so entfernt werden, daß deren Staub in die Athmungs-Organe von Arbeitern nicht gelangt.

2. Die Bleiplatten dürfen in die Oxydir-Kammer erst eingehängt werden, nachdem diese und die darin enthaltenen Geräthe mit Wasser sorgfältig gereinigt worden sind. Während des Einhängens sind die Kammer-Fußböden und Geräthe feucht zu halten und Einrichtungen zu treffen, welche einen Sturz der Arbeiter von den Geräthen verhüten.

3. Das Entleeren einer Oxydir-Kammer darf erst begonnen werden, nachdem dieselbe und ihr gesammter Inhalt abgekühlt und tüchtig genäßt und gut gelüftet ist.

Das Ausnehmen muß mit der erforderlichen Vorsicht und darf nicht zu rasch geschehen. Wenn dabei noch Staub vorhanden sein kann, muß dafür gesorgt werden, daß dieser in die Athmungs-Organe der Arbeiter nicht gelangt, sei es durch Anwendung von Respiratoren oder von Frischluft-Masken.

Diesen Arbeitern müssen wöchentlich zweimal frisch gewaschene Arbeits-Anzüge (Hose und Jacke) geliefert werden. Den übrigen Arbeitern sind solche frisch gewaschenen Arbeits-Anzüge wöchentlich einmal zu liefern.

4. Die Arbeiter, welche mit nassem Bleiweiß oder mit Flüssigkeiten, die essigsaures Blei enthalten, hantiren, sind mit langen, durchgefetteten Lederhandschuhen zu versehen und zu deren Benutzung anzuhalten.

5. Diejenigen Fußböden der Arbeitsräume, auf welchen sich Bleiweiß befindet, sind thunlichst feucht zu halten und oft naß zu reinigen.

6. Das Ausnehmen der Trocken-Kammern und Trocken-Apparate muß so geschehen, daß entstehender Staub in die Athmungs-Organe der Arbeiter nicht gelangt (vgl. No. 4).

7. Das Aufschütten, Zerkleinern, Mahlen und Verpacken des getrockneten Bleiweißes mit Oel muß so geschehen, daß der entstehende Staub an der Entstehungsstelle abgesaugt, in Staubkammern aufgefangen wird, und mit den Athmungs-Organen von Arbeitern nicht in Berührung gelangt.

8. Es ist dafür zu sorgen, daß die Arbeiter sich vor jeder Mahlzeit ordentlich mit warmem Wasser und Seife Gesicht und Hände nach dem Ablegen der Arbeitskleider waschen und wöchent-

lich mindestens ein warmes Bad in einem erwärmten Raume (die Arbeiter der Oxydir-Kammer wenigstens zweimal wöchentlich) nehmen. Für den Wechsel der Kleider und zum Waschen ist ein besonderes Zimmer erforderlich.

9. Speisen, Getränke, Rauchtabak und dergleichen dürfen in die Arbeitsräume nicht zugelassen und nur in einem besonderen, sauber zu haltenden Arbeiter-(Speise-)Zimmer genossen werden.

10. Den Arbeitern sind, um Blei-Erkrankungen vorzubeugen, geeignete Heilmittel (z. B. Pillen aus Schwefel, Magnesia und Zucker) in einer dem Zweck entsprechenden Menge zur Verfügung zu stellen.

11. Die an Arbeits- und Verkehrsstellen belegenen Räder, Scheiben, Regulatoren, Axen, Kurbeln, Schubstangen, Kuppelungen, Riemen oder Seile, deren Berührung Gefahr bietet, sind genügend hoch und dicht, bezw. so zu umwähren, daß ein unfreiwilliges Hineinfallen oder Erfaßtwerden von Personen verhütet wird; verzahnte und Friktions-Getriebe sind, wenn ihre Einzugsseite zugänglich ist, oder wenn sie sich dicht an festen Gegenständen vorüberbewegen, zu verdecken.

12. Verkehrs- und Arbeitsstellen sind gut zu erleuchten und solche, an welchen ein Hinabstürzen von Personen möglich ist, thunlichst gut zu umwähren.

13. Beginn und Ende der Bewegung der Maschinen und Transmissionen muß den Arbeitern vom zugehörigen Motor aus durch geeignete Signale mitgetheilt werden.

14. Das Reinigen, Schmieren und Repariren von Transmissions-Theilen, sowie die Handhabung, Wartung und Reparatur von Kraftübertragungs-Riemen, Seilen und Ketten, darf nicht geduldet werden, wenn die Arbeiter dabei mit bewegten Mechanismen in gefährliche Berührung kommen können oder einen unsicheren Standort einnehmen.

15. Es ist eine Fabrik-Ordnung aufzustellen und der Königlichen Regierung zur Genehmigung vorzulegen.

16. Alle in der Fabrik beschäftigten Arbeiter müssen in jedem vierzehntägigen Zeitraum einmal durch den Fabrikarzt auf ihren

Gesundheits-Zustand untersucht werden und diejenigen Arbeiter sind sofort von der gefährlichen Beschäftigung in der Bleiweiß-Fabrik zu entlassen, bei welchen diese ärztliche Untersuchung Erscheinungen oder auch nur erste Anzeichen der Bleiweiß-Erkrankung festgestellt hat; als gefährlich gilt das Ausnehmen der Oxydations- und Trocken-Kammern, die Thätigkeit an der Pulverisir-Mühle und das Einfüllen und Zuschlagen der Packfässer.

17. Am 15. Juli und 15. Januar jeden Jahres sind für das vorhergehende Halbjahr einzureichen:

a. eine Tabelle über die Zahl der angenommenen, entlassenen und am Schluß des Semesters vorhandenen Arbeiter,

b. ein Bericht des Fabrikarztes über die Zahl der erkrankten Arbeiter überhaupt und der Bleiweiß-Erkrankten insbesondere, unter Angabe der Unterstützungstage für beide Rubriken. Diesem Berichte ist eine Bescheinigung des Fabrikarztes beizufügen, daß er während des verflossenen Semesters alle Arbeiter vierzehntägig einmal untersucht und diejenigen namhaft gemacht hat, bei welchen Erscheinungen der Bleiweiß-Erkrankungen konstatirt wurden.

14. Erkenntniß des Ober-Verwaltungsgerichtes vom 13. October 1880, betreffend die in §. 18 resp. §. 120 Abs. 3 der Gewerbe-Ordnung geforderten Einrichtungen zum Schutze der Arbeiter gegen Gefahr für Leben und Gesundheit. (Entsch. des O.V.G. Bd. VII S. 297 u. ff.) (Ursprünglich für Bleiweißfabriken beurtheilt.)

Unter **Einrichtungen** wie §. 18 sie fordert, sind nicht ausschließlich körperliche Verrichtungen verstanden.

Körperliche Verrichtungen wie z. B. Händewaschen, Mundausspülen, Bäder, Wäschewechseln vor Verlassen der Fabrik, in besonderen Räumen essen, müssen den Arbeitern durch Anweisungen und Belehrungen, welche in Placatform gedruckt und in den Arbeitsräumen ausgehängt sind, zur Pflicht gemacht werden.

15. Concessions-Bedingungen für Errichtung einer Cellulose-Fabrik, seitens der Königl. Regierung zu Cöln im Jahre 1883 gestellt. (Vgl. J.B. 1883 S. 246, 257 u. 258.)

1. Die Kiesöfen müssen der Art konstruirt sein, in Reparatur gehalten und betrieben werden, daß keine Säuregase und Dämpfe aus denselben, insbesondere auch während des Beschickens der Oefen, in die Nachbarschaft entweichen können.

2. Die Kiesrückstände dürfen nur unter Dach, gegen Auslaugung durch die atmosphärischen Niederschläge geschützt, gelagert werden.

3. Sämmtliche Abwässer der Fabrik, insoweit sie durch suspendirte oder gelöste Körper in irgend erheblichem Grade verunreinigt sind, müssen vor dem Versenken, resp. vor ihrer Ableitung in den Bach, einer ausreichenden mechanischen und chemischen Reinigung unterworfen werden.

4. Die die Genehmigung ertheilende Behörde behält sich vor, spezielle Vorschriften in Betreff der Reinigung der Abfall-Flüssigkeiten zu erlassen, sobald sie erkennt, daß die seitens der Unternehmer getroffenen Vorkehrungen und Einrichtungen sich als nicht genügend erweisen, um die Reinhaltung des Untergrundes sicher zu stellen und die Nachbarschaft, sowie die Bach-Adjazenten gegen Belästigungen und Schädigungen durch die aus der Fabrik abgehenden Flüssigkeiten zu schützen. — In diesem Falle können auch bestimmte Arten von Abgangs-Flüssigkeiten vom Versenken in den Boden und vom Einführen in den Bach gänzlich ausgeschlossen werden.

5. Die Kochkessel, unter denen Holz unter Dampfdruck behandelt werden soll, sind mit einer Sicherheits-Armatur, bestehend aus Sicherheits-Ventil, Manometer, Thermometer und Wasserstands-Zeiger, zu versehen, welche derart beschaffen sein muß, daß die Zuverlässigkeit ihrer Wirkung durch die in den Kesseln vorzunehmenden Prozesse und die sich dort entwickelnden Dämpfe und Gase nicht in Frage gestellt ist.

6. Die genannten Kessel dürfen nur bis zu einem Dampfdruck von höchstens drei Atmosphären (neuerdings sind anderwärts

bis 12 Atmosphären gestattet) in Anspruch genommen werden. Sie sind vor der Inbetriebsetzung auf sechs Atmosphären Wasserdruck zu prüfen und so oft dieses nöthig erscheint, mindestens aber alle Jahre einmal, einer sorgfältigen Revision, namentlich auch bezüglich der Dichtigkeit ihrer inneren Bekleidung und der Unversehrtheit der Kesselbleche zu unterwerfen. Bei etwa vorkommenden Undichtigkeiten sind die Kessel sofort außer Betrieb zu setzen und einer gründlichen Reparatur zu unterziehen. Direktes Feuer darf zur Erwärmung der Kessel nicht angewendet werden.

16. **Ministerial-Rescript der Minister für Handel rc. und der Medicinal-Angelegenheiten vom 30. October 1864, betreffend die Genehmigung von Mineralwasserfabriken.** (M.Bl. f. d. i. V. 1864 S. 272.)

Anstalten zur Bereitung von künstlichen Mineralwässern sind als chemische Fabriken im Sinne des Gesetzes vom 1. Juli 1861 §. 1 (jetzt Reichs-Gewerbe-Ordnung §. 16) nicht anzusehen, obwohl in denselben chemische Operationen vorgenommen, da sie nicht zu denjenigen Anlagen gehören, welche durch die örtliche Lage oder Beschaffenheit der Betriebsstätte Gefahr für die Besitzer oder Bewohner der benachbarten Grundstücke oder des Publikums überhaupt herbeiführen. Bei diesen Fabriken findet demnach eine Einleitung des Concessionsverfahrens nach Maßgabe des Gesetzes vom 1. Juli 1861 nicht Statt und hat die Errichtung gedachter Fabriken von der persönlichen Qualification der Unternehmer abhängig gemacht.

Hinsichtlich der persönlichen Qualification und der — aus der Apotheken-Gesetzgebung hergeleiteten — Prüfungspflicht Derjenigen, welche künstliches Mineralwasser gewerbsweise fabriziren wollen und nicht approbirte Apotheker sind, — siehe Preuß. Minist.-Verfügungen vom 23. November 1844 und 8. Februar 1854. M.Bl. f. d. i. V. 1844, S. 311, 1854, S. 23 und Kaiserl. Verordn. v. 9. Februar 1880. R.G.Bl. S. 13.

17. Zirkular-Verfügung des Ministers für Handel und Gewerbe vom 6. Februar 1862, betreffend die Verhütung von Explosionen bei den Apparaten der Mineralwasserfabriken. (Vgl. M.Bl. f. d. i. V. 1862 S. 63.)

1. Alle einzelnen Theile der in Mineralwasser-Fabriken benutzten sogenannten Selbstentwickler müssen, mit Ausnahme der Garnituren, aus gutem Kupferblech gefertigt sein und in ihren Wandungen eine solche Stärke besitzen, daß sie einem mittelst einer Druckpumpe auszuübenden Drucke von 6 Atmosphären mit Sicherheit zu widerstehen im Stande sind.

2. Die aus Blei gefertigten Entwickelungs-Gefäße müssen ebenfalls mit einem den vorstehenden Anforderungen entsprechenden, aus Kupferblech gefertigten Mantel versehen sein.

3. Sowohl die Entwickelungs-Gefäße, als auch die Kompressions- oder Mischungsgefäße sind mit einem Sicherheits-Ventile von mindestens 1 □Zoll lichter Oeffnung zu versehen, welches so belastet sein muß, daß dasselbe sich öffnet, sobald der Druck im Apparate das zulässige Maximum von 6 Atmosphären überschritten hat.

4. Die Kompressions- oder Mischungsgefäße sind außer dem Sicherheits-Ventil (3) mit einem Manometer zu versehen, welches den darin stattfindenden Druck in Atmosphären oder in Pfunden pro □Zoll zuverlässig angiebt, und bei dem der höchste, noch zulässige Druck durch eine in die Augen fallende Marke bezeichnet werden muß.

Für die Anlage der sogenannten Pumpen-Apparate werden diese Bestimmungen dahin modifizirt:

A. Die Bestimmung unter 1. findet nur auf Kompressions- oder Mischungs-Zylinder nebst Pumpe Anwendung, da bloß diese Theile des ganzen Apparates einem Drucke bis zu 6 Atmosphären ausgesetzt sind.

B. Von der Bestimmung unter 2. kann mit Rücksicht darauf, daß die Entwickelungsgefäße nur einem geringen Drucke zu widerstehen haben, abgesehen werden; es darf jedoch:

C. das unter 3. für das Entwickelungsgefäß vorgeschriebene Sicherheits-Ventil nur so stark belastet werden, daß sich dasselbe schon bei einem Drucke von $^1/_2$ Atmosphäre öffnet,

D. Die Bestimmung unter 4. bleibt dagegen ungeändert.

18. Polizei-Verordnung des Königl. Polizei-Präsidiums zu Berlin vom 8. November 1862, betreffend die Anlage zur Herstellung von künstlichen Mineralwässern und die Verhütung von Explosionsgefahren bei den Apparaten der Mineralwasserfabriken. (Vgl. J.B. 1883 S. 27.)

§. 1. Die Kompressions- oder Mischungs-Gefäße, Verbindungs-Röhren und Wasch-Gefäße der in Fabriken von künstlichen Mineral-Wässern und anderen kohlensauren Getränken jeder Art zu benutzenden sogenannten Selbstentwickelungs-Apparate müssen aus gutem Kupferblech, welches innen verzinnt ist, gefertigt, und die aus Blei gefertigten Entwickelungs-Gefäße mit einem Mantel aus Kupferblech versehen sein.

§. 2. Alle genannten Gegenstände müssen in ihren Wandungen eine solche Stärke besitzen, daß sie einem mittelst einer Druckpumpe auszuübenden Drucke von ein und ein halb mal so vielen Atmosphären, als die bei der Fabrikation beabsichtigte Spannung beträgt, mit Sicherheit zu widerstehen im Stande sind.

§. 3. Bei Anwendung sogenannter Pumpen-Apparate finden die Bestimmungen ad 1 und 2 nur auf die Kompressions- oder Mischungs-Cylinder nebst Pumpe Anwendung.

§. 4. Bei den Selbstentwickelungs-Apparaten sind die Entwickelungs-Gefäße mit einem Sicherheits-Ventile von mindestens 1 □Zoll freier Oeffnung zu versehen, welches nicht schwerer belastet werden darf, als der festgestellte Druck beträgt.

§. 5. Die Kompressions- oder Mischungs-Gefäße der genannten Apparate aber sind mit einem Manometer zu versehen, welches den darin stattfindenden Druck in Atmosphären oder in Pfunden pro Quadrat-Zoll zuverlässig angiebt, und bei dem der höchste Druck durch eine in die Augen fallende Marke bezeichnet sein muß.

§. 6. Die Pumpen-Apparate müssen an den Kompressions- oder Mischungs-Gefäßen mit Ventil und Manometer versehen sein.

§. 7. Weder Selbstentwickelungs- noch Pumpen-Apparate dürfen eher in Betrieb genommen werden, als bis auf vorgängige polizeiliche Anmeldung des Fabrikanten unter Angabe der Spannung, bei welcher gearbeitet werden soll, und auf stattgefundene amtliche Prüfung des Apparats nach Maßgabe der vorstehenden Bestimmungen die polizeiliche Genehmigung dazu ertheilt worden ist.

§. 8. Auf die vor Erlaß dieser Verordnung bereits in Betrieb befindlichen Apparate findet die Bestimmung ad 7 ebenfalls in soweit Anwendung, als die Anmeldung behufs der amtlichen Prüfung binnen 4 Wochen nach dem Erlaß dieser Verordnung stattfinden muß.

§. 9. Der von dem Fabrikanten bei der Anmeldung angegebene und polizeilich genehmigte Druck darf bei der Arbeit niemals überschritten werden.

§. 10. Wer gegen die vorstehenden Bestimmungen handelt, hat eine Geldstrafe bis zu 10 Thalern (30 Mark), an deren Stelle im Unvermögensfalle eine Gefängniß-Strafe bis zu 14 Tagen tritt, zu gewärtigen.

19. **Recursbescheid des Ministers für Handel und Gewerbe vom 3. April 1869, betreffend die Benutzung von Schwefelkohlenstoff zur Entfettung öliger Wollabfälle und Walkbrühen** (dahingehend, daß solche Anlagen nicht zu den chemischen Fabriken gehören). (Vgl. Cremer, Concessionirung gewerbl. Anlagen. Braunschweig, 1870, S. 276 u. 277.)

Auf den Recurs des N. und Genossen zu Aachen wider das Resolut der Königl. Regierung daselbst vom 2. Januar d. J., durch welches dem X. zu Aachen die landespolizeiliche Genehmigung zur Anlage einer Fabrik zur Entfettung öliger Wollabfälle der Spinnereien und Tuchfabriken mittelst Schwefelkohlenstoffs auf dem im Resolut bezeichneten Grundstücke und unter den ebendaselbst angegebenen Bedingungen ertheilt worden,

wird nach Einsicht der Acten und in Erwägung,

daß Fabriken der fraglichen Art unter den im §. 1 des Gesetzes vom 1. Juli 1861 (jetzt Reichs-Gewerbe-Ordnung §. 16) als concessionspflichtig bezeichneten gewerblichen Anlagen nicht aufgeführt sind, zu den chemischen Fabriken aber deshalb nicht gezählt werden können, weil bei der Extraction fetthaltiger Materialien durch Schwefelkohlenstoff, wie sie hier beabsichtigt ist, ein chemischer Prozeß nicht stattfindet, sonach das in dem oben erwähnten Gesetze vorgeschriebene Concessionsverfahren im vorliegenden Falle überall nicht Anwendung zu finden hat,

im Hinblick, was die Kosten anlangt, auf §. 9 des Gesetzes vom 1. Juli 1861 zum Bescheide gegeben,

1) daß das Resolut aufzuheben und die Beurtheilung der Zulässigkeit der Anlage nach den bestehenden allgemeinen polizeilichen Vorschriften der Ortspolizeibehörde zu überlassen sei;

2) daß von den Kosten die baaren Auslagen, welche durch die Bekanntmachung und das weitere Verfahren entstanden sind, dem Unternehmer, die übrigen Kosten dagegen den Widersprechenden zur Last zu legen sind.

Schnellbleichen.

(Vgl. Technische Anleitung II. 11 S. 80.)

1. Concessions-Bedingungen für die Errichtung einer Schnellbleiche. (Jacobi, Gewerbe-Gesetzgebung. Berlin 1874, S. 363.)

1. Der Unternehmer darf in dem Verfahren nicht über seine eigenen Erklärungen in dem vorgelegten Erläuterungs-Berichte hinausgehen.

2. Die Vorrichtungen zur unschädlichen Ableitung der Dämpfe sind so gut zu treffen, daß dieselben dem Zwecke stets vollständig

entsprechen; insbesondere bleibt die Erhöhung des Schornsteins nach Bedürfniß vorbehalten.

3. Die Waschwässer und sonstigen Abgangs-Flüssigkeiten sind mittelst unterirdischer gemauerter Kanäle in wasserdichte Sammelgruben von ausreichendem Rauminhalte zu leiten. Diese Sammelgruben sind, falls die Polizei-Behörde solches zur Verhütung von Belästigungen der Nachbarn oder des Publikums für nöthig finden sollte, möglichst luftdicht zu schließen und nur bei Nachtzeit durch Abfuhr zu leeren.

4. Die Benutzung des Dorfbaches zur Aufnahme der Ablaufwässer bildet keinen Gegenstand dieser Konzession, sondern regelt sich gemäß §. 3 des Gesetzes vom 28. Februar 1843, wonach durch die Zuleitung der Fabrikabflüsse weder der Bedarf der Umgegend an reinem Wasser beeinträchtigt, noch eine erhebliche Belästigung des Publikums verursacht werden darf. Jedenfalls dürfen die abgehenden Flüssigkeiten nur im geklärten Zustande dem Dorfbach zugeführt werden.

5. Vor Inbetriebsetzung der Anlage hat der Unternehmer die Erfüllung der vorstehend unter 2. und 3. aufgeführten Bedingungen durch eine Bescheinigung des Kreis-Bau-Beamten der Orts-Polizeibehörde nachzuweisen.

6. Sollte es sich ergeben, daß die oben festgesetzten Bedingungen nicht genügen, um die Besitzer oder Bewohner benachbarter Grundstücke oder das Publikum überhaupt oder das Leben und die Gesundheit der in der Fabrik beschäftigten Arbeiter vor erheblichen Gefahren und Nachtheilen zu schützen, so bleibt Unternehmer gehalten, ohne Anspruch auf Entschädigung alle diejenigen Einrichtungen zu treffen, welche zur Erreichung größerer Sicherheit ihm von der Polizei-Behörde vorgeschrieben werden.

2. Concessions-Bedingungen für die Errichtung einer Schnellbleiche. (Vgl. Cremer, Concessionirung gewerbl. Anlagen. Braunschweig 1870, S. 282.)

1. Der Unternehmer darf bei der chemischen Bleiche nur die in der gewöhnlichen Salzsäure enthaltenen Substanzen anwenden,

und ist verpflichtet, solche Vorkehrungen zu treffen, wodurch das salzsaure Gas condensirt wird und nicht in die Atmosphäre entweichen kann.

2. Sollte die Einrichtung oder der Betrieb der Bleiche ungeachtet der obigen Bedingung dennoch dem Publikum oder den Nachbarn zu begründeten Beschwerden über erhebliche Nachtheile, Gefahren oder Belästigungen Anlaß geben, so werden durch polizeiliche Verfügung diejenigen Veränderungen in der Einrichtung oder dem Betriebe vorgeschrieben werden, welche den Mängeln Abhülfe zu gewähren geeignet sind, und ist Unternehmer verpflichtet, solche ohne Anspruch auf Entschädigung auszuführen.

3. Aus der Anlage dürfen keine Flüssigkeiten auf öffentliche Wege oder auf fremdes Eigenthum abgeleitet werden.

Bei dergleichen Anlagen werden oft Einsprüche erhoben, dieselben sind aber selten begründet. Wenn auch bei dem Trocknen der in Chlorwasser getauchten Stoffe das durch Wasser gebundene Chlorgas frei wird, so ist dasselbe doch nur in der unmittelbarsten Nähe und dabei nur in sehr geringem Grade wahrzunehmen. Die Erfahrung hat gelehrt, daß der Betrieb der Chlorbleiche für die Gesundheit der damit beschäftigten Arbeiter nicht nachtheilig ist, geschweige denn für die weitere Umgebung.

Firnißsiedereien.

(Vgl. Technische Anleitung II. 12 S. 80.)

1. **Ministerial-Rescript des Ministers des Innern vom 29. Februar 1825, betreffend die Errichtung von Firnißsiedereien innerhalb der Städte.** (Vgl. Kamptz, Annalen Bd. IX S. 210 u. ff.)

Bezüglich der Anlage von Firnißsiedereien wird hiermit Folgendes bestimmt: In Gebäuden innerhalb der Stadt ist die Fabrikation nur dann zulässig, wenn:

1) die Heizung des einzumauernden Siedekessels in einem von dem Kesselraume ganz getrennten Vorgelege geschieht und der Raum, in welchem der Siedekessel steht, überwölbt wird;

2) alle zu den Kesselräumen führenden Thüren von Eisenblech angefertigt, und sofern Fenster darin befindlich, vor diesen äußere Fensterläden von Eisenblech angebracht werden;

3) in dem überwölbten Raum zum Firnißkocher außer dem Oel im Kessel kein feuerfangender Gegenstand, wohl aber ein eiserner Kasten mit Sand vorhanden ist, und

4) das Firnißkochen nur bei Tage und in kleinen Quantitäten von 10 Quart (11,5 Liter) geschieht.

2. Concessions-Bedingungen für die Anlage einer Lack- (Firniß-) Fabrik, seitens der Königl. Regierung zu Düsseldorf im Jahre 1881 gestellt. (Vgl. J.B. 1881 S. 193.)

1. Die Kessel müssen während des Siedens durch Blechdeckel bedeckt gehalten werden und das Abnehmen der Letzteren darf erst nach Erkalten des Kesselinhaltes geschehen.

2. Die entwickelten Dämpfe sind durch ein Rohr im Deckel der Feuerung zuzuführen.

3. Der Arbeitsraum ist feuersicher herzustellen.

4. Die Feuerung des Siedekessels darf nicht in dem Siederaum selbst angebracht sein, sondern muß von einem davon getrennten Feuerungsraume aus geschehen.

a) Dämpfe, welche sich beim Kochen entwickeln, müssen entweder in die Feuerung geleitet und verbrannt, oder mittelst eines in einem Wasserbehälter liegenden Schlangenrohres kondensirt werden.

b) Die Feuerung darf nur mittelst Koaks geschehen.

3. Concessions-Bedingungen für die Anlage einer Leinölfirniß- und Oellackfirniß-Kocherei, seitens der Königl. Regierung zu Minden im Jahre 1882 gestellt. (Vgl. J.B. 1882 S. 184.)

1. Der Sieberaum ist feuersicher herzustellen und muß von dem Feuerungsraume getrennt sein.

2. Die Feuerung muß so eingerichtet sein, daß das Brennmaterial sofort vom Roste entfernt werden kann.

3. Bei allen Firnißkesseln, welche vom Feuer direkt erwärmt werden, muß der niedrigste Stand der Flüssigkeit mindestens 50 mm über der höchsten vom Feuer berührten Stelle liegen.

4. Die beim Schmelzen des Kopals entweichenden Dämpfe müssen so viel als möglich kondensirt, und der Rest in einer besonderen von dem Kessel unabhängigen Feuerung verbrannt werden. Die Mündung des Ableitungsrohres muß mit einem engmaschigen Drahtsieb verschlossen sein.

Der Verschluß des Ableitungsrohres mit einem engmaschigen Messingdrahtsieb ist nothwendig, um eine Explosion der leicht entzündlichen Dämpfe zu vermeiden. Diese Vorsicht ist nicht nur in der Lackkocherei, sondern auch in der Leinölfirniß-Kocherei dringend geboten.

Stärkefabriken.

(Vgl. Technische Anleitung II. 13 S. 81.)

1. Concessions-Bedingungen für die Anlage einer Weizenstärkefabrik. (Vgl. Jacobi, Gewerbegesetzgebung. Berlin 1874, S. 364.)

1. Die Anlage muß genau nach Maßgabe der eingereichten Vorlagen, und zwar:

A. der Beschreibung vom .... ten .... 18 . .

B. der Situations-Zeichnung, gefertigt von ....

C. des Bauplans, gefertigt von ....

ausgeführt werden.

2. Die Gährungsgefäße müssen dicht schließende Deckel haben und während der Gährung in sorgfältigem Verschluß gehalten werden.

3. Aus der Fabrik dürfen keine Ausflüsse stattfinden, wodurch der Bedarf der Umgegend an reinem Wasser beeinträchtigt oder das Publikum belästigt wird; vielmehr ist

4. Unternehmer verpflichtet, die unreinen Flüssigkeiten (— das Sauerwasser —) vollständig entweder in dicht schließenden Fässern aufzufangen und mindestens zweimal in jeder Woche bei Nacht

fortzuschaffen oder in gehörig verschlossene und von der Straße entfernte Sammelgruben, welche nach polizeilicher Anordnung in zuträglichen Zeiträumen (durch Abfuhr) zu leeren sind, zu leiten; unterirdische Abflußwege ohne besonderes Spülsystem sind nicht gestattet.

5. Die Benutzung fließender Gewässer für Wegleitung von Abgängen des Fabrikbetriebes unterliegt der besonderen polizeilichen Regelung gemäß §. 3 des Gesetzes vom 28. Februar 1843.

6. Vor Inbetriebsetzung der Anlage hat der Unternehmer der Polizei-Behörde in glaubwürdiger Art nachzuweisen, daß die Ausführung den vorgeschriebenen Bedingungen entspricht.

7. Sollte es sich ergeben, daß die oben festgesetzten Bedingungen nicht genügen, um die Besitzer oder Bewohner benachbarter Grundstücke oder das Publikum überhaupt oder das Leben und die Gesundheit der in der Fabrik beschäftigten Arbeiter vor erheblichen Gefahren, Nachtheilen oder Belästigungen zu schützen, so bleibt Unternehmer gehalten, alle diejenigen Einrichtungen zu treffen, (ohne Anspruch auf Entschädigung) welche zur Erreichung größerer Sicherheit erforderlich befunden werden.

2. Concessions-Bedingungen für die Anlage einer Weizenstärkefabrik. (Vgl. Cremer, Concessionirung gewerbl. Anlagen. Braunschweig 1870, S. 286.)

1. Die Gefäße, worin der Weizen aufquillt und mit Wasser übergossen der sauren Gährung überlassen wird, müssen dicht verschließbare Deckel haben und während der Gährperiode sorgfältig verschlossen gehalten werden.

2. Nach beendigter Gährung muß die Weizenmaische dadurch von dem Sauerwasser getrennt werden, daß die Gesammtmasse in Körbe gegossen wird, welche ganz in Fässer versenkt sind, so daß das abfließende Sauerwasser in den Fässern vollständig aufgefangen wird.

3. Das Sauerwasser muß sogleich nach seiner Abscheidung in den Fässern sorgfältig verschlossen werden. In diesen Fässern wird dasselbe aus der Stadt transportirt und muß dieses Nachts

geschehen. Die Fortschaffung des Sauerwassers muß so oft stattfinden, daß eine größere Ansammlung desselben in der Fabrik nie eintritt; und damit dasselbe in den zu seiner Aufnahme bestimmten Fässern nicht zu lange stehe, wird ausdrücklich festgesetzt, daß wenigstens zweimal jede Woche sämmtliches Sauerwasser entfernt werden muß.

4. Concessionär muß stets für die gute Beschaffenheit aller Holzgeräthe, namentlich aber der vorerwähnten Fässer zur Aufnahme des Sauerwassers sorgen, damit dieselben nicht, von den Stoffen der sauren oder fauligen Gährung durchdrungen, einen üblen Geruch verbreiten.

5. und 6. wie 6. und 7. der vorstehenden Bedingungen.

Stärkesyrupsfabriken.

(Vgl. Technische Anleitung II. 14 S. 81.)

Bescheid in Sachen, betreffend die Genehmigung zur Anlegung der Stärke-, Stärkezucker- und Stärkesyrups-Fabrik von N. N. zu N. (Vgl. Jacobi, Gewerbegesetzgebung. Berlin 1874, S. 365 u. ff.)

Nachdem der N. N. zu N. die Genehmigung nachgesucht hat, daselbst auf dem Grundstücke Nr. . . . . eine Stärke-, Zucker- und Syrupfabrik errichten zu dürfen, nachdem ferner dies Vorhaben in gesetzlicher Weise bekannt gemacht, und hiergegen von folgenden Personen Widerspruch erhoben worden ist u. s. w., ertheilt die unterzeichnete Königl. Regierung in Gemäßheit des §. 18 der Gewerbe-Ordnung vom 21. Juni 1869, nach erfolgter Prüfung der Sachlage und stattgehabter mündlicher Verhandlung, zum Bescheide:

1. daß die nachgesuchte Genehmigung unter folgenden Bedingungen zu ertheilen:

a. Die Anlage ist nach Maßgabe der vorgelegten Pläne und Beschreibungen, namentlich im Anschluß an die erläuternde Darstellung, auszuführen;

b. die Abfallwässer der Fabrik sind in der zu Protokoll angegebenen oder sonst den Nachbarn und dem Publikum unschädlichen Weise abzuleiten; bei Benutzung fließender Gewässer ist §. 3 des Gesetzes vom 28. Februar 1843 insbesondere zu beachten;

c. Unternehmer ist verpflichtet, auf seine Kosten dauernd diejenigen Vorkehrungen zu treffen, welche erforderlich sind, um für die Nachbarn oder das Publikum schädliche oder lästige Ausdünstungen des Fabrikbetriebes zu verhüten und den diesfälligen Aufforderungen der Polizei-Behörde nachzukommen;

2. daß die Kosten des ganzen Verfahrens dem Unternehmer zur Last zu legen.

Gründe:

Der N. N. in N. beabsichtigt auf dem Grundstücke Nr. . . eine Fabrik chemisch-technischer Produkte anzulegen und insbesondere Stärkesyrup und Stärkezucker zu fabriziren. Nach gehörig erfolgter Bekanntmachung dieses Unternehmens haben dagegen folgende Personen Einspruch erhoben: u. s. w.

Der Einspruch wird auf die Befürchtung gestützt, daß durch die beabsichtigte Fabrikation, wie dies vor wenigen Jahren schon durch eine gleichartige Anlage in N. geschehen sei, — und zwar in Folge des Geruches der ausströmenden Dünste, — arge Belästigungen für die Gesundheit naher und entfernter Anwohner entstehen, und ganze Wohnungen unnutzbar werden könnten, daß namentlich die Tuch-Fabrik von N., in welcher gegen hundert Menschen beschäftigt sind, Gefahr liefe, von ihren Arbeitern verlassen zu werden.

Unternehmer räumt ein, daß der Betrieb einer ähnlichen Fabrik in N. für die Anwohner Belästigungen herbeigeführt habe, möglichenfalls selbst gesundheitsschädlich gewesen sei. — Ein Gleiches sei aber von seiner Fabrik mit Nichten zu besorgen. — Denn einmal käme sie nicht, wie jene frühere Anlage, in der Stadt, sondern ganz außerhalb derselben in einer nur von zerstreuten Häusern besetzten Gegend zu liegen; auch in einer Windrichtung, welche mit wenigen Ausnahmefällen von der Stadt abgekehrt sei und in diesen Ausnahmefällen nur kurze Zeit andauere, womit allerdings das Gutachten des Kreisphysikus übereinstimmt. Dann denke er nicht daran, die Besorgniß erregenden übelriechenden Dünste ohne Weiteres in die Luft entweichen zu lassen, sondern werde vielmehr die Schädlichkeit derselben vollständig beseitigen, indem er sie zunächst einer möglichst vollkommenen Kondensation unterwerfe, und was hierbei noch etwa von diesen Gasen unverdichtet bleiben sollte, in einen 96 Fuß hohen Dampfschornstein leiten.

Die Widersprechenden fühlten sich durch diese Angaben nicht beruhigt. Sie behaupten, daß die Lage der künftigen Fabrik nicht so günstig sei, wie geschildert worden; daß insbesondere die Windströmung in der Richtung von derselben nach ihren Grundstücken, nämlich nach Norden und Osten, viel häufiger, wie behauptet, eintrete und dann selbst bis zu 14 Tagen andauere. — Sie würden zu solchen Zeiten außer Stande sein, die Fenster ihrer Wohnungen zu öffnen, in Folge dessen diese allmählich von den Miethern verlassen werden, und hiermit ihre Grundstücke der Entwerthung unterliegen würden.

Was die Kondensirung der Stinkgase betreffe, so hielten sie dafür, daß dieselbe am wenigsten durch das von dem Unternehmer hierfür gegebene Verfahren zu erreichen sei. Die von ihm bezeichneten Einrichtungen erscheinen nicht blos unzweckmäßig, sondern selbst unausführbar, weil theilweise mit unabänderlichen Naturgesetzen im Widerspruch.

Ableitung der nicht kondensirten Gase in den Dampf-Schornstein könne besten Falles den näher wohnenden Nachbarn Schutz gewähren, dafür hätten aber die entfernter Wohnenden den ganzen Nachtheil der sich niederschlagenden Dünste zu erleiden.

Nur Eins könnte helfen, nämlich neben zweckentsprechender Kondensation Verbrennung der übrig bleibenden Stinkgase mittelst Abführung derselben in die Feuerung des Dampfkessels. — Unternehmer lehnt letzteres ab, weil nach seiner Ueberzeugung mit einem gesicherten Fabrik-Betriebe unvereinbar. Er werde schon dafür sorgen, daß der Betrieb keine belästigenden Gerüche zur

Folge habe, und stelle anheim, ihm nur unter dieser Bedingung die nachgesuchte Genehmigung zu ertheilen;

er sei selbst bereit, sich dem Vorbehalte zu unterwerfen, daß andernfalls die Fabrik sofort geschlossen werden müsse.

Da eine Verständigung der Parteien nicht zu erzielen war, so mußte in das mündliche Schlußverfahren eingetreten werden. In demselben erschienen der Antragsteller und die Widersprechenden.

In der mündlichen Verhandlung wurde beiden Parteien volle Gelegenheit gegeben, ihre Behauptungen und Erwiderungen auszuführen, —

ferner als Sachverständiger der mit zur Stelle gebrachte Chemiker N. N. gehört.

Zwei Punkte sind aus diesen Erklärungen als bemerkenswerth hier aufzuführen, einmal, daß Antragsteller zunächst nur für die Anlage einer Stärkezucker- und Stärkesyrup-Fabrik, für keine andere chemische Fabrikation, die Genehmigung nachsucht und sich vorbehält, bei der Aufnahme noch anderer chemischer Produktionen besondere Anträge zu stellen. — Dann ist zu bemerken, daß beide Parteien die Entfernung der projektirten Anlage von der N.'schen Fabrik, — auf mindestens 1000 Schritt anerkannten.

Für die Entscheidung der Sache war die Erwägung maßgebend, daß das für die Nachbarn und das Publikum Wesentliche darin besteht, gegen Nachtheile und Belästigungen der fraglichen Fabrikation geschützt zu sein; unwesentlich ist dagegen, durch welche Einrichtungen der Unternehmer dies erzielt. Deshalb mußte Bedenken getragen werden, nach dem Verlangen eines Theiles der Widersprechenden neben der Kondensirung auch noch die Verbrennung der stinkenden Gase besonders vorzuschreiben. Erreicht der Antragsteller die Beseitigung der befürchteten Belästigung auf anderem Wege, so ist es nicht gerechtfertigt, ihm gerade eine hierzu nicht erforderliche — an und für sich vielleicht zweckmäßige, aber wohl nicht allseitig erprobte — und ihm unwillkommene Einrichtung aufzunöthigen.

Es kommt hierbei besonders in Betracht, daß sich nicht von vorn herein annehmen läßt, es müßten die von ihm in's Auge gefaßten Mittel, nämlich Kondensation und daran sich schließende

Ableitung in hohe Luftschichten jedenfalls, — auch bei zweckentsprechender Ausführung, — die erwartete Wirkung verfehlen. Die Lage der Fabrik ist mit Rücksicht auf die Weite des Abstandes von der Stadt N., auf die geringe Bebauung der Nachbarschaft, sowie auf die Windrichtung im Allgemeinen als eine polizeilich günstige anzuerkennen. Insbesondere ist die Entfernung der Fabrik von N., um deren Klaglosstellung es sich vorzugsweise handelt, so bedeutend, daß wohl erwartet werden darf, die in ihrem Interesse geäußerten Besorgnisse seien bei gutem Willen des Unternehmers — und hieran zu zweifeln, liegt keine Veranlassung vor — unschwer zu erledigen. Es erscheint genug, daß der Unternehmer — wozu er sich bereit erklärt hat — verpflichtet wird, auf seine Kosten dauernd diejenigen Vorkehrungen zu treffen, welche erforderlich sind, um für die Nachbaren und das Publikum schädliche oder lästige Ausdünstungen des Fabrik-Betriebes zu verhüten — und den diesfälligen Aufforderungen der Polizei-Behörde nachzukommen. Seine Sache ist es nun, den richtigen Weg zu wählen. Trifft er ihn nicht, und treten begründete Beschwerden über erhebliche Belästigungen hervor, so ist er zur Vermeidung der gesetzlichen Strafe verpflichtet, denselben Abhülfe zu verschaffen, und kann er dies nicht, selbst auf den Fortbetrieb der Fabrikation zu verzichten. Hiernach war, wie geschehen, zu entscheiden.

Was die Kosten des Verfahrens anlangt, so mußten dieselben dem Unternehmer allein zur Last gestellt werden, da er zuerst nur unvollkommene Vorlagen eingereicht hatte, aus denen sich nicht ersehen ließ, wie er den nachtheiligen Folgen der Fabrikation vorzubeugen gedenke, auch erst im Laufe des Verfahrens beruhigende Erklärungen über seine Bereitwilligkeit zur Abhülfe aller begründeten Beschwerden abgab, — mithin die Einlegung des Widerspruchs an sich gerechtfertigt war.

Gegen diesen Bescheid steht beiden Theilen der Rekurs an den Herrn Minister für Handel ꝛc. binnen einer Frist von 14 Tagen offen. Die Rekursschrift, welche in zwei Exemplaren anzufertigen ist, kann entweder an uns, oder auch an den Herrn Minister direkt eingereicht werden.

Schließlich wird der Unternehmer N. bedeutet, daß er die fragliche Fabrik erst mit der Rechtskraft der Entscheidung, und zwar nur auf Grund einer besonderen Genehmigungs-Urkunde, in Betrieb setzen darf.

Wachstuch-Fabriken.

(Vgl. Technische Anleitung II. 15 S. 82.)

Darmsaiten-Fabriken.

(Vgl. Technische Anleitung II. 16 S. 82.)

Dachpappen- und Dachfilz-Fabriken.

(Vgl. Technische Anleitung II. 17 S. 83.)

1. **Concessions-Bedingungen zur Errichtung einer Dachpappenfabrik.** (Vgl. Jacobi, Gewerbegesetzgebung. Berlin 1874, S. 367.)

1. Die Schornsteine sind in Höhe von mindestens 20 m aufzuführen.

2. Es ist für sorgfältige Abführung der Dünste aus dem Theersiede- und Asphalt-Schmelzraume zu sorgen.

3. Diejenigen Arbeitsräume, welche zum Tränken der Dachpappen mit Asphalt oder Theermasse bestimmt sind, müssen mit eisernen Thüren und mit eisernen Fensterladen versehen sein.

4. Die Dunstschlotte dieser Räume müssen die Dachfirste mindestens um 2 m überragen.

5. Der Fabrikhof muß gepflastert sein.

6. Zur Ableitung der Fabrikwässer und der etwaigen Rückstände dürfen die Straßen-Rinnsteine nicht benutzt werden, sondern es ist eine hinreichend tiefe und große, in Cement ausgemauerte, mit gut schließendem Deckel versehene Grube auf dem Fabrikhofe anzulegen, deren Inhalt regelmäßig (nach Anordnung der Polizei-Behörde) durch Abfuhr zu beseitigen ist.

7. Die Inbetriebsetzung der Anlage darf zur Vermeidung der im §. 147 alin. 2 der Gewerbe-Ordnung vom 21. Juni 1869 angedrohten Strafe nicht eher erfolgen, als bis die amtliche Prüfungs- und Abnahme-Bescheinigung den Unternehmern ertheilt sein wird.

2. **Concessions-Bedingungen zur Errichtung einer Dachpappenfabrik.** (Cremer, Concessionirung gewerbl. Anlagen. Braunschweig 1870, S. 277.)

1. Das Unternehmen muß nach Maßgabe der eingereichten Bau- und Situations-Zeichnung ausgeführt werden;

2. die Feuerungs-Anlage muß den Bestimmungen der bestehenden Bau-Polizei-Ordnung entsprechen;

3. zur Seite der Feuerung ist ein Sturzblech auf den Kessel aufzusetzen; auch muß der Erdboden von der Feuerung aus geneigt abfallen, damit der etwa überfließende Theer nicht in die Feuerung fließen kann;

4. der Kessel darf nur zur Hälfte mit Theer gefüllt werden, und die Temperatur des Theers darf 60° Celsius nicht übersteigen;

5. zur Verhinderung der Verbreitung unangenehmer Gerüche und ungesunder Ausdünstungen müssen solche Vorkehrungen getroffen werden, wodurch alle sich entwickelnden Gase kondensirt oder verbrannt durch den Schornstein abgeführt werden. Außerdem sind bei der Theersiederei die Fenster und Thüren des Siederei-Lokals möglichst geschlossen zu halten;

6. sollte es sich ergeben, daß die vorstehend festgesetzten Bedingungen nicht genügen, um die Besitzer oder Bewohner benachbarter Grundstücke oder das Publikum überhaupt oder die Gesundheit der in der Dachpappen-Fabrik beschäftigten Arbeiter vor erheblichen Gefahren, Nachtheilen oder Belästigungen zu schützen, so bleibt der Unternehmer oder dessen Besitz-Nachfolger verpflichtet, ohne Anspruch auf Entschädigung alle diejenigen Veränderungen in der Einrichtung der Anlage oder im Betriebe zu treffen, welche zur Abhülfe jener Uebelstände erforderlich befunden werden.

Leimsiedereien.

(Vgl. Technische Anleitung II. 18 S. 83.)

1. Concessions-Bedingungen für die Anlage einer Leimsiederei.

(Vgl. Jacobi, Gewerbegesetzgebung. Berlin 1874, S. 367.)

1. Die Anlage muß genau nach Maßgabe der eingereichten Vorlagen ausgeführt werden.

2. Bei der Bereitung des Leimes sind lediglich ganz trockene und vollständig geruchlose Leimleder und Knochen, unter keinen Umständen aber in Verwesung übergegangene thierische Abfälle zu verwenden.

3. Die Einweichungs-Flüssigkeit darf weder in Höfen und Pfützen ausgegossen, noch in die Rinnsteine abgeleitet werden, muß vielmehr in gut gemauerten, cementirten und gut bedeckten Gruben aufgehoben werden, welche rechtzeitig zu entleeren sind.

4. Die Anordnung, daß in die zur Aufnahme der unreinen Flüssigkeiten ꝛc. bestimmte Sammelgrube, bevor deren Räumung erfolgt, eine hinreichende Menge Chlorkalk-Auflösung oder anderer fäulnißwidriger Stoffe zu schütten ist, bleibt für den Fall des Bedürfnisses vorbehalten.

5. Die Benutzung fließender Gewässer für die Wegleitung von Abgängen des Fabrik-Betriebes unterliegt der besonderen polizeilichen Regelung gemäß §. 3. des Gesetzes vom 28. Februar 1843.

6. Unternehmer ist verpflichtet, durch Einrichtung der Feuerungs-Anlage oder dabei anzuwendende mechanische Vorrichtungen, sowie durch Anwendung geeigneten Brennmaterials und sorgsame Bewartung auf eine möglichst vollständige Verbrennung des Rauches hinzuwirken, auch — falls sich ergiebt, daß die getroffenen Einrichtungen nicht genügen, um Gefahren, Nachtheile und Belästigungen für die Besitzer und Bewohner benachbarter Grundstücke durch Rauch, Ruß u. s. w. zu verhüten —, solche Abänderungen in der Feuerungs-Anlage und im Betriebe, sowie in der Wahl des Feuerungs-Materials vorzunehmen, welche zur

Beseitigung der Gefahren, Nachtheile und Belästigungen besser geeignet sind.

7. Sollte es sich ergeben, daß die vorstehend festgesetzten Bedingungen nicht genügen, um die Besitzer oder Bewohner benachbarter Grundstücke oder das Publikum überhaupt vor erheblichen Gefahren, Nachtheilen oder Belästigungen zu schützen, so bleibt Unternehmer verpflichtet, ohne Anspruch auf Entschädigung alle diejenigen Veränderungen in der Einrichtung der Anlage oder im Betriebe zu treffen, welche zur Abhülfe jener Uebelstände erforderlich befunden werden.

2. Concessions-Bedingungen für die Anlage einer Leimsiederei, seitens der Königl. Regierung zu Aachen im Jahre 1881 gestellt. (Vgl. J.B. 1881 S. 232.)

1. Zur Bereitung des Leimes sind lediglich geruchlos getrocknete oder frische noch geruchlose Leimleder, Knochen und Abfälle zu verwenden, unter keinen Umständen aber dürfen in Verwesung übergegangene thierische Abfälle in die Fabrik eingeführt werden.

2. Die Aufbewahrung von Leimgut in Ballen darf zur Vermeidung von Modergeruch nur in völlig trockenen, der Luft zugänglichen Räumen erfolgen; die Aufbewahrung frischer Abfälle ist nur nach vorheriger gründlicher Einäscherung in Kalkmilch statthaft.

Sollten trotz Beachtung dieser Vorsichtsmaßregeln einzelne Stücke des Rohmaterials zeitweise Geruch zu verbreiten beginnen, so hat Unternehmer dem sofort zu begegnen, indem er die betr. Abfälle fleißig und sorgfältig mit Kalk beschüttet oder von Neuem in Kalkmilch einäschert, und darf dem gesammten Rohmaterial der Fabrik unter keinen Umständen ein irgendwie wahrnehmbarer widerlicher Geruch anhaften.

3. Das Einäschern des Rohmaterials in Kalkmilch sowie das Auswaschen des gekochten Leimgutes vor dem Kochen darf nur in vollkommen wasserdichten Bottichen oder in ausgemauerten, cementirten Gruben erfolgen. Die hierbei zurückbleibenden Flüssig-

keiten dürfen keinen Geruch verbreiten und müssen rechtzeitig entfernt werden.

Ein Versenken dieser wie anderer etwa bei der Fabrikation sich noch ergebenden Flüssigkeiten in den Erdboden des Fabrik-Grundstücks ist untersagt.

Die Ableitung vermittelst offener Gossen oder Gräben, — sofern derselben nicht anderweite Bestimmungen entgegenstehen, — ist nur statthaft, wenn die Abwässer durch Ablagerung zuvor völlig schlammfrei und durch Zusatz von Kalk völlig geruchlos gemacht sind.

4. Das Kochen des Leimgutes darf nur in einem durch eine Blechhaube vollkommen geschlossenen Kessel vor sich gehen. Zum Zwecke der Bedienung des Kessels ist eine gut schließende Klapp- oder Schiebethür in der Blechhaube anzubringen. Die beim Kochen sich entwickelnden stinkenden Dämpfe dürfen weder in den Arbeitsraum, noch durch ein Dunstrohr direkt ins Freie abgeleitet werden, sondern sind durch ein entsprechend weites Blechrohr unter den Rost der Kesselfeuerung oder in den unteren Theil des Schornsteins, da, wo die Rauchgase noch heiß sind, einzuführen.

5. Der nach dem Auslassen des Leims in dem Kessel verbleibende Rückstand ist entweder sofort in geschlossenen Behältern aus der Fabrik zu entfernen, oder in gemauerten, cementirten, mit Deckeln versehenen Gruben unter Behandlung mit Kalk oder Chlorkalk geruchlos aufzuheben und von Zeit zu Zeit wegzuschaffen.

Thransiedereien.

(Vgl. Technische Anleitung II. 19 S. 84 und II. 23 S. 87.)

Seifensiedereien.

(Vgl. Technische Anleitung II. 20 S. 84.)

1. Resolution des Ministeriums des Innern und der Polizei vom 5. Februar 1837, betreffend die Anlage von Seifensiedereien in den Städten. (Vgl. Kamptz, Annal. Bd. XXI. S. 222.)

Wenngleich Seifensiedereien nicht zu den gewerblichen Anlagen gehören, welche innerhalb der Städte oder überhaupt in der

Nähe bewohnter Gegenden gar nicht geduldet werden dürfen, so sind dieselben doch wegen des damit nothwendig verbundenen üblen Geruchs, wenn nicht dem gesammten Publicum, doch mindestens den nächsten Nachbarn höchst lästig, und deshalb muß auf ihre allmälige Entfernung aus dem Innern der Städte Bedacht genommen werden. Das Verfahren des dortigen Polizeipräsidii und der Regierung, welche dem Seifensieder N. die Erlaubniß zum Betriebe seines Gewerbes in einem dazu erst neuerlich erkauften Hause versagt haben, ist daher, auf die Vorstellung der Aeltesten und Mitglieder der Seifensiederzunft vom 20. v. M., nur zu billigen, zumal damit keine Kränkung irgend eines Rechtes verbunden ist. Denn das nur persönliche Recht zum Betriebe der Seifensiederei in dem in Rede stehenden Hause ist mit dem Tode des berechtigten Besitzers erloschen und der N. kann ein solches als Erwerber des Hauses nicht in Anspruch nehmen, eben weil es nur ein persönliches war, und nicht an dem Hause haftet. Ja es ist um so mehr Anlaß vorhanden, die in vorliegendem Falle geschehene Versagung des in Rede stehenden Gewerbebetriebes zu bestätigen, um nicht die Verwechselung der Begriffe von rein persönlichen und dinglichen Rechten aufkommen zu lassen. Die Aeltesten und Mitglieder der Seifensiederzunft werden sich daher wohl überzeugen, daß ihrem Antrage in Beziehung auf den Einzelfall des N. nicht zu willfahren ist. Ihrem allgemeinen Antrage:

> „den Betrieb der Seifensiederei in denjenigen Häusern im Innern der Stadt, in welchen derselbe bisher stattgefunden hat, auch ferner jedem Käufer dieser Häuser auf sein Verlangen zu gestatten, und nur die Erlaubniß zur Errichtung von Seifensiedereien in anderen bisher dazu noch nicht benutzten Häusern der Stadt zu versagen,"

kann aber aus denselben Gründen ebenso wenig die gewünschte Folge gegeben werden, weil die Gewährung dieses Antrages die Anerkennung eines Realrechts in sich schließen würde, welches nicht vorhanden, und mit den bestehenden Verwaltungs-Grundsätzen ganz unvereinbar ist.

2. Concessions-Bedingungen für die Anlage von Seifensiedereien. (Vgl. Cremer, Concessionirung gewerbl. Anlagen. Braunschweig 1870, S. 293 u. ff.)

1) Das zu verarbeitende Fett darf nicht in ungeschmolzenem Zustande aufbewahrt, sondern muß gleich in frischem Zustande unter Zusatz von Schwefelsäure geschmolzen werden; während der Sommermonate ist das sorgfältig zerhackte Fett vor dem Ausschmelzen mit verdünnter Schwefelsäure zu behandeln.

2) Der zur Fabrikation der Seife bestimmte Kessel muß in einem mit massiven Mauern eingeschlossenen Raume aufgestellt und mit einem gut schließenden Deckel versehen werden, in welchem ein hinreichend weites in den Schornstein führendes Blechrohr eingesetzt ist. Dieses Blechrohr muß dergestalt in den Schornstein geleitet werden, daß neben dem Rohr keine Luft in denselben eintreten kann.

3) Während der Fabrikation der Seife müssen die Thüren und Fenster der Siederei möglichst geschlossen gehalten werden, und sind dieselben stets in einem gehörig verschließbaren Zustande zu erhalten.

4) Das Kesselmauerwerk muß überall wenigstens 2 Fuß von den Umfangsmauern des Gebäudes entfernt bleiben.

5) Der Schornstein ist mindestens 6 Fuß über die neben der Anlage gelegenen Gebäulichkeiten auszuführen, im Uebrigen sind in Bezug auf die Feuerungsanlagen die Bestimmungen der Verordnung vom 6. October 1853 (M.-Bl. f. d. i. V. 1853 S. 243) maßgebend.

6) Sollte die Einrichtung oder der Betrieb der Fabrik, mögen deshalb Vorkehrungen oder Bedingungen besonders vorgesehen sein oder nicht, demnächst dem Publicum oder den Nachbarn zu begründeten Beschwerden über erhebliche Nachtheile oder Belästigungen Anlaß geben, so werden durch polizeiliche Verfügung diejenigen Veränderungen in der Einrichtung oder im Betrieb vorgeschrieben werden, welche den Mängeln Abhülfe zu gewähren geeignet sind, und ist Unternehmer verpflichtet, solche ohne Anspruch auf Entschädigung auszuführen. Für den Fall, daß trotz der oben vorgeschriebenen Vorsichtsmaßregeln dennoch

etwas Geruch verspürt werden sollte, wird der Unternehmer schon jetzt verpflichtet, die Abzugsröhre für den Kessel in die Kesselfeuerung selbst zu leiten, um die Dämpfe zu verbrennen. Alsdann muß aber sowohl der Aschenfall als auch der Feuerplatz luftdicht verschlossen werden.

7) Aus dem Fabriklocal dürfen keine Flüssigkeiten auf öffentliche Wege oder auf fremdes Eigenthum abgeleitet werden.

Es wird hierbei noch besonders hervorgehoben, daß das Königl. Ministerium für Handel, Gewerbe 2c. 2c. in einem gewissen Falle diese Bedingungen vollständig bestätigte.

3. Concessions-Bedingungen für die Anlage von Seifensiedereien.

(Vgl. Jacobi, Gewerbegesetzgebung. Berlin 1874, S. 368.)

1. Die Anlage muß genau nach Maßgabe der eingereichten Vorlagen ausgeführt werden.

2. Der Siedekessel muß in einem mit massiven Mauern umschlossenen Raume aufgestellt sein. Das Kessel-Mauerwerk muß überall wenigstens 2 Fuß von den Umfassungs-Mauern entfernt bleiben.

3. Der für die Feuerungs-Anlage und zur Aufnahme und Abführung der Dünste bestimmte Schornstein muß einen Querschnitt von mindestens 18 Zoll im Quadrat haben und ist mindestens 5 Fuß höher, als der Dachfirst der weniger als 30 Fuß entfernten Gebäude aufzuführen.

4. Zur Seifen-Fabrikation dürfen nur Oele oder anderswo bereits ausgeschmolzener Talg verwendet werden. — Dem Unternehmer ist es dagegen untersagt, aus rohem, mit thierischem Zellen-Gewebe noch durchzogenem Talg, aus Speckabfällen, Knochen und dergleichen das Rohmaterial für seinen Betrieb in dieser Fabrik erst auszuschmelzen (vgl. Nr. 1 der vorstehenden Bedingungen).

5. Zur Abführung der Dünste ist ein in die Esse mündendes, hinreichend weites Blechrohr anzubringen. Die Einmündung dieses Rohrs in die Esse muß dicht schließend hergestellt werden,

so daß die Dünste aus dem Schornstein nicht in den Fabrikraum zurücktreten können.

6. Die Fenster der Fabrik sind durch Verschraubung fest zu verschließen und dürfen während des Betriebes niemals geöffnet werden; auch muß der Eingang zur Seifen-Siederei durch zwei sich deckende Thüren doppelten Verschluß erhalten.

7. Die zum Betriebe erforderlichen Materialien sind in abgesonderten, verschlossenen und massiven Räumen aufzubewahren.

8. Jeder Schmelzkessel muß einen Metallrand erhalten, mittelst dessen er auf der Oberfläche des Heerdes ringsum befestigt wird, so daß ein Durchschlagen der Flamme zwischen dem Kessel und dem Mauerwerke nicht stattfinden kann.

9. Die Rückstands-Flüssigkeiten sind mittelst eines wasserdichten Kanals in eine gleichfalls wasserdichte Sammelgrube abzuleiten, welche außer der Zeit der Räumung und Reinigung festgeschlossen gehalten werden muß.

10. Die Räumung der Sammelgrube muß nach Bestimmung de Orts-Polizeibehörde in angemessenen Zwischenräumen und zur Nachtzeit (durch Abfuhr) erfolgen.

11. Die Anordnung, daß in die zur Aufnahme der unreinen Flüssigkeiten 2c. bestimmte Sammelgrube, bevor deren Räumung erfolgt, eine hinreichende Menge Chlorkalk-Auflösung oder anderer fäulnißwidriger Stoffe zu schütten ist, bleibt für den Fall des Bedürfnisses vorbehalten.

12. Vor Inbetriebsetzung der Anlage hat der Unternehmer der Polizei-Behörde in glaubwürdiger Art nachzuweisen, daß die Ausführung den vorgeschriebenen Bedingungen entspricht.

13. Unternehmer ist verpflichtet, durch Einrichtung der Feuerungs-Anlage oder dabei anzuwendende mechanische Vorrichtungen, sowie durch Anwendung geeigneten Brennmaterials und sorgsame Bewartung auf eine möglichst vollständige Verbrennung des Rauches hinzuwirken, auch — falls sich ergiebt, daß die getroffenen Einrichtungen nicht genügen, um Gefahren, Nachtheile und Belästigungen für die Besitzer und Bewohner benachbarter Grundstücke durch Rauch, Ruß u. s. w. zu verhüten, — solche Abänderungen in der Feuerungs-Anlage und im Betriebe,

sowie in der Wahl des Feuerungs-Materials vorzunehmen, welche zur Beseitigung der Gefahren, Nachtheile und Belästigungen besser geeignet sind.

14. Sollte es sich ergeben, daß die oben festgesetzten Bedingungen nicht genügen, um die Besitzer oder Bewohner benachbarter Grundstücke oder das Publikum überhaupt oder das Leben und die Gesundheit der in der Fabrik beschäftigten Arbeiter vor erheblichen Gefahren, Nachtheilen oder Belästigungen zu schützen, so bleibt Unternehmer gehalten, ohne Anspruch auf Entschädigung alle diejenigen Einrichtungen zu treffen, welche zur Abhülfe jener Uebelstände erforderlich befunden werden.

4. Nachträgliche Concessions-Bedingung für den Betrieb einer bestehenden Seifensiederei, seitens der Königl. Regierung zu Minden im Jahre 1882 gestellt. (Vgl. J.B. 1882 S. 184.)

Leichtflüssige Essenzen müssen in einem feuersicheren, von den Arbeitsräumen gesonderten Orte aufbewahrt werden; das Betreten dieses Ortes ist nur unter Beobachtung der erforderlichen Vorsichts-Maßregeln, und unter Benutzung von Sicherheitslampen gestattet.

Knochenbrennereien.

(Vgl. Technische Anleitung II. 21a S. 85.)

Nachträgliche Concessions-Bedingungen für eine bestehende Knochenkohlenfabrik, seitens der Königl. Regierung zu Aachen im Jahre 1881 gestellt. (Vgl. J.B. 1881 S. 231.)

(Die fragliche Fabrik lag 2 km von einer größeren Stadt im Regierungs-Bezirk Aachen entfernt und ihre Dünste hatten die Wohnungen zunächst der Stadtthore stark belästigt.)

1. Das Knochen-Magazin ist zur Vermeidung des Eindringens von Nässe in die Rohstoffe durchweg mit Steinen zu platten.

2. Diejenigen Stellen des nach 1 geplatteten Bodens, welche bei der Verarbeitung der Rohstoffe frei werden, sind stets sofort auf das Sauberste zu reinigen.

3. In den nach Norden zu belegenen Giebeln der Knochenschuppen sind Luftlöcher anzubringen, wobei durch äußerlich angebrachte schräge Bretter einem jeden Eindringen von Regen in die Schuppen vorgebeugt werden muß.

4. Der Weg zwischen Knochen-Magazin und Fabrik ist sorgfältig zu pflastern und mit Rinnsteinen zur Abführung der atmosphärischen Niederschläge zu versehen.

5. Die Bedienung der 10 Feuerungen der Knochen-Brennöfen hat in der sorgfältigsten, auf thunlichste Rauchverbrennung bedachten Weise zu erfolgen, widrigenfalls eine Erhöhung der beiden, die Feuer- und Rauchgase aufnehmenden, niedrigen Essen bis auf 20 m angeordnet werden wird. In gleicher Weise ist bei den Dampfkessel-Feuerungen zu verfahren, bezw. durch Aenderungen in der Rostanlage auf bessere Rauchverzehrung hinzuwirken.

6. Die aus den 30 Knochenbrenn-Retorten und den zugehörigen Rohrleitungen troß aller auf Dichtung derselben verwendeten Sorgfalt massenhaft aufsteigenden, durch vier niedrige Blechrohre und die zahlreichen Luken des betreffenden Gebäudes direkt ins Freie übertretenden, brenzligen Dämpfe sind in geeigneter Weise aufzufangen und in gleicher Weise zu kondensiren, wie dieses mit den direkt aus den Retorten abgeleiteten Gasen bereits geschieht. Da diese Dämpfe namentlich geeignet sind, die Anwohner in erheblicher Weise zu belästigen, die Beseitigung des Uebelstandes gleichzeitig technisch sehr wohl ausführbar erscheint, so wird — falls hier eine durchgreifende Abhülfe nicht erfolgt — die Schließung des Retorten-Betriebes veranlaßt werden.

7. Die zur Zeit nicht betriebene Aufschließung von Sedimenten mit Schwefelsäure zum Zwecke der Fabrikation von Superphosphaten wird überhaupt untersagt.

Knochendarren, Knochenkochereien und Knochenbleichen.

(Vgl. Technische Anleitung II. 21b S. 86.)

1. **Concessions-Bedingungen für die Anlage von Knochenkochereien.** (Zusammengestellt aus verschiedenen älteren und neueren Concessions-Urkunden.)

1. Die Kochkessel müssen in einem mit massiven Mauern umschlossenen Raum aufgestellt und vorschriftsmäßig (nach Angabe der dieser Genehmigungs-Urkunde beigefügten Zeichnungen) eingemauert sein. Das Kessel-Mauerwerk muß überall mindestens $^1/_2$ m von den Umfassungsmauern entfernt bleiben.

2. Zur Ableitung der Dünste sind über den Kochkesseln Blechmäntel (sog. Dunstfänge) mit einem in den Schornstein mündenden Blechrohr anzubringen.

3. Der Schornstein muß die umliegenden Nachbar-Gebäude um mindestens 3 m überhöhen.

4. Die Knochenbrühe ist, sofern dieselbe nicht sofortige Verwendung findet, in wasserdicht gemauerten Sammelgruben, welche mit dichtschließendem Bohlenbelag bedeckt sind, aufzubewahren und nach Bedarf durch Abfuhr zu beseitigen.

5. Das zum Betriebe erforderliche Rohmaterial an Knochen ist in abgeschlossenen und massiven Räumen zu lagern.

6. Der Fußboden des Knochen-Magazins ist wasserdicht (cementirt oder asphaltirt) zu pflastern.

7. Das Knochen-Magazin ist vor Nässe zu bewahren. Die Dachbedeckung muß das Eindringen von Regen verhindern.

8. Der Fabrikhof muß gut gepflastert und mit den nöthigen Rinnsteinen zur Abführung der atmosphärischen Niederschläge versehen sein.

2. **Concessions-Bedingungen für eine Knochenentfettungs-Anlage mittelst Benzin (Patent Wellstein und Birkenheuer), seitens der Königl. Regierung in Cöln im Jahre 1883 gestellt.** (Vgl. J.B. 1883 S. 246.)

1. An dem Extractor ist außer dem Manometer und dem Vacuummeter auch ein Sicherheitsventil mit ausreichendem Quer-

schnitt anzubringen, welches bei 4 Atmosphären Dampfspannung im Extractor abbläst und dessen Abblaserohr über dem Dache des Fabrikgebäudes mündet. Das Sicherheitsventil muß stets gut gangbar gehalten werden.

2. Der Extractor ist vor der Inbetriebsetzung einer Wasserdruckprobe unter Anwendung eines Druckes von 8 Atmosphären zu unterziehen und darf hierbei keine Undichtigkeiten zeigen. Die Druckprobe ist in Zwischenräumen von einem Jahre und außerdem nach jeder größeren an dem Extractor vorzunehmenden Reparatur zu wiederholen.

Ueber die ausgeführten Druckproben ist ein Buch zu führen, welches über den Ausfall der Probe und die Zeit derselben Auskunft giebt, und der Ortspolizeibehörde, sowie dem zuständigen Gewerberathe auf Wunsch jederzeit vorgelegt werden muß.

3. Das Tabakrauchen in den Fabrik- und Lagerräumen ist streng zu verbieten.

4. Die Arbeits- und die Lager-Räume für das Benzin dürfen nicht mit Licht betreten werden, es müssen vielmehr zur eventuellen Beleuchtung derselben Laternen außerhalb der Räume angebracht werden, die gegen das Innere der Räume fest und sicher abgeschlossen sind.

5. Die in den Extractionsraum führende Thür muß nach Außen aufschlagen.

3. Concessions-Bedingungen für Knochenbleichen. (Vgl. Eulenberg, Gewerbe-Hygiene. Berlin 1876, S. 49 u. 462; ferner Technische Anleitung II. 11 S. 80 d. Buches.)

Bei der Concessionirung derartiger Anlagen, in welchen die Knochen durch Chlor oder unterchlorigsaure Alkalien gebleicht werden, sind ähnliche Bedingungen wie bei den Schnellbleichen vorzuschreiben.

Zubereitungs-Anstalten für Thierhaare.

(Vgl. Technische Anleitung II. 22 S. 86.)

1. Betriebs-Vorschriften für eine Zubereitungs-Anstalt für Thierhaare, mitgetheilt von dem Königl. Gewerberathe für die Regierungs-Bezirke Aachen und Trier im Jahre 1881. (Vgl. J.B. 1881 S. 233.)

Der massenhaft aus einer derartigen, mit Dampfkraft betriebenen Anlage für Kuhhaare entweichende widerwärtige Staub belästigte die Bewohner eines benachbarten Hauses auf das höchste. Es wurden daher doppelte Fenster und doppelte Thüren für den Arbeitsraum vorgeschrieben, ferner Ummantelung des Haarwolfes und Abführung des Staubes durch einen Exhaustor in geräumige, gut gedichtete Staubkammern. Die Arbeit darf jetzt bei Verlust der Genehmigung nur noch bei geschlossenen Thüren und Fenstern stattfinden; auch ist die Vornahme stauberregender Arbeiten auf dem Hofe der Anlage, Packen u. a., untersagt worden. — Bei Genehmigung derartiger Anlagen ist größte Vorsicht geboten. In unmittelbarer Nähe von Wohnungen sollten sie überhaupt nicht zum Betriebe zugelassen werden.

2. Concessions-Bedingungen für eine Haarspinnerei und Färberei, seitens der Königl. Regierung zu Düsseldorf im Jahre 1883 gestellt. (Vgl. J.B. 1883 S. 229.)

1. Der beim Kochen der Haare entstehende Dampf darf nicht in die Luft gelangen, sondern muß kondensirt werden.

2. Die entstehenden Abwässer müssen durch Eisenchlorid und Kalk desinfizirt werden, bevor sie in die Vorsenke gelangen.

3. Die Vorsenke ist wenigstens einmal wöchentlich zu reinigen.

4. Die Haare, soweit sie nicht desinfizirt anlangen, sind vor der Verarbeitung unter Anwendung heißen Wasserdampfes zu desinfiziren.

5. Der bei der Arbeit entstehende Staub muß aus den Arbeitsräumen abgesaugt und in einer Staubkammer aufgefangen werden.

Talgschmelzen.

(Vgl. Technische Anleitung II. 23 S. 87.)

Concessions-Bedingungen für eine Talgschmelze, seitens der Königl. Regierung zu Düsseldorf im Jahre 1881 gestellt. (Vgl. J.B. 1881 S. 194.)

1. Das Schmelzen des Fettes darf nur in Kesseln geschehen, welche so eingemauert sind, daß die Feuergase die Außenfläche der Kessel höchstens bis zur halben Höhe der letzteren berühren können.

2. Die Schmelzkessel müssen mit eisernen Deckeln versehen sein, aus denen ein Rohr von Eisenblech zur Aufnahme der sich entwickelnden Dämpfe in den Schornstein dicht schließend eingeführt wird.

3. Der Schornstein muß mit einer Saugkappe versehen sein und die Nachbargebäude um mindestens 3 m überhöhen.

4. Der Hof darf zur Aufbewahrung von Rohtalg nicht benutzt werden.

5. Die Abgangsflüssigkeiten sind in dichtgeschlossenen Tonnen zu sammeln und sofort zu entfernen (für eine Anlage in angebautem Stadttheile).

6. Auf dem Grundstücke dürfen Abfälle der Fabrikation nicht gelagert, dieselben müssen vielmehr alltäglich weggeschafft werden.

7. Nur frischer Rohtalg darf zur Schmelzung gelangen, und das Schmelzen darf nur in der Zeit zwischen 10 Uhr Abends und 5 Uhr Morgens stattfinden.

8. Im Falle eine schärfere Kontrolle nothwendig wird, kann die Orts-Behörde vorschreiben, daß jeder Beginn einer neuen Schmelzung ihr vorher angezeigt wird.

Schlächtereien.

(Vgl. Technische Anleitung II. 24 S. 87 u. 88.)

1. Beschluß des Königl. Polizei-Präsidiums zu Berlin vom 5. März 1855, betreffend die Concessions-Bedingungen für die Errichtung eines Schlachthauses.

Die Concession zur Errichtung eines Schlachthauses wird unter folgenden Bedingungen ertheilt:

1. Der Hof, auf welchem ein Schlachthaus errichtet werden soll, muß von der Straße aus eine Zufahrt von mindestens 8 Fuß Breite und 7 Fuß Höhe haben, mindestens 24 Quadratruthen (circa 220 qm) groß und dem Luftzug zugänglich sein; ist der Hof aber theilweise oder von allen Seiten umbaut, so müssen die Dimensionen nach den umbauten Seiten hin, gleichviel ob die Gebäude auf dem Grundstück selber stehen, oder nur an Nachbargrundstücke angrenzen mindestens gleich der Höhe der höchsten umgebenden Gebäude sein.

2. In dem Schlachthause müssen, insoweit es die Vorschriften der Baupolizeiordnung gestatten, an zwei einander entgegengesetzten Wänden große Fenster angebracht, oder es muß auf andere Weise für die nothwendige Ventilation gesorgt werden.

3. Das Schlachthaus muß mindestens 10 Fuß tief, 10 Fuß hoch und 10 Fuß lang sein (circa 10 qm Flächen- und 30 cbm Luftraum).

4. Dasselbe darf nicht gedielt, sondern der Fußboden muß von Asphalt gefertigt, oder so gepflastert (cementirt) sein, daß der Boden oberhalb des Pflasters mit einer Schicht versehen ist, die das Eindringen organischer Stoffe verhindert, und das Blut und andere Stoffe mit Wasser leicht fortgespült werden können.

5. Der Fußboden muß außerdem ein starkes Gefälle und einen ebenso wie der Boden selbst beschaffenen Abzugscanal haben welcher nach einer Senkgrube führt.

6. Die Wände des Schlachthauses müssen entweder mit Oelfarbe gestrichen oder anderweit so beschaffen sein, daß sie durch Abwaschen vollständig gereinigt werden können, und müssen fortdauernd in reinlichem Zustand erhalten werden.

7. Die Senkgrube, welche wöchentlich mindestens zwei Mal und im Sommer nach jedem Schlachttage zu reinigen ist, darf nicht zu entfernt vom Schlachthause liegen und muß nach den Vorschriften der Baupolizeiordnung (wasserdicht) ausgemauert und fest überdeckt sein.

8. Es muß auf dem Hofe in der Nähe des Schlachthauses ein Brunnen mit hinreichendem Wasser sich befinden, oder die Schlächterei muß mit einer Wasserleitung versehen sein.

2. Concessions-Bedingungen für die Errichtung einer Schlächterei.

(Vgl. Jacobi, Gewerbegesetzgebung. Berlin 1874 S. 370.)

1. Die Anlage muß genau nach Maßgabe der eingereichten Vorlagen ausgeführt werden.

2. Der Schlachtraum muß mindestens 10 Fuß hoch und zum Behufe der Lüftung entweder mit Fenstern oder einer Feuerungs-Anlage versehen sein.

3. Der Fußboden desselben ist wasserdicht herzustellen und zu diesem Zwecke entweder mit Asphalt, mit Granitplatten oder mit Klinkern in Cement abzudecken; ferner mit allseitigem Gefälle nach einer Rinne oder einem Kanale zu versehen, durch welche die flüssigen Abgänge nach einer Sammelgrube abgeleitet werden.

4. Diese Sammelgrube muß, gegen die Sonnenstrahlen geschützt, in ausreichender Größe angelegt werden, in der Sohle und in den Wänden wasserdicht gemauert, oben dicht schließend überdeckt sein und zur Aufnahme aller Abfälle an Darmkoth, Schleim, Blut ꝛc. dienen.

5. Die Abfälle müssen sofort nach ihrer Einleitung mit einer Lage Dünger oder Stroh überdeckt, auch in heißen Tagen nach Erfordern zur Verhütung schädlicher Ausdünstungen mit Kalkmilch, starker Auflösung von schwefelsaurem Eisen, oder gleichwirkenden säulnißwidrigen Stoffen überschüttet werden.

6. Die Ausleerung der Sammelgrube muß zur angemessenen Zeit nach Weisung der Polizei-Behörde erfolgen.

7. Die Einleitung fester oder flüssiger Abgänge in fließende Gewässer bleibt der polizeilichen Regelung in Gemäßheit des

§. 3 des Gesetzes vom 28. Februar 1843 über die Benutzung der Privatflüsse unterworfen.

8. In der Nähe der Schlachtstätte muß ein Brunnen befindlich sein.

9. Der Hof, soweit derselbe zum Schlachtbetriebe mit benutzt wird, muß gepflastert sein.

10. Vor Inbetriebsetzung der Anlage hat der Unternehmer der Polizei-Behörde in glaubwürdiger Art nachzuweisen, daß die Ausführung den vorgeschriebenen Bedingungen entspricht.

11. Insofern durch die beabsichtigte Errichtung der Schlachtstätte vorstehend festgesetzter Bedingungen ungeachtet den Besitzern oder Bewohnern benachbarter Grundstücke oder dem Publikum überhaupt erhebliche Gefahren, Nachtheile oder Belästigungen erwachsen sollten, bleibt Unternehmer gehalten, auf seine Kosten alle diejenigen Einrichtungen zu treffen, welche zur Erreichung größerer Sicherheit erforderlich befunden werden.

3. Schema zum Concessionsgesuche für die Errichtung einer Schlächterei.

Situationszeichnung und Bauplan der Anlage müssen den Vorschriften Nr. 29 a bis e der Ausführungs-Anweisung entsprechen. (Vgl. S. 54 d. Buches.)

Beschreibung der Anlage

des von dem Schlächtermeister S. auf seinem in W. belegenen, im Hypothekenbuche unter Band VIII. Nr. 564. verzeichneten Grundstücke zu erbauenden Schlachthauses.

Es wird beabsichtigt, wie aus dem beigefügten Bau- und Situationsplane ersichtlich ist, in dem Stalle B einen Raum von 4,40 m Länge und 4,18 m Tiefe zur Vieh-Schlächterei einzurichten. Dieser oben mit D angegebene Raum soll ganz massiv mit Ziegeldach aufgeführt werden, der Fußboden wird mit hart gebrannten Ziegelsteinen gepflastert in Cement und mit einer Cementschicht überzogen, damit das Eindringen organischer Stoffe vermieden wurde, auch erhält das Pflaster starkes

Gefälle mit einem nach der Senkgrube E führenden Abzugskanal, damit Blut und unreine Stoffe leicht fortgespült werden können. Die inneren Wandflächen werden mit Cement geputzt und erhalten einen 2 m hohen Oelanstrich, damit dieselben mit Wasser leicht abgewaschen und gereinigt werden können.

Die Anlage der Senkgrube befindet sich dicht neben dem Schlachtraume. Dieselbe wird mit Klinkern in Cement aufgemauert und mit Cement geputzt, damit die Flüssigkeiten nicht durchdringen können, auch wird dieselbe theilweise überwölbt, theilweise mit einer Bohlendecke dicht überdeckt. Dieselbe soll im Winter wöchentlich zweimal, im Sommer nach jedem Schlachten gereinigt und jedesmal mit Carbol desinficirt werden.

Auf dem Hofe befindet sich ein in gutem Zustande befindlicher Brunnen, welcher reichlich Wasser liefert.

Im Schlachtraume wird die Lüftung durch 2 Fenster mit 4 qm Oeffnung in der Hoffront und durch 1 Fenster mit 1 qm Oeffnung nach dem Gange F (oder durch einen Luftschacht G, Fig. 3, mit 0,5 qm Oeffnung) besorgt.

In dem Wohnhause, Zimmer A, soll ein Laden, dessen Wände mit Kacheln belegt sind, zum Verkaufe der Fleischwaaren hergerichtet werden.

4. Schema zur Concessions-Urkunde für eine Schlächterei, ertheilt von dem Magistrat zu N. N.

I. Conzession.

Dem .... Herrn .... hierselbst wird auf Antrag vom .... und auf den Grund der §§. 16 und ff. der Reichs-Gewerbe-Ordnung vom 1. Juli 1883 nebst den Ausführungsverordnungen dazu vom 4. September 1869 und 19. Juli 1884, sowie des §. 109 des Zuständigkeitsgesetzes vom 1. August 1883 die Genehmigung ertheilt, auf seinem Grundstücke .... Straße Nr. .... nach Maaßgabe des angehefteten Bauplanes vom .... ein Schlachthaus herzustellen und darin eine Schlächterei einzurichten, hierbei jedoch zur Pflicht gemacht:

a. den Fußboden des Schlachthauses wasserdicht herzustellen und die inneren Wände desselben zwei Meter hoch mit Oelfarbe zu streichen,

b. die §§. 12, 22 und 28 der Bau-Polizei-Ordnung für die Städte genau zu befolgen,

c. auf dem Hofe muß ein Brunnen oder im Schlachthause eine Wasserleitung angelegt werden,

d. das Spülwasser des Schlachthauses in eine mit letzterem verbundene, wasserdichte, bedeckt zu haltende Senkgrube zu leiten, dieselbe im Winter wöchentlich, im Sommer nach jedem Schlachten zu reinigen und solche nicht mit dem offenen Straßenrinnstein zu verbinden.

Diese Erlaubniß bleibt so lange in Kraft, als keine Veränderung in der Lage oder Beschaffenheit der Betriebsstätte vorgenommen wird.

Urkundlich 2c. ausgefertigt.

II. Die Conzession ad I ist auszufertigen und der Reinschrift eine Stempelmarke zu $1\frac{1}{2}$ Mark kassirt aufzukleben.

III. An

den ....

Gegen .... Mark ....

Sie erhalten anbei die erbetene Schlachthausconzession mit dem Ersuchen, die Kosten des Verfahrens

a. für Einrückung der Bekanntmachung
in die Lokalblätter . . . . M. ..... Pf.
und .... „ ..... „

b. für ein Gutachten dem Herrn Kreis-Physikus . . . . „ ..... „

c. Stempel zur Conzession . . . . „ ..... „

in Summa .... M. ..... Pf.

an den insinuirenden Boten zu zahlen.

IV. Der insinuirende Bote hat die Posten zu III ad a und b an die Empfangsberechtigten und die Post zu c an unsere Kasse gegen accepi hierunter zu zahlen.

V. Nach 3 Wochen.

N. N. den, ...ten .... 188.... Der Magistrat.

Gerbereien.

(Vgl. Technische Anleitung II. 25 S. 88 u. 89.)

1. Erkenntniß des Ober-Verwaltungs-Gerichts vom 30. März 1883, betreffend die Begriffsbestimmung von Lohgerberei und Gerberei überhaupt. (Entsch. d. O.V.G. Bd. IX Nr. 43 S. 301 u. ff.)

Lohgerberei heißt mit Lohe gerben, lohgar machen.
Weißgerberei heißt mit Alaun gerben, weißgar machen.

Die Sachverständigen äußerten sich zu diesen Begriffsbestimmungen folgendermaßen:

Im Allgemeinen lasse sich Loh- und Weißgerberei nicht füglich von einander trennen, und bestehe auch thatsächlich eine scharfe Trennung nicht, weil einmal mehr oder minder in Ansehung aller Arten von Fellen die Möglichkeit gegeben sei, sie der einen oder der anderen Behandlungsweise zu unterwerfen, sodann aber der Gerber sich sachgemäß darüber, ob er im Einzelfalle Jenes oder Dieses vorzuziehen habe, gar oft erst dann entscheiden könne, wenn die vorbereitende Behandlung der Felle abgeschlossen und zum eigentlichen Gerben überzugehen sei.

Diesem Vorbereitungsstadium gehöre unter anderem auch die Sudelei an, und daraus folge ohne weiteres, daß dieselbe als ein Theil sowohl der Loh- wie auch der Weißgerberei angesehen werden müsse.

Man versteht nämlich unter Sudelei das Spülen, Einweichen und Anschwöden — d. h. Bestreichen der inneren (Fleisch-) Seite gewisser Arten von Fellen, vorzugsweise der Schaaffelle, mit einem das Enthaaren bewirkenden, aus ungelöschtem Weißkalk und darauf gegossener Grünkalklauge bereiteten Brei — und schließlich das Abnehmen der Wolle selbst.

Aller dieser vorbereitenden Manipulationen bedürfe es gleichmäßig sowohl dann, wenn die Felle — wie neuerlich Schaaffelle — mehrentheils — lohgar bereitet, wie in dem Falle, wenn sie weißgar gemacht werden sollten; bis zum Garmachen sei eben die Behandlung dort wie hier dieselbe.

Uebrigens giebt es Gewerbetreibende, welche sich überhaupt darauf beschränken, die Wolle in vorbeschriebener Weise von frischen Schaaffellen zu entfernen, also ausschließlich Sudelei zu betreiben, demnächst aber die nur soweit präparirten Felle zu verkaufen, und die weitere Behandlung, das eigentliche Gerben derselben, den Käufern zu überlassen.

2. **Ministerial-Verfügung des Ministers des Innern und der Finanzen an die Königl. Regierung zu Düsseldorf, betreffend die Anlegung von Gerbereien in den Städten, vom 16. October 1845.** (M. Bl. f. d. i. V. 1845 S. 317.)

Bei Rücksendung der Anlagen des Berichts der Königl. Regierung vom 29. August c., die von den Brüdern N. N. in N. beabsichtigte Anlage einer Gerberei betreffend, muß zuvörderst im Allgemeinen bemerkt werden, daß die Anlage neuer Gerbereien im Innern großer und volkreicher Städte wegen der damit für die Nachbarschaft verbundenen erheblichen Belästigungen in der Regel nicht zu dulden ist. Da nun in dem vorliegenden Falle gegen das Unternehmen nach dessen Bekanntmachung von Seiten mehrerer Nachbarn Widerspruch erhoben worden, die von der Königl. Regierung angeordneten Vorkehrungen aber nicht ausreichend sind, um die Nachbarschaft vor den belästigenden Ausdünstungen und Verstäubungen der Gerberei zu schützen, so wird in Gemäßheit der §§. 32 und 33 der Gewerbeordnung vom 17. Januar c. (jetzt Reichs-Gewerbe-Ordnung §§. 18 und 10) den Brüdern N. N. zu N. die nachgesuchte Erlaubniß zur Errichtung und zum Betrieb einer Gerberei auf dem bezeichneten Grundstück hiermit ausdrücklich versagt, und die Königl. Regierung veranlaßt, diese Entscheidung sowohl den Unternehmern, als den widersprechenden Nachbarn bekannt zu machen.

3. Zirkular-Rescript des Ministers für Handel und Gewerbe vom 9. Juli 1856. IV. 7957, betreffend die Verwendung von Gaskalk in den Gerbereien. (M.Bl. f. d. i. V. 1856 S. 212.)

Auf Veranlassung eines stattgehabten Unglücksfalls, wodurch mehrere Menschen das Leben verloren haben, wird die Königl. Regierung auf die Gefahren aufmerksam gemacht, welche bei Anwendung des in den Gasfabriken zum Reinigen des Leuchtgases verwendeten Kalkes, sogenannten Gaskalks, in den Lohgerbereien unter Umständen entstehen können. Dieser Kalk entwickelt bedeutende Mengen Wasserstoffgas, sobald er mit Säure in Verbindung tritt. Dies geschieht, wenn alte abgenutzte Lohbrühe, welche bekanntlich mehrere organische Säuren enthält, sich mit Gaskalk mischt. Es ist daher, wenn zum Enthaaren der Felle Gaskalk angewendet werden soll — was an und für sich ohne Beeinträchtigung der Gesundheit der Arbeiter geschehen kann, insofern nur die Gruben im Freien, d. h. nicht in abgeschlossenen Räumen angelegt sind, so daß ein genügender Luftwechsel stattfinden kann —, darauf zu halten, daß jede Vermischung dieser Flüssigkeit mit saurer Lohbrühe vermieden werde. Demgemäß ist bei Einrichtung von Gerbereien dahin zu sehen, daß die Kalkgruben in gehöriger Entfernung von den Lohkasten angelegt und daß Vorrichtungen getroffen werden, welche jene Vermischung zu verhindern geeignet sind. Bei dem Betrieb des Gewerbes darf Gaskalk nach dessen Gebrauch mit abgenutzter (saurer) Lohbrühe nicht zusammengeschüttet werden.

Da sich die Gasanstalten mehr und mehr verbreiten, und dadurch der Gaskalk vermehrte Anwendung findet, so wird die Königliche Regierung veranlaßt, bei Ertheilung der landespolizeilichen Genehmigung für Lohgerbereien demgemäß geeignete Bedingungen in die Concession aufzunehmen; auch bleibt derselben überlassen, in den Orten, wo Gerbereien bereits bestehen, und muthmaßlich Gaskalk zur Anwendung kommt, die betreffenden Gewerbtreibenden durch die Ortspolizeibehörden auf die oben erwähnten Gefahren aufmerksam zu machen und zur sorgfältigen Vermeidung der nachtheiligen Vermischung anweisen zu lassen.

4. Concessions-Bedingungen für die Errichtung von Gerbereien. (Zusammengestellt aus verschiedenen älteren und neueren Concessions-Urkunden.)

1. In den an Nachbar-Grundstücke, öffentliche Straßen oder Plätze grenzenden Wänden der Gerberei-Gebäude dürfen keine Oeffnungen angebracht werden, mit Ausnahme der Luftlöcher des Bodenraumes.

2. Fenster und Thüren der Arbeitsräume müssen möglichst geschlossen gehalten, und die in denselben sich erzeugenden Dünste mittelst eines über den Dachfirst hinaus reichenden Schlottes abgeführt werden.

3. Die Fußböden derjenigen Arbeitsräume, in welchen Schmutzwässer entstehen, müssen wasserdicht mit Steinplatten, Cement- oder Asphaltschicht und mit entsprechendem Gefälle nach den Senkgruben hergestellt sein; ebenso müssen die Abzugskanäle nach den Senkgruben wasserdicht sein.

4. Die unreinen Flüssigkeiten und die sonstigen Abgänge der Gerberei sind in wasserdichte Sammelgruben mit dichtschließendem Bohlenbelag abzuleiten.

5. Die Räumung der Senkgruben muß nach Bestimmung der Polizei-Verwaltung in angemessenen Zwischenräumen und zwar zur Nachtzeit durch Abfuhr erfolgen.

6. Die Anordnung, daß in die Senkgruben eine hinreichende Menge Kalkmilch, Thonerde, Eisenchlorid-Lösung oder ein gleichwirkendes fäulnißwidriges Mittel zu schütten ist, bleibt der Polizei-Verwaltung vorbehalten.

7. Die Lohgruben müssen mit wasserdichten Wandungen aufgeführt werden, daß die in denselben enthaltene Flüssigkeit nicht hindurchdringen kann. Die Ableitung der Letzteren hat in die unter Nr. 4 vorgeschriebenen Sammelgruben zu erfolgen.

8. Wenn zum Enthaaren der Häute Gaskalk angewendet werden sollte, so sind:

a) die Kalkgruben nur in gehöriger Entfernung von den Lohkasten und nicht in abgeschlossenen Räumen anzulegen, so daß ein genügender Luftwechsel stattfinden kann. Außerdem ist Vorkehrung zu treffen, daß jede Vermischung des Gaskalkes mit saurer Lohbrühe unbedingt verhindert werde;

b) der flüssige Inhalt, wie der Bodensatz der Kalkgruben darf weder auf dem Grund und Boden der Gerberei versenkt, noch in die öffentlichen Wasserläufe geschüttet werden, sondern ist an entlegene Stellen, wo er keinen Schaden anrichten kann, abzuführen. Auch darf Gaskalk nach seinem Gebrauche nicht mit saurer Lohbrühe zusammen geschüttet werden.

9. Die Benutzung von Arsenikalien und giftigen Farben zum Färben des Leders ist nur in, bestimmt durch die Ortspolizei-Behörde, begrenztem Umfange gestattet. Ueber Einkauf und Verbrauch solcher giftigen Stoffe ist ein Buch zu führen, welches jederzeit auf Erfordern den zuständigen Polizei-Organen vorzulegen ist.

10. Die frischen Häute sind bis zu ihrer weiteren Verarbeitung durch Einsalzen oder sonst davor zu schützen, daß sie einen fauligen Geruch verbreiten. Insbesondere dürfen Häute zum Trocknen nicht nach der Straße zu aufgehängt werden.

11. Trockene Häute müssen in geräumigen luftigen Speichern so aufbewahrt werden, daß sich aus denselben Fäulnißgase nicht entwickeln.

12. Vor Inbetriebnahme der Anlage hat der Unternehmer der Polizei-Behörde in glaubwürdiger Art nachzuweisen, daß die Ausführung den vorgeschriebenen Bedingungen entspricht.

13. Sollte es sich ergeben, daß die vorstehend festgesetzten Bedingungen nicht genügen, um die Besitzer oder Bewohner benachbarter Grundstücke oder das Publikum überhaupt oder die Gesundheit der in der Gerberei beschäftigten Arbeiter vor erheblichen Gefahren, Nachtheilen oder Belästigungen zu schützen, so bleibt Unternehmer verpflichtet, ohne Anspruch auf Entschädigung alle diejenigen Veränderungen in den Einrichtungen der Anlage oder im Betriebe zu treffen, welche zur Abhülfe jener Uebelstände erforderlich befunden werden.

14. Die Benutzung fließender Gewässer zum Schweifen der Häute und zur Ableitung von Unreinlichkeiten bleibt der polizei-

lichen Regelung gemäß §. 3 des Gesetzes vom 28. Februar 1843 über die Benutzung der Privatflüsse unterworfen. Jedenfalls ist zu beachten, daß

a) die Abgänge der Kuffen und Gruben nicht anders, als gemäß Bedingung 6 desinfizirt, in fließende Gewässer abgelassen werden dürfen,

b) das Einweichen frischer Häute, sowie das Waschen gebeizter oder gefärbter Häute in fließendem Wasser nicht stattfinden darf.

Ferner Bedingungen für Weiß-Gerbereien wie vorstehend unter Wegfall von 7.

5. **Gesetz vom 28. Februar 1843 über die Benutzung der Privatflüsse.** (Ges.-Sammlung 1843 S. 41.)

Auszug.

§. 3. Das zum Betrieb der Färbereien, Gerbereien, Walkereien und ähnlicher Anlagen benutzte Wasser darf keinem Flusse zugeleitet werden, wenn dadurch der Bedarf der Umgegend an reinem Wasser beeinträchtigt oder eine erhebliche Belästigung des Publikums verursacht wird. Die Entscheidung hierüber steht der Polizeibehörde zu.

Abdeckereien.

Concessions-Bedingungen für Errichtung von Abdeckereien, vorgeschlagen seitens des Königl. Gewerberathes für die Provinz Hannover im Jahre 1881. (Vgl. J.B. 1881 S. 121.)

Abdeckereien dürfen nicht in der Nähe von Wohnungen, öffentlichen Wegen, Ackerland oder Wiesen genehmigt werden, wegen des Geruches, des Scheuwerdens der Pferde und der Insektenstiche. Von Gebäuden ist eine Entfernung von mindestens 400 m erforderlich. Am geeignetsten ist die Lage im Walde oder auf der Haide. — Die Abdeckerei-Arbeiten dürfen ausschließlich in einem nur nach Norden offenen Schuppen betrieben werden, so daß die Kadaver nicht von der Sonne beschienen werden. Alle Abfälle, müssen sofort verscharrt werden und dürfen nicht so lange liegen bleiben, bis sie in Verwesuug übergehen. Die verscharrten Abfälle müssen mindestens 1 m hoch mit Erde bedeckt sein. Die Verscharrgruben dürfen nicht bis in das Grundwasser reichen, sondern müssen möglichst hoch und trocken gelegen sein.

Poudrette- und Düngpulver-Fabriken.

(Vgl. Technische Anleitung II. 27 S. 90.)

1. Concessions-Bedingungen für eine Düngpulverfabrik, seitens der Königl. Regierung zu Cöln im Jahre 1883 gestellt. (Vgl. J.B. 1883 S. 255, 257 u. 258.)

I. Fabrikation von schwefelsaurem Ammoniak.

1. Es ist dafür zu sorgen, daß keine von der Fabrikation herrührenden Gase und Dämpfe in den Arbeitsraum entweichen können. Diese Gase und Dämpfe sind vielmehr dem Kamin der Fabrik zuzuführen oder, wenn im Laufe des Betriebs die Polizei-Behörde solches für nöthig erachten sollte, in die Feuerung der Destillations-Kessel zu leiten.

2. Eine eventuell für die Abwässer der Ammoniak-Fabrik anzulegende Senkgrube muß mindestens 100 m von dem Brunnen entfernt liegen, aus dem die Arbeiter ihr Trinkwasser beziehen.

3. Das Einleiten der bei der Fabrikation von schwefelsaurem Ammoniak resultirenden Abwässer in die Erft ist nur insoweit gestattet, als erstlich die Wasser in einem genügend großen und zweckmäßig eingerichteten Klärsumpfe von Schlamm befreit werden und zweitens eine Schädigung oder erhebliche Belästigung der Bachadjazenten nicht stattfindet.

II. Fabrikation von gefälltem phosphorsauren Kalk.

1. Beim Behandeln der Phosphorite mit Salzsäure muß das Ableitungsrohr für die abziehenden Dämpfe so weit sein,

daß in dem Kessel kein Dampfdruck entstehen kann, es muß ferner dafür gesorgt werden, daß keine salzsäurehaltigen Dämpfe in den Arbeitsraum entweichen können. Die letzte Bestimmung gilt auch für das mit Rührwerk versehene Bassin, in welches der Kesselinhalt entleert und wo er mit Kalkmilch vermischt werden soll.

2. Die Abführung der salzsäurehaltigen Dämpfe in den Kamin ist nur insoweit gestattet, als dadurch Schädigungen an dem Aufwuchs der benachbarten Grundstücke, oder Belästigungen der Nachbarschaft nicht vorkommen. Sobald dieses eintritt, sind Einrichtungen zu treffen, welche eine vollständige Kondensation der fraglichen Dämpfe sicher stellen.

3. Die Bestimmung unter I 3 findet auch auf die bei der Fabrikation von gefälltem phosphorsauren Kalk erhaltenen chlorkalziumhaltigen Abwässer Anwendung.

III. **Das Aufschließen von Phosphoriten oder Guanos mit Schwefelsäure**

darf in geschlossenen Arbeitsräumen nur dann ausgeführt werden, wenn durch eine ausreichende Ventilation für eine direkte Aufsaugung und rasche Abführung der entweichenden Säuredämpfe gesorgt wird.

IV. **Beim Zerkleinern der Knochen**

müssen ebenso, wie zum Zerkleinern der Phosphorite u. s. w. Einrichtungen getroffen werden, um eine Verbreitung des entstehenden Staubes in den Arbeitsräumen zu verhindern.

2. **Concessions-Bedingungen für eine Kunstdünger-Fabrik, mitgetheilt seitens des Königl. Gewerberathes für die Regierungen Minden und Münster im Jahre 1882.** (Vgl. J.B. 1882 S. 184.)

Die rohen Knochen müssen in einem trockenen, gut ventilirten, mit Dachreiter versehenen Gebäude gelagert werden und sind, bevor sie auf Lager kommen, mit Kalkmilch zu behandeln. Die Dämpfe aus dem Knochendämpfer müssen mittelst einer dichtschließenden Rohrleitung von dem oberen Ablaßhahn aus, behufs

Verbrennung, der Dampfkessel-Feuerung zugeführt werden. Die Auskochwässer müssen in einen wasserdichten und gut bedeckten Behälter abgelassen werden und sind hier mit Kalkmilch zu behandeln. Die gedämpften Knochen müssen in einem geschlossenen Raum — Darre — künstlich getrocknet werden. Die hier entstehenden Dämpfe sind zu verbrennen.

Hopfen-Schwefeldörren, Asphaltkochereien, Pechsiedereien, Strohpapierstofffabriken, Darmzubereitungsanstalten und Fabriken, in welchen Dampfkessel oder andere Blechgefäße durch Vernieten hergestellt werden.

(Erweiterung des Verzeichnisses des §. 16 der Reichs-Gewerbe-Ordnung, genehmigt durch Gesetz vom 2. März 1874. R.G.Bl. S. 19.)

Denkschrift des Bundesrathes, betreffend die Aufnahme der Hopfenschwefeldörren, Asphaltkochereien, Pechsiedereien, Strohpapierstofffabriken, Darmzubereitungsanstalten und Fabriken, in welchen Dampfkessel oder andere Blechgefäße durch Vernieten hergestellt werden, in das Verzeichniß derjenigen gewerblichen Anlagen, welche nach §. 16 der Reichs-Gewerbe-Ordnung einer besonderen Genehmigung bedürfen. (Reichstag 2. Legislatur-Periode 1873.)

Nach §. 16 der Gewerbeordnung vom 21. Juni 1869 ist zur Errichtung von Anlagen, welche durch die örtliche Lage oder die Beschaffenheit der Betriebsstätte für die Besitzer oder Bewohner der benachbarten Grundstücke oder für das Publikum überhaupt erhebliche Nachtheile, Gefahren oder Belästigungen herbeiführen können, die Genehmigung der nach den Landesgesetzen zuständigen Behörde erforderlich. Die unter diese Bestimmung fallenden Anlagen sind in einem besonderen Verzeichniß aufgeführt, welches durch Beschluß des Bundesraths, vorbehaltlich der Genehmigung des nächstfolgenden Reichstags, erweitert werden kann. Letztere

Bestimmung trägt der Möglichkeit Rechnung, daß weitere Erfahrungen auch bei dem Betriebe anderer als der genannten Anlagen Uebelstände empfinden lassen, deren Ausdehnung schleunigst vorzubeugen geboten erscheint. Auf Grund solcher inzwischen eingetretenen Erfahrungen hat denn auch der Bundesrath am 5. Juli v. J. beschlossen, das Verzeichniß concessionspflichtiger Anlagen im §. 16 der Gewerbeordnung auf Hopfen-Schwefeldörren, Asphaltkochereien und Pechsiedereien, soweit sie außerhalb der Gewinnungsorte des Materials errichtet werden, Strohpapierstofffabriken und Darmzubereitungs-Anstalten auszudehnen. Dieser Beschluß ist durch die Bekanntmachung des Reichskanzlers vom 20. Juli v. J. (1873) — Reichs-Gesetzbl. S. 299 — zur öffentlichen Kenntniß gebracht. Gleichzeitig hat der Bundesrath beschlossen, die Bundesregierungen um eine Aeußerung darüber zu ersuchen, ob und inwieweit ein Bedürfniß vorliegt, im Wege der Gesetzgebung gegen die Belästigung des Publikums durch solche Anstalten, deren Betrieb mit einem stetigen und intensiven Geräusch verbunden ist, Abhülfe zu schaffen. Nach dem Ergebniß dieser Erörterung ist auch bei dem Betriebe der Fabriken von Dampfkesseln und von genieteten Blechgefäßen anderer Art die Gefahr erheblicher Unzuträglichkeiten für so groß zu erachten, daß ihre Aufnahme in das Verzeichniß des §. 16 der Gewerbe-Ordnung beantragt werden darf.

Was die einzelnen Arten der hiernach unter den §. 16 zu stellenden Anlagen betrifft, so liegt die Gefahr der Hopfen-Schwefeldörren in der Erzeugung großer Mengen schwefeliger Säure, eines dem thierischen und pflanzlichen Organismus höchst nachtheiligen Gases, welches in Ermangelung besonderer Vorkehrungen aus den zum Dörren benutzten Räumen in die freie Luft entweicht und die Vegetation in weitem Umfange mit Vernichtung bedroht. Bei den Asphaltkochereien und Pechsiedereien greifen ähnliche Rücksichten Platz, wie bei den im §. 16 bereits aufgenommenen Anlagen zur Bereitung von Braunkohlentheer, Steinkohlentheer und Koaks. Es mußten hier indessen diejenigen Anlagen ausgenommen bleiben, welche innerhalb der Gewinnungsorte des Materiales liegen, weil in diesem Falle die Anlagen einerseits den Charakter gewerblicher Anlagen regelmäßig nicht an sich tragen, andererseits fast immer entfernt von menschlichen Verkehrsplätzen, im Walde und dergl. belegen sein werden. Die durch den Betrieb der Strohpapierstoff-Fabriken herbeigeführten Unzuträglichkeiten beruhen nicht nur in der Erzeugung großer Mengen verunreinigter Waschwässer, welche organische Stoffe, Alkali-Abfälle, auch Rückstände von Chlor enthalten, sondern auch in der Verbreitung übelriechender Dünste. Sie stehen darin den Schnellbleichen nahe, welche im §. 16 bereits aufgeführt sind. Die Darmzubereitungs-Anstalten unterliegen, soweit sie sich als Theil eines Schlächtereibetriebes darstellen, schon jetzt dem Verfahren der §§. 17 ff. der Gewerbeordnung; soweit dies nicht der Fall ist, war ihre Errichtung bisher an Einschränkungen nicht gebunden, obwohl ihre sanitäre Bedeutung der des Schlächtereibetriebes analog ist und aus diesem Grunde die Gleichstellung mit dem letzteren gerechtfertigt erscheint. Die Fabriken von Dampfkesseln sind durch den mit ihrem Betrieb, insbesondere mit dem Vernieten und zugehörigen Verstemmen unvermeidlich verbundenen Lärm belästigend und, namentlich wenn sie in eng gebauten und dicht bewohnten Stadttheilen liegen, selbst gesundheitsgefährlich geworden. Sie erscheinen in dieser Beziehung vielfach nachtheiliger, als die im §. 16 bereits aufgeführten, in ihrem Betriebe ebenfalls mit starkem Geräusch verbundenen Hammerwerke. Mit den Fabriken von Dampfkesseln sind die Fabriken von anderen genieteten Blechgefäßen um deshalb gleich behandelt, weil sie in der Beschaffenheit des verwendeten Materials, in der Art seiner Bearbeitung und in der Einwirkung des Betriebes auf die Umgebungen jenen nahe stehen. Es gehören hierher namentlich Fabriken für die in den Siedereien gebrauchten, großen Blechgefäße. Dagegen sind, nach der Fassung der Vorlage, als davon ausgeschlossen zu betrachten Arbeitsstätten für Gegenstände aus Blech, die, wie z. B. Rohre, durch ihren Charakter und durch die Herstellung sich von Gefäßen der gedachten Art unterscheiden und deren Herstellung insbesondere darin eine andere ist, daß die Vernietung der Bleche regelmäßig ein Verstemmen nicht bedingt.

Kalifabriken und Anstalten zum Imprägniren von Holz mit erhitzten Theerölen.

(Erweiterung des Verzeichnisses §. 16 der Reichs-Gewerbe-Ordnung, genehmigt durch Gesetz vom 31. Januar 1882. R.G.Bl. S. 10.)

Denkschrift des Bundesrathes, die Aufnahme der Kalifabriken und Anstalten zum Imprägniren von Holz mit erhitzten Theerölen in das in dem §. 16 der Gewerbeordnung enthaltene Verzeichniß der gewerblichen Anlagen, welche einer besonderen Genehmigung bedürfen. (Reichstag 5. Legislatur-Periode I. Session 1881.)

Der Betrieb der Kalifabriken, welche aus Kali-Rohsalzen mittels eines dem Salinenbetrieb sich nahe anschließenden Verfahrens Chlorkalium und andere Stoffe darstellen, ist theils in Folge der Aufhäufung salzhaltiger Rückstände, theils und vor allem in Folge der massenhaften Production salziger Laugen, welche den fließenden Gewässern zugeführt werden, mit erheblichen Nachtheilen und Belästigungen für die Nachbarschaft der Fabrikorte und dieser Gewässer verbunden. An dem Hauptsitz der Kali-Industrie, in Staßfurt und Umgegend, haben diese Mißstände einen Umfang erreicht, welcher die Nothwendigkeit, einer weiteren Ausdehnung derselben wirksam vorzubeugen, außer Zweifel gestellt hat. Eingehende in jener Gegend angestellte Untersuchungen haben ergeben, daß durch die salzhaltigen Abflüsse der daselbst bestehenden Kalifabriken das Wasser des Bodeflusses in einen Zustand versetzt ist, der es für häusliche und wirthschaftliche Zwecke unbrauchbar macht, und daß selbst das Wasser der Elbe bei Magdeburg eine merkliche Verschlechterung durch das aus den Abgängen der Kali-Industrie herrührende Chlormagnesium erfahren hat.

Der Concessionspflicht unterliegen die Kalifabriken zur Zeit nicht, da der Begriff der in §. 16 der Gewerbeordnung aufgeführten chemischen Fabriken auf den salinenartigen Betrieb der

Kalifabrikation nicht anwendbar ist. Hinsichtlich der für die Nachbarschaft zu besorgenden Nachtheile und Belästigungen sind die Kalifabriken mit den chemischen Fabriken durchaus auf gleiche Linie zu stellen; es erschien deshalb geboten, neue Anlagen dieser Art der Concessionspflicht zu unterwerfen. In Preußen kann zwar gegen die Verunreinigung der Wasserläufe durch salzhaltige Fabrikabgänge nach §. 3 des Gesetzes vom 28. Februar 1843 im polizeilichen Wege vorgegangen werden; allein sowohl für die Unternehmer der Fabriken, als für diejenigen, welche unter der Ableitung der salzhaltigen Laugen zu leiden haben, bietet das Concessionsverfahren mit seinem Aufgebot der Opponenten und mit der Prüfung des Projects durch Sachverständige offenbar größere Vortheile, als ein Rechtszustand, welcher nur gegen bereits eingetretene Uebelstände mittels der Sistirung des Betriebs kostspieliger Anlagen einzuschreiten gestattet.

Das Bedürfniß, die Anstalten zum Imprägniren von Holz mit erhitzten Theerölen unter den §. 16 der Gewerbeordnung zu stellen, hat sich als ein dringendes herausgestellt, seitdem das Imprägniren auch für Weinbergspfähle und ähnliches vor Bodenfeuchtigkeit zu schützendes Kleingehölz in ausgedehntem Maße üblich geworden und in Folge dessen eine erhebliche Vermehrung der Imprägniranstalten eingetreten ist.

Das Imprägniren hat den Zweck, die selbst bei trockenen Hölzern immer noch vorhandenen Saftbestandtheile, welche nach Aufnahme von Wasser leicht in Gährung übergehen und dadurch die Fäulniß der Holzfaser veranlassen, durch Anwendung chemischer Mittel so umzugestalten, daß dieselben ungleich schwieriger in Gährung übergehen können. Die zur Verwendung gebrachten Imprägnirungsstoffe sind hauptsächlich: verdünnte Mineralsäuren (Salpetersäure und Schwefelsäure), Lösungen von Metallsalzen (Eisenvitriol, Kupfervitriol, Chlorkalk und Chlorquecksilber, sogenanntes Quecksilbersublimat), auch Mischungen von Salzen und Säuren (Mykothanaton 2c.) und endlich die sogenannten Theeröle, insbesondere Kreosot und Kreosotöl.

Die Wirkungen der gegenwärtig besonders gebräuchlichen Arten des Verfahrens sind für die Nachbarschaft durchaus verschieden.

Bei dem Imprägnirungsverfahren mit Säuren und Salzlösungen (dem Kyanisiren auf kaltem Wege) erscheint eine Belästigung oder Schädigung der Umgebung nur dann möglich, wenn die giftige Imprägnirungsflüssigkeit aus undichten Trögen oder Bottichen, in welchen der Kyanisirungsproceß vor sich geht, dem Grundwasser sich mittheilt oder in anderweit benutzte Wasserläufe gelangt.

Das Imprägniren mit Theerölen (Kreosotiren) dagegen, welches, soviel bekannt, immer unter Erhitzung der Oele stattfindet, hat unter dieser Voraussetzung stets eine Benachtheilung der Nachbarschaft zur Folge. Das Imprägniren geschieht entweder in der Art, daß zunächst die Luft aus den mit den Hölzern angefüllten luftdicht schließenden Kesseln (Cylindern) ausgepumpt, sodann die in einem Reservoir befindliche Imprägnirungsflüssigkeit unter Druck eingepumpt, und die Hölzer so lange in der erwärmten Flüssigkeit belassen werden, bis sie ganz von derselben durchdrungen sind. — Nach Beendigung dieser Manipulation werden die Hölzer aus den Kesseln herausgenommen und im Freien gelagert, wobei dann ein mehr oder weniger intensiver Theergeruch sich entwickelt, oder die vorher getrockneten Hölzer werden in offene oder auch gedeckte, aber nicht hermetisch schließende Kessel gelegt, oder, wenn sie nur an einem Ende imprägnirt werden sollen, in den Kesseln aufrecht gestellt. Dann wird das in den Kesseln enthaltene Kreosotöl mit den Hölzern zusammen erwärmt und schließlich beides auf die Lufttemperatur abgekühlt; die Erwärmung des Oels geschieht mehrere Stunden lang, bis die Hölzer in ihrem ganzen Querschnitt die Temperatur des siedenden Oels (nach einer Angabe etwas über 100° C., nach anderen Angaben über 235° C.) angenommen haben; bei der hierauf erfolgenden Abkühlung des Oels und der darin befindlichen Hölzer findet hauptsächlich die Aufnahme des Oels in die durch die vorherige Erwärmung geöffneten Poren und Gänge des Holzes statt. Vor Herausnahme der Hölzer aus dem Oele wird abermals unterfeuert, damit die Hölzer besser abdampfen und trocknen, was sehr langsam vor sich geht.

Wenn bei der erstgeschilderten Art des Kreosotirens Gerüche hauptsächlich nur nach Entnahme der Hölzer aus dem Cylinder sich bemerkbar machen, so entwickeln sich bei dem zuletzt geschilderten Verfahren schon während des stundenlangen Siedens des Oels massenhaft dichte Dämpfe, welche am Rande des Kessels energisch hervordringen. Ebensolche Dämpfe, wenn auch weniger dicht, entsteigen dann noch Tage lang den aus dem heißen Oel herausgenommenen und oft zu Tausenden über einander geschichteten Hölzern. Der höchst unangenehme Geruch der Dämpfe ist ein durchdringender, intensiver. Derselbe ähnelt dem des Steinkohlentheers, doch herrscht bei dem Kreosotiren der Karbolgeruch (das Kreosotöl enthält bis zu 20 Procent Karbolsäure) vor. Je nach der Witterung verbreiten sich die Dämpfe bis auf 400 bis 600 Meter und gereichen selbst in dieser Entfernung zur erheblichen Belästigung der Nachbarschaft, worüber schon die lebhaftesten Klagen geführt worden sind. Neben dem übelen Geruch haben die Dämpfe bei ihrer Condensation den Nachtheil, dichte Naphtalinkrystalle, in Form von ganz kleinen Blättchen niederzuschlagen, welche gleichfalls vom Winde zerstreut und weit fortgeführt werden, so daß man schon an Zimmerwänden benachbarter Gebäude Niederschläge solcher Krystallblättchen beobachtet hat. Außerdem aber sind die fraglichen Ausdünstungen unter Umständen mit Gefahren für die Gesundheit verbunden; es sind von ärztlicher Seite in mehreren Fällen Kopfschmerzen, Augenentzündungen, Athmennoth, vermehrter Husten, Ekel, Appetitlosigkeit, Erbrechen auf die Belästigung durch jene Dämpfe zurückgeführt worden, und eine nachtheilige Einwirkung derselben auf die empfindlichen Schleimhäute der Augen und der Athmungsorgane wird durch Angaben der Besitzer von Imprägniranstalten selbst bestätigt.

Hiernach, und da es bisher nicht gelungen ist, durch besondere Einrichtungen bei dergleichen Anlagen (Condensationsvorrichtungen ꝛc.) die Verbreitung der Dämpfe und damit die Benachtheilung der Nachbarschaft wesentlich zu verringern, erscheinen die Imprägniranstalten, soweit sie mit erhitzten Theerölen arbeiten, nicht minder belästigend und gefährlich, als die in das Verzeichniß des §. 16 der Gewerbeordnung aufgenommenen

Anlagen zur Bereitung von Braunkohlentheer, Steinkohlentheer und Coaks.

Kunstwollfabriken.

(Erweiterung des Verzeichnisses des §. 16 der Reichs-Gewerbe-Ordnung, genehmigt durch Gesetz vom 21. April 1883. R.G.Bl. S. 33.)

1. **Denkschrift des Bundesrathes, betreffend die Aufnahme der Kunstwollfabriken in das Verzeichniß derjenigen Anlagen, welche nach Bestimmung des §. 16 der Gew.-Ordn. einer besondern Genehmigung bedürfen.** (Reichstag 5. Legislatur-Periode II. Session Nr. 118.)

Kunstwollfabriken, d. h. diejenigen Gewerbeanlagen, welche gemischte Lumpen durch Vermittelung chemischer und mechanischer Prozesse zu Wolle verarbeiten, haben eine Reihe von Gefahren, Benachtheiligungen und Belästigungen zur Folge. Zunächst werden schon durch das Einfetten der Lumpen mit warmen Oelen übelriechende Dünste erzeugt, welche nicht nur die Arbeitsräume erfüllen, sondern auch beim Mangel entsprechender Vorkehrungen in die Umgebung der Anlage hinausdringen und erhebliche Belästigungen für die Nachbarschaft bewirken. Sodann werden die Lumpen zur Zerstörung der in denselben enthaltenen Baumwollenbestandtheile in geschlossenen Oefen während 6 bis 8 Stunden erhitzten Salzsäure-Dämpfen ausgesetzt; erfahrungsmäßig verursachen die aus den Oefen entweichenden nicht unbeträchtlichen Mengen von Salzsäuredämpfen nicht nur wesentliche Belästigungen und Gesundheitsstörungen für die in den betreffenden Räumlichkeiten beschäftigten Arbeiter, sondern sie bewirken auch, wenn nicht durch zweckentsprechende Absorptionsmittel ihr Austreten verhindert wird, erhebliche Benachtheiligungen für die Nachbarschaft. Der sich verbreitende Salzsäuregeruch ist belästigend, die Salzsäuredämpfe schädigen nach gemachten Wahrnehmungen die Vegetation in der Nähe der Fabrik, und es ist nicht ausgeschlossen, daß sie auf die Athmungsorgane der in der Nähe befindlichen Personen einen gesundheitsstörenden Einfluß ausüben. Endlich werden die in den Lumpen enthaltenen vegetabilischen Beimengungen (Baumwolle) durch mechanische Zerreißung vollends zerstört, wodurch sich sehr erhebliche Mengen von Staub, in einer größeren Fabrik bis zu 25 Ctr. täglich, entwickeln.

Wenn nicht dafür gesorgt wird, daß dieser Staub durch zweckentsprechende Exhaustoren in gehörig abgeschlossene Staubkammern getrieben wird, und daß diese Staubkammern regelmäßig entleert werden, so theilen sich erfahrungsmäßig größere Quantitäten des Staubes, aus der Anlage entweichend, der Luft mit und bewirken erhebliche Belästigungen und Schädigungen für die Bewohner der benachbarten Häuser und die Besitzer der in der Nähe befindlichen Grundstücke.

Diesen bei den Kunstwollfabriken zu befürchtenden Gefahren, Nachtheilen und Belästigungen kann nur dann wirksam und rechtzeitig durch sachkundige Auflagen und Aufsichtsmaßregeln entgegengewirkt werden, wenn die Gewerbe-Anlagen dem §. 16 der Gew.Ordn. unterstellt werden.

2. **Entscheidungen des Oberverwaltungs-Gerichts betreffend Kunstwollfabriken vom 29. Oktober 1883 Nr. 37.** (Entsch. des Ob.Verw. Gerichtes B. X S. 263.)

Kunstwollfabriken gehörten bis zum Erlasse der Bekanntmachung vom 12. Juli 1882 (R.G.Bl. S. 123, vgl. auch R.G.Bl. 1883 S. 33) nicht zu denjenigen gewerblichen Anlagen, deren Errichtung oder Veränderung nach den §§. 16 ff. der Reichs-Gew.Ordn. an eine besondere Genehmigung gebunden ist; ein Verfahren, wie es in den §§. 17 ff. daselbst vorgesehen ist, konnte daher zur Zeit, als die angegriffenen Verfügungen erlassen wurden, überhaupt nicht in Frage kommen; auch tritt ein solches nur auf Antrag des Unternehmers ein.

Unabhängig davon besteht die Befugniß der Polizeibehörde, gegen den Inhaber einer gewerblichen Anlage wie gegen jede andere Privatperson auf Grund der ihr in den Gesetzen (vgl.

namentlich §. 10 Tit. 17 Th. II. A.L.R.) ertheilten allgemeinen Ermächtigung bei gegebener Veranlassung einzuschreiten.

Soweit es sich hierbei um Anlagen handelt, welche in Gemäßheit der angezogenen §§. 16 ff. koncessionirt sind, findet allerdings das öffentliche Interesse seinen Schutz lediglich in denjenigen Bedingungen, welche bei Ertheilung der Genehmigung zufolge der §§. 18 und 24 Abs. 2 von der zuständigen Behörde festgesetzt sind, und, falls diese nicht ausreichen, in der Bestimmung des §. 51, wonach wegen überwiegender Nachtheile und Gefahren für das Gemeinwohl die fernere Benutzung einer jeden gewerblichen Anlage durch die höhere Verwaltungs-Behörde gegen Leistung von Schadenersatz untersagt werden kann. — Denn das Erforderniß einer besonderen Genehmigung, deren Ertheilung nach voraufgegangener Prüfung in einem speciell geordneten Verfahren erfolgen soll, dient nicht blos zum Schutze der Besitzer und Bewohner der benachbarten Grundstücke, sowie des Publikums überhaupt, sondern bezweckt zugleich eine Sicherung des Unternehmers gegen künftige Anfechtungen. Die Genehmigung bleibt deshalb so lange in Kraft, als keine Aenderung in der Lage oder Beschaffenheit der Betriebsstätte oder in dem Betriebe vorgenommen wird, und die Polizei-Behörde darf demgemäß nicht ihrerseits neue Anforderungen an den Unternehmer stellen (vgl. Entscheidungen des Ober.Verw.Ger. Band V S. 289).

Derartige Schranken sind aber der Polizeibehörde da nicht gezogen, wo sie einer nicht genehmigten Anlage gegenübersteht; hier kommen die der Polizei überhaupt zustehenden Befugnisse in vollem Umfange zur Anwendung.

Anlagen zur Herstellung von Celluloid und Dégrasfabriken.

(Erweiterung des Verzeichnisses des §. 16 der Reichs-Gewerbe-Ordnung, genehmigt durch Gesetz vom 21. April 1883. R.G.Bl. S. 33.)

1. Denkschrift des Bundesrathes, betreffend die Aufnahme der Anlagen zur Herstellung von Celluloid in das Verzeichniß derjenigen Anlagen, welche nach Bestimmung des §. 16 der Gewerbeordnung einer besonderen Genehmigung bedürfen.

(Reichstag 5. Legislatur-Periode II. Session 1882 Nr. 118.)

Die Operationen der Anlagen zur Herstellung von Celluloid bestehen darin, daß aus der Nitrocellulose durch Verbindung mit Kamphor Celluloid in der Form roher Preßkuchen hergestellt wird. Nach den gemachten Versuchen ist die Gefahr nicht ausgeschlossen, daß hierbei durch übermäßige Pressung und Ueberhitzung Explosionen entstehen, eine Gefahr, welche um so näher liegt, als nicht selten zum Vermischen der Cellulose mit Kamphor Aether oder andere leicht flüchtige und leicht entzündliche Flüssigkeiten angewendet werden, welche bei unvorsichtiger Handhabung von Licht und Feuer in Flammen gerathen können.

In Hinblick auf diese Gefahren erscheint es geboten, daß der Gewerbepolizeibehörde die Möglichkeit eröffnet werde, schon vor der Errichtung von Anlagen zur Herstellung von Celluloid, unter Prüfung des Baues, den Unternehmern die im öffentlichen und nachbarlichen Interesse erforderlichen Auflagen zu machen. Dieselben würden sich namentlich auf Vorkehrungen erstrecken, welche geeignet sind, die Feuers- und Explosionsgefahr abzuwenden; insbesondere würde vorzusehen sein, daß die Anlagen zur Fertigung des Celluloids und zwar Magazinirung desselben nur in bestimmten Entfernungen von benachbarten Gebäuden, Waldungen und Ansammlungen leicht brennbarer Materialien errichtet werden dürfen, daß das Trockenhaus für das Celluloid abgesondert und feuerfest herzustellen sei, und daß die Verwendung von Aether oder anderen leicht flüchtigen und leicht entzündlichen

Flüssigkeiten, das Mischen nur in abgesonderten und feuerfesten Räumlichkeiten vorgenommen werde.

Da nach der in der Praxis allgemein angenommenen Auslegung des Gesetzes derartige Gewerbeanlagen, wenn sie auch mit chemischen Stoffen operiren, indem sie die letzteren mechanisch mischen, doch nicht zu den chemischen Fabriken im Sinne des §. 16 der Gewerbeordnung gerechnet werden, da ferner das Celluloid seiner Zweckbestimmung nach nicht als ein Zündstoff betrachtet werden kann, so ist an sich, abgesehen von den den Verwaltungs-Behörden durch §. 120 Abs. 3 der Gewerbe-Ordnung und durch die allgemeinen bau- und feuerpolizeilichen Bestimmungen gegebenen Handhaben, ein gewerbepolizeiliches Einschreiten bei Errichtung von Anlagen zur Herstellung von Celluloid zur Zeit nicht wohl zulässig, und es mußte deshalb diesem Mangel durch die Einreihung jener Anlagen in das Verzeichniß des §. 16 der Gewerbe-Ordnung abgeholfen werden.

2. **Denkschrift des Bundesrathes, betreffend die Aufnahme der Dégrasfabriken in das Verzeichniß derjenigen Anlagen, welche nach Bestimmung des §. 16 der Gewerbe-Ordnung einer besonderen Genehmigung bedürfen.** (Reichstag 5. Legislatur-Periode II. Session 1882 Nr. 118.)

Es werden zwei Sorten von Dégras unterschieden, natürliches und künstliches. Ersteres wird als ein Nebenprodukt der Sämischgerberei aus dem Wasser genommen, welches von der Walke abläuft, und ist ein Fett, das als Lederschmiere und in der Lohgerberei viel verwendet wird. Erfolgt die Ausscheidung dieses Fettes aus dem Walkwasser in der Gerberei selbst, so ist die betreffende Anlage, als ein Bestandtheil der Gerberei, der für die letztere erforderlichen Genehmigung schon gegenwärtig unterworfen.

Das künstliche Dégras pflegt in der Weise hergestellt zu werden, daß man Abschnitzel von Sämischleder in Thran tränkt, dieses Leder dann längere Zeit an der Luft liegen läßt, mit Pottaschelösurg behandelt und dann auspreßt, oder in der Art, daß man Thran mit einem Zusatz von Chemikalien in Kesseln unter öfterem Umrühren erwärmt und verdickt.

Insofern hier keine chemische Fabrikation vorliegt, was nur bei der zuletzt beschriebenen Art der Herstellung des künstlichen Dégras in Frage kommen könnte, bietet der §. 16 der Gewerbe-Ordnung keine Handhabe, die Dégrasfabriken für genehmigungspflichtig zu erklären. Nun ist aber die Herstellung des Dégras meistens mit der Entwickelung übelriechender, die Nachbarschaft erheblich belästigender Gase und Dämpfe verbunden; die dafür bestimmten Anlagen stehen mit den nahe verwandten Seifensiedereien und Fettschmelzen auf einer Linie und sind gleich diesen der Genehmigungspflicht zu unterwerfen.

3. Concessions-Bedingungen für Dégrasfabriken, vorgeschlagen von dem Königl. Gewerberath für die Regierungs-Bezirke Cöln-Coblenz im Jahre 1882. (Vgl. J.B. 1882 S. 240.)

1. Der Kessel, in dem Fette erhitzt werden sollen, ist mit einer dampfdichten Haube, welche an der Arbeitsseite mit einer dichtschließenden Thür versehen ist, zu bedecken. Die unter dieser Haube sich ansammelnden Dämpfe sind mittelst zweier, mindestens 12 cm weiter Rohre in die Feuerung des Kessels zu leiten.

2. Es dürfen keine Fabrik-Rückstände innerhalb des Fabrik-Grundstücks in den Boden vergraben werden.

Fabriken, in welchen Röhren aus Blech durch Vernieten hergestellt werden, sowie die Anlagen zur Erbauung eiserner Schiffe, zur Herstellung eiserner Brücken oder sonstiger eiserner Bauconstructionen.

(Erweiterung des Verzeichnisses des §. 16 der Reichs-Gewerbe-Ordnung, genehmigt durch Gesetz vom 4. Januar 1885. R.G.Bl. S. 2.)

Denkschrift des Bundesrathes, betreffend die Aufnahme der Fabriken, in welchen Röhren aus Blech durch Vernieten hergestellt werden, sowie der Anlagen zur Erbauung eiserner Schiffe, zur Herstellung eiserner Brücken oder sonstiger eiserner Bauconstructionen in das Verzeichniß derjenigen gewerblichen Anlagen, welche nach Bestimmung des §. 16 der Gewerbe-Ordnung einer besonderen Genehmigung bedürfen. (Reichstag 6. Legislatur-Periode 1884.)

Durch das Gesetz vom 2. März 1874 (Reichs-Gesetzblatt Seite 19) ist bestimmt worden, daß dem Verzeichniß der einer besonderen Genehmigung bedürfenden Anlagen im §. 16 der Gewerbeordnung vom 21. Juni 1869 unter anderen Anlagen hinzuzufügen sind: Fabriken, in welchen Dampfkessel oder andere Blechgefäße durch Vernieten hergestellt werden.

Neuerdings sind Klagen darüber laut geworden, daß Fabriken, in welchen Röhren aus Blech durch Vernieten hergestellt werden, wie Dampfheizungsröhren, Röhren zu den Condensationen der Theerschwelereien, Blechsaugeröhren für Abteufpumpen in Schächten und dergl., durch das mit der Herstellung verbundene lärmende Geräusch die Nachbarschaft nicht weniger belästigen, als Fabriken, in welchen Dampfkessel oder andere Blechgefäße vernietet werden. Diese Klagen müssen nach den angestellten Ermittelungen für begründet erachtet werden. Da dadurch zugleich festgestellt ist, daß Arbeitsstätten bestehen, welche der fabrikmäßigen Herstellung von Röhren aus Blech dienen, ohne zugleich Dampfkesselschmieden zu sein, so erscheint es geboten, diese Fabriken in das Verzeichniß der genehmigungspflichtigen Anlagen aufzunehmen.

Weiter zu gehen und etwa die nicht fabrikmäßig betriebenen Arbeitsstätten, in welchen überhaupt irgend welche Gegenstände aus Blech durch Vernieten hergestellt werden, in jenes Verzeichniß aufzunehmen, ist um deswillen nicht rathsam, weil dadurch Betriebsstellen, namentlich auch des Kleinbetriebes, getroffen werden würden, bezüglich deren ein entsprechendes Bedürfniß nicht besteht.

Dagegen sprechen dieselben Gründe, welche die Aufnahme der obenbezeichneten Fabriken in das Verzeichniß des §. 16 der Gewerbeordnung rechtfertigen, für die Ausdehnung des letzteren auf diejenigen Anlagen, in denen eiserne Schiffe, eiserne Brücken und sonstige eiserne Bauconstructionen hergestellt werden. Durch die in solchen Anlagen erfolgende Verarbeitung von eisernen Platten, Stangen und dergleichen wird ein Geräusch erzeugt, welches für die Nachbarschaft und das in der Nähe verkehrende Publikum mit erheblicher Belästigung verbunden ist. Diese Belästigung ist um so empfindlicher, als die Arbeiten dieser Anlagen meist im Freien ausgeführt werden und somit das Geräusch, welches damit verbunden ist, durch keinerlei Bedeckung der Arbeitsstelle gedämpft wird.

Anlagen zur Destillation oder zur Verarbeitung von Theer und von Theerwasser.

(Erweiterung des Verzeichnisses des §. 16 der Reichs-Gewerbe-Ordnung, genehmigt durch Gesetz vom 24. April 1885. R.G.Bl. S. 92.)

1. Denkschrift des Bundesrathes, betreffend die Aufnahme der Anlagen zur Destillation oder zur Verarbeitung von Theer und von Theerwasser in das Verzeichniß der genehmigungspflichtigen gewerblichen Anlagen (§. 16 der Reichs-Gewerbe-Ordnung). (Reichstag 6. Legislatur-Periode 1884.)

Im §. 16 der Gewerbeordnung für das Deutsche Reich sind gewerbliche Anlagen zur Bereitung von Braunkohlentheer, Steinkohlentheer und Koaks, sofern sie außerhalb der Gewinnungsorte des Materials errichtet werden, für concessionspflichtig erklärt.

Neuerdings ist die Frage zur Erörteruug gelangt, wie gewerbliche Anlagen zur Destillation oder zur Verarbeitung von Theer zu behandeln seien. Während man früher geneigt gewesen ist, die letzteren, auch ohne daß sie in den §. 16 a. a. O. ausdrücklich aufgenommen worden sind, um deswillen der Concessionspflicht zu unterwerfen, weil die Anlagen zur Theerbereitung concessionspflichtig sind, wird neuerdings, insbesondere von der Königlich preußischen technischen Deputation für Gewerbe, die Ansicht vertreten, daß sie wegen der großen Menge von Pech, welches bei dem Destillationsproceß gewonnen wird, als Pechsiedereien anzusehen seien und als solche von dem Reichsgesetz vom 2. März 1874 (Reichsgesetzblatt S. 19), welches die Pechsiedereien der Genehmigungspflicht unterwirft, betroffen würden. Von anderer Seite dagegen wird die Concessionspflicht derartiger Anlagen deshalb in Abrede gestellt, weil dieselben im §. 16 der Gewerbeordnung nicht ausdrücklich aufgeführt seien.

Nach den Erfahrungen derjenigen Provinzialbehörden, in deren Bezirken Anlagen zur Theerdestillation theils mit, theils ohne Genehmigung betrieben werden, ist es erforderlich, die letzteren bei ihrer Feuergefährlichkeit, bei der damit bisweilen verbundenen Explosionsgefahr, bei der den Adjacenten aus dem Betriebe erwachsenden Belästigung und bei der Gefahr der Verunreinigung des Bodens durch Ammoniakwasser ebenso der Genehmigungspflicht zu unterwerfen, wie sie für ähnliche im §. 16 der Reichs-Gewerbeordnung aufgeführte Anlagen, insbesondere für die Anlagen zur Destillation von Erdöl, festgestellt worden ist. Dies gilt auch für solche Anlagen, welche nicht außerhalb der Gewinnungsorte des Materials errichtet werden, z. B. für Theerdestillation, welche nachträglich in eine Theerbereitungsanlage eingerichtet werden sollen.

Bei der Verarbeitung von Theer werden zunächst werthvolle, zur Anilinfarben- und Alizarinfarbenfabrication dienende Bestandtheile: Benzol, Photogen, Solaröl, Schmieröl, Paraffin 2c. gewonnen, nach deren Ausscheidung der Proceß unterbrochen werden kann. Wird derselbe weiter fortgesetzt, so resultirt hartes Pech und bei noch weiterer Verarbeitung Koak. Theerdestillationen, in welchen nur Theeröle, aber keine harten Rückstände gewonnen werden, sind unter einem im §. 16 a. a. O. aufgeführten concessionspflichtigen Betrieb schwerlich zu begreifen. Theerdestillationen, welche den Proceß bis zum Endproduct Koaks fortsetzen, werden als Anlagen zur Bereitung von Koaks gelten können, wenngleich Koaks in der Regel nur ein Nebenproduct sein werden und es nicht ohne alle Bedenken ist, einen gewerblichen Betrieb nach seinen Nebenproducten zu beurtheilen, da er nicht „zur Bereitung derselben" errichtet ist. Theerdestillationen, welche den Proceß fortsetzen, bis sie das Zwischenproduct Pech gewonnen haben, dann aber die weitere Verarbeitung unterlassen, würden nach dem Wortlaut, und weil das Pech 50 bis 57 Procent des Gesammtergebnisses neben nur 37 bis 42 Procent Oelen darstellt, als Pechsiedereien aufgefaßt werden können, wenn nicht der Umstand Bedenken erregen müßte, daß nach den dem Reichsgesetz vom 2. März 1874 vorangegangenen Verhandlungen unter den concessionspflichtigen Pechsiedereien Anlagen zu verstehen sind, in welchen das im Walde aus Harz gesottene Pech durch Sieden verarbeitet wird, aber nicht solche Anlagen, in welchen Pech gewonnen wird. Die erwähnten Zweifel lassen sich nur dadurch erledigen, daß die Anlagen zur Destillation oder zur Verarbeitung von Theer und Theerwasser in das Verzeichniß der genehmigungspflichtigen gewerblichen Anlagen (§. 16 der Gewerbeordnung) aufgenommen werden.

2. Concessionsbedingungen für eine Theer-Destillations-Anlage, erlassen von Seiten der Königl. Regierung zu Düsseldorf im Jahre 1883. (Vgl. J.B. 1883 S. 227 und S. 175 d. Buches.)

Die Lagerung und Aufbewahrung der hier gewonnenen feuergefährlichen Oele hat nach Maßgabe der dafür bestehenden polizeilichen Verordnungen zu geschehen (vgl. S. 167 bis 175 und 178 bis 180 d. Buches.)

IV. Abschnitt.

Bestimmungen über die Anlegung von Dampfkesseln.

A.

Bekanntmachungen, betreffend Reichspolizeiliche Bestimmungen über die Anlegung von Dampfkesseln.

---

1. Bekanntmachung des Reichskanzlers vom 29. Mai 1871, betreffend allgemeine polizeiliche Bestimmungen über die Anlage von Dampfkesseln. (R.G.Bl. 1871 S. 122, 1883 S. 245.)

Auf Grund der Bestimmung im §. 24. der Gewerbeordnung für den Norddeutschen Bund vom 21. Juni 1869. hat der Bundesrath nachstehende

Allgemeine polizeiliche Bestimmungen über die Anlegung von Dampfkesseln

erlassen.

I. Bau der Dampfkessel.

Kesselwandungen.

§. 1. Die vom Feuer berührten Wandungen der Dampfkessel, der Feuerröhren und der Siederöhren dürfen nicht aus Gußeisen hergestellt werden, sofern deren lichte Weite bei cylindrischer Gestalt 25 Centimeter, bei Kugelgestalt 30 Centimeter übersteigt.

Die Verwendung von Messingblech ist nur für Feuerröhren, deren lichte Weite 10 Centimeter nicht übersteigt, gestattet.

Den Fabrikanten sind in der Wahl des Materials und der Konstruktion Beschränkungen nicht mehr auferlegt. Die Stärke des Materials ist dem Ermessen der Fabrikanten überlassen. Für schuldbare Versehen haften sie nach allgemeinen gesetzlichen Regeln; Pr.Min.Verf. 11. Juni 71 (M.Bl. f. d. i. V. 1871 S. 181 und S. 328 Nr. 3 d. Buches). Im Uebrigen vgl. Stf.G. §§. 222, 230 ff.

Feuerzüge.

§. 2. Die um oder durch einen Dampfkessel gehenden Feuerzüge müssen an ihrer höchsten Stelle in einem Abstand von mindestens 10 Centimeter unter dem festgesetzten niedrigsten Wasserspiegel des Kessels liegen. Dieser Minimalabstand muß für Kessel auf Fluß- und Landseeschiffen[1]) bei einem Neigungswinkel der Schiffsbreite gegen die Horizontalebene von 4 Grad, für Kessel auf Seeschiffen bei einem Neigungswinkel von 8 Grad noch gewahrt sein.

Diese Bestimmungen finden keine Anwendung auf Dampfkessel, welche aus Sieder̈öhren von weniger als 10 Centimeter Weite bestehen, sowie auf solche Feuerzüge, in welchen ein Erglühen des mit dem Dampfraum in Berührung stehenden Theiles der Wandungen nicht zu befürchten ist. Die Gefahr des Erglühens[2]) ist in der Regel als ausgeschlossen zu betrachten, wenn die vom Wasser bespülte Kesselfläche, welche von dem Feuer vor Erreichung der vom Dampf bespülten Kesselfläche bestrichen wird, bei natürlichem Luftzug mindestens zwanzigmal, bei künstlichem Luftzug mindestens vierzigmal so groß ist, als die Fläche des Feuerrostes.

[1]) Fassung von Satz 2 in Abs. 1 ist auf Grund Beschlusses des Bundesraths eingeführt durch Bekanntmachung des Reichskanzlers v. 18. Juli 83 R.G.B. 245. Dampfkessel, welche bei Erlaß dieser Bekanntmachung schon fertig waren, unterliegen der Vorschrift nicht; es genügt, wenn sie der früheren Anforderung entsprechen, wonach der Minimalabstand bei 1 bis 2 m breiten Kesseln 15 cm, bei breiteren Kesseln 25 cm betragen mußte (vgl. S. 303 d. Buches).

[2]) Die über die Zulässigkeit der Dampfkesselanlage befindende Behörde ist einerseits befugt, die Gefahr des Erglühens auch in anderen als in Abs. 2 gedachten Fällen, und andererseits nicht gebunden, sie in den hier gedachten Fällen für ausgeschlossen zu erachten.

II. Ausrüstung der Dampfkessel.

Speisung.

§. 3. An jedem Dampfkessel muß ein Speiseventil angebracht sein, welches bei Abstellung der Speisevorrichtung durch den Druck des Kesselwassers geschlossen wird.

§. 4. Jeder Dampfkessel muß mit zwei zuverlässigen Vorrichtungen zur Speisung versehen sein, welche nicht von derselben Betriebsvorrichtung abhängig sind, und von denen jede für sich im Stande ist, dem Kessel die zur Speisung erforderliche Wassermenge zuzuführen. Mehrere zu Einem Betriebe vereinigte Dampfkessel werden hierbei als ein Kessel angesehen.

Wasserstandszeiger.

§. 5. Jeder Dampfkessel muß mit einem Wasserstandsglase und mit einer zweiten geeigneten Vorrichtung zur Erkennung seines Wasserstandes versehen sein. Jede dieser Vorrichtungen muß eine gesonderte Verbindung mit dem Innern des Kessels haben, es sei denn, daß die gemeinschaftliche Verbindung durch ein Rohr von mindestens 60 Quadratcentimeter lichtem Querschnitt hergestellt ist.

Auch die zweite Vorrichtung darf ein Wasserstandsglas sein.

§. 6. Werden Probirhähne zur Anwendung gebracht, so ist der unterste derselben in der Ebene des festgesetzten niedrigsten Wasserstandes anzubringen. Alle Probirhähne müssen so eingerichtet sein, daß man behufs Entfernung von Kesselstein in gerader Richtung hindurchstoßen kann.

Wasserstandsmarke.

§. 7. Der für den Dampfkessel festgesetzte niedrigste Wasserstand ist an dem Wasserstandsglase, sowie an der Kesselwandung oder dem Kesselmauerwerk durch eine in die Augen fallende Marke zu bezeichnen.

An der Außenwand jedes Dampfschiffskessels ist die Lage der höchsten Feuerzüge nach der Richtung der Schiffsbreite in leicht erkennbarer, dauerhafter Weise kenntlich zu machen; ferner sind an derselben zwei Wasserstandsgläser in einer zur Längenrichtung des Schiffes normalen Ebene, in gleicher Höhe, symmetrisch zur Kesselmitte und möglichst weit von ihr nach rechts und links abstehend anzubringen. Durch das hierdurch bei Dampfschiffskesseln geforderte zweite Wasserstandsglas wird die im §. 5 angeordnete zweite Vorrichtung zur Erkennung des Wasserstandes nicht entbehrlich gemacht.

Satz 2 ist hinzugefügt auf Grund des Beschlusses des Bundesraths durch Bekanntmachung des Reichskanzlers v. 18. Juli 83 R.G.B. 245. Dampfkessel, welche bei Erlaß dieser Bekanntmachung schon fertig waren, unterliegen der Vorschrift insoweit nicht, als dadurch eine Abänderung des Kessels bedingt sein würde (vgl. S. 303 d. Buches.)

Sicherheitsventil.

§. 8. Jeder Dampfkessel muß mit wenigstens Einem zuverlässigen Sicherheitsventil[1]) versehen sein.

Wenn mehrere Kessel einen gemeinsamen Dampfsammler haben, von welchem sie nicht einzeln abgesperrt werden können, so genügen für dieselben zwei Sicherheitsventile.

Dampfschiffs-, Lokomobil- und Lokomotivkessel[2]) müssen immer mindestens zwei Sicherheitsventile haben. Bei Dampfschiffskesseln, mit Ausschluß derjenigen auf Seeschiffen, ist dem einen Ventil eine solche Stellung zu geben, daß die vorgeschriebene Belastung vom Verdeck aus mit Leichtigkeit untersucht werden kann.

Die Sicherheitsventile müssen jederzeit gelüftet werden können. Sie sind höchstens so zu belasten[3]), daß sie bei Eintritt der für den Kessel festgesetzten Dampfspannung den Dampf entweichen lassen.

[1]) Minimalweiten sind für die Sicherheitsventile nicht vorgeschrieben. Den gewählten Dimensionen der Oeffnungen wird so lange kein Bedenken entgegenzustellen sein, als nach Ueberzeugung der Behörde die Zuverlässigkeit der Ventile nicht beeinträchtigt oder ihr Zweck nicht vereitelt wird; Pr.Min.Verf. 11. Juni 71.

[2]) Unter Lokomotivkesseln sind nur die für den Eisenbahnbetrieb bestimmten Kessel zu verstehen; die übrigen sind nur „nach Art der Lokomotivkessel gebaut" (§. 12) und, wenn sie stationär aufgestellt sind, feststehende Dampfkesselanlagen, sonst Lokomobilkessel.

[3]) Die zulässige Belastung der Ventile ist nach Aufstellung der Kessel mittelst eines Manometers (§. 13) der gestatteten Dampfspannung gemäß zu regeln. Spätere Ueberlastung der Ventile macht straffällig nach G.O. §. 147, 2. Pr.Min.-Verf. v. 11. Juni u. 7. Sept. 71. (M.Bl. f. d. i. V. 1871 S. 181 u. 260: auch S. 324 u. 329 d. Buches.)

Manometer.

§. 9. An jedem Dampfkessel muß ein zuverlässiges Manometer angebracht sein, an welchem die festgesetzte höchste Dampfspannung durch eine in die Augen fallende Marke zu bezeichnen ist.

An Dampfschiffskesseln müssen zwei dergleichen Manometer angebracht werden, von denen sich das eine im Gesichtskreise des Kesselwärters, das andere mit Ausnahme der Seeschiffe auf dem Verdeck an einer für die Beobachtung bequemen Stelle befindet. Sind auf einem Dampfschiffe mehrere Kessel vorhanden, deren Dampfräume mit einander in Verbindung stehen, so genügt es, wenn außer den an den einzelnen Kesseln befindlichen Manometern auf dem Verdeck ein Manometer angebracht ist.

Das Manometer braucht nicht in Art des in §. 13 erwähnten amtlichen Manometers konstruirt zu sein.

Kesselmarke.

§. 10. An jedem Dampfkessel muß die festgesetzte höchste Dampfspannung, der Name des Fabrikanten, die laufende Fabriknummer und das Jahr der Anfertigung, bei Dampfschiffskesseln außerdem die Maßziffer des festgesetzten niedrigsten Wasserstandes auf eine leicht erkennbare und dauerhafte Weise angegeben sein.

Die besondere Anforderung für Dampfschiffskessel ist eingeschaltet auf Grund Beschlusses des Bundesraths durch Bekanntmachung des Reichskanzlers, 18. Juli 83. R.G.Bl. 245 (vgl. S. 308 d. Buches).

III. Prüfung der Dampfkessel.

Druckprobe.

§. 11. Jeder neu aufzustellende Dampfkessel [1]) muß nach seiner letzten Zusammensetzung vor der Einmauerung oder Ummantelung unter Verschluß sämmtlicher Oeffnungen mit Wasserdruck geprüft werden.

Die Prüfung [2]) erfolgt bei Dampfkesseln, welche für eine Dampfspannung von nicht mehr als fünf Atmosphären Ueberdruck bestimmt sind, mit dem zweifachen Betrage des beabsichtigten Ueberdruckes, bei allen übrigen Dampfkesseln mit einem Drucke, welcher den beabsichtigten Ueberdruck um fünf Atmosphären übersteigt. Unter Atmosphärendruck wird ein Druck von einem Kilogramm auf den Quadratcentimeter verstanden.

Die Kesselwandungen müssen dem Probedruck widerstehen, ohne eine bleibende Veränderung ihrer Form zu zeigen und ohne undicht zu werden. Sie sind für undicht zu erachten, wenn das Wasser bei dem höchsten Druck in anderer Form als der von Nebel oder feinen Perlen durch die Fugen dringt.

[1]) Auch solche Kessel, die schon im Betrieb gewesen sind und an anderer Stelle in Betrieb gebracht werden sollen, gehören unter die „neu aufzustellenden" Kessel. Pr.Min.Verf. 21. Juni 72. (M.Bl. f. d. i. V. S. 182 u. S. 331 d. Buches.)

[2]) Die Prüfung der Kessel kann ebensowohl in der Fabrik als an dem Aufstellungsorte erfolgen. Dampfkessel, die vor der Aufstellung der Druckprobe unterworfen sind, brauchen am Orte der Aufstellung nicht nochmals geprobt zu werden, auch wenn die Probe in einem anderen Bundesstaate geschah. So Pr.Min.-Verf. 7. Juni 72. (M.Bl. f. d. i. V. 1872 S. 181 u. S. 330 d. Buches.)

§. 12. Wenn Dampfkessel eine Ausbesserung in der Kesselfabrik erfahren haben, oder wenn sie behufs der Ausbesserung an der Betriebsstätte ganz blos gelegt worden sind, so müssen sie in gleicher Weise, wie neu aufzustellende Kessel, der Prüfung mittelst Wasserdrucks unterworfen werden.

Wenn bei Kesseln mit innerem Feuerrohr ein solches Rohr und bei den nach Art der Lokomotivkessel gebauten Kesseln die Feuerbüchse behufs Ausbesserung oder Erneuerung herausgenommen, oder wenn bei cylindrischen und Siederkesseln eine oder mehrere Platten neu eingezogen werden, so ist nach der Ausbesserung oder Erneuerung ebenfalls die Prüfung mittelst Wasserdrucks vorzunehmen. Der völligen Bloslegung des Kessels bedarf es hier nicht.

Prüfungsmanometer.

§. 13. Der bei der Prüfung ausgeübte Druck darf nur durch ein genügend hohes offenes Quecksilbermanometer oder durch das von dem prüfenden Beamten geführte amtliche Manometer festgestellt werden.

An jedem Dampfkessel muß sich eine Einrichtung befinden, welche dem prüfenden Beamten die Anbringung des amtlichen Manometers gestattet.

Die Einrichtung der amtlichen Manometer zu bestimmen, ist jedem Staate überlassen. Für die Beschaffung der Quecksilbermanometer muß der Unternehmer sorgen. Vgl. Pr.Min.Verf. 11. Juni 71. (M.Bl. f. d. i. V. 1871 S. 181 u. S. 324 d. Buches.)

IV. Aufstellung der Dampfkessel.

Aufstellungsort.

§. 14. Dampfkessel, welche für mehr als vier Atmosphären Ueberdruck bestimmt sind, und solche, bei welchen das Produkt aus der feuerberührten Fläche in Quadratmetern und der Dampfspannung in Atmosphären Ueberdruck mehr als zwanzig beträgt, dürfen unter Räumen, in welchen Menschen sich aufzuhalten pflegen, nicht aufgestellt werden. Innerhalb solcher Räume ist ihre Aufstellung unzulässig, wenn dieselben überwölbt oder mit fester Balkendecke versehen sind.

An jedem Dampfkessel, welcher unter Räumen, in welchen Menschen sich aufzuhalten pflegen, aufgestellt wird, muß die Feuerung so eingerichtet sein, daß die Einwirkung des Feuers auf den Kessel sofort gehemmt werden kann.

Dampfkessel, welche aus Sieberöhren von weniger als zehn Centimeter Weite bestehen, und solche, welche in Bergwerken unterirdisch oder in Schiffen aufgestellt werden, unterliegen diesen Bestimmungen nicht.

Kesselmauerung.

§. 15. Zwischen dem Mauerwerk, welches den Feuerraum und die Feuerzüge feststehender Dampfkessel einschließt und den dasselbe umgebenden Wänden muß ein Zwischenraum von mindestens acht Centimeter verbleiben, welcher oben abgedeckt und an den Enden verschlossen werden darf.

V. Allgemeine Bestimmungen.

§. 16. Wenn Dampfkesselanlagen, die sich zur Zeit bereits im Betriebe befinden, den vorstehenden Bestimmungen aber nicht entsprechen, eine Veränderung der Betriebsstätte erfahren sollen, so kann bei deren Genehmigung eine Abänderung in dem Bau der Kessel nach Maßgabe der §§. 1. und 2. nicht gefordert werden. Dagegen finden im Uebrigen die vorstehenden Bestimmungen auch für solche Fälle Anwendung.

Kesselkonstruktionen, die vorstehenden Bestimmungen nicht zuwiderlaufen, sind deshalb als unbedenklich noch nicht anzusehen. Die Behörde hat über deren Zulässigkeit, nach allen Richtungen hin, frei zu befinden; Pr.Min.Verf. 11. Juni 71. (Vgl. S. 324 d. Buches.)

§. 17. Die Centralbehörden der einzelnen Bundesstaaten sind befugt, in einzelnen Fällen von der Beachtung der vorstehenden Bestimmungen zu entbinden.

§. 18. Die vorstehenden Bestimmungen finden keine Anwendung:

1) auf Kochgefäße, in welchen mittelst Dampfes, der einem anderweitigen Dampfentwickler entnommen ist, gekocht wird;
2) auf Dampfüberhitzer oder Behälter, in welchen Dampf, der einem anderweitigen Dampfentwickler entnommen ist, durch Einwirkung von Feuer besonders erhitzt wird;
3) auf Kochkessel, in welchen Dampf aus Wasser durch Einwirkung von Feuer erzeugt wird, wofern dieselben mit der Atmosphäre durch ein unverschließbares, in den Wasserraum hinabreichendes Standrohr von nicht über fünf Meter Höhe und mindestens acht Centimeter Weite verbunden sind.

Die bezeichneten Gefäße sind im Sinne der G.O. als Dampfkessel nicht anzusehen; vgl. zu §. 24 der Reichs-Gewerbe-Ordnung.)

Die für Dampfschiffskessel getroffenen Bestimmungen gelten für Kessel nicht, welche vorübergehend auf ein Schiff gebracht werden, wohl aber für solche, welche, zum Laden, Löschen u. s. w. bestimmt, dauernd mit dem Schiffe verbunden sind. Bekanntmachung des Reichskanzlers v. 18. Juli 83. R.G.Bl. 245.

§. 19. In Bezug auf die Kessel in Eisenbahn-Lokomotiven bleiben auch ferner noch die Bestimmungen des Bahnpolizei-Reglements für Eisenbahnen vom 3. Juni 1870. in Geltung.

Die hier gedachten Vorschriften sind ersetzt durch das Bahnpolizei-Reglement für die Eisenbahnen Deutschlands v. 4. Januar 1875, C.B. 75. S. 57 resp. 12. Juni 1878 §. 8 C.B. 78. S. 341.

2. Bekanntmachung des Reichskanzlers vom 18. Juli 1883, betreffend Abänderung der allgemeinen polizeilichen Bestimmungen über Anlegung von Dampfkesseln, vom 29. Mai 1871. (R.G.Bl. S. 245.)

Auf Grund der Vorschrift im §. 24 der Gewerbeordnung für das Deutsche Reich hat der Bundesrath die nachstehenden polizeilichen Bestimmungen erlassen:

1. §. 2 Absatz 1, §. 7 und §. 10 der Bekanntmachung, betreffend allgemeine polizeiliche Bestimmungen über die Anlegung von Dampfkesseln, vom 29. Mai 1871 (Reichs-Gesetzbl. S. 122) werden durch nachstehende Bestimmungen ersetzt:

(Siehe den Text §. 2 Abs. 1 S. 296, §. 7 S. 297 u. §. 10 S. 299 d. Buches.)

2. Für Dampfschiffskessel, welche zur Zeit bereits fertig hergestellt sind, hat es bei den bisherigen Vorschriften dergestalt sein Bewenden, daß eine Abänderung solcher Kessel nach Maßgabe der vorstehenden Bestimmungen nicht gefordert werden kann.

3. Die für Dampfschiffskessel getroffenen Bestimmungen finden auf alle Dampfkessel, welche mit einem Schiffe dauernd verbunden sind, Anwendung.

B.

Preußische Gesetze und Ausführungs-Bestimmungen über die Anlegung von Dampfkesseln.

(In erster Linie ist hier die Ausführungs-Anweisung vom 4. September 1869 und 19. Juli 1884 zur Reichs-Gewerbe-Ordnung zu berücksichtigen. M.Bl. f. d. i. V. 1869 S. 200 u. ff., 1884 S. 104 u. ff.; vgl. auch S. 48 u. ff. d. Buches.)

1. Ministerial-Rescript der Minister des Innern und der Finanzen vom 28. September 1846, betreffend Genehmigung im Falle Aenderung in der Lage oder Beschaffenheit resp. Wiederherstellung einer concessionspflichtigen Anlage (§. 24 der Reichs-Gewerbeordnung). (M.Bl. f. d. i. V. 1846 S. 211.)

Dieses Rescript ist auf S. 92 d. Buches abgedruckt.

2. Circular-Verfügung der Minister des Innern und des Handels vom 18. Februar 1864, betreffend die allgemeinen polizeilichen Vorschriften, unter denen der Locomotivbetrieb auf Chausseen zu gestatten ist. (M.Bl. f. d. i. V. 1864 S. 53.)

(Vgl. Reskript des Handelsminist. vom 30. April 1877 S. 345 d. Buches und Bekanntm. des Reichskanzlers v. 12. Juni 1878, betr. Bahnordnung für Deutsche Eisenbahnenen untergeordneter Bedeutung. Eisenb.Verordn.Bl. 1878 S. 192 u. ff.)

Eine Anzahl von Anträgen aus fast allen Provinzen der Monarchie, welche das Befahren der Chausseen mit Lokomotiven betreffen, haben Veranlassung gegeben, die Frage, ob und unter welchen Bedingungen der Betrieb solcher Straßen-Lokomotiven zu gestatten sei, zur Erörterung zu ziehen.

Abgesehen von einzelnen hie und da gemachten Probefahrten sind ausgedehntere Versuche, die Chausseen mit Lokomotiven und angehängten Transportwagen zu befahren, bisher nur im Regierungsbezirk Bromberg gemacht worden. Auf Grund der unter A. beigefügten Polizei-Verordnung vom 9. März v. J. (Anl. a.), der unter B. beifolgenden besonderen Bedingungen von demselben Tage (Anl. b.) und des unter C. angeschlossenen Fahrplanes (Anl. c.) ist nämlich der Bergbau-Aktien-Gesellschaft Weichselthal gestattet worden, behufs des Transports der Braunkohlen von der Mariengrube unweit Poln. Crone nach Bromberg und Poln. Crone die nicht ganz drei Meilen lange Chaussee von Bromberg nach Poln. Crone, wovon eine Strecke von 500 Ruthen Staatsstraße, die übrige Strecke Kreis-Chaussee ist, mit einer aus der Fabrik von Aveling und Porter in Rochester hervorgegangenen Straßen-Lokomotive und angehängten Transportwagen zu befahren.

Nach den bei diesem Transportbetrieb gemachten Erfahrungen hat die Lokomotive der Gesellschaft mit durchschnittlich 5 angehängten Lastwagen die etwa 2, 6 lange Meilen Chaussee-Strecke zwischen Bromberg und der Mariengrube im Laufe des vorigen Jahres im Ganzen 48 Mal zurückgelegt, ohne daß dadurch, soviel zur Kenntniß der Behörden gelangt ist, Störungen des anderweiten Verkehrs, namentlich des täglich viermal stattfindenden Postenganges, oder Beschädigungen an Personen und Sachen durch Scheuen der Pferde, durch Brand ꝛc. herbeigeführt worden wären.

Der Lokomotivbetrieb ist allerdings nicht ohne schädliche Einwirkungen auf die befahrene Chaussee-Strecke geblieben. Insbesondere sind durch die Umfangskanten der Treibräder der Lokomotive, auf denen, weil die Cylinderfläche der Räder auf der gewölbten Steinbahn nicht überall aufliegt, oft die ganze Last ruht, an feuchten Stellen Eindrücke bis zu 1 bis 1½ Zoll Tiefe entstanden, welche indeß, selbst auf der Kreis-Chaussee, deren nur 12 Fuß breite Steinbahn höchstens 8 Zoll Stärke hat, nirgends bis zu Durchbrüchen der Steinbahn ausgeartet sind. Während der Lokomotivbetrieb hiernach für das öffentliche Interesse des anderweiten Verkehrs oder der Chaussee-Unterhaltung nicht solche

Nachtheile mit sich geführt hat, daß die längere Gestattung desselben bedenklich erscheinen könnte, ist es nach den vorliegenden Berichten zweifelhaft, ob dieser Betrieb, welcher bei anhaltend nasser Witterung und bei Schnee und Glatteis ganz aufhört und unter den klimatischen Verhältnissen von Bromberg jährlich nur etwa an 150 Tagen stattfinden kann, für die Unternehmer mit Vortheil verknüpft gewesen ist, da die Kosten desselben nach einer aufgestellten Berechnung pro Centner und Meile sich etwa eben so hoch belaufen, als diejenigen des Transports mittelst Pferde.

Die vorstehenden, im Bromberger Bezirk gewonnenen Erfahrungen erscheinen zwar noch nicht ausreichend, um auf Grund derselben die Frage, ob und unter welchen Bedingungen das Befahren der Chausseen mit Lokomotiven allgemein zu gestatten sei, definitiv zum Austrag zu bringen, und soweit für diese neue Art des Verkehrs auf den Kunststraßen eine Modifikation bestehender gesetzlicher Vorschriften erforderlich werden möchte, diese herbeizuführen. Sie gewähren aber einen genügenden Anhalt, um die Bedingungen festzustellen, unter denen das Befahren der Chausseen mit Lokomotiven auch anderwärts versuchsweise zu gestatten ist. Daß solche Versuche in größerem Umfange und unter verschiedenartigen Verhältnissen angestellt werden, kann nur erwünscht sein, um weitere Erfahrungen über die Bewährung des neuen Transportmittels zu gewinnen. Es empfiehlt sich daher, der versuchsweisen Anwendung der Straßen-Lokomotiven überall, wo die lokalen Verhältnisse es zulassen, thunlichst Vorschub zu leisten und das Maaß der dabei zu erfüllenden Bedingungen nicht höher zu normiren, als zur Wahrung der öffentlichen Interessen des anderweiten Verkehrs und der Chaussee-Unterhaltung, sowie zum Schutze des Publikums gegen Gefahr unbedingt erforderlich ist.

Von diesem Gesichtspunkt aus sind die von der Königlichen Regierung zu Bromberg in der Polizei-Verordnung vom 9. März v. J. vorgeschriebenen allgemeinen Bedingungen unter Berücksichtigung der gutachtlichen Aeußerungen der betheiligten Provinzial-Behörden einer Revision unterworfen, welche folgendes Resultat ergeben hat.

Zu 5. Die pünktliche Einhaltung eines vorgeschriebenen Fahrplanes hat sich theils als unausführbar, theils als ohne wesentliches Interesse für den anderweiten Verkehr erwiesen. Von diesem Verlangen ist daher abzusehen und den Unternehmern zu überlassen, ob sie in eigenem Interesse einen bestimmten Fahrplan befolgen wollen. Falls es denselben auf die Beförderung von Personen zwischen bestimmten Orten mit regelmäßig festgesetzten Abgangs- und Ankunfts-Zeiten ankommen sollte, bedürfen dieselben dazu unter Umständen der Genehmigung der Post-Verwaltung nach Maaßgabe des §. 4. des Gesetzes vom 5. Juni 1852 (Ges.-Samml. S. 345). Der Königlichen Regierung bleibt es jedoch vorbehalten, in den besonderen Bedingungen diejenigen Zeiten zu bezeichnen, in denen der Lokomotivbetrieb wegen des anderweiten Verkehrs (wie an Markttagen) ganz eingestellt werden muß.

Zu 6. Die Benutzung des Horns zum Geben der Signale hat sich nicht bewährt. Es ist daher die Glocke anzuwenden. Der Gebrauch der Dampfpfeife ist unbedingt zu untersagen.

Zu 8. Mit Rücksicht darauf, daß die von der Gesellschaft Weichselthal benutzte Lokomotive eine Breite von nur 7 Fuß hat, die in England gebräuchlichen Lokomotiven aber diese Breite noch nicht einmal erreichen, erscheint es zulässig und bei der geringen Breite der Steinbahn vieler Chausseen im Verkehrs-Interesse wichtig, die größte Breite der Lokomotive, zwischen deren äußersten Theilen gemessen, auf 7 Fuß zu beschränken.

Zu 9. Die Vorschrift, daß die Dampfzüge stets die Materialien-Banket-Seite der Steinbahn halten müssen, ist im Interesse einer gleichmäßigen Abnutzung der Steinbahn auf die Fälle des Vorbeifahrens an anderen Fuhrwerken zu beschränken, und den Lokomotiv-Zügen zu gestatten, daß sie bei freier Bahn auf der Mitte derselben fahren. Die in Vorschlag gebrachte Bestimmung, den Lokomotiv-Zügen einen steten Spurwechsel vorzuschreiben und solchen durch Verlegen der Steinbahn zu erzwingen, würde den Lokomotivbetrieb in unzulässiger Weise erschweren und auch den anderweiten Verkehr wesentlich beeinträchtigen. Der Vorschlag, den wünschenswerthen Spurwechsel unter den einzelnen Transportwagen durch eine schiefe Kuppelung derselben nach nebenstehender Skizze herbeizuführen, erscheint eben so wenig zweckmäßig, da eine solche Kuppelung ein stetes Hin- und Her-Schwanken der einzelnen Wagen und namentlich eine unzulässige Verbreiterung des ganzen Wagenzuges zur Folge haben würde. Eher möchte es angehen, die Transportwagen mit Vorder- und Hinter-Rädern von verschiedener Spurweite zu konstruiren. Wo die Unternehmer in der Lage sind, für den Lokomotivbetrieb sich eigens konstruirte Transportwagen zu beschaffen, ist denselben daher vorläufig nachzulassen, daß sie solche mit Vorder- und Hinter-Rädern von verschiedener Spurweite versehen.

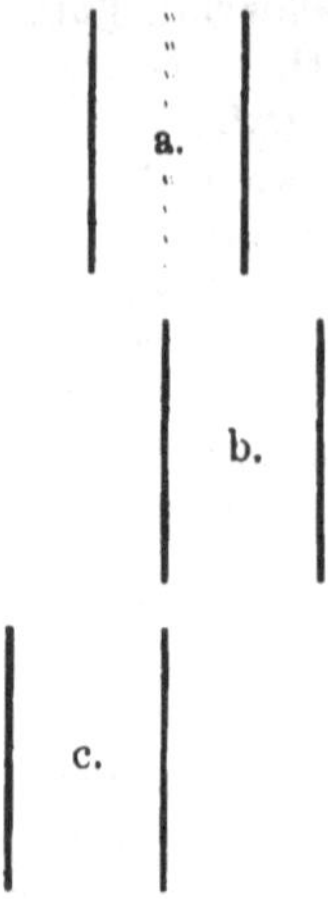

Zu 10. Die in Vorschlag gebrachte Anlegung von Ringen um die Radkränze mit Unterbrechungen und Querriegeln, um die Benutzung der Lokomotiven auch bei nassem Wetter, sowie bei Winterglätte zu ermöglichen, ist im Interesse der Chaussee-Unterhaltung unbedingt nicht zu gestatten.

Zu 11. Die Vorschrift, daß die Züge nicht zum Be- und Entladen auf der Chaussee oder den Straßen in den zu passirenden Ortschaften anhalten dürfen, ist auf das Einnehmen von Wasser ꝛc. für die Lokomotive auf andern als den dazu geeignet zu bezeichnenden Stellen auszudehnen. Dagegen sind die Fälle, in denen ein Anhalten auf der Chaussee erfahrungsmäßig unvermeidlich ist, von dem Verbot des Anhaltens auszunehmen.

Zu 12. Um die Beachtung der gesetzlichen Bestimmungen der Verordnung vom 17. März 1839 über die Radfelgenbreite in Bezug auf die Transportwagen mehr zu sichern, was sich gerade bei dem Betrieb der Gesellschaft Weichselthal als ein Bedürfniß herausgestellt hat, empfiehlt es sich, vorzuschreiben, daß die Radfelgenbreite der Transportwagen dem höchsten zulässigen Gewicht ihrer Belastung entsprechen muß und daß zur leichteren

Kontrole die Tragfähigkeit derselben und das Eigengewicht der Wagen auf der Außenseite deutlich erkennbar zu vermerken ist. Die Radfelgenbreite der Treibräder der Lokomotive ist mit Rücksicht auf die darauf ruhende Last auf mindestens 12 Zoll, diejenige der Vorderräder auf mindestens 4 Zoll zu normiren.

Nach diesen Grundsätzen sind die allgemeinen polizeilichen Vorschriften, unter denen der Lokomotiv-Betrieb auf Chausseen von der Königlichen Regierung versuchsweise zu gestatten ist, anderweit so redigirt, wie der Königlichen Regierung aus der Anlage E. zu ersehen gegeben wird. (Anl. d.)

Die besonderen Verpflichtungen, welche von dem Unternehmer außerdem zu erfüllen und in rechtsverbindlicher Form zu übernehmen sind, bleiben von der Königlichen Regierung in jedem einzelnen Fall mit Rücksicht auf alle dabei in Betracht kommenden Verhältnisse zu normiren, wobei die von der Regierung zu Bromberg in der Anlage B. festgestellten Bedingungen im Allgemeinen zum Anhalt dienen können. Eine besondere Beachtung verdient dabei die Frage über die Verpflichtung der Unternehmer zum Ersatz des durch den Lokomotiv-Betrieb herbeigeführten Schadens. Da dieserhalb am Schluß der allgemeinen polizeilichen Vorschriften enthaltene Bestimmung, daß die Unternehmer für allen durch den Lokomotiv-Betrieb herbeigeführten Schaden *nach Maaßgabe des Gesetzes* haften, schließt nicht aus, daß denselben durch die besonderen Bedingungen in dieser Hinsicht noch weitergehende Verpflichtungen auferlegt werden. Bei der Neuheit dieses Betriebes und bei den mehrfach gegen denselben erhobenen Bedenken erscheint es auch geboten, für das Uebergangs- und Versuchs-Stadium bis zur gesetzlichen Regelung dieses neuen Betriebes die Haftbarkeit der Unternehmer auf allen Schaden auszudehnen, welcher durch den Lokomotiv-Betrieb erweislich entstehen möchte und nicht in die Kategorie der gewöhnlichen Abnutzung der benutzten Chausseen und Straßen fällt, ohne Unterschied, ob der Bedienungs-Mannschaft ein Versehen dabei zur Last fällt, jedoch mit Ausnahme des Schadens, den die Beschädigten sich durch eigenes Verschulden oder grobes Versehen zugezogen haben. Damit die Feststellung und Erlangung der

Entschädigung nicht mit zu großen Weiterungen für die Beschädigten verknüpft ist, empfiehlt es sich, die Unternehmer noch besonders zu verpflichten, daß sie die Frage über die Existenz und die Höhe eines von ihnen zu ersetzenden Schadens auf Verlangen der Betheiligten der Entscheidung eines Schiedsgerichts unterstellen, wozu die Unternehmer den einen, die Beschädigten den anderen Schiedsrichter zu ernennen haben und, Falls diese beiden über die Wahl eines Obmanns sich nicht verständigen, die Königliche Regierung den Obmann zu bezeichnen hat, und daß sie hinsichtlich der Beitreibung des solchergestalt festgestellten Schadensersatzes sich der Exekution mit Ausschluß des ordentlichen Rechtsweges unterwerfen.

In Betreff des für das Befahren der Chausseen mittelst der Lokomotiven zu zahlenden Chausseegeldes hat es bis auf Weiteres bei den Sätzen zu bewenden, welche in Bezug auf den Betrieb der Gesellschaft Weichselthal im Einvernehmen mit dem Herrn Finanz-Minister festgestellt und in der Anlage b. unter 8 angegeben sind.

Auf den Antrag des Ober-Präsidenten der Provinz Posen bin ich jedoch mit dem Herrn Finanz-Minister wegen einer Ermäßigung des Satzes für die unbeladenen Transportwagen in Verbindung getreten und behalte mir vor, die Königliche Regierung von dem Resultat zu benachrichtigen.

Die Königliche Regierung ermächtige ich hiernach, etwa bei Ihr eingehende Anträge wegen Gestattung des Befahrens der Chausseen Ihres Bezirks mit Straßen-Lokomotiven unter Berücksichtigung aller dabei in Betracht kommenden Verhältnisse zu prüfen und wenn dieser Betrieb danach im öffentlichen Interesse als zulässig sich herausstellt, die Erlaubniß dazu unter den oben bezeichneten, in Form einer Polizei-Verordnung zu emanirirenden allgemeinen und den von Ihr für erforderlich erachteten besonderen Bedingungen widerruflich zu ertheilen.

Ueber die Verpflichtung zum Ersatz allen Schadens ist jedesmal mit dem jeweiligen Unternehmer — abgesehen von der polizeilichen Verordnung — ein besonderer Vertrag nach obigen Andeutungen abzuschließen. —

Wenn es dabei um das Befahren von Bezirks-, Kreis-, Kommunal- oder Aktien-Straßen sich handelt, so sind die Unterhaltungspflichtigen zuvor dieserhalb zu hören und deren Einwendungen oder Anforderungen, soweit sie nach dem Ermessen der Königlichen Regierung für begründet zu erachten sind, thunlichst zu berücksichtigen. Im Falle eines nach der Ansicht der Königlichen Regierung unbegründeten Widerspruchs der Unterhaltungspflichtigen ist hierher zu berichten.

Sobald demnächst Seitens der Unternehmer von der ertheilten Erlaubniß zum Befahren der Chausseen mit Lokomotiven Gebrauch gemacht wird, hat die Königliche Regierung den Betrieb derselben und dessen Einwirkung auf die benutzten Chaussee-Strecken sorgfältig zu kontroliren und über die dabei hervortretenden Erfahrungen, unter spezieller Bezeichnung der befahrenen Chaussee-Strecken von Zeit zu Zeit zu berichten.

a. Polizei-Verordnung der Königl. Regierung zu Bromberg vom 9. März 1863, betreffend die Befahrung der Chaussee von Poln. Crone nach Bromberg mit Lokomotiven und angehängten Transportwagen.

Nachdem der Bergbau-Aktien-Gesellschaft „Weichselthal" hierselbst gestattet worden, Braunkohle von der Mariengrube nach Bromberg und Poln. Crone auf dem Wege der diese Orte verbindenden Staats- und Provinzial-Chaussee mittelst Lokomotive zu transportiren, verordnen wir auf Grund des Gesetzes über die Polizei-Verwaltung vom 11. März 1850, §. 11., über den Betrieb dieser Transporte, was folgt:

1) Bei den Transportzügen dürfen der Lokomotive nicht mehr als 6 Transportwagen angehängt werden.

2) An der Esse ein Funkenfänger anzubringen, der Aschenkasten aber muß so eingerichtet sein, daß während der Fahrt keine Brennstoffe herausfallen und daß derselbe vom Lokomotivführer gänzlich geschlossen und wieder geöffnet werden kann.

3) Fährt die Lokomotive an nichtfeuersicher eingedeckten Dächern in weniger als 5 Ruthen Entfernung vorbei, so ist der Luftzug

durch die Feuerung und das Blaserohr schon 10 Ruthen vor denselben möglichst abzusperren und erst 5 Ruthen hinter ihnen wieder zu öffnen.

4) Nur solche Leute, welche die unterzeichnete Regierung für zuverlässig und in den ihnen obliegenden Verrichtungen gehörig erfahren erachtet, dürfen als Lenker der Transportzüge und namentlich als Maschinisten verwendet werden.

5) Die Dampfzüge dürfen nur nach Maaßgabe des für dieselben vorgeschriebenen Fahrplans stattfinden, welchen die Gesellschaft pünktlich einzuhalten hat. Auf den Fahrten darf die Geschwindigkeit der Züge im freien Felde und durch bewohnte Straßen resp. 30 und 60 Minuten pro Meile nicht übersteigen.

6) Bei der Annäherung an Ortschaften, Kreuzwege, Fuhrwerke u. s. w. hat der Zugführer Signale zu geben und sich dabei des Horns zu bedienen. Außerdem ist bei Nachtzügen die Lokomotive und der letzte Wagen, die eine wie der andere mit einer hellleuchtenden Laterne mit rothem Lichte zu versehen.

7) Außer dem zur Lenkung und Bedienung des Zuges erforderlichen Personale müssen jedem Zuge wenigstens noch zwei Leute beigegeben werden, um scheu werdende Pferde zu beruhigen, oder bei anderen Störungen, Wegräumung von Hindernissen u. s. w. hülfreiche Hand zu leisten. In allen solchen Fällen ist der Zug in gehöriger Entfernung anzuhalten.

8) Die größte Breite der Lokomotive darf nicht 7 Fuß 6 Zoll und die der Lastwagen nicht 6 Fuß übersteigen.

9) Die Züge dürfen nur auf der Steinbahn und zwar auf der Materialien-Bankett-Seite derselben fahren.

10) Bei Glatteis oder glatter Schneebahn muß der Betrieb der Transportzüge, wenn deren Ausgleiten oder Schlenkern nicht etwa durch Sandstreuen oder andere erlaubte Mittel gänzlich verhütet werden kann, ganz ausgesetzt werden.

11) Das Be- oder Entladen der ganzen Züge und einzelner Theile derselben, sowie überhaupt jedes andere als hier vorgeschriebene Anhalten derselben auf der Chaussee und auf den Straßen und Plätzen der zu passirenden Ortschaften ist untersagt.

12) Die Radfelgenbreite der Transportwagen muß den Vorschriften des Gesetzes vom 17. März 1839 über den Verkehr auf den Kunststraßen entsprechen, die der Treibräder der Lokomotive wird dagegen auf mindestens 16 Zoll normirt.

13) Die Fläche dieser Felgen — auch die der Lokomitivräder — darf weder konvex noch konkav sein, auch keine hervorragenden Ringe, Köpfe, Dornen u. s. w. haben und erhalten.

14) Bei vorkommenden Schnee-Räumungen, sowie bei Reparaturen oder Instandsetzungen der Fahrbahn der Chaussee und der zu passirenden städtischen Straßen sind die Gesellschaft resp. deren Bedienstete verpflichtet, den Anordnungen des Kreis- (Provinzial-) Baubeamten resp. der Orts-Polizeibehörde Folge zu leisten.

Uebertretungen dieser Verordnung, sei es, daß sie von der Gesellschaft selbst, oder von deren Beamten oder Arbeitern begangen werden, werden gegen die Gesellschaft mit einer Polizeistrafe bis zu dem Betrage von 10 Thalern für jeden einzelnen Fall gerügt. Bei Uebertretung der Vorschrift ad 11. in Betreff der Radfelgenbreiten der Transportwagen bewendet es bei der Strafbestimmung des §. 15. des Gesetzes vom 17. März 1839.

Im Uebrigen bleibt die Gesellschaft „Weichselthal", abgesehen von den gegen die Chaussee-Verwaltung desfalls übernommenen besonderen Verpflichtungen, für allen Schaden, welcher durch den in Rede stehenden Kohlentransport jener Verwaltung oder andern Dritten verursacht werden möchte, nach Maaßgabe der Gesetze verhaftet.

b. **Verfügung der Königl. Regierung zu Bromberg vom 9. März 1863, betreffend die Befahrung der Chaussee von Poln. Crone nach Bromberg mit Lokomotiven und angehängten Transportwagen.**

In Verfolg der dem Verwaltungs-Rathe von dem Herrn Ober-Präsidenten der Provinz zugegangenen vorläufigen Benachrichtigung eröffnen wir demselben, daß der Bergbau-Aktien-Gesellschaft Weichselthal die Genehmigung zu Kohlen-Transporten von der Mariengrube nach Bromberg und Poln. Crone auf dem Wege den diese Orte verbindenden Staats- und resp. Provinzial-

Chaussee versuchsweise und unter Vorbehalt des Widerrufs unter den nachfolgenden Bedingungen ertheilt werden soll:

1) Die Gesellschaft hat sich den Vorschriften zu unterwerfen, welche die hier im Entwurf beiliegende Polizei-Verordnung vom heutigen Tage enthält.

2) Dieselbe hat den ihr von der unterzeichneten Regierung vorzuschreibenden Fahrplan, und zwar vorläufig den hier vorliegenden Plan zu befolgen.

3) Die Gesellschaft hat auf der Kohlengrube Mariengrube eine Bahn oder Perron zur Auf- und Abfahrt der Züge von und nach der Chaussee nach unserer näheren Anweisung auf ihre Kosten anzulegen und zu unterhalten.

4) Sollten wir rücksichtlich der Transportzüge im Interesse der Sicherheit des öffentlichen Verkehrs noch andere Anlagen und Einrichtungen später für nothwendig erachten, so ist die Gesellschaft verpflichtet, solche nach unserer Anweisung auf ihre Kosten gleichfalls auszuführen, zu unterhalten und zu handhaben.

5) Schnee-Räumungen, welche für gewöhnliches Fuhrwerk nicht, sondern nur für die Transportzüge erforderlich sind, hat die Gesellschaft auf ihre eigenen Kosten bewirken zu lassen.

6) Sollte der Lokomotivbetrieb in der Folge ergeben, daß auf der von den Zügen befahrenen Chaussee die Steinbahn verbreitert oder theilweise verstärkt werden muß, oder sonstige Sicherheitsvorkehrungen getroffen werden müssen, deren Kosten zu der aus dem Betriebe erfolgenden Einnahmen außer Verhältniß stehen, so hat die Gesellschaft zu diesen Kosten einen zu seiner Zeit näher festzustellenden Beitrag zu leisten.

7) Die Gesellschaft haftet, abgesehen von der gegen die Chausseeverwaltung nach Vorstehendem zu übernehmenden besonderen Verpflichtungen für allen Schaden, welcher durch den in Rede stehenden Transportbetrieb jener Verwaltung oder andern Dritten verursacht werden möchte, nach Maßgabe der Gesetze.

8) Die Gesellschaft entrichtet an Chausseegeld pro Meile:

a) für die Lokomotive à 180 Ctr. Last . . . . . 6 Sgr.

b) für jeden beladenen Transportwagen à 120 Ctr. Last 4 „

c) für jeden unbeladenen Transportwagen . . . . 3 „

Für nur theilweise beladene Transportwagen ist derselbe Satz des Chausseegeldes, wie für vollbeladene zu entrichten.

In Beziehung auf die Zahlung des Chausseegeldes wird die Entfernung von der Mariengrube bis Bromberg zu $2^1/_2$ Meilen und von der Grube bis Poln. Crone zu $^1/_2$ Meile gerechnet.

Wir fordern nun den Verwaltungs-Rath auf, Seine Erklärung darüber gegen uns abzugeben, ob die Gesellschaft Weichselthal sich den obigen Bedingungen unterwirft. Sobald eine bejahende Erklärung eingegangen, werden wir die Genehmigung zu dem Transportbetriebe sofort ertheilen und zugleich die beiliegende Polizei-Verordnung und den Fahrplan in der hiesigen Zeitung und in dem Kreisblatte veröffentlichen und es würde dann am Tage nach dieser Veröffentlichung der Betrieb beginnen können.

c. **Verfügung der Königl. Regierung zu Bromberg vom 9. März 1863, betreffend den Fahrplan für die Kohlen-Transporte der Bergbau-Aktien-Gesellschaft Weichselthal von der Mariengrube nach Bromberg und Poln. Crone mittelst Lokomotive.**

Die Züge von der Mariengrube nach Bromberg gehen um 11 Uhr Vormittags und 11 Uhr Nachts ab, und treffen am letzteren Orte resp. zwischen $1^1/_2$ und 2 Uhr Nachmittags und $1^1/_2$ und 2 Uhr Nachts ein.

Von Bromberg erfolgt die Abfahrt um 3 Uhr Nachmittags und 3 Uhr Nachts und die Ankunft auf der Mariengrube resp. zwischen $5^1/_2$ und 6 Uhr Nachmittags und zwischen $5^1/_2$ und 6 Uhr Morgens.

Die Züge nach Poln. Crone gehen von der Mariengrube um 1 Uhr Nachmittags und 11 Uhr Nachts ab, und treffen am erstern Orte $^1/_2$ bis $^3/_4$ Stunden später ein. Von Poln. Crone erfolgt die Abfahrt um $2^1/_2$ Uhr Nachmittags und um $12^1/_2$ Uhr Nachts und die Ankunft auf der Grube $^1/_2$ bis $^3/_4$ Stunden später.

An denjenigen Tagen, an welchen in Bromberg und Poln. Crone Wochenmärkte abgehalten werden, finden Tageszüge dahin nicht statt.

Dieser Fahrplan ist nur ein vorläufiger. Es bleibt vorbehalten, denselben später nach den sich ergebenden Erfahrungen abzuändern, wie auch die Zeiten der Ankunft der Züge auf den Zwischen-Stationen zu bestimmen.

d. **Circular-Verfügung der Minister des Innern und des Handels vom 18. Februar 1864, betreffend die allgemeinen polizeilichen Vorschriften, unter denen der Lokomotivbetrieb auf Chausseen zu gestatten ist.** (M.Bl. f. d. i. V. 1864 S. 53 u. ff.)

1) Bei den Transportzügen dürfen der Lokomotive nicht mehr als 6 Transportwagen angehängt werden;

2) An der Lokomotive ist an der Esse ein Funkenfänger anzubringen, der Aschenkasten aber muß so eingerichtet sein, daß während der Fahrt keine Brennstoffe herausfallen und daß derselbe vom Lokomotivführer gänzlich geschlossen und wieder geöffnet werden kann.

3) Fährt die Lokomotive an nicht feuersichern eingedeckten Dächern in weniger als 5 Ruthen Entfernung vorbei, so ist der Luftzug durch die Feuerung und das Blaserohr schon 10 Ruthen vor denselben möglichst abzusperren und erst 5 Ruthen hinter ihnen wieder zu öffnen.

4) Nur solche Leute, welche die unterzeichnete Regierung für zuverlässig und in den ihnen obliegenden Verrichtungen gehörig erfahren erachtet, dürfen als Lenker der Transportzüge und namentlich als Maschinisten verwendet werden.

5) Die Dampfzüge dürfen nur nach Maßgabe der dieserhalb ertheilten besonderen Vorschriften stattfinden, welche die Gesellschaft pünktlich zu befolgen hat. Auf den Fahrten darf die Geschwindigkeit der Züge im freien Felde und durch bewohnte Straßen resp. 30 und 60 Minuten pro Meile nicht übersteigen.

6) Bei der Annäherung an Ortschaften, Kreuzwege, Fuhrwerke ꝛc. hat der Zugführer Signale zu geben und sich dabei der Glocke zu bedienen. Der Gebrauch der Dampfpfeife ist unbedingt untersagt. Außerdem ist bei Nachtzügen die Lokomotive und der

letzte Wagen, die eine wie der andere mit einer hellleuchtenden Laterne mit rothem Lichte zu versehen.

7) Außer dem zur Lenkung und Bedienung des Zuges erforderlichen Personale müssen jedem Zuge wenigstens noch zwei Leute beigegeben werden, um scheu werdende Pferde zu beruhigen, oder bei anderen Störungen, Wegräumung von Hindernissen rc. hilfreiche Hand zu leisten.

In allen solchen Fällen ist der Zug in gehöriger Entfernung anzuhalten.

8) Die größte Breite der Lokomotive, zwischen ihren äußersten Theilen gemessen, darf nicht 7 Fuß und die der Lastwagen nicht 6 Fuß übersteigen.

9) Die Züge dürfen nur auf der Steinbahn fahren. Beim Vorüberfahren anderer Fuhrwerke hat der Lokomotiv-Zug stets die Materialien-Bankett-Seite zu halten.

10) Bei Glatteis oder glatter Schneebahn muß der Betrieb der Transportzüge, wenn deren Ausgleiten oder Schlenkern nicht etwa durch Sandstreuen oder andere erlaubte Mittel gänzlich verhütet werden kann, ganz ausgesetzt werden.

11) Das Einnehmen von Wasser rc. für die Lokomotive an anderen als den dazu als geeignet bezeichneten Stellen, das Be- oder Entladen der ganzen Züge und einzelner Theile derselben, sowie überhaupt jedes andere als hier vorgeschriebene oder unvermeidliche Anhalten derselben auf der Fahrbahn der Chaussee und der Straßen in den zu passirenden Ortschaften ist untersagt.

12) Die Transportwagen müssen diejenige Radfelgenbreite haben, welche mit Rücksicht auf ihre Tragfähigkeit nach den Vorschriften der Verordnung vom 17. März 1839 erforderlich ist. Das höchste Gewicht ihrer Ladungsfähigkeit und ihr Eigengewicht muß auf der Außenseite derselben deutlich erkennbar angegeben sein. Die Felgenbreite der Treibräder der Lokomotive muß mindestens 12 Zoll, diejenige der Vorderräder mindestens 4 Zoll betragen.

13) Die Fläche dieser Felgen — auch die der Lokomotivräder — darf weder konvex noch konkav sein, auch keine hervorragenden Ringe, Köpfe, Dornen rc. haben und erhalten.

14) Bei vorkommenden Schnee-Räumungen, sowie bei Reparaturen oder Instandsetzungen der Fahrbahn, der Chaussee und der zu passirenden städtischen Straßen sind die Gesellschaft resp. deren Bedienstete verpflichtet, den Anordnungen des Kreis- (Provinzial-) Bau-Beamten resp. der Orts-Polizei-Behörden Folge zu leisten.

Uebertretungen dieser Verordnung, sei es, daß sie von der Gesellschaft selbst oder von deren Beamten oder Arbeitern begangen werden, werden gegen die Gesellschaft mit einer Polizeistrafe bis zu dem Betrage von zehn Thalern für jeden einzelnen Fall gerügt. Bei Uebertretung der Vorschrift ad 12 in Betreff der Radfelgenbreite der Transportwagen bewendet es bei der Strafbestimmung des §. 15. des Gesetzes vom 17. März 1839.

Im Uebrigen bleibt der Unternehmer, abgesehen von den desfalls übernommenen besonderen Verpflichtungen, für allen Schaden, welcher durch den in Rede stehenden Lokomotiv-Betrieb der Chaussee-Verwaltung oder anderen Dritten verursacht werden möchte, nach Maßgabe der Gesetze verhaftet.

3. **Circular-Erlaß des Ministers für Handel vom 20. Juni 1865, betreffend die Behandlung der Anträge auf Erhöhung der ursprünglich konzessionirten Dampfspannung in einem Dampfkessel.** (M.Bl. f. d. i. V. S. 184 u. f.) (Vgl. auch Circ.Verf. d. Handelsm. v. 21. Juni 1872 [M.Bl. f. d. i. V. S. 182] u. S. 331 d. Buches.)

Mehrere zu meiner Entscheidung gelangte Spezialfälle haben Veranlassung zur Erörterung der Frage gegeben:

ob es zulässig sei, zu 'gestatten, daß ein im Betriebe befindlicher oder befindlich gewesener Dampfkessel, sei es nach vorausgegangener Reparatur resp. Verstärkung mittelst Anker und Bolzen ꝛc. oder ohne eine solche, auf Grund einer nochmals vorzunehmenden Druckprobe mittelst Wassers, mit einer höheren, als der bei seiner Konzessionirung festgestellten höchsten Dampfspannung betrieben werde.

Diese Frage ist zu verneinen. Nach der Bestimmung im §. 13. des Regulativs über die Anlage von Dampfkesseln vom 31. August 1861 (Minist.-Bl. S. 176) (gegenwärtig ist in dem Regulativ vom 24. Juni 1872 [M.Bl. f. d. i. V. 1872 S. 181 u. ff.] von dieser Bestimmung gänzlich Abstand genommen; vgl. S. 328 Nr. 3 d. Buches) ist die Bestimmung der Stärke des Materials und der ganzen Konstruktion der Dampfkessel den Verfertigern der letzteren bei eigener Verantwortlichkeit überlassen. Es ist hiernach vorauszusetzen, daß der Kessel-Verfertiger beim Bau eines Dampfkessels die Blechstärke und Konstruktion desselben nach Maaßgabe der beabsichtigten Dampfspannung und der Güte des ihm zu Gebote stehenden Materials, unter Berücksichtigung aller sonstigen Bedingungen, nach rationellen Grundsätzen und bestem Wissen bemessen und anordnen wird. Es liegt ferner kein Grund zu der Annahme vor, daß bei dem Antrage auf polizeiliche Genehmigung zur Anlegung eines Kessels eine geringere, als die von dem Verfertiger beabsichtigte höchste Dampfspannung angegeben werde. Es folgt hieraus, daß eine wesentliche Voraussetzung für den gefahrlosen Betrieb des Kessels nur so lange vorhanden, und daß insbesondere der Verfertiger für die Angemessenheit der Stärke des Materials und der gewählten Konstruktion nur so lange verantwortlich zu machen ist, als die Dampfspannung, für welche der Kessel konzessionirt ist, nicht überschritten wird.

Die im §. 14. des Regulativs vom 31. August 1861 (gegenwärtig §. 8 des Regulativs vom 24. Juni 1872 [M.Bl. f. d. i. V. 1872 S. 182] und S. 335 u. ff. d. Buches) angeordnete Prüfung der Dampfkessel mittelst Wassers hat lediglich den Zweck, die gute und dichte Zusammenfügung des Kessels festzustellen. Sie ist weder geeignet, noch dazu bestimmt, die dauernde Widerstandsfähigkeit des Kessels gegen einen bestimmten Dampfdruck in verläßlicher Weise zu konstatiren. In der That hat die Erfahrung gelehrt, daß auch solche Kessel, welche in ihren Blechstärken offenbar zu schwach waren, der Prüfung mittelst einer Wasser-Druckpumpe mit dem zwei- und mehrfachen Betrage des dem Druck der beabsichtigten Dampfspannung entsprechenden Gewichts widerstanden, ohne eine wahrnehmbare Veränderung ihrer Form zu zeigen.

Die durch den Nachtrag zu dem Regulativ vom 1. Dezember v. J. herbeigeführte Abänderung in der Bestimmung des §. 14. dieses Regulativs ist hiernach für die Beurtheilung der Höhe der zulässigen Dampfspannung in Dampfkesseln, welche vor dem 1. Dezember v. J. konzessionirt worden sind, von keinem Einflusse. Es würde vollkommen unzulässig sein, darum, weil das für die Druckprobe maaßgebende Gewicht um ein Drittheil ermäßigt worden ist, in den älteren Dampfkesseln die zulässige Dampfspannung um den entsprechenden Betrag zu erhöhen.

Die Erhöhung der ursprünglich gestatteten Dampfspannung wird besonders in denjenigen Fällen häufig beantragt, wenn ältere Dampfkessel durch theilweise Erneuerung der Kesselbleche einer größeren Reparatur unterworfen, oder durch Einziehen von Ankern, Bolzen u. s. w. verstärkt worden sind. Mit Rücksicht auf die inzwischen erfolgte Abnutzung der älteren Kesseltheile ist auch in diesen Fällen die Erhöhung der ursprünglichen Dampfspannung auf Grund einer wiederholten Druckprobe nicht zu gestatten, gleichviel ob die Reparatur, beziehungsweise Verstärkung von dem ersten Verfertiger des Kessels oder von einem andern Fabrikanten ausgeführt worden ist.

Die Königliche Regierung wird hiernach angewiesen, alle Anträge, welche auf Erhöhung der ursprünglich konzessionirten Dampfspannung in einem Dampfkessel gerichtet sind, abzulehnen.

4. Erlaß des Königl. Ministerii für Handel, Gewerbe ꝛc. vom 14. Mai 1866 an das Königl. Oberbergamt zu N. über die Wiederbenutzung der durch den Gebrauch beschädigten Dampfkessel nach der Reparatur, und insbesondere über die Concessionirung alter Dampfkessel von unbekanntem Ursprung. (Zeitschr. f. Berg-, Hütten- u. Salinenwesen im Preuß. Staate, Jahrg. 1866 S. 148.)

Der Erlaß v. 20. Juni v. J., welcher bestimmt, daß alte, bereits gebrauchte Dampfkessel, auch wenn sie einer größeren Reparatur in der Maschinenfabrik unterworfen worden sind, mit keiner höheren Dampfspannung betrieben werden sollen, als mit derjenigen, für welche sie ursprünglich concessionirt waren, beruht, wie ich dem ꝛc. auf den Bericht vom 18. Februar c. erwidere, auf folgenden Erwägungen.

Die Maschinenfabrikanten pflegen die Stärke der Kesselbleche nach dem Maximum der beabsichtigten Dampfspannung zu bemessen, und es ist aus naheliegenden Gründen nicht anzunehmen, daß sie bei der ersten Concessionirung eine dieses Druckmaximum nicht erreichende Spannung angeben oder den Kessel überflüssig stark machen werden. In früheren Jahren, wo die Blechstärken genau vorgeschrieben waren, ist höchst selten der Fall vorgekommen, daß einzelne Kesseltheile eine größere als die vorgeschriebene Stärke besaßen, wohl aber häufig das Gegentheil. Auch hat die Erfahrung gelehrt, daß diese Normalstärken keineswegs zu hoch gegriffen waren; im Gegentheil ist es eine sehr allgemein verbreitete Ansicht, daß sie für einzelne Theile der Kessel, namentlich für die Feuerröhren der Cornwallschen Kessel, zu gering bemessen gewesen seien.

Gegenwärtig, wo die Bestimmung der Stärke des Materials den Verfertigern der Kessel überlassen ist, nehmen dieselben die früheren Normativ-Bestimmungen noch immer zum Anhalt, und es ist nicht bekannt geworden, daß die Fabrikanten erheblich darüber hinausgehen.

Ein alter, durch den Gebrauch mehr oder weniger abgenutzter Dampfkessel besitzt, auch wenn er theilweise erneuert und angeblich verstärkt worden ist, unzweifelhaft nicht mehr die Widerstandsfähigkeit, welche er neu bei seiner ersten Inbetriebsetzung besaß. Hiernach müßte eigentlich die concessionirte Dampfspannung ermäßigt werden, wenn der Kessel in ein gewisses Stadium der Abnutzung eingetreten ist. Wenn einerseits eine solche Ermäßigung nicht gefordert wird, so erscheint es andererseits im Interesse der öffentlichen Sicherheit ganz unzulässig, die ursprünglich concessionirte Dampfspannung eines alten geflickten Kessels bloß auf Grund einer einmaligen Wasserdruckprobe nachträglich zu erhöhen, und zwar um so mehr, als durch die Wasserdruckprobe wohl die Tüchtigkeit der Zusammenfügung des Kessels, nicht aber seine Widerstandsfähigkeit in verläßlicher Weise festgestellt werden kann.

Aus diesen für den Erlaß der oben erwähnten Verfügung vom 20. Juni v. J. maßgebend gewesenen Gründen ist die in dem Berichte vom 18. Febr. c. gestellte Frage in ihrer Allgemeinheit zu verneinen.

In den meisten Fällen, in denen es sich um die Ertheilung einer neuen Concession für einen alten, anderswo aufzustellenden oder theilweise erneuerten Dampfkessel handelt, wird die ursprünglich concessionirte Dampfspannung, so wie der Namen des Verfertigers ermittelt werden können, wohingegen Kessel, deren Ursprung zweifelhaft ist, oder für welche dieser Nachweis gar nicht geführt werden kann, zu den Ausnahmen gehören. Letztere sind entweder solche Kessel, deren Ursprung absichtlich und zu dem Zweck verdunkelt wird, um ihre Dampfspannung erhöhen zu dürfen, oder es sind ganz alte als altes Eisen in den Trödelhandel gebrachte Kessel, die, nachdem sie von irgend einem willigen Kesselfabrikanten reparirt oder theilweise erneuert worden sind, wieder in Betrieb gesetzt und nutzbar gemacht werden sollen. Wenn einerseits auf die Abstellung derartiger Mißbräuche Bedacht zu nehmen ist, so soll andererseits doch die Wiederbenutzung eines alten Kessels, für welchen die, über seine erste Concessionirung sprechenden Papiere nicht beigebracht werden können, nicht allgemein und ohne Weiteres verboten werden, da hierzu eine genügende Veranlassung nicht vorhanden ist.

Es muß hiernach bis auf Weiteres vorbehalten bleiben, in jedem einzelnen Falle, in welchem ein Antrag auf Concessionirung eines alten Kessels ohne Beibringung jener Papiere gestellt wird, durch eine sorgfältige technische Untersuchung des betreffenden Kessels festzustellen, ob derselbe nach Maßgabe seiner Constructionsverhältnisse und seiner Blechstärke für die beantragte Dampfspannung noch eine ausreichende Sicherheit gewährt. In jedem solchen Falle ist, sofern das .... sich nicht schon veranlaßt findet, die nachgesuchte Erlaubniß zu versagen, vor Ertheilung der Concession hierher zu berichten.*)

---

*) Von dem Berichte an das Königl. Handels-Ministerium entbindet die Circ.Verf. v. 21. Juni 1872, vgl. S. 331 d. Buches; vgl. ferner Minist.Verf. v. 30. Jan. 1885 S. 352 d. Buches.

5. Circular-Erlaß der Königl. Ministerien der Finanzen und für Handel, Gewerbe etc. an sämmtliche Königl. Regierungen und die Königl. Oberbergämter excl. Dortmund, die Stempelpflichtigkeit der in Bezug auf die Construction etc. von Dampfkesseln auszustellenden Bescheinigungen betreffend, vom 2. Februar 1868. (M.Bl. f. d. i. V. 1868 S. 67.)

Es sind Zweifel über die Stempelpflichtigkeit der auf Grund der §§. 14 und 16 des Regulativs, betreffend die Anlage von Dampfkesseln vom 31. August 1861 (jetzt §. 11 der Reichspolizeilichen Bestimmungen über die Anlegung von Dampfkesseln vom 29. Mai 1871 und §. 11 des Regulativs vom 24. Juni 1872 [M.Bl. f. d. i. V. 1872 S. 182], vgl. S. 337 d. Buches) ausgestellten Bescheinigungen entstanden. Zur Behebung dieser Zweifel bestimmen wir hierdurch, daß in jedem Falle nur die letzte dieser Bescheinigungen, nach deren Ausstellung gemäß §. 12 des Gesetzes vom 1. Juli 1861 (jetzt Reichs-Gewerbe-Ordnung §. 24) der Betrieb der Dampfkesselanlage beginnen kann, auf Grund der Position „Atteste" in dem Stempeltarif vom 7. März 1822 für stempelpflichtig zu erachten ist, daß jedoch die vor dieser Bescheinigung ausgestellten Bescheinigungen nur dann von der Stempelpflicht befreit sind, wenn sie lediglich zu dem im §. 12 des Gesetzes vom 1. Juli 1861 vorgesehenen Zwecke ausgestellt und benutzt werden.

Die zur Ausstellung berechtigten Beamten sind in geeigneter Weise zu veranlassen, einen entsprechenden Vermerk in die Bescheinigungen aufzunehmen.

6. Circular-Verfügung des Handelsministers vom 7. Dezember 1869, betreffend die Untersuchung der aus dem Auslande eingeführten, gebrauchten Locomobilen. (M.Bl. f. d. i. V. 1870 S. 26.)

Die Prüfung der lokomobilen Dampfkessel mittelst des Wasserdruckes nach §. 14. des Regulativs vom 31. August 1861 (Minist.-Bl. S. 176) (gegenwärtig §. 10 des Regulativs vom 24. Juni 1872 [M.Bl. f. d. i. V. 1872 S. 182 u. ff.], vgl. S. 336 d. Buches) begegnet erfahrungsmäßig in solchen Fällen Schwierigkeiten, in welchen die Kessel, bereits mit einer Ummantelung versehen, aus dem Auslande bezogen werden. Eine unmittelbare Untersuchung der äußeren Blechwände der Kessel ist in diesen Fällen ohne die in vielen Fällen mit Unzuträglichkeiten verbundene Entfernung der Ummantelung nicht angänglich. In der Erwägung, daß etwaige Undichtigkeiten der Kesselwände, wie der Kessel überhaupt auch ohne Beseitigung der Ummantelung mittelst des Probe-Manometers entdeckt werden können, da das Manometer den in Folge der Wasser-Einpumpung angenommenen hohen Stand, nachdem die Pumpe zu arbeiten aufgehört hat, nur so lange beibehält, als nicht in Folge einer Undichtigkeit des Kessels Wasser entweicht, im letzteren Falle dagegen sofort eine Abnahme der Spannung anzeigt, wird hiermit allgemein die Ermächtigung ertheilt, bei der Vornahme der Druckprobe solcher lokomobilen Dampfkessel, welche aus dem Auslande eingeführt werden und ganz neu sind, von der Entfernung der Kessel-Ummantelung abzusehen, sofern die Probe mit dem Manometer und nicht mit dem belasteten Sicherheitsventil ausgeführt wird. Für die aus dem Auslande eingeführten, aber schon gebrauchten Lokomobilen findet diese Erleichterung nicht Statt.

Die Königliche Regierung wolle hiernach die revidirenden Beamten mit Anweisung versehen.

7. Cirkular-Verfügung des Handelsministers, betreffend die Anlage von Dampfkesseln, vom 11. Juni 1871. (M.Bl. f. d. i. V. 1871 S. 181.)

.... Bei der Nachsuchung der Genehmigung zur Aufstellung eines Dampfkessels sind fortan die Nr. 49., 50. und 51. der Anweisung vom 4. September 1869 (gegenwärtig vom 19. Juli 1884 [M.Bl. f. d. i. V. 1884 S. 104], vgl. S. 64 u. 65 d. Buches) in Betreff der Konstruktion und Aufstellung der Kessel, die von dem Bundesrathe erlassenen allgemeinen polizeilichen Bestimmungen und endlich in Betreff der Untersuchung, welcher die Dampfkessel vor Beginn des Betriebes zu unterziehen sind, die Nr. 6. (vgl. S. 60 d. Buches) der erwähnten **Anweisung in Anwendung zu bringen. Alle diese Vorschriften haben sowohl für feststehende als auch für bewegliche Dampfkessel-Anlagen, Geltung.** ....

Bewegliche Dampfkessel, welche in anderen Bundesstaaten nach den Vorschriften der Gewerbe-Ordnung fortan konzessionirt worden, sind nunmehr auch in dem diesseitigen Gebiete zum Betriebe unbeanstandet zuzulassen; doch kommen auf sie die in Betreff der örtlichen Aufstellung und des Betriebes diesseits ergangenen Polizei-Verordnungen ebenfalls zur Anwendung.

Die Entwickelung, welche die Technik des Dampfkesselbaues in neuester Zeit erfahren hat, ist die Veranlassung gewesen, in den neu erlassenen Bestimmungen manche Beschränkungen aufzugeben, welche frühere Vorschriften, unter anderen auch das Regulativ vom 31. August 1861, enthielten. Wenn dies bei der Prüfung neuer Konzessionsgesuche nicht außer Acht zu lassen ist, so ist auf der anderen Seite doch ebensowohl zu berücksichtigen, daß durch jene Bestimmungen allen nach der verschiedenen Art der Kessel-Konstruktionen möglichen Gefahren weder vorgebeugt werden kann noch soll. Deshalb, weil eine gewisse Konstruktion diese Bestimmungen nicht verletzt, ist dieselbe als unbedenklich noch nicht anzusehen. Vielmehr wird auch fernerhin Aufgabe der konzessionirenden Behörden bleiben, die Anträge auf Genehmigung von Kessel-Anlagen nach allen Richtungen hin sorgfältig zu prüfen und für solche Konstruktionen, die nach Ihrer Ueberzeugung mit Gefahren verknüpft sind, die Genehmigung zu versagen. Den mit der Vorprüfung der Konzessions-Gesuche betrauten, technischen Beamten wird unter diesen Umständen in erhöhtem Maße die Pflicht obliegen, von den Fortschritten, welche in der Technik des Dampfkesselbaues gemacht werden, sich in fortlaufender Kenntniß zu erhalten, damit unbegründete Bemängelungen der an die Behörden gelangenden Konzessionsanträge vermieden werden.

Es liegt in der Absicht, diejenigen Beamten, welche mit der Vorprüfung der Konzessionsgesuche für Dampfkessel-Anlagen betraut und zugleich auch zur Untersuchung der neu aufgestellten Kessel nach Nr. 6. der Anweisung vom 4. September 1869 (vgl. S. 50 d. Buches) befugt sind, insbesondere also die Königlichen Kreisbaubeamten, mit einem Kontrol-Manometer zu versehen, dessen sie sich bei allen denjenigen Untersuchungen bedienen sollen, bei welchen bisher der Quecksilber-Röhren-Manometer zur Anwendung gekommen ist. Mit

Hülfe der Kontrol-Manometer wird daher nicht nur die Prüfung der an jedem Dampfkessel anzubringenden Manometer, sondern auch die Druckprobe neugebauter oder ausgebesserter Kessel auszuführen sein. Die Einrichtung dieser Manometer und ihr Gebrauch ist bereits in einer in dem 46. Jahrgang (1867) der Verhandlungen des Vereins zur Beförderung des Gewerbfleißes in Preußen veröffentlichten Abhandlung näher beschrieben. In Betreff der Uebersendung der für die einzelnen Bezirke erforderlichen Kontrol-Manometer bleibt weitere Verfügung vorbehalten. Bis dahin, daß die Beamten damit versehen sind, kann bei den vorzunehmenden Untersuchungen der Kessel in bisheriger Weise verfahren werden. Die in den seitherigen Vorschriften enthaltene Anordnung, wonach die Dampfkesselbesitzer offene Quecksilber-Röhren-Manometer zu halten haben, mit welchen ein jeder der von ihnen aufgestellten Dampfkessel in Verbindung gebracht werden kann, ist in die neuerlassenen Bestimmungen nicht aufgenommen. Für die fernerhin aufzustellenden Dampfkessel ist mithin von einer solchen Verpflichtung der Besitzer abgesehen. Es ist das in der Voraussetzung geschehen, daß die prüfenden Beamten in dem Besitz von Kontrol-Manometern sich befinden werden. Dagegen muß nunmehr nach §. 13. der Bestimmungen (vgl. S. 300 d. Buches) an jedem neu aufzustellenden Dampfkessel eine Einrichtung sich befinden, welche dem prüfenden Beamten die Anbringung des Kontrol-Manometers gestattet. Für die Verfertiger von Dampfkesseln ist hiernach die Kenntniß von der Einrichtung der Kontrol-Manometer von Wichtigkeit; dieselben werden sich darüber theils aus der oben erwähnten Abhandlung, theils bei den mit Kontrol-Manometern ausgestatteten Beamten unterrichten können, worauf die Königliche Regierung in geeigneter Weise aufmerksam machen wolle.

Im Uebrigen wird durch die Einführung der Kontrol-Manometer die Anwendung der Quecksilber-Röhren-Manometer nicht unzulässig. Es bleibt auch fernerhin gestattet, sich der letzteren bei den Untersuchungen der Kessel, insbesondere bei der Wasserdruckprobe und der Prüfung der an den Kesseln angebrachten Manometer zu bedienen. Von der Beachtung der im §. 13. Absatz 2. der neuen Bestimmungen getroffenen Anordnung wird aber kein Unternehmer durch den Besitz eines Quecksilber-Röhren-Manometers entbunden. Für die bestehenden Dampfkessel-Anlagen ist, so lange eine Abänderung ihrer konzessionirten Einrichtung nicht beantragt wird, die gedachte Vorschrift, ebensowenig wie der übrige Inhalt der Bestimmungen maßgebend, so daß deren Besitzer zur Haltung eines Quecksilber-Röhren-Manometers nach wie vor verpflichtet bleiben. Die Königliche Regierung wird indessen ermächtigt, diejenigen Kessel-Besitzer, welche ihre Kessel nachträglich mit einer zur Anbringung des Kontrol-Manometers geeigneten Einrichtung versehen lassen, von der Haltung eines Quecksilber-Röhren-Manometers ohne Weiteres zu entbinden.

Zur Erläuterung des Inhalts der von dem Bundes-Rathe festgestellten Bestimmungen wird im Einzelnen noch Folgendes bemerkt:

1) Die frühere Vorschrift, daß die durch oder um einen Dampfkessel gelegten Feuerzüge an ihrer höchsten Stelle mindestens vier Zoll unter dem im Dampfkessel festgesetzten niedrigsten Wasserspiegel liegen müssen, ist prinzipiell zwar beibehalten worden, hat indessen verschiedenen, neuerdings aufgekommenen Kesselkonstruktionen gegenüber nicht unbedingt aufrecht erhalten werden können. Im §. 2. Absatz 2. der neuen Bestimmungen sind daher gewisse Gesichtspunkte angegeben worden, nach welchen die konzessionirenden Behörden zu prüfen haben, ob die Einhaltung jener beschränkenden Vorschrift im einzelnen Fall zu verlangen ist oder nicht. Je weniger es möglich war, in dieser Beziehung einen völlig bestimmten und durchgreifenden Grundsatz aufzustellen, um so mehr wird es die Pflicht der konzessionirenden Behörden sein, die vorkommenden Fälle einer sorgfältigen Prüfung zu unterziehen.

2) Für die Sicherheitsventile, mit welchen ein jeder Dampfkessel versehen sein muß, waren bisher bestimmte Oeffnungs-Dimensionen als Minimalweiten vorgeschrieben. Hiervon ist nunmehr abgesehen und somit freigegeben, für die Oeffnung der Sicherheitsventile nicht nur größere, sondern auch kleinere Dimensionen zu wählen. Den in dieser Beziehung gewählten Konstruktionen wird, so lange ein Bedenken nicht entgegenzustellen

sein, als nach der Ueberzeugung der Behörde dadurch die Zuverlässigkeit der Ventile nicht beeinträchtigt oder überhaupt deren Zweck nicht vereitelt wird.

3) Im §. 13. des Regulatives vom 31. August 1861. war den Verfertigern der Dampfkessel in Betreff des Materials und der Konstruktion ausdrücklich eine gewisse Verantwortlichkeit zugewiesen. Auch davon ist abgesehen. Gleichwohl sind die Pflichten der Fabrikanten in Folge dessen nicht andere geworden, und es versteht sich von selbst, daß Fabrikanten, welche entweder in der Wahl des Materials oder der Konstruktion ein schuldbares Versehen trifft, für die daraus sich ergebenden Folgen nach den allgemeinen gesetzlichen Grundsätzen verhaftet bleiben.

4) Die zulässige Belastung der Sicherheitsventile kann nach der Vorschrift des §. 8. Absatz 4. (vgl. S. 298 d. Buches) der neuen Bestimmungen nicht mehr im Voraus normirt werden, sondern muß, wenn die Kessel vor dem Beginn des Betriebes der vorschriftsmäßigen Revision unterzogen werden, mit Hülfe des Kontrol-Manometers oder eines Quecksilber-Röhren-Manometers nach Maßgabe der genehmigten Dampfspannung regulirt, an dem Ventile markirt und in der Genehmigungs-Urkunde vermerkt werden. Von einer besonderen Sicherung der Sicherheitsventile gegen unzulässige Belastung ist Abstand genommen. Da eine Ueberlastung derselben den Kesselbesitzer straffällig machen würde, so werden die Dampfkessel in dieser Beziehung den Gegenstand einer besonders sorgfältigen Kontrole während des Betriebes zu bilden haben.

5) In den bisher geltend gewesenen Vorschriften, insbesondere auch in dem Regulativ vom 31. August 1861 waren Anordnungen getroffen, welche die Feuerungs-Einrichtungen der Dampfkessel in einer den bau- und feuerpolizeilichen Interessen entsprechenden Weise zu regeln bezweckten. Derartige Anordnungen enthalten die neuen Bestimmungen nicht, weil dieselben sich durchgehends auf Anordnungen von besonderer technischer Bedeutung für Dampfkessel-Anlagen beschränkt haben. Auf die Dampfkessel-Anlagen finden daher fortan in der hier fraglichen Beziehung zunächst die allgemeinen bau- und feuerpolizeilichen Vorschriften Anwendung. Soweit diese als ausreichend nicht er-

scheinen sollten, bleibt es der Königlichen Regierung überlassen, im Wege der Polizei-Verordnung ergänzende Anordnungen zu treffen.

6) Für die im §. 18 (vgl. S. 302 d. Buches) bezeichneten, als Dampfkessel im gesetzlichen Sinne nicht zu betrachtenden Kesselkonstruktionen wird von einer Konzessionirung überhaupt abzusehen sein. Ihre Anlage und ihr Betrieb ist ohne Weiteres unter Beachtung der allgemeinen bau- und feuerpolizeilichen Vorschriften gestattet. Im Uebrigen sind alle Verfügungen, durch welche bisher für gewisse Kesselkonstruktionen Erleichterungen und Ausnahmen von den allgemeinen Regulativ-Vorschriften nachgegeben waren, durch die festgestellten allgemeinen Normen als aufgehoben zu betrachten.

8. **Cirkular-Verfügung des Handelsministers vom 7. September 1871, betreffend die Regulirung der Ventilbelastung.** (M.Bl. f. d. i. V. S. 260.)

Auf den Bericht vom 26. Juni d. J. wird dem Königlichen Ober-Bergamt eröffnet, daß die Regulirung der Ventilbelastung neu konzessionirter Dampfkessel, welche nach Nr. 4. des Erlasses vom 11. Juni d. J. (Min.-Bl. S. 181) bei Gelegenheit der vorschriftsmäßigen Revision der Kessel vor dem Beginn des Betriebes vorgenommen werden muß, eine Anheizung der Kessel nicht nothwendig macht, sondern ohne eine solche unter einfacher Anwendung von Wasserdruck erfolgen kann. Das Ergebniß dieser Regulirung ist nicht in der über die Revision der Kessel ausgestellten Bescheinigung, sondern in der zu ihrer Anlage ertheilten Genehmigungsurkunde zu vermerken, und in die letztere demgemäß stets ein entsprechender Vorbehalt Seitens der konzessionirenden Behörden aufzunehmen. Die Unterbehörden sind hiernach mit Anweisung zu versehen.

9. **Gesetz, den Betrieb der Dampfkessel betreffend. Vom 3. Mai 1872.** (G.S. S. 515.)

Wir **Wilhelm**, von Gottes Gnaden König von Preußen rc. verordnen, mit Zustimmung der beiden Häuser des Landtages, was folgt:

§. 1. Die Besitzer von Dampfkessel-Anlagen oder die an ihrer Statt zur Leitung des Betriebes bestellten Vertreter, sowie die mit der Bewartung von Dampfkesseln beauftragten Arbeiter sind verpflichtet, dafür Sorge zu tragen, daß während des Betriebes die bei Genehmigung der Anlage oder allgemein vorgeschriebenen Sicherheitsvorrichtungen bestimmungsmäßig benutzt, und Kessel, die sich nicht in gefahrlosem Zustande befinden, nicht im Betriebe erhalten werden.

§. 2. Wer den ihm nach §. 1. obliegenden Verpflichtungen zuwiderhandelt, verfällt in eine Geldstrafe bis zu 200 Thalern oder in eine Gefängnißstrafe bis zu drei Monaten.

§. 3. Die Besitzer von Dampfkessel-Anlagen sind verpflichtet, eine amtliche Revision des Betriebes durch Sachverständige zu gestatten, die zur Untersuchung der Kessel benöthigten Arbeitskräfte und Vorrichtungen bereit zu stellen und die Kosten der Revision zu tragen.

Die näheren Bestimmungen über die Ausführung dieser Vorschrift hat der Minister für Handel, Gewerbe und öffentliche Arbeiten zu erlassen.

§. 4. Alle mit diesem Gesetze nicht im Einklange stehenden Bestimmungen, insbesondere das Gesetz, den Betrieb der Dampfkessel betreffend, vom 7. Mai 1856. (Gesetz-Samml. S. 295.) werden aufgehoben.

Urkundlich unter Unserer Höchsteigenhändigen Unterschrift und beigedrucktem Königlichen Insiegel.

10. Circular-Verfügung des Handelsministers, betreffend die Gültigkeit der Wasserdruckprobe eines außerhalb Preußens im Deutschen Bundesgebiete hergestellten Dampfkessels, vom 7. Juni 1872. (M.Bl. f. d. i. V. 1872 S. 181.)

Durch die in Ausführung des §. 24. der Gewerbe-Ordnung für den Norddeutschen Bund vom 21. Juni 1869 vom Bundesrath erlassenen und durch die Bekanntmachung des Herrn Reichskanzlers vom 29. Mai v. J. im Reichsgesetzblatt (S. 122) publizirten allgemeinen polizeilichen Vorschriften (vgl. S. 295 u. ff. d. Buches) ist das Verfahren bei der Prüfung der Dampfkessel mittelst Wasserdrucks für das ganze Geltungsgebiet der Gewerbe-Ordnung gleichmäßig geregelt worden.

Es sind Zweifel darüber entstanden, ob die demgemäß ausgeführten Druckproben allgemeine Gültigkeit haben, oder ob solche Kessel, welche aus der Maschinenfabrik eines Staates hervorgehen, dagegen in einem andern Staate in Betrieb gesetzt werden sollen, am Orte der Aufstellung einer Druckprobe unterworfen werden müssen, obwohl sie bereits in der Fabrik dieser Probe unterzogen sind.

Nach §. 11. der bezeichneten polizeilichen Bestimmungen muß jeder neu anfzustellende Dampfkessel nach seiner letzten Zusammensetzung vor der Ummauerung oder Ummantelung unter Verschluß sämmtlicher Oeffnungen mit Wasserdruck geprüft werden. Diese Vorschrift erfordert hiernach nur die einmalige Vornahme einer amtlichen Druckprobe vor der Inbetriebsetzung eines Dampfkessels, so daß ein Kessel, welcher bereits vorher, insbesondere am Orte seiner Herstellung, dieser Probe unterzogen ist, der Druckprobe am Orte der Aufstellung auch dann nicht abermals zu unterwerfen ist, wenn die letztere in einem anderen Bundesstaate erfolgt, als die vorhergegangene Druckprobe.

Unter diesen Umständen wird die im Bereich eines anderen Bundesstaates vorgenommene amtliche Druckprobe eines Dampfkessels auch für Preußen als vollgültig anzuerkennen sein.

Die Königliche Regierung wolle das Erforderliche veranlassen, daß innerhalb Ihres Bezirkes in vorkommenden Fällen nach Maßgabe dieser Verfügung verfahren werde.

11. Circular-Verfügung des Handelsministers vom 21. Juni 1872, betr. die Concessionirung gebrauchter Dampfkessel.

(M.Bl. f. d. i. V. S. 182.)

Es sind Zweifel darüber entstanden, wie bei der gegenwärtigen Lage der Gesetzgebung in denjenigen Fällen zu verfahren sei, wenn die Konzessionirung gebrauchter von einem neuen Erwerber an einem neuen Ort aufgestellter Dampfkessel nachgesucht wird, ohne daß die bisherigen Konzessionspapiere vorgelegt werden, so daß nicht feststeht, welche Spannung ursprünglich gestattet worden, — sowie wenn für bereits konzessionirte Dampfkessel eine Erhöhung des zulässigen Dampfdruckes über das ursprünglich konzessionirte Maaß hinaus beantragt wird, insbesondere ob nach Erlaß der Gewerbe-Ordnung vom 21. Juni 1869 und der in Ausführung des §. 24. derselben ergangenen allgemeinen polizeilichen Bestimmungen vom 29. Mai 1871 (vgl. S. 295 u. ff. d. Buches), die Cirkular-Verfügung vom 20. Juni 1865 (vgl. S. 318 u. ff. d. Buches), wonach Anträgen der letzteren Art in der Regel nicht stattzugeben, und dieselben nur ausnahmsweise zur diesseitigen Entscheidung vorgelegt werden sollen, auch ferner zu befolgen sei.

Ich trage kein Bedenken, die Provinzial-Behörden von der fernerweiten Anwendung der gedachten Verfügung zu entbinden. Dieselben werden demgemäß in Zukunft auch in allen Fällen, wo es sich um die Konzessionirung gebrauchter Dampfkessel oder um die Vermehrung der zulässigen Dampfspannung konzessionirter Dampfkessel handelt, zunächst selbst instanzmäßige Entscheidung zu treffen haben.

12. Regulativ vom 24. Juni 1872, betreffend die periodische Untersuchung der Dampfkessel. (M.Bl. f. d. i. V. 1872 S. 182.)

Die Königliche Regierung erhält hieneben das zur Ausführung des §. 3. des Gesetzes vom 3. v. M. (vgl. S. 329 u. ff. d. Buches) erlassene Regulativ über die Revision der Dampfkessel mit dem Auftrage, dasselbe den Dampfkessel-Revisoren Ihres Bezirkes zur Nachachtung mitzutheilen und durch das Amtsblatt zu veröffentlichen.

Sollte demnächst eine erhebliche Zahl der Dampfkesselbesitzer des dortigen Bezirks einem der unter Nr. 4. des Regulativs erwähnten Vereine beitreten und in Folge dessen eine Abänderung der zur Vornahme der Revision ertheilten, einstweilen in Kraft bleibenden Aufträge, sowie der Revisionsbezirke zweckmäßig erscheinen, so sehe ich gutachtlichen Vorschlägen der Königlichen Regierung darüber entgegen.

Anlage.

Auf Grund der Vorschrift im §. 3. des Gesetzes vom 3. Mai 1872, den Betrieb der Dampfkessel betreffend, wird Nachfolgendes verordnet:

1. Ein jeder im Betriebe befindliche Dampfkessel soll von Zeit zu Zeit einer technischen Untersuchung unterliegen.

Es bleibt vorbehalten, Ausnahmen hiervon nachzulassen, insoweit dies im Interesse der öffentlichen Sicherheit unbedenklich erscheint.

2. Die technische Untersuchung hat zum Zweck, den Zustand der Kessel-Anlage überhaupt, deren Uebereinstimmung mit dem Inhalt der Genehmigungs-Urkunde und die bestimmungsmäßige Benutzung der bei Genehmigung der Anlage oder allgemein vorgeschriebenen Sicherheits-Vorrichtungen festzustellen.

3. Die Untersuchung erfolgt hinsichtlich der Dampfkessel auf Bergwerken, Aufbereitungs-Anstalten und Salinen, auf welche die Vorschriften des Allgemeinen Berggesetzes vom 24. Juni 1865 Anwendung finden, durch die Bergrevier-Beamten, im Uebrigen durch die von der zuständigen Staatsbehörde dazu berufenen Sachverständigen. Namen und Wohnort derselben wird, unter Bezeichnung des Bezirks, auf welchen ihr Auftrag sich erstreckt, durch das Amtsblatt bekannt gemacht.

Bewegliche Dampfkessel gehören zu demjenigen Bezirke, in welchem ihr Besitzer oder dessen Vertreter wohnt, Dampfschiffskessel zu demjenigen, in welchem die Schiffe überwintern, oder falls dies außerhalb Landes geschieht, zu demjenigen, in welchem ihr Haupt-Anlegeplatz sich befindet.

4. Dampfkessel, deren Besitzer Vereinen angehören, welche eine regelmäßige und sorgfältige Ueberwachung der Kessel vornehmen lassen, können mit Genehmigung des Ministers für Handel, Gewerbe und öffentliche Arbeiten von der amtlichen Revision befreit werden.

Es bedarf einer öffentlichen Bekanntmachung durch das Amtsblatt, wenn einem Vereine eine solche Vergünstigung gewährt oder dieselbe wieder entzogen worden ist.

Ausnahmsweise kann auch einzelnen Dampfkesselbesitzern, welche für eine regelmäßige Ueberwachung ihrer Dampfkessel entsprechende Einrichtungen getroffen haben, die gleiche Vergünstigung zu Theil werden.

5. Die vorgedachten Vereine haben den Königlichen Regierungen (resp. Landdrosteien, Ober-Bergämtern, in Berlin dem Königlichen Polizei-Präsidium) ein Verzeichniß der dem Verein angehörenden Kesselbesitzer unter Angabe der Anzahl der von denselben in dem Bezirke betriebenen Kessel, sowie eine Uebersicht aller in dem Laufe des Jahres ausgeführten Untersuchungen, welche zugleich deren Art und Ergebniß ersehen läßt, am Jahresschluß einzureichen. Sie haben ferner von jeder Aufnahme eines Kessels in den Verband und von jedem Ausscheiden aus demselben dem zur amtlichen Untersuchung der Dampfkessel in dem betreffenden Bezirke berufenen Sachverständigen unverzüglich Nachricht zu geben.

Die veröffentlichten Jahresberichte sind regelmäßig dem Ministerium für Handel, Gewerbe und öffentliche Arbeiten vorzulegen.

Die Vorschrift im ersten Absatze findet auch auf einzelne, von der amtlichen Aufsicht befreite Kesselbesitzer (4) Anwendung.

6. Die amtliche Untersuchung der Dampfkessel ist eine äußere und eine innere. Jene findet alle zwei Jahre, diese alle sechs Jahre statt und ist dann mit jener zu verbinden.

7. Die äußere Untersuchung besteht vornehmlich in einer Prüfung der ganzen Betriebsweise des Kessels; eine Unterbrechung des Betriebes darf dabei nur verlangt werden, wenn Anzeichen gefahrbringender Mängel, deren Dasein und Umfang anders nicht festgestellt werden kann, sich ergeben haben.

Die Untersuchung ist vornehmlich zu richten:
auf die Vorrichtungen zum regelmäßigen Speisen des Kessels; auf die Ausführung und den Zustand der Mittel, den Normal-Wasserstand in dem Kessel zu allen Zeiten mit Sicherheit beurtheilen zu können; auf die Vorrichtungen, welche gestatten, den etwaigen Niederschlag an den Kesselwandungen zu entdecken und den Kessel zu reinigen; auf die Vorrichtungen zum Erkennen der

Spannung der Dämpfe im Kessel; auf die Ausführung und den Zustand der Mittel, den Dämpfen einen freien Abzug zu gestatten, wenn die Normal-Spannung überschritten wird; auf die Ausführung und den Zustand der Feuerungs-Anlage selbst, die Mittel zur Regelung und Absperrung des Zutritts der atmosphärischen Luft und zur thunlichst schnellen Beseitigung des Feuers.

Auch ist zu prüfen, ob der Kesselwärter die zur Sicherheit des Betriebes erforderlichen Vorrichtungen kennt und anzuwenden versteht.

8. Die innere Untersuchung erstreckt sich auf den Zustand der Kesselanlage überhaupt; sie umfaßt auch die Prüfung der Widerstandsfähigkeit der Kesselwände und des Zustandes des Kessel-Innern. Sie ist stets mit einer Probe durch Wasserdruck nach §. 11. der allgemeinen Bestimmungen für die Anlage von Dampfkesseln vom 29. Mai 1871 zu verbinden (vgl. S. 299 u ff. d. Buches) Behufs ihrer Ausführung muß der Betrieb des Kessels eingestellt werden.

Die Untersuchung ist vornehmlich zu richten:
auf die Beschaffenheit der Kesselwandungen, Nieten und Anker im Aeußeren wie im Innern des Kessels, sowie der Heiz- und Rauchrohre und der Verbindungsstutzen, wobei zu ermitteln ist, ob die Dauerhaftigkeit dieser Theile durch den Gebrauch gefährdet ist, und die nach Art der Lokomotiv-Feuerröhren eingesetzten Röhren nöthigenfalls herauszuziehen sind; auf das Vorhandensein und die Natur des Kesselsteins; auf den Zustand der Wasserzuleitungsröhren und der Reinigungs-Oeffnungen; auf den Zustand der Speise- und Dampfventile; auf den Zustand der Verbindungsröhren zwischen Kessel und Manometer resp. Wasserstandzeiger, sowie der übrigen Sicherheits-Vorrichtungen; auf den Zustand des Rostes, der Feuerbrücke und der Feuerzüge außerhalb wie innerhalb des Kessels.

Die Ummauerung oder Ummantelung des letzteren muß, wenn die Untersuchung sich durch Befahrung der Züge oder auf andere einfache Weise nicht zur Genüge bewirken läßt, an einzelnen zu untersuchenden Stellen oder, wenn es sich als nothwendig herausstellt, gänzlich beseitigt werden.

9. Werden bei einer Untersuchung erhebliche Unregelmäßigkeiten in dem Betriebe ermittelt, so kann nach Ermessen des Beamten in dem folgenden Jahre die äußere Untersuchung wiederholt werden.

Hat eine Untersuchung Mängel ergeben, welche Gefahr herbeiführen können, und wird diesen nicht sofort abgeholfen, so muß nach Ablauf der zur Herstellung des vorschriftsmäßigen Zustandes erforderlichen Frist die Untersuchung von Neuem vorgenommen werden.

Befindet sich der Kessel bei der Untersuchung in einem Zustande, welcher eine unmittelbare Gefahr einschließt, so ist die Fortsetzung des Betriebes bis zur Beseitigung der Gefahr zu untersagen. Vor der Wiederaufnahme des Betriebes ist in diesem Fall die ganze Untersuchung zu wiederholen und der vorschriftsmäßige Zustand der Anlage festzustellen.

10. Die äußere Untersuchung erfolgt ohne vorherige Benachrichtigung des Kesselbesitzers.

Von der bevorstehenden inneren Untersuchung ist der Besitzer mindestens vier Wochen vorher zu unterrichten; über die Wahl des Zeitpunktes für diese Untersuchung soll der Sachverständige sich mit dem Besitzer zu verständigen suchen, um den Betrieb der Anlage so wenig wie möglich zu beeinträchtigen.

Bewegliche Dampfkessel sind von den Besitzern oder deren Vertretern im Laufe des Revisionsjahres nach ergangener Aufforderung an einem beliebigen Orte innerhalb des Revisionsbezirks für die Untersuchung bereit zu stellen.

Durch die Untersuchung der Dampfschiffskessel dürfen die Fahrten der Schiffe nicht gestört werden. Die innere Untersuchung von Dampfschiffskesseln ist vor dem Beginn der Fahrten des betreffenden Jahres zu bewirken.

Falls ein Kesselbesitzer der Anforderung des zur Untersuchung berufenen Beamten, den Kessel für die Untersuchung bereit zu stellen, nicht entspricht, so ist auf Antrag des Beamten der Betrieb des Kessels bis auf Weiteres polizeilich still zu legen.

Die zur Ausführung der Untersuchung erforderliche Arbeitshülfe hat der Besitzer des Kessels dem Beamten auf Verlangen unentgeltlich zur Verfügung zu stellen.

11. Für jeden Kessel hat der Kesselbesitzer ein Revisionsbuch zu halten, welches bei dem Kessel aufzubewahren ist. Dem Buche ist die nach Maßgabe der No. 6. der Anweisung zur Ausführung der Gewerbe-Ordnung vom 21. Juni 1869 (vgl. S. 50 d. Buches) oder der früheren entsprechenden Bestimmungen ertheilte Abnahme-Bescheinigung anzuhängen.

Der Befund der Untersuchung wird in dies Revisionsbuch eingetragen. Abschrift des Vermerks übersendet der Sachverständige der Polizeibehörde des Ortes, an welchem der Kessel sich befindet. Diese hat für die Abstellung der festgestellten Mängel und Unregelmäßigkeiten Sorge zu tragen.

12. Der Sachverständige überreicht am Jahresschluß der Königlichen Regierung (Landdrostei) des Bezirks, in Berlin dem Königlichen Polizei-Präsidium, eine Nachweisung der von ihm im Laufe des Jahres untersuchten Dampfkessel, welche den Namen des Orts, an welchem der Kessel sich befindet, den Namen des Kesselbesitzers, die Bestimmung des Kessels, den Tag der Revision und in kurzen Worten den Befund derselben ersehen läßt.

13. Für die äußere Untersuchung eines jeden Dampfkessels ist eine Gebühr von 5 Thlrn. zu entrichten. Gehören mehrere Dampfkessel zu einer gewerblichen Anlage, so ist nur für die Untersuchung des ersten Kessels der volle Satz, für die jedes folgenden aber die Hälfte zu entrichten, wenn die Untersuchung innerhalb desselben Jahres erfolgt. Letzteres hat zu geschehen, sofern erhebliche Anstände nicht obwalten. Ist die Untersuchung zugleich eine innere, so beträgt die Gebühr in allen Fällen zehn Thaler für jeden Kessel.

14. Bei denjenigen außerordentlichen Untersuchungen (9), welche außerhalb des Wohnorts des Sachverständigen erfolgen, hat dieser auch auf die bestimmungsmäßigen Tagegelder und Reisekosten Anspruch.

15. Gebühren und Kosten (13. 14.) werden bei der Polizeibehörde des Ortes, wo die Untersuchung erfolgt ist, liquidirt, durch diese festgesetzt und von dem Kesselbesitzer eingezogen.

13. Circular-Erlaß des Handelsministers vom 22. August 1873, betreffend die Anlage von Dampfkesseln, welche durch die abziehenden Feuerungsgase von Puddel- und Schweißöfen geheizt werden. (IV. 9194 Hand.Minist., findet sich nirgends abgedruckt, vgl. Circ.Verf. v. 20. Juli 1874 S. 340 d. Buches.)

Die Königl. technische Deputation für Gewerbe hat in einem Specialfalle allgemein für Kessel-Anlagen, deren Heizung durch die abziehenden Gase eines Ofens erfolgt, Einrichtungen dringend empfohlen, vermöge derer der Kessel ohne Störung des Ofenbetriebes außer Betrieb gesetzt werden kann. Es bedarf dazu der Anlage eines besonderen Kanals, durch den die Ofen-Gase direkt in den Kamin geleitet werden können. Eine solche Anordnung wird aber ihren Zweck vollständig nur dann erreichen, wenn ein Absperrschieber zwischen Ofen und Kessel angebracht ist, weil es nur so möglich wird, ohne den Gang des Ofens zu stören, frische Luft in die Kanäle des Kessels zu bringen, und Arbeiten an dem Kessel vorzunehmen, welche bei Anwesenheit von Heizgasen in den Kanälen unausführbar sein würden.

Den Königl. Regierungen ist demgemäß empfohlen, in den dazu geeigneten Fällen die Aufnahme etwa folgender Bestimmung in die Konzessions-Urkunden in Erwägung zu nehmen:

> Dampfkessel, welche durch die abziehenden Gase von Puddel- oder Schweißöfen geheizt werden, müssen einzeln außer Betrieb gesetzt werden können, ohne daß dadurch der Ofenbetrieb gestört wird. Dazu ist die Herstellung eines direkten Kanals zwischen Ofenfuchs und Esse und die Anordnung eines Schiebers zwischen Ofen und Kessel, durch welchen die Einwirkung der Ofenhitze auf den Kessel verhindert werden kann, erforderlich.

14. Circular-Erlaß des Ministers für Handel vom 8. Oktober 1873, betreffend die Erhöhung der Gebühr für die Untersuchung neu aufgestellter Dampfkessel. (M.Bl. f. d. i. V. 1873 S. 277.)

Nachdem sich ergeben hat, daß die in der Anweisung zur Ausführung der Gewerbe-Ordnung unter Nr. 6 Alinea 5 für die erste auf Grund des §. 24. Alinea 4 der Gewerbe-Ordnung stattfindende Untersuchung neuaufgestellter Dampfkessel festgesetzte Gebühr mit Rücksicht auf die seit ihrer ersten Feststellung eingetretene Steigerung aller Preise und auf die durch das Regulativ vom 24. Juni 1872 (Minist.Bl.S. 183) herbeigeführte Erhöhung der Gebühren für die periodische Revision der Dampfkessel gleichfalls eine Erhöhung bedarf, so bestimme ich hiermit, daß diese Gebühr in Zukunft fünf Thaler betragen soll.

Diese Bestimmung ist durch die Amtsblätter zur öffentlichen Kenntniß zu bringen und tritt mit dem Tage der Ausgabe des die Bekanntmachung enthaltenden Stückes des Amtsblattes für den betreffenden Bezirk in Wirksamkeit.

15. Cirkular-Verfügung des Handelsministers vom 25. Februar 1874, betreffend den Bau der Dampfkessel und deren Versteifung und Verankerung. (M.Bl. f. d. i. V. 1874 S. 78.)

Als die Ursache wiederholter Explosionen von Dampfkesseln mit innerem Feuerrohr hat sich — wie schon früher in mehreren Fällen — neuerlich wiederum ergeben, daß das Rohr dem Drucke der gespannten Dämpfe nicht zu widerstehen vermocht hatte, vielmehr zunächst zusammengedrückt und dann gerissen war. Durch diese Vorgänge ist zugleich bestätigt, daß es für die Sicherheit des Betriebes solcher kornischer Kessel von wesentlicher Bedeutung ist, wenn die Widerstandsfähigkeit der Feuerrohre durch eingelegte ⊥ förmige Ringe (sogen. Fairbairn'schen Versteifungsringe) oder durch anderweite Verankerungen oder Versteifungen verstärkt wird.

In Verfolg der Erlasse vom 28. April 1857 und 28. September 1860 (Min.-Bl. S. 95 und 209) empfehle ich hiernach der Königlichen Regierung, die Verfertiger und Besitzer derartiger Kessel auf den Nutzen einer solchen Armirung, namentlich bei Feuerrohren von ungewöhnlicher Länge und Weite und bei solchen, welche durch mehrjährigen Betrieb bereits geschwächt sind, gelegentlich durch die Kessel-Revisoren oder in sonst geeigneter Weise aufmerksam machen zu lassen.

16. Circular-Verfügung des Ministers für Handel vom 22. Juni 1874, betreffend die Gebühr für die Untersuchung neu aufgestellter Dampfkessel. (M.Bl. f. d. i. V. 1874 S. 164.)

In Beantwortung des Berichtes vom 28. v. M. trete ich dem Königlichen Ober-Berg-Amt darin bei, daß die Bestimmung des Erlasses vom 8. Oktober v. J. (Minist.Bl. S. 277), nach welcher in Abänderung des Art. 6. der Anweisung zur Ausführung der Gewerbeordnung vom 4. September 1869 die Gebühr für die erste Untersuchung einer Dampfkessel-Anlage von 3 auf 5 Thl. erhöhet worden ist, ebensowohl auf die mit der Wasserdruckprobe verbundene Untersuchung der Kessel-Konstruktion (al. 3. a. a. O.), als auf die weitere, in al. 4. bezeichnete Untersuchung Anwendung findet, welche die Uebereinstimmung der Kessel-Anlage mit den Concessions-Bedingungen zum Gegenstande hat.

17. Circular-Verfügung des Ministers für Handel vom 20. Juli 1874, betreffend die Anlage von Dampfkesseln, welche durch die abziehenden Feuerungsgase von Puddel- und Schweißöfen geheizt werden. (IV 8886 Hand.Minist., findet sich nirgends abgedruckt.)

Mehrfache gegen die Bestimmung des Erlasses vom 22. August 1873 (S. 338 d. Buches) erhobene Beschwerden haben ergeben, daß die letztgedachte Einrichtung, welche in der Regel den beabsichtigten Zweck am leichtesten und geeignetsten sichert, nicht immer oder doch nur mit verhältnißmäßigen Schwierigkeiten ausführbar ist.

Die Einwirkung der Ofengase auf den Dampfkessel kann zuvor durch das Einstoßen des Ofenfuchses gleichfalls sofort gehemmt werden; da der Kesselwärter sich jedoch hierzu nur schwer entschließen wird, weil jede zu frühzeitige oder nicht unumgänglich nothwendige Zerstörung des Zugkanals ihn schwerer Verantwortung aussetzen kann, so ist die Anwendung dieses Mittels als eine für den Kesselbetrieb genügende Sicherung nicht zu betrachten.

Es ist vielmehr an der Regel festzuhalten, daß bei kombinirten Kessel- und Ofenanlagen Vorkehrungen getroffen werden müssen, welche die sofortige Außerbetriebsetzung der Kessel ohne gleichzeitige gänzliche Störung oder Unterbrechung des Ofenbetriebes gestatten; die Auswahl der betreffenden Vorkehrung kann jedoch dem Unternehmer überlassen werden, wobei es selbstverständlich der konzessionirenden Behörde vorbehalten bleibt, zu prüfen, ob die vorgeschlagene Einrichtung für den beabsichtigten Zweck genügt. Beispielsweise für Anlagen der vorbezeichneten Art, bei welchen die Esse auf den Dampfkessel aufgesetzt ist und ein von diesem getrennter Schornstein fehlt, oder bei welchen die Esse von dem Fuchs so weit entfernt ist, daß die Anlage eines direkten Kanals zwischen Esse und Ofen unverhältnißmäßig schwierig ist, reicht es aus, wenn der Ofenfuchs mit sogenannten Fuchsdeckeln, d. h. in eisernen Rahmen eingefaßten, aus Steinen gemauerten Gewölbstücken versehen und mit Hülfsvorrichtungen ausgerüstet werde, welche den Kesselwärter in den Stand setzen, dieselben jederzeit leicht abzuheben.

18. Circular-Verfügung des Handelsministers betreffend Einbau und Konstruktion von aufrechtstehenden Dampfkesseln vom 6. August 1874. (Zeitschr. f. Bergwesen, Bd. 22 Seite 37.)

Auf den Gußstahl-Puddel- und Walzwerken werden vertikal aufrechtstehende Zylinderkessel, deren Heizung durch die abziehenden Feuergase der Puddel- rc. Oefen erfolgt, vielfach in der Art aufgestellt, daß das Kesselmauerwerk in die Wandungen des Schornsteins eingebaut oder doch unmittelbar mit den letzteren verbunden wird.

In Folge dieser Konstruktion führt jede, auch an sich geringfügige Explosion des Kessels fast ausnahmslos die Zerstörung des Schornsteins und damit eine erhöhtere Gefahr erheblicher Beschädigungen von Personen und Eigenthum herbei, während auch bei ruhigem Betriebe die wechselnden Ausdehnungen und Risse des Rauchgemäuers sich dem Mauerwerk der Esse mittheilen und dessen Stabilität gefährden können, wenn nicht besondere Vorsicht beim Baue angewendet wird.

Wenn auf Grund ähnlicher Erwägungen durch den § 15 der allgemeinen polizeilichen Bestimmungen vom 29. Mai 1871 vorgeschrieben ist, daß zwischen Kesselmauerwerk und den dasselbe umgebenden Umfassungswänden ein Raum von 8 cm verbleiben soll, so sprechen bau- und sicherheitspolizeiliche Rücksichten um so mehr dafür, daß eine gleiche Vorsicht auch bei dem Bau hoher aus Stein aufgeführter Schornsteine beachtet werde.

Der Königlichen Regierung empfehle ich, bei Ertheilung der polizeilichen Genehmigung darauf zu achten, daß die vorerwähnte Art der Einmauerung bei neu anzulegenden Dampfkesseln in Zukunft vermieden werde. Auch sind die Kesselbesitzer durch die Revisionsbeamten oder in sonst geeigneter Weise auf die mit einer solchen Konstruktion verbundenen Nachtheile aufmerksam zu machen.

Die vorstehenden Bedenken treffen indeß, wie ich zusätzlich bemerke, bei denjenigen, auf Werken der vorbezeichneten Art ebenfalls gebräuchlichen, vertikal gestellten Dampfkesseln nicht zu, welche nicht in einen aus Steinen gemauerten Schornstein eingebaut sind, sondern die zugehörige Esse selbst tragen, indem diese entweder auf den Dampfentwickler selbst über dem inneren Feuerrohr, oder auf die den Kessel umgebenden, gemauerten Feuerzüge aufgesetzt ist. Es sind solche Essen meistens aus Eisenblech gefertigt und höchstens mit einer Lage feuerfester Steine im Inneren verblendet, sodaß ihre Masse im Vergleiche mit der der großen gemauerten Schornsteine nur unerheblich ist. Da unter dieser Voraussetzung bei der Explosion des Kessels die Gefahr für die Sicherheit der Arbeiter kaum gesteigert wird, so kann eine derartige, für mancherlei Betriebe vortheilhafte Art der Konstruktion auch fernerhin gestattet werden.

19. Verfügung des Handels-Ministers vom 3. Oktober 1874, betreffend Gültigkeit der von einem Vereins-Ingenieur eines Dampfkessel-Ueberwachungs-Vereines vorgenommenen Wasserdruckproben solcher Dampfkessel, welche Vereinsmitgliedern angehören. (Findet sich nirgends abgedruckt.)

Auf Antrag des Vereins zur Ueberwachung von Dampfkesseln mit dem Sitze in ...., habe ich unter dem Vorbehalte des jederzeitigen Widerrufs genehmigt, daß die vom Ingenieur des Vereins .... vorgenommenen Wasserdruckproben solcher Dampfkessel, welche Mitgliedern des Vereins angehören, von den Behörden als gültig anerkannt werden, sofern in den darüber ausgestellten Bescheinigungen, ausdrücklich bemerkt ist, daß dieselben nach Maaßgabe der allgemeinen polizeilichen Bestimmungen vom 29. Mai 1871 (R.G.Bl. S. 122) ausgeführt worden sind, und insofern die Bescheinigungen mit der Unterschrift des N. N. unter ausdrücklicher Angabe seines Charakters als Ingenieur des gedachten Vereins versehen sind.

Für alle der Vereins-Aufsicht unterstellten Anlagen ist der Ingenieur somit befugt, zur Vornahme der Druckprobe

1. an Kesseln, welche eine Hauptreparatur erlitten haben (§. 12 der allgemeinen polizeilichen Bestimmungen);
2. bei der ersten Untersuchung eines Dampfkessels, welche dessen Konstruktion zum Gegenstande hat und vor der Aufstellung erfolgt (I Nr. 6 der Anweisung zur Ausführung der Gewerbeordnung vom 4. September 1869. M.Bl. f. d. i. V. S. 200 u. ff.), während die (in Nr. 4 dortselbst erwähnte) weitere Untersuchung, ob die Ausführung der Anlage den Bedingungen der Concession entspricht, dem zuständigen Bau- resp. Revierbeamten vorbehalten bleibt.

Der Vereins-Ingenieur hat dagegen die Verpflichtung übernommen, bei Vornahme der Druckproben die bestehenden oder zu erlassenden Vorschriften genau zu beachten, in den Bescheinigungen die Ergebnisse der Untersuchung gewissenhaft anzugeben und zugleich die Mängel in der Construction der Kessel, welche die Sicherheit des Betriebes gefährden können, entweder den mit der Genehmigung der Anlage betrauten Behörden anzuzeigen, oder für deren Abstellung bei den einer Hauptreparatur unterzogenen Kesseln nach Maaßgabe des Vereins-Statuts zu sorgen.

20. Verfügung des Handelsministers vom 7. März 1876, betreffend die Reconstruction von absichtlich oder durch Zufall beseitigter genehmigungspflichtiger Anlagen, insbesondere Dampfkessel. (Deutscher Reichs- und Staatsanzeiger 1876 Nr. 64.)

Dem Königl. Ober-Bergamte eröffne ich auf den Bericht vom 4. Januar d. J., daß es im Falle, wo an Stelle eines auf Grund einer Genehmigungsurkunde aufgestellten resp. betriebenen Dampfkessels ein neuer Kessel von derselben Konstruktion errichtet werden soll, einer nochmaligen Genehmigung der Aufstellung nach §. 24 der Gewerbeordnung vom 21. Juni 1869 nicht bedarf, da die ursprüngliche, für Anlage eines Dampfkessels von bestimmter Konstruktion und an einer bestimmten Betriebsstätte ertheilte Konzession nicht auf einen individuell bestimmten Kessel, sondern auf die Kesselanlage im Allgemeinen zu beziehen und daher der Ersatz des zuerst aufgestellten Kessels durch einen neuen, den Konzessionsbedingungen entsprechenden Kessel nicht als eine Veränderung der Betriebsanlage im Sinne des §. 25 l. c. anzusehen ist.

Es entspricht der bestehenden Praxis, daß gewerbliche Anlagen, wenn sie durch Zufall oder absichtlich beseitigt worden sind, auf Grund der alten Konzession wieder errichtet werden dürfen. Vorausgesetzt muß allerdings werden, daß die ursprüngliche Genehmigungs-Urkunde producirt werden kann; ist dies nicht der Fall, dann wird selbstredend die Einholung einer neuen Genehmigung erforderlich.

Dagegen bedarf es zur Inbetriebnahme des neuen Kessels der vorgängigen §. 24 alin. 4 a. a. O. vorgeschriebenen Untersuchung, bei welcher zu prüfen ist, ob derselbe den Bestimmungen der Genehmigungs-Urkunde entspricht. Abweichungen von diesen Bestimmungen werden dabei nicht anders als bei der Prüfung der ersten Anlage zn behandeln sein, und können daher auch die praktischen Bedenken des Königlichen Ober-Bergamts gegen die obige Auffassung nicht getheilt werden.

21. Circular-Verfügung des Handelsministers, betreffend Anbringung zweier Vorrichtungen zur Erkennung des Wasserstandes in Dampfkesseln vom 8. November 1876. (Zeitschr. f. Bergwesen Band 25 S. 18.)

Das Königliche Oberbergamt hat in dem Berichte vom 23. Juni d. J. als zweifelhaft hingestellt, ob durch Anbringung zweier Wasserstandsgläser an einem Dampfkessel den Bedingungen in § 5 der Bekanntmachung vom 29. Mai 1871 entsprochen werde oder ob nicht vielmehr als „zweite geeignete Vorrichtung" zur Erkennung des Wasserstandes neben dem Wasserstandsglase eine Vorrichtung anderer Art angebracht werden müsse. Hierauf eröffne ich dem Königlichen Oberbergamte, daß von den zur Erkennung des Wasserstandes l. c. vorgeschriebenen beiden Vorrichtungen das Wasserstandsglas deshalb als obligatorisch bezeichnet worden ist, weil dasselbe als die zweckmäßigste Vorrichtung zu dem gedachten Zwecke angesehen worden ist. Jeder andern Vorrichtung wird ein geringerer Werth beigelegt, und es erscheint daher sehr wohl zulässig, daß als zweite, der Wahl des Kesselbesitzers überlassene Vorrichtung ebenfalls ein Wasserstandsglas angebracht wird. Hiernach ist bei Genehmigung der Aufstellung von Dampfkesseln die Vorschrift des § 5 l. c. in der Weise in Anwendung zu bringen, daß von den beiden vorgeschriebenen Vorrichtungen die eine ein Wasserstandsglas sein muß, während die andere der Wahl des Kesselbesitzers ohne Einschränkung überlassen bleibt.

22. Circular-Rescript des Handelsministers vom 30. April 1877, betreffend die Genehmigung von Locomotiven auf provisorischen oder doch nicht dem öffentlichen Verkehr dienenden Schienenwegen. (Findet sich nirgends abgedruckt.)

Nachdem durch den den Königlichen Regierungen, Landdrosteien, Ober-Bergämtern sowie Eisenbahn-Commissariaten und Commissarien zugefertigten Erlaß vom 20. August 1875 die polizeiliche Beaufsichtigung des Baues und Betriebes derjenigen für industrielle, bergbauliche oder ähnliche Zwecke bestimmten Privatgeleise, welche an eine dem öffentlichen Verkehr dienende Eisenbahn angeschlossen sind, — im Allgemeinen und vorbehaltlich der Prüfung und Genehmigung der Bauprojecte — den zuständigen Landespolizei- bezw. Bergbehörden ausschließlich übertragen ist, so daß abgesehen von der Prüfung und Genehmigung der Bauprojecte eine Mitwirkung der Eisenbahnaufsichtsbehörden nicht stattfindet, ist es erforderlich geworden, die Bestimmungen des Erlasses vom 12. December 1871 in Betreff der Prüfung und Genehmigung zur Inbetriebnahme der auf den erwähnten Privatgeleisen zu verwendenden Locomotiven den veränderten Ressortverhältnissen entsprechend zu modificiren. Außerdem erscheint es angemessen, die Bestimmungen dieses Erlasses zugleich auf die Inbetriebnahme aller derjenigen Locomotiven auszudehnen, welche auf isolirt liegenden, nicht an eine dem öffentlichen Verkehr dienende Hauptbahn angeschlossenen Privatgeleisen verwendet werden sollen.

Mit Rücksicht hierauf bestimme ich unter Aufhebung des Erlasses vom 12. December 1871:

1. Die Prüfung und Genehmigung zur Inbetriebnahme derjenigen Locomotiven, welche auf den im eigenen Betriebe der Bergwerksbesitzer befindlichen Privatgeleisen der Bergwerke ausschließlich verwendet werden sollen, erfolgt ebenso wie die Beaufsichtigung der vorgeschriebenen Revisionen nach Maßgabe der §§. 196 ff. des Allgemeinen Berggesetzes vom 24. Juni 1865 Seitens der zuständigen Bergbehörden. In diesem Falle ist der Betrieb der Geleise als ein Theil des Bergwerksbetriebes anzusehen, so daß die Zuständigkeit der Bergbehörde ebenso, wie auf die Beaufsichtigung des Betriebes der Geleise sich auch auf die Beaufsichtigung der Prüfung und Revision der zum Betriebe derselben zu verwendenden Locomotiven erstreckt.

2. Die Prüfung, Revision und Genehmigung zur Inbetriebnahme derjenigen Locomotiven, welche auf den im eigenen Betriebe der Besitzer befindlichen Privatgeleisen gewerblicher Etablissements ausschließlich verwendet werden sollen, gehört zum Ressort der zuständigen Landespolizeibehörde. In diesem Falle ist der Betrieb der Geleise lediglich als ein Theil des Gewerbebetriebes

anzusehen, so daß die Zuständigkeit der Landespolizeibehörde ebenso, wie auf die Beaufsichtigung des Betriebes der Geleise auch auf die Beaufsichtigung der Prüfung und der Revision der zum Betriebe derselben zu verwendenden Locomotiven sich erstreckt.

3. Die Prüfung, Revision und Genehmigung zur Inbetriebnahme derjenigen Locomotiven, welche nicht ausschließlich auf den zu 1 und 2 erwähnten Geleisen, sondern zugleich auch auf den Geleisen einer anschließenden, dem öffentlichen Verkehre dienenden Hauptbahn verwendet werden sollen, erfolgt, obgleich der Betrieb der Nebengeleise der Aufsicht der zuständigen Bergbehörde bezw. Landespolizeibehörde unterliegt, durch die zuständige Eisenbahn-Aufsichtsbehörde.

4. Die Prüfung, Revision und Genehmigung zur Inbetriebnahme solcher Locomotiven, welche auf den an eine dem öffentlichen Verkehr dienende Hauptbahn anschließenden und von dem Betriebsunternehmer dieser Hauptbahn zugleich betriebenen Privatgeleisen verwendet werden sollen, erfolgt selbstverständlich durch die zuständige Eisenbahn-Aufsichtsbehörde.

5. Die Prüfung, Revision und Genehmigung zur Inbetriebnahme von Locomotiven, welche für den Transport von Erde und sonstigen Baumaterialien auf provisorischen oder doch nicht dem öffentlichen Verkehr dienenden Schienenwegen verwendet werden sollen, erfolgt durch die Eisenbahn-Aufsichtsbehörde, wenn es sich um den Bau einer der Aufsicht derselben unterliegenden Eisenbahn handelt, im Uebrigen durch die Landespolizeibehörde bezw. durch die nach der Bestimmung unter 1 etwa zuständige Bergbehörde.

Die vorstehenden Bestimmungen finden auch dann Anwendung, wenn die Geleise, auf welchen die Verwendung der Locomotiven erfolgen soll, nicht normalspurig sind.

Bei Ertheilung der Genehmigung zur Inbetriebnahme der unter 2 und 5 erwähnten Locomotiven treten an Stelle der Landespolizeibehörde:

a. in dem Geltungsbereiche der Provinzial-Ordnung vom 29. Juni 1875 (Jetzt §. 109 des Zuständigkeits-Gesetz. v. 1. Aug. 1883) die Kreis- oder die Stadtausschüsse oder die Magistrate der Städte mit mehr als 10000 Einwohnern),

b. in der Provinz Hannover die Amtshauptleute oder die Magistrate der selbstständigen Städte (Circular-Erlaß vom 5. März 1870, B.M.Bl. S. 107) (seit 1. Juli 1885 wie a). Dagegen erfolgt auch in diesen Landestheilen die 1. Prüfung und periodische Revision jener Locomotiven durch die von der Landespolizeibehörde berufenen Sachverständigen bezw. die Ingenieure der Dampfkessel-Ueberwachungsvereine.

23. Circular-Verfügung des Handelsministers, betreffend Wiederholung der Wasserdruckprobe im Falle vorgekommener Reparaturen an Dampfkesseln vom 7. September 1877. (M.Bl. f. d. i. V. 1877 S. 211.)

Nach §. 12. der vom Bundesrath erlassenen allgemeinen polizeilichen Bestimmungen über die Anlegung von Dampfkesseln ist die Wiederholung der Wasserdruckprobe unter Anderen erforderlich, wenn bei cylindrischen oder Siederkesseln eine oder mehrere Platten neu eingezogen werden.

In einem Spezialfall war zwar keine der alten Platten ganz beseitigt, sondern nur aus 2 nebeneinanderliegenden Platten ein ungefähr 1 □m. großes Stück entfernt und durch ein neues Blechstück ersetzt, ohne daß eine Wiederholung der Wasserdruckprobe stattgefunden hätte. Die bald darauf stattgehabte Explosion des Kessels war wahrscheinlich durch mangelhafte Nietung der geflickten Platten eingeleitet.

Wenngleich ein so großes Blechstück im technischen Sinne als eine neue Platte zu bezeichnen ist, kann es nach dem Wortlaute der Eingangs erwähnten Bestimmung zweifelhaft erscheinen, ob eine Erneuerung der Druckprobe stattzufinden hatte. Eine genauere Präzisirung der Vorschrift könnte entweder dadurch stattfinden, daß das Maximum der Nietlänge, welche bei einer Ausbesserung zu erneuern ist, oder die Anzahl der Ausbesserungen (etwa 3) fixirt würde, von welcher die Wiederholung der Druckprobe abhängig ist, oder daß endlich ohne eine solche die Aussetzung eines zweiten Flickens auf derselben Platte untersagt würde. Allen diesen Vorschlägen stehen indeß nicht unwesentliche Bedenken entgegen.

Den Vorstand ersuche ich daher, die Frage, ob und nach welcher Richtung hin die Verschärfung der Bestimmung des §. 12. etwa zu empfehlen sein möchte, auf Grund der gesammelten Erfahrungen zu prüfen und dieselben womöglich auf der nächsten Verbandskonferenz zu einer gemeinsamen Erörterung mit den übrigen Deutschen Dampfkessel-Ueberwachungs-Vereinen zu bringen.

Aus den mir vorgelegten Jahresberichten habe ich ferner ersehen, daß einzelne Kesselvereine auch solche Kessel, in welchen mittelst des aus einem anderen Dampfentwickler entnommenen Dampfes und ohne direkte Feuerung gekocht wird, ihrer Beaufsichtigung unterzogen haben. Während derartige Kessel, insbesondere die Hadernkocher in den Papier- und die Kartoffelkocher in den Spritfabriken in anderen Ländern den eigentlichen Dampfkesseln gesetzlich gleichgestellt sind, werden sie nach dem §. 18. der polizeilichen Bestimmungen als Dampfkessel im Sinne der Gewerbeordnung nicht behandelt, unterliegen daher weder der Konzessionspflicht, noch der besonderen staatlichen Beaufsichtigung auf Grund des Gesetzes vom 3. Mai 1872. Da jedoch durch unvorsichtige Behandlung nicht selten Unglücksfälle bei diesen Apparaten hervorgetreten sind, so habe ich einerseits die Königl. Fabrikeninspektoren beauftragt, auf dieselben ihr Augenmerk zu richten, ersuche daneben aber auch den Vorstand, in den Versammlungen oder den Veröffentlichungen des Vereins durch Besprechung der bei solchen Apparaten bemerkten Mängel oder vorgekommenen Unglücksfälle belehrend und warnend auf die betheiligten industriellen Kreise einzuwirken.

24. Circular-Verfügung des Handelsministers betreffend Normirung des niedrigsten Wasserspiegels der Dampfkessel vom 25. Januar 1879. (M.Bl. f. d. i. V. 1879 S. 39.)

Nach §. 2. der Allgemeinen polizeilichen Bestimmungen über die Anlegung von Dampfkesseln vom 29. Mai 1871 müssen die um oder durch einen Dampfkessel gehenden Feuerzüge an ihrer höchsten Stelle in einem Abstande von mindestens 10, bei Dampfschiffs-Kesseln in einem solchen von mindestens 15, resp. 25 cm. unter dem festgesetzten niedrigsten Wasserspiegel des Kessels liegen, soweit nicht Ausnahmen dort ausdrücklich zugelassen sind.

Die gedachte Bestimmung bezweckt, zwischen dem niedrigsten Wasserspiegel und dem höchsten Punkte der Feuerzüge ein Wasserquantum von solcher Größe zu erhalten, daß selbst für den Fall, daß ein rechtzeitiges Speisen des Kessels, — sei es in Folge der Unachtsamkeit des Personals oder aus irgend einem anderen Grunde — unterbleibt, ein Sinken des Wasserspiegels unter den höchsten Punkt der Feuerzüge erst nach einer gewissen nicht allzu kurz bemessenen Zeit eintreten kann.

Dieser Zweck kann selbstredend nur dadurch in hinreichendem Maße erreicht werden, daß die Eingangs angegebenen Minimal-Abstände, welche selbst bei Dampfkesseln mit großer Wasseroberfläche noch innegehalten werden sollen, bei solchen mit geringerer Wasseroberfläche entsprechend vergrößert werden.

Da dieser Gesichtspunkt, nach einigen in neuerer Zeit zu meiner Kenntniß gekommenen Fällen zu schließen, in welchen die Genehmigung zur Anlage von Dampfkesseln mit sehr geringer Wasseroberfläche ohne jegliche Erhöhung des vorgeschriebenen Minimal-Abstandes ertheilt worden ist, im Konzessionsverfahren nicht überall genügend berücksichtigt zu werden scheint, so habe ich nicht unterlassen wollen, die konzessionirenden Behörden auf den Gegenstand noch ausdrücklich aufmerksam zu machen.

25. **Verfügung des Ministers für Handel vom 30. Januar 1885, betreffend die Anlegung von kombinirten Dampfkesselsystemen.** (78 Hand.-Minist. Zuschrift an den Central-Verband der Preuß. Dampfkessel-Ueberwachungs-Vereine.)

In der gefälligen Eingabe vom 13. Dezember v. J. hat der Central-Verband unter Vorlegung eines bezüglichen Antrages des Märkischen Vereins zur Prüfung und Ueberwachung von Dampfkesseln zu Frankfurt a/O. darauf hingewiesen, daß der

Anlegung von kombinirten Dampfkesselsystemen, welche aus zwei übereinander angeordneten cylindrischen Behältern mit gemeinschaftlicher Feuerung bestehen, in dem Concessions-Verfahren Schwierigkeiten bereitet würden. Der Central-Verband hat deshalb gebeten, solche Kesselconstructionen allgemein als zulässig anzuerkennen, und hierfür Erleichterungen in Bezug auf die Anbringung der vorgeschriebenen Ausrüstungsvorrichtungen eintreten zu lassen.

Nach der vorgelegten Zeichnung handelt es sich in dem zur Sprache gebrachten Falle um zwei selbständige Dampfkessel mit gesonderten Wasserständen, deren Dampfräume mit einander verbunden sind, und bei welchem der obere Kessel mittelst eiserner Stutzen von dem unteren Kessel getragen wird. Jeder derselben ist daher als ein Dampferzeuger im Sinne des §. 24 der Gewerbeordnung anzusehen, für welchen der zuständigen Behörde bei Gesuchen um Genehmigung die erforderlichen technischen Unterlagen einzureichen sind.

Hinsichtlich des gestellten Antrages erwidere ich dem Central-Verbande ergebenst, daß die in Rede stehende Kesselcombination und Kesselbauart an sich zu sicherheitspolizeilichen Bedenken keinen Anlaß bietet und mir bei deren Anwendung auch die Gewährung von Ausnahmen bezüglich der Anbringung der in den §§. 8, 9 und 13 der allgemeinen polizeilichen Bestimmungen über die Anlegung von Dampfkesseln vom 29. Mai 1871 bezeichneten Armaturen auf Grund des §. 17 a. a. O. zulässig erscheint. Insbesondere wird dies der Fall sein, wenn die Dampfräume beider Kessel nicht von einander abgesperrt werden können. Dagegen halte ich die Anbringung der in den §§. 3 und 7 a. a. O. aufgeführten Ausrüstungen an jedem Behälter jenes Systems unter allen Umständen für erforderlich.

Gesuche um Entbindung von der Beachtung der erwähnten Vorschriften sind in den einzelnen Fällen durch Vermittelung der für die Concessionsertheilung zuständigen Behörde an mich zu richten.

Sämmtlichen Königl. Provinzialverwaltungsbehörden habe ich von diesem Erlasse zur weiteren Veranlassung Kenntniß gegeben.

26. Ministerial-Verfügung des Handelsministers, betreffend die Neuconcessionirung gebrauchter Dampfkessel, vom 30. Januar 1885. (Zuschrift des Handels-Minist. an den Central-Verband der Preuß. Dampfkessel-Ueberwachungsvereine.)

Um den in neuerer Zeit mehrfach hervorgetretenen Mißbräuchen beim Verkauf und bei der Wiederanlegung von alten Dampfkesseln entgegen zu wirken, erscheint es zweckmäßig, bei Neuconcessionirung aller bereits anderweit in Betrieb gewesenen, sogenannten alten Kessel thunlichst vollständigen Nachweis über folgende Punkte zu verlangen: über den Erbauer des Kessels, über die früheren Betriebsstätten desselben, ferner über die Zeit, während welcher der Kessel überhaupt schon betrieben worden, sowie über die Gründe, welche s. Z. zur Ausrangirung desselben geführt haben.

Es wird jedoch eine solche Auskunft in der Regel noch nicht als ausreichend zu erachten, vielmehr fortan darauf zu halten sein, daß außerdem bei der wiederholten Constructionsprüfung des Kessels (Nr. 6 der allgemeinen Anweisung zur Ausführung der Gewerbeordnung vom 4. September 1869) eine innere Untersuchung mit genauer Ermittelung der Beschaffenheit des verwendeten Materials und der in den einzelnen Kesseltheilen vorhandenen Blechstärken (durch Anbohren oder dergl.) vorgenommen werde. Erst auf Grund dieser Ermittelung ist die höchste Dampfspannung festzusetzen und nach Maaßgabe der §§. 11 und 12 der allgemeinen polizeilichen Bestimmungen über die Anlegung von Dampfkesseln vom 29. Mai 1871 die vorgeschriebene Wasserdruckprobe mit besonderer Sorgfalt auszuführen.

Bei denjenigen alt angekauften Dampfkesseln, deren frühere Dampfspannung und Herkunft überhaupt nicht nachgewiesen werden kann, darf die Wiederconcessionirung nur ausnahmsweise auf Grund einer nach obiger Anleitung besonders sorgfältig ausgeführten Untersuchung der gesammten Beschaffenheit des Kessels und überdies nur dann erfolgen, wenn der Antragsteller selbst die Aufstellung und Benutzung des Kessels beabsichtigt und die

Erlaubniß hierzu unter Einreichung der erforderlichen Vorlagen bei der zuständigen Behörde nachsucht.

27. Circular-Erlaß des Handelsministers vom 11. Februar 1885, betreffend Dampfkessel, welche durch die abziehenden Gase von Puddel- oder Schweißöfen geheizt werden. (Zuschrift des Handels-Minist. an den Central-Verband der Preuß. Dampfkessel-Ueberwachungsvereine.)

Durch allgemeinen Erlaß vom 22. August 1873 ist angeordnet worden, daß Dampfkessel, welche durch die abziehenden Gase von Puddel- oder Schweißöfen geheizt werden, so eingerichtet sein müssen, daß sie sich einzeln außer Betrieb setzen lassen, ohne daß dadurch der Ofenbetrieb gestört wird. Hierdurch ist die Herstellung eines direkten Kanals zwischen Ofenfuchs und Esse, und die Anordnung eines Schiebers zwischen Ofen und Kessel für erforderlich gehalten worden. Da sich in einzelnen Fällen dieser Einrichtung unverhältnißmäßige Schwierigkeiten entgegengestellt haben, so sind ausnahmsweise sogenannte Fuchsdeckel, d. h. in eisernen Rahmen eingefaßte aus feuerfesten Steinen gemauerte Gewölbstücke, welche sich leicht abheben lassen, demnächst durch allgemeinen Erlaß vom 20. Juli 1874 zugelassen worden. Mi Rücksicht darauf, daß diese Einrichtung sich bewährt hat und in den Eisenwalzwerken jetzt fast überall angewandt wird, hat der Verein Deutscher Eisenhüttenleute nunmehr beantragt, zu bestimmen:

> daß bei Oefen mit dahinterliegenden Dampfkesseln, bei welchen die Zuführung der heißen Gase zu den Kesseln durch leicht abhebbare Fuchsdeckel gehemmt werden kann, von einem Verbindungskanale zwischen Ofen und Kessel abgesehen werden und es genügen soll, wenn jene Fuchsdeckel angebracht sind.

Nach näherer Prüfung der in Betracht kommenden Verhältnisse finde ich es im Sicherheitsinteresse unbedenklich, dem gestellten Antrage in seinem wesentlichen Theile mit den nachfolgenden einschränkenden Maßgaben Folge zu geben.

Ich bestimme daher unter entsprechender Abänderung der erwähnten früheren Erlasse, daß bei den in Rede stehenden Dampfkesselanlagen von dem Erforderniß eines Verbindungskanals zwischen Ofen und Esse abgesehen werden kann,

1. wenn der Fuchs mit Deckeln solcher Art ausgerüstet ist, daß jeder derselben als ein Ganzes leicht abgehoben werden kann, und Einrichtungen wie Oesen und Hebel, Gegengewicht und Kette oder dergleichen besitzt, welche ein rasches Lüften aus einiger Entfernung gestatten;
2. wenn das Größenverhältniß des Querschnittes der nach Aufhebung der Fuchsdeckel gebildeten Ausströmungsöffnung mindestens das ein- und einhalbfache des lichten Fuchsquerschnittes beträgt; und
3. wenn außerdem vor der Eintrittsöffnung der Heizgase in die Kesselzüge und zwar unmittelbar hinter den Fuchsdeckeln ein widerstandsfähiger Rauchschieber, welcher sich jederzeit ohne erhebliche Kraftanstrengung schließen läßt.

Im Hinblick auf die beim Puddel-, Schweiß- und Gußstahlofenbetriebe angewendeten hohen Hitzegrade und die zufolge dessen oft eintretende Verschlackung der Fugen wird auf die Erhaltung der Beweglichkeit sowohl bei den Fuchsdeckeln als auch bei dem Rauchschieber besonderer Nachdruck zu legen sein. Es empfiehlt sich, hierfür den Werksbesitzer oder die Betriebsleiter und deren Vertreter verantwortlich zu machen, und je nach den Umständen zur Controlle derselben entweder regelmäßige etwa in Zwischenräumen von einem Vierteljahr wiederkehrende oder auch unerwartete und außerordentliche Revisionen amtlich vornehmen zu lassen.

Abgesehen von den nothwendigen Anforderungen in jener Richtung, erscheinen auch alle Einrichtungen erstrebenswerth, welche im Nothfalle eine rasche Entfernung der Ofenroste und ein leichtes Ziehen des Feuers gestatten. Bei Gasfeuerungen wird auf zuverlässige Vorrichtungen, welche ein sofortiges und wirksames Absperren der Gase vom Ofen ermöglichen, zu halten sein.

28. Polizei-Verordnung der Königlichen Regierung zu Frankfurt a. O. vom 12. August 1884, betreffend Locomobil-Betrieb. (Amtsblatt Stück 34.)

(Diese Verordnung hat der Führer der Locomobile stets bei sich zu führen.)

Auf Grund des §. 137 des Gesetzes über die allgemeine Landes-Verwaltung vom 30. Juli 1883, sowie gemäß der §§. 6, 12 und 15 des Gesetzes über die Polizei-Verwaltung vom 11. März 1850 wird unter Aufhebung der Regierung-Polizei-Verordnung vom 5. März 1873, Amtsblatt Jahrgang 1873. S. 54 (siehe „Auszug" Seite 24) über die Aufstellung der beweglichen Dampfkessel (s. g. Locomobilen) zum vorübergehenden Betrieb im Freien sowie für diesen Betrieb unter Zustimmung des Bezirksausschusses für den Umfang des Regierungsbezirks Frankfurt a. O. hierdurch verordnet, was folgt.

§. 1. Die Wartung einer Locomobile darf nur von Kessel- und Maschinenwärtern geschehen, welche sich dem revidirenden Sachverständigen darüber auszuweisen vermögen, daß sie die zur Sicherheit des Betriebes erforderlichen Vorrichtungen kennen und anzuwenden verstehen.

§. 2. An jeder Locomobile sind die zur Vermeidung von Feuersgefahr erforderlichen Vorrichtungen anzubringen. Dazu gehört insbesondere das Vorhandensein eines wirksamen Funkenfängers und eines verschließbaren Aschenkastens, welcher beim Betrieb soweit mit Wasser gefüllt sein muß, daß herabfallende glühende Brennstoffstücke vom Wasser gelöscht werden.

§. 3. Zur Nachtzeit (2 Stunden nach Untergang der Sonne bis 2 Stunden vor Aufgang derselben) oder bei heftigem Wind, muß der Betrieb unterbleiben.

Ausnahmen von dieser Vorschrift können Seitens der Ortspolizeibehörde zugelassen werden.

§. 4. Die Locomobilen dürfen beim Betrieb nur in einer Entfernung aufgestellt werden:

a. von mindestens 10 m von öffentlichen Wegen, wenn die Locomobile nicht durch eine Mauer, einen dichten Zaun, eine Hecke oder Bäume vollständig verdeckt ist,

b. von mindestens 10 m von nicht feuersicher eingedeckten Gebäuden, sowie von Scheunen ohne Rücksicht auf deren Bedachung, von Getreidemiethen, von Heuhaufen oder sonstigen leicht Feuer fangenden Materialien,

c. von mindestens 5 m von feuersicher eingedeckten Gebäuden.

Wird die Locomobile nicht ausschließlich mit Steinkohlen oder Koaks geheizt, so sind in den unter b. und c. erwähnten Fällen mindestens die doppelten Entfernungen (also 20 bez. 10 m) innezuhalten.

§. 5. Die Beschränkungen zu b. und c. des vorstehenden Paragraphen fallen fort für die Locomobilen, welche mit:

1. dem Funkenfang-Apparat von C. Louis Strube in Buckau,
2. dem Patent-Funken-Löschapparate von Petzold und Comp. in Berlin,
3. dem Funkenfang-Apparat von Schäffer und Budenberg (Patent Neuhaus) zu Buckau,
4. dem Funkenfang-Apparat von Richard Garret und Sons (System Graham)

versehen sind; auch kann diese Vergünstigung anderen, als gleich wirksam erprobten Funkenlöschapparaten durch eine von dem Regierungs-Präsidenten zu erlassende Bekanntmachung zugestanden werden.

§. 6. Bei Schluß der Arbeit darf das Feuer nicht herausgenommen werden, sondern ist durch Schließen der Heizthür und Zugthür, des Aschenkastens und der Klappe am Schornsteine zu löschen.

§. 7. Außer dem Eigenthümer bezw. dem zeitigen Inhaber oder Miether sind auch die Führer der Locomobilen (§. 1.) für die Beachtung der obigen Vorschriften in gleicher Weise und bei gleicher Verantwortlichkeit verhaftet.

§. 8. Die Inhaber oder Führer von Locomobilen müssen jeder Zeit auf Verlangen der Ortspolizeibehörde oder der Sachverständigen des Bezirks das durch §. 11 der ministeriellen Anweisung für den Betrieb der Dampfkessel vom 24. Juni 1872 vorgeschriebene Revisionsbuch mit dem Druckprobe- und dem Abnahme-Attest vorzeigen, und einen Abdruck dieser Verordnung bei sich führen.

§. 9. Uebertretungen der obigen Vorschriften werden, insofern nicht anderweit höhere Strafen angedroht sind, mit Geldbuße bis zu 60 Mark bestraft.

§. 10. Vorstehende Bestimmung tritt mit dem 1. Oktober 1884 in Kraft.

29. **Polizei-Verordnung der Königlichen Regierungen zu Frankfurt a. O., Potsdam und Stettin, betreffend Vorlegung gewerblicher Concessions-Urkunden.** (Auszug aus dem Wortlaut der Verfügung der Königl. Regierung zu Frankfurt a. O.)

Auf Grund des §. 73 des Gesetzes über die Organisation der allgemeinen Landesverwaltung vom 26. Juli 1880 (jetzt §. 137 des Landes-Verw.-Ges. v. 30. Juli 1883. G.S. S. 195), sowie gemäß der §§. 6, 12 und 15 des Gesetzes über die Polizeiverwaltung vom 11. März 1850 wird unter Zustimmung des Bezirksraths (jetzt Bezirks-Ausschuß) für den Umfang des diesseitigen Regierungsbezirks verordnet, was folgt:

§. 1. Diejenigen Gewerbtreibenden, welche die Genehmigung

1. zur Errichtung einer der im §. 16 der Gewerbeordnung vom 21. Juni 1869 in der Fassung des Gesetzes vom 1. Juli 1883 bezeichneten gewerblichen Anlagen,
2. zur Anlegung eines Dampfkessels,
3. zu einer der im §. 25 der Gewerbeordnung aufgeführten Veränderungen einer gewerblichen Anlage,
4. zur Ausübung ihres mit ungewöhnlichem Geräusch verbundenen Betriebes an der gewählten Betriebsstätte nach §. 27 der Gewerbeordnung

erhalten haben, beziehentlich im Besitze einer solchen genehmigten Anlage sind, sind verpflichtet, die ertheilten Concessions-Urkunden und die auf dieselben bezüglichen Urkunden, Zeichnungen und Pläne, bei Dampfkesseln auch das Revisionsbuch mit der Druckprobe und dem Abnahmeatteste, in der Anlage selbst, bezw. in deren nächster Nähe aufzubewahren und dem mit der Revision der Anlage betrauten Beamten auf Verlangen jederzeit vorzulegen, beziehentlich vorlegen zu lassen.

§. 3. Zuwiderhandlungen gegen die Vorschriften der §§. 1 und 2 werden mit Geldstrafe bis zum Betrage von 60 Mark bestraft.

§. 4. Vorstehende Verordnung tritt mit dem 1. Juli 1884 in Kraft.

30. Schema zur Concessions-Urkunde für einen stationären Dampfkessel.

N. N., den .... ten 188

A. Urkunde.

1. Dem .... zu N. N. wird auf den Antrag vom ... ten .... auf Grund der Vorschriften des §. 24 der Reichs-Gewerbeordnung vom 1. Juli 1883 der Ausführungs-Anweisung dazu vom 19. Juli 1884, der Bekanntmachung des Reichskanzlers vom 29. Mai 1871 und 18. Juli 1883, betreffend allgemeine polizeiliche Bestimmungen über die Anlegung von Dampfkesseln (R.-G.-Bl. 1871 S. 122 und 1883 S. 245), des Gesetzes, den Betrieb der Dampfkessel betreffend, vom 3. Mai 1872 (G.S. S. 515) und des §. 109 des Zuständigkeits-Gesetzes vom 1. August 1883, die Genehmigung ertheilt, auf dem Grundstücke Nr. ...... der .... Straße, einen .... Dampfkessel aus der Fabrik von .... in .... mit der Nummer ...... aufzustellen und damit Dämpfe bis zu ...... Atmosphären Ueberdruck zu erzeugen und außerdem zur Pflicht gemacht, die hier beigehefteten Zeichnungen und Beschreibungen und die darauf befindlichen Revisions-Bemerkungen genau und vollständig zu befolgen.

A. S. 359. B. S. 360.

2. Die Festsetzung der Ventilbelastung bleibt bis zur Beibringung des Attestes über die stattgehabte Wasser-Druckprobe vorbehalten.

3. Der Unternehmer ist verpflichtet, die Feuerungs-Anlage und die mechanischen Vorrichtungen dabei so einzurichten, das Brenn

material so zu wählen, und auf eine solche sorgsame Wartung bedacht zu sein, daß eine möglichst vollständige Verbrennung des Rauches stattfindet. Sollten sich die getroffenen Einrichtungen hierzu nicht als zureichend erweisen und begründete Beschwerden der Nachbarn über Belästigungen oder Beschädigungen durch Rauch, Ruß ꝛc. erhoben werden, so bleibt der Unternehmer resp. dessen Besitznachfolger gehalten, die zur Beseitigung dieser Beschwerden erforderlichen Abänderungen in der Feuerungs-Anlage und der Leitung, wie in der Wahl des Feuerungsmaterials nach Anordnung der Polizeibehörde zu treffen.

4. Auch ist der Unternehmer im Anschluß an Abschnitt I. sub 4 der Ministerial-Anweisung vom 4. September 1869 und die dort allegirten Bestimmungen verpflichtet, die Wartung des Dampfkessels nur solchen Personen zu übertragen, welche die zur Sicherheit des Betriebes erforderlichen Verrichtungen kennen und anzuwenden verstehen. Auf Erfordern hat er diese Personen dem Kreis-Baubeamten vorzustellen.

5. Schließlich ist der Unternehmer gehalten, auch diejenigen Anordnungen zu befolgen, welche zum Schutze der bei der Anlage beschäftigten Arbeiter gegen Gefahr für Gesundheit und Leben derselben noch getroffen werden sollen. (§. 18 der Reichs-Gewerbe-Ordnung.)

6. Diese Genehmigung bleibt so lange in Kraft, als keine Veränderung in der Lage oder Beschaffenheit des Dampfkessels vorgenommen wird und gilt zugleich als Bauerlaubniß.

Der Magistrat. (Kreis- oder Stadt-Ausschuß.)

31. Schema zur Concessions-Urkunde für einen Locomobil-Dampfkessel.

A. Urkunde.

Die Punkte 1 bis 5 gleichlautend mit der vorstehenden Urkunde.

6) Der Eigenthümer der Locomobile hat den Sachverständigen desjenigen Bezirks, in welchem dieselbe sich befindet, beim Beginne eines jeden neuen Jahres anzuzeigen, wo die Locomobile zur Untersuchung bereit steht.

7) An der Locomobile sind die erforderlichen Vorrichtungen zur Vermeidung von Feuersgefahr anzubringen. Dazu gehören insbesondere das Vorhandensein eines wirksamen Funkenfängers und eines verschließbaren Aschkastens, welcher Letztere während des Betriebes stets mit Wasser gefüllt sein muß.

8) Der Unternehmer ist verpflichtet, die Bedingungen der Polizei-Verordnung der Königl. Regierung, betreffend den Betrieb von Locomobilen auf das Pünktlichste zu erfüllen (vgl. S. 355 u. ff. d. Buches.)

9) Gegenwärtige Genehmigung bleibt solange in Kraft, als keine Veränderung in der Beschaffenheit der Locomobile eintreten.

Die Concessions-Urkunde hat die beiden ersten Seiten des Bogens einzunehmen.

B. **Beschluß des Magistrats.** (Kreis- oder Stadt-Ausschuß.)

I. Die vorseitige Genehmigungs-Urkunde ist zweimal zu mundiren und je mit einem Exemplar der Zeichnungen und Beschreibungen zu verbinden, das Attest vom .... ten .... aber der Unicat-Conzession beizuheften.

II. An die Polizei-Verwaltung hierselbst.

Der rc. übersenden wir anbei doppelte Ausfertigung der Conzession zur Aufstellung eines .... Dampfkessels für den .... hierselbst mit dem ergebensten Ersuchen, dem Hauptexemplar derselben eine Stempelmarke über 1½ Mk. kassirt aufzukleben und solches dem Unternehmer auszuhändigen und von demselben die Stempelkosten sowie die von dem Kreis-Baubeamten in der anliegenden Liquidation berechneten Prüfungsgebühren von .... Mk. einziehen und diese dem Herrn Sachverständigen zahlen zu lassen, den Unternehmer auch nach §. 24 und 147 der R.G.O. zu belehren, das Nebenexemplar aber zu den dortigen Acten zu nehmen.

III. Nachher vorläufig ad acta.

N. N., den .... ten 188

Der Magistrat. (Kreis- oder Stadt-Ausschuß.)

Der Beschluß B. des Magistrats hat die dritte Seite des Bogens einzunehmen.

C. **Beschluß des Magistrats.** (Kreis- oder Stadt-Ausschuß.)

1. Beglaubte Abschrift des unter der Conzession vom..........ten ....cr. befindlichen Attestes des Kreis-Baubeamten ist hierunter zu den Acten zu fertigen.

2. Unter der Conzession und dem darunter befindlichen Belastungsatteste ist folgender Nachtrag zu mundiren:

Die oben regulirte Ventilbelastung wird hierdurch festgesetzt.

N. N., den..........ten....................188

Der Magistrat. (Kreis- oder Stadt-Ausschuß.)

3. An die Polizei-Verwaltung hierselbst.

Der 2c. senden wir auf das gefällige Schreiben vom ....ten ....Mts. die mit einem Nachtrage von heut versehene Dampfkessel-Conzession für den Herrn ....vom..........ten....................cr. mit dem ergebensten Ersuchen zurück, dem Nachtrage qu. eine Stempelmarke über 1½ Mk. kassirt aufkleben zu lassen, der Betrag dafür bei Aushändigung der Anlagen von dem Unternehmer wieder einzuziehen und das weiter Erforderliche zu veranlassen.

Die hier entbehrlichen Atteste vom ....ten .... erfolgen zurück.

4. Nachher ad acta.

N. N., den..........ten....................188

Der Magistrat. (Kreis- oder Stadt-Ausschuß.)

Der Beschluß C. des Magistrats hat die vierte Seite des Bogens einzunehmen.

V. Abschnitt.

Wasserstauanlagen; Wasser- und Windmühlen-Gerechtsame.

§§. 16, 23 u. 28 der Reichs-Gewerbe-Ordnung.

A.

Auszug
aus dem
Allgemeinen Preußischen Landrecht.

Erster Theil, achter Titel.

§. 96. Wasserleitungen und andere Wasserbaue an öffentlichen Orten und Flüssen müssen unter Aufsicht der Landespolizei geführt werden.

Privatrechtliche Interessen hat die Polizeibehörde in einem solchen Falle nicht wahrzunehmen. Anders im Falle des §. 97. Vgl. die Verf. des Ministers für landwirth. Angel. und des Min. des Innern v. 29. März 1871, M.Bl. f. d. i. V. S. 195, v. Rönne, Erg. zu §. 96 (6. Ausg.) 1 S. 333.

§. 97. Besonders darf Niemand an öffentlichen Flüssen, wenn gleich auf seinem Eigenthume, Schleusen, Wehre, Dämme und Brücken anlegen oder ändern, ohne daß zuvor die Nachbarn vernommen, und die Einwilligung des Staats beigebracht worden.

§. 99. Auch in Privatflüssen darf, zum Nachtheile der Nachbarn und Uferbewohner, durch Hemmung des Ablaufs derselben, nichts unternommen oder verändert werden.

Der Eigenthümer des Grundstücks, auf welchem die Quelle des Flusses entspringt, ist nicht berechtigt, über den Lauf des hervorspringenden Flußwassers zum Nachtheil der nutzungsberechtigten Uferbesitzer willkürlich zu verfügen. O.Tr. II v. 26. Februar 1856, Striethorst, Archiv 20 S. 213. Die Anlage eines die Wasserstauung beeinflussenden Wehrs ist gleichfalls unter Umständen unerlaubt. O.Tr. II v. 24. Febr. 1863, Striethorst, Archiv 48 S. 211. Auch der Besitzer eines Triebwerks ist, in Ermangelung eines besonderen Rechtstitels, nicht befugt, durch Hemmung des Wasserlaufes die an einem Privatfluß liegenden

Grundstücke zu benachtheiligen. O.Tr. II v. 4. Mai 1871, Striethorst, Archiv 82 S. 49, und v. 19. Mai 1870, ebenda 77 S. 337.

Das Recht des Adjazenten zur Benutzung des vorüberfließenden Wassers eines Privatflusses mittelst Stauanlagen, welches ihm das Ges. v. 28. Febr. 1843 giebt, kann dadurch nicht ausgeschlossen werden, daß ein Anderer diese Stauungsanlagen in seinem Interesse, ohne Widerspruch der Stauenden, auf Grund der älteren Gesetzgebung und namentlich des §. 99 durch die gewöhnliche Verjährungszeit beseitigte. O.Tr. III v. 15. Sept. 1856, Entsch. 34 S. 89; Striethorst, Archiv 22 S. 178, II v. 19. Okt. 1865, Striethorst, Archiv 61 S. 135, und III v. 30. Sept. und 30. Nov. 1859, ebenda 35 S. 321.

Zweiter Theil, funfzehnter Titel, fünfter Abschnitt.

§. 229. Das Recht, Wasser- und Schiffsmühlen an und in öffentlichen Flüssen anzulegen, ist ein Vorbehalt des Staats.

§. 230. Wem der Staat die Mühlengerechtigkeit auf einem schiffbaren Strom verliehen hat, der muß bei Ausübung seines Rechts, nach dem Inhalte seines Privilegii, und der vom Staate ertheilten allgemeiner oder Provinzial-Mühlenordnungen auf das genaueste sich achten.

Wenn der Staat einer Privatperson gestattet, an einem öffentlichen Flusse eine Wassermühle anzulegen, oder wenn er die von ihm selbst angelegte Mühle dieser Art einer Privatperson überträgt, so ist damit auch als Substanztheil das Recht verbunden, das zum Betriebe der Mühle nach deren Betriebsbeschaffenheit zur Zeit der Verleihung erforderliche Wasser zum Betriebe der Mühle zu benutzen, selbstverständlich in dem Maße, als dieses Wasser vorhanden ist. Unerheblich ist es, ob neben diesem Rechte an den Wassermühlen selbst noch ein bestimmter Verleihungsakt auf die Benutzung des Wassers vorhanden oder nachgewiesen ist. Erk. des O.Tr. II v. 8. Juli 1869, Striethorst, Archiv 75 S. 253.

§. 231. Will er von seinem Rechte durch Anlegung einer neuen, bisher noch nicht vorhanden gewesenen Mühle Gebrauch machen: so muß er sich bei der Landespolizei-Instanz melden, und den Anweisungen derselben Folge leisten.

Edikt v. 28. Oktober 1810 §§. 6 u. ff. Siehe S. 372 u. f. d. Buches.

§. 232. Ein Gleiches findet statt, wenn eine alte eingegangene Mühle dieser Art wieder aufgebauet, oder in der gegenwärtigen Anlage einer wirklich vorhandenen etwas verändert werden soll.

§. 233. Mühlen an Privatflüssen, ingleichen Windmühlen, mag zwar in Provinzen, wo nicht das Gegentheil durch besondere

Gesetze oder Verfassungen bestimmt ist, jeder Eigenthümer auf seinem Grunde und Boden anlegen.

Durch §. 7 der Gew.Ordn. v. 21. Juni 1869 sind diese Gesetze rc. aufgehoben.

§. 234. Er ist aber dazu nur in so fern berechtigt, als es ohne Schmälerung der Befugnisse eines Dritten geschehen kann.

§. 235. Es muß daher jeder Mühlenberechtigte ohne Unterschied, welcher eine neue Mühle bauen; oder eine eingegangene wieder herstellen; oder sie an einen anderen Ort verlegen; oder in eine andere Gattung verwandeln; oder mit mehreren Gängen versehen will, sich bei der Landespolizei-Instanz melden, derselben den Plan der beabsichtigten Einrichtung anzeigen und die weitere Anweisung derselben erwarten.

§. 236. Die Landespolizei-Instanz muß, ehe sie die Approbation ertheilt, die benachbarten Mühlenberechtigten, und Andere, welchen durch den neuen Bau, oder durch die Abänderung, Schaden erwachsen könnte, darüber vernehmen.

§. 237. Fällt weg.

In Folge der Aufhebung des Mahlzwanges. Der Paragraph lautet: „Zum Nachtheile der Zwangsgerechtigkeit einer schon vorhandenen Mühle soll der Bau einer anderen, oder die Veränderung oder Erweiterung derselben, nicht zugelassen werden.“

§. 238. Auch ist ein neuer Mühlenbau in so fern unzulässig, als dadurch den schon vorhandenen Mühlen das zu ihrem Betriebe erforderliche Wasser entzogen, oder selbiges zu ihrem Nachtheile zurückgestauet wird.

Der §. 238 handelt nur von neuen Mühlenanlagen und findet keine Anwendung, wenn in Folge von Bohrlöchern, die der benachbarte Grundbesitzer anlegt, andere Bohrlöcher, aus denen der Mühlenbesitzer Wasser herleitet, das Wasser verlieren. Vgl. Gruchot, Beitr. 7 S. 554.

§. 239. Wer aus einem dieser gesetzmäßigen Gründe einem neuen Mühlenbaue widerspricht, dem soll Gehör darüber, im ordentlichen Wege Rechtens, verstattet werden.

§. 240. Fällt weg.

Weil es Mahlzwangs-Gerechtigkeiten nicht mehr giebt. Der Paragraph lautet: „Wer eine Zwangsgerechtigkeit hat, kann dennoch der Anlegung einer

Mühle von anderer Art, als worauf sein Zwangsrecht gerichtet ist, nicht widersprechen."

§. 241. Der vermeintliche Abgang freiwilliger Mahlgäste ist kein hinlänglicher Grund zum Widerspruche gegen die Anlegung neuer Mühlen.

§. 242. Aufgehoben.

Der §. 242 lautet: „Wenn jedoch in einem Orte und Distrikte schon hinlängliche Mühlen zur Versorgung des Publici vorhanden sind, so soll denjenigen, welche neue Mühlen nicht zum eigenen alleinigen Gebrauche, sondern vielmehr zum Abbruche der schon vorhandenen Mühlen anlegen wollen, die Erlaubniß dazu von der Landespolizei-Instanz versagt werden."

In Folge der Gew.Ordn. v. 21. Juni 1869 hat derselbe keine Bedeutung mehr.

§. 243. Erhöhungen des Fachbaumes, und Veränderungen des Sicherpfahls können nicht anders, als unter Aufsicht der Landespolizei, mit Zuziehung der benachbarten Interessenten, und nur so weit es diesen unschädlich ist, vorgenommen werden.

„Wenn dem §. 243 zuwider eine Erhöhung des Fachbaums ohne Genehmigung der Landespolizei und ohne Zuziehung der benachbarten Interessenten vorgenommen worden ist, so findet eine gerichtliche Klage auf Wiederherstellung des früheren Wasserstandes nur dann statt, wenn dieselbe auf eine bereits früher erfolgte Feststellung des Wasserstandes durch die Landespolizei, oder durch Verträge, Verleihung, Judikate oder Verjährung gegründet wird." Pr. 906 d. O.Tr. v. 21. Juli 1840. Auch der Komp.-Gerichtsh. hat durch Erk. v. 14. Sept. 1848 ausgesprochen, daß die Landespolizei-Behörde kompetent sei, wenn ein Müller damit umgeht, sein Mühlwehr zu erneuern und gegen dessen früheren Zustand zu erhöhen, oder den angeblich vorhandenen Merkpfahl zu verändern; nicht aber dann, wenn das Wehr schon früher erbaut ist und nur eine hierdurch herbeigeführte Beeinträchtigung von Rechten behauptet wird; in diesem Falle steht die Entscheidung den Gerichten zu. J.M.Bl. S. 439.

§. 244. Dagegen sind bewegliche Aufsätze auf dem Fachbaume bei kleinem Wasser so lange erlaubt, als den ober- oder unterhalb liegenden Nachbarn, sowohl Müllern als Grundbesitzern daraus kein Nachtheil entsteht.

§. 245. Fällt weg.

Der §. lautet: „Wer nicht selbst die Mühlengerechtigkeit, sondern nur die Erlaubniß zur Anlegung einer Mühle, von dem Staate oder einem Privatmühlenberechtigten erhalten hat, der darf, ohne ausdrückliche Erlaubniß seines Konzedenten, weder einen neuen Gang anlegen, noch seine Mühle in eine von anderer Art verwandeln."

§. 246. Einer schon vorhandenen Mühle darf ein Nachbar, durch dessen Grundstücke das zu ihrem Betriebe nöthige Wasser fließt, dasselbe nicht entziehen.

Die Vorschrift des §. 246 ist polizeilicher Natur und daher ihre Anwendbarkeit nicht durch den vorhergegangenen Beweis des Rechts auf die Benutzung des Wassers bedingt. Auch die indirekte Entziehung dieses Wassers fällt unter das Verbot des §. 246. Erk. des O.Tr. IV v. 11. Jan. 1856, Striethorst, Archiv 19 S. 264. — Der §. 246 enthält eine gesetzliche Einschränkung des Eigenthums der oberhalb liegenden Uferbesitzer zum Besten der Mühle in Ansehung ihres Betriebswassers, ohne welche die Uferbesitzer zur Benutzung des als Privatfluß vorbeifließenden Wassers wohl befugt sein würden. Er setzt demnach voraus, daß die Entziehung des Betriebswassers der Mühle durch die Benutzung des Wassers, welches der Mühle zufließt, sei es durch dessen Ableitung oder Benutzung oder auch dessen Aufstauung, geschieht. Die von einem Uferanlieger zur besseren Benutzung seines Grundstückes gemachten Anlagen, welche mittelbar auf eine Verminderung des Wasserstandes in einem Mühlengraben einwirken, unterliegen nicht dem §. 246. Erk. des O.Tr. II v. 22. Jan. 1863, Striethorst, Archiv 49 S. 37 und Entsch. 50 S. 426. Das Recht des Müllers also, welches als eine gesetzliche Beschränkung des Eigenthümers oder vollständigen Besitzers über das oberhalb liegende Grundstück, mithin als Grundgerechtigkeit aufzufassen ist, muß gegen den Eigenthümer oder vollständigen Besitzer des Grundstücks verfolgt werden. Damit ist aber in keiner Weise ausgeschlossen, daß, wenn der Fall vorkommen sollte, daß Jemand, ohne Eigenthümer oder vollständiger Besitzer eines Grundstücks zu sein, einer Mühle ihr Betriebswasser entzieht, nicht auch gegen denselben auf Beseitigung der Störung geklagt werden könnte. Erk. des O.Tr. II v. 11. Febr. 1868, Striethorst, Archiv 71 S. 56.

Der Stauanlage eines Uferbesitzers an einem Privatflusse, welche zwar unter ungewöhnlichen Umständen möglicher Weise auf kurze Zeit auf die schon bestehende oberhalb belegene Mühle eines anderen Uferbesitzers nachtheilig, z. B. durch Eisstopfung, einwirken kann, jedoch unter gewöhnlichen Verhältnissen auf dieselbe einen Rückstau nicht bewirkt, ist der Mühlenbesitzer zu widersprechen nicht berechtigt, vielmehr steht demselben in diesem Falle nur der Anspruch auf Schadensersatz wegen unterbrochenen Betriebes der Mühle zu. Erk. des O.Tr. III v. 26. Sept. 1853, Striethorst, Archiv 11 S. 6.

Der §. 246 d. T. bestimmt den Umfang des der Mühle zustehenden Rechts keineswegs klar und bestimmt im Sinne des §. 660 Tit. 9 Th. I des Allgemeinen Landrechts. Zur Verjährung eines das Recht des Mühlenbesitzers auf das nöthige Betriebswasser beschränkenden Rechts bedarf es daher keines Zeitraums von 50 Jahren, sondern es genügt ein dreißigjähriger. Erk. des O.Tr. II v. 16. Dez. 1862, Striethorst, Archiv 48 S. 132.

Bei der Anwendung des §. 246 d. T. kommt es nicht darauf an, ob dem Müller an dem Wasser ein dingliches Recht zusteht, oder nicht. Der Verletzende dagegen muß der Nachbar sein. Erk. des O.Tr. II v. 8. Juli 1869, Striethorst, Archiv 75 S. 251.

Das Erk. des O.Tr. II v. 14. Sept. 1865, Striethorst, Archiv 61 S. 26, hatte ausgesprochen, daß unter einem „Nachbar" im Sinne des §. 246 d. T. nicht gerade der Eigenthümer eines unmittelbar anstoßenden Grundstücks zu verstehen sei. Das ersterwähnte Erk. scheint jedoch den Begriff „Nachbar" im engeren Sinne aufzufassen.

Der Mitbesitz der Wassernutzung schließt nicht nothwendig den Besitz des Rechtes ein, von dem Mitbesitzer den permanenten Verschluß seiner Stauanlagen zu verlangen. Erk. des O.Tr. III v. 3. Juli 1871, Striethorst, Archiv 82 S. 235. Der Besitz eines solchen Rechtes mußte vielmehr gegen den Mitnutzenden vorschriftsmäßig erworben werden.

§. 247. Auch ist niemand berechtigt, einer Windmühle durch Anpflanzung[1]) hoher Bäume[2]) da, wo dergleichen vorher nicht gewesen sind, den nöthigen Wind zu benehmen.[3])

[1]) Zur Anwendung der Vorschrift des §. 247 ist nicht erforderlich, daß die Bäume sofort bei ihrer Anpflanzung der Mühle den nöthigen Wind benehmen. Es kommt nur darauf an, daß die Anpflanzung da, wo sie früher nicht bestand, nicht vor der Existenz der Windmühle geschehen ist. Pl. Beschl. des O.Tr. v. 2. April 1849, Entsch. 17 S. 36 und J.M.Bl. 1849 S. 260. In dem Erk. des O.Tr. II v. 6. März 1840, Entsch. 6 S. 1, war das Gegentheil ausgesprochen.

[2]) Der Besitzer einer Windmühle, auch wenn dieselbe vor Verkündigung der Verordn. v. 18. Nov. 1819 entstanden ist, hat nicht das Recht, den Nachbarn die Errichtung von Gebäuden, welche der Mühle den nöthigen Wind entziehen, zu untersagen. Pl.-Beschl. des O.Tr. v. 26. Aug. 1839, Entsch. 5 S. 67 und J.M.Bl. S. 315. Die Richtigkeit dieser Entscheidung ist mit vollem Rechte vielfach angefochten worden. Vgl. insbesondere Koch, Beurtheilung der Entsch. des O.Tr. S. 335 und die Aeußerung des Ges.-Rev. Pens. 12 S. 267 in v. Rönne, Ergänz. zu diesem §. Auch die Verwaltungsbehörden haben sich mit dem vom O.Tr. aufgestellten Satze nicht einverstanden erklärt. Vgl. Reskr. v. 26. April 1841, V.M.Bl. S. 179.

Ebenso bezieht Förster, Theorie und Praxis (3. Aufl.) 3 S. 155 diesen §. auch auf die Errichtung von Gebäuden.

Die Quelle dieses Ges. ist die l. 14 §. 1 Cod. de servitutibus et aqua (III 34), welche von Anlagen handelt, durch die einer Tenne der Luftzug entzogen wird und bestimmt: Sancimus itaque nemini licere sic aedificare vel alio modo versari, ut idoneum ventum et sufficientem ad praefatum opus infringat et inutilem domino aream et fructuum inutilitatem faciat. Die gemeinrechtlichen Praktiker wenden diese Bestimmung analog auch auf andere Anlagen als Tennen an.

Nach dem Reskr. v. 17. Nov. 1851 sollen Windmühlen gegen die windfangende Nähe konzessionspflichtiger gewerblicher Anlagen insofern geschützt werden, daß die Entfernung das Zwölffache ihrer kleineren Abmessung (der Höhe oder der Breite) betragen soll. V.M.Bl. S. 303. Vgl. jetzt §. 28 der Gew.Ordn., wonach die Verwaltungsbehörden über die Entfernungen, welche bei Errichtung von durch

Wind bewegten Triebwerken inne zu halten sind, durch Polizeiverordnungen Bestimmung treffen.

*) Wenn der Besitzer einer Windmühle mit der Behauptung auf Wegschaffung von Bäumen klagbar wird, daß ihm durch dieselben der Wind entzogen werde, so ist darüber im Rechtswege zu entscheiden. Erk. des Komp.-Gerichtsh. v. 24. Jan. 1857. J.M.Bl. S. 271.

Ueber die schwierige Feststellung der Thatsache, daß der Wind entzogen werde, siehe die Ausführung in dem Erk. des O.Tr. III v. 6. Dez. 1858, Entsch. 41 S. 344.

Königl. Verordnung wegen Aufhebung des §. 247. Tit. 15. Th. II. des Allgemeinen Landrechts, in Rücksicht neuer Windmühlen-Anlagen. Vom 18ten November 1819. (G.S. S. 250.)

Der §. 247. Tit. 15. Th. II. des Allgemeinen Landrechts, wonach Niemand berechtigt seyn soll, durch Anpflanzung hoher Bäume da, wo dergleichen vorher nicht gewesen, einer Windmühle den nöthigen Wind zu benehmen, kann bei der, seit Einführung der Gewerbefreiheit Statt findenden Vermehrung der Windmühlen, nicht ferner für angemessen geachtet werden; vielmehr wollen Wir, in Erwägung, daß jedes Gewerbe einen gleichmäßigen Schutz verdiene, die vorgedachte gesetzliche Bestimmung, nach erfordertem Gutachten Unsers Staatsraths, rücksichtlich aller, nach Verkündung gegenwärtiger Verordnung entstehender Windmühlen, hierdurch für aufgehoben erklären.

B.

Königl. Preuß. Cabinetsorders und Edicte.

1. Auszug aus dem Edikt wegen der Mühlen-Gerechtigkeit, und Aufhebung des Mühlen-Zwangs, des Bier- und Brannt-wein-Zwangs in der ganzen Monarchie. Vom 28. Oktober 1810. (G.S. 1810 Nr. 10 S. 95.)

§. 5. Wer überhaupt zu Bauanlagen auf einem Grundstücke gesetzlich berechtiget ist, ist es gleichfalls zu Anlagen von Mühlen, die durch Wasser, Wind, thierische Kräfte, oder Dämpfe getrieben werden, ferner von Brennereien und Brauereien mit Beobachtung der erlassenen, und noch zu erlassenden Polizei-Vorschriften in Absicht der Feuersicherheit.

Jedoch darf ohne Genehmigung der Landespolizei-Behörde keine Mühle angelegt, oder eine vorhandene verändert werden.

§. 6. Wer eine Mühle bauen, eine eingegangene herstellen, oder an einen andern Ort verlegen will, muß der Landespolizei-Behörde mit Einreichung des Plans, aus dem, wenn es eine Wassermühle ist, das Nivellement sichtbar wird, von der beabsichtigten Einrichtung Anzeige machen. Zugleich muß der Bauherr solches, und ob es eine Ober-, Unterschlägige, oder eine Panzermühle seyn soll, in den benachbarten Gegenden durch Anschlag an den Kirchenthüren und in den Krügen, so wie gleichzeitig dreimal in den Intelligenzblättern und Zeitungen bekannt machen.

Bei allen Mühlen, die nicht Wassermühlen sind, bedarf es nur der Bekanntmachung an die Besitzer der zunächst gränzenden Grundstücke.

§. 7. Ein jeder, der durch die beabsichtigte Mühlenanlage eine Gefährdung, seiner Rechte fürchtet, muß den Widerspruch binnen 8 Wochen, präclusivischer Frist, vom Tage der vorgedachten Bekanntmachung an, sowohl bei der Landes-Polizei-Behörde, als bei dem Bauherrn einlegen.

Der Besitzer einer schon vorhandenen Wind- oder Wassermühle, hat als solcher kein anderes Widerspruchsrecht gegen die neue Anlage, als wenn sie ihm Wind oder Wasser in dem Maaße entzieht, oder letzteres aufstauet, daß er nach der Art seines bisherigen Betriebs einen Schaden beweisen kann, wofür er nicht vollständig entschädigt wird. Es versteht sich, daß im letztern Fall der Schadenersatz nur dann angenommen werden darf, wenn die Landespolizei-Behörde die neue Anlage als überwiegend vortheilhaft anerkennt.

§. 8. Die Landespolizei-Behörde kann den Bau und die Veränderung einer jeden Mühle, so wie die Erlaubniß zum Betrieb der Brauerei und Brennerei versagen, wenn

a. die Anlage in allgemeiner landespolizeilicher Hinsicht, oder aus überwiegenden Gründen des allgemeinen Bestens unzuläßig ist, z. B. bei einer Wassermühle, wegen eines der Landes-Cultur hinderlichen Wasserstandes,

b. ein nach §. 6. erhobener Widerspruch gegründet befunden worden.

Gegen die Entscheidung der Landespolizei-Behörde kann der Weg Rechtens nicht ergriffen werden.

§. 9. (Fällt weg). Ist durch das Edict vom 7. Septbr. 1811 aufgehoben. Der §. lautet: Handmühlen, wodurch Getreide oder Hülsenfrüchte zerrieben, zerquetscht, oder auf irgend eine Art in ihrer Gestalt verändert werden, werden verboten.

2. Auszug aus dem Gesetz wegen des Wasserstaues bei Mühlen, und Verschaffung von Vorfluth. Vom 15. November 1811. (G.S. Nr. 23 S. 352.)

(Dieses Gesetz ist bezüglich der Zuständigkeit der in Betracht kommenden Behörden durch die §§. 65 bis 72 des Zuständigkeits-Gesetzes vom 1. August 1883 (G.S. 237) abgeändert worden. Vgl. die Anmerkungen zu den folgenden §§. 2, 5, 10, 11, 12.)

§. 1. Bei den Mühlen oder andern durch Wehre oder Schleusen veranlaßten Störungen, wo der Wasserstand noch nicht durch einen unter polizeilicher Aufsicht gesetzten Merkpfahl bestimmt ist, muß jeder Besitzer derselben sich die Setzung eines Merkpfahls auf Antrag und Kosten derer, die dabei interessirt sind, gefallen lassen.

§. 2. Diese Setzung kann nur durch sachverständige Commissarien der Provinzialbehörden[1]) unter Zuziehung des Gerichts,[2]) welchem die Mühle unterworfen ist, vollzogen werden.

[1]) Die Commissarien werden vom Kreis- (Stadt-) Ausschuß ernannt.

[2]) Die Zuziehung des Gerichtes findet ferner nicht mehr statt.

§. 3. An dem Merkpfahle muß sowohl der im Sommer, als der im Winter zulässige höchste Wasserstand ganz deutlich kennbar bezeichnet, auch die Höhe davon mit dem Fachbaum der Mahl- und Freischleuse und mit einem nahe gelegenen unverrückbaren Gegenstande durch Nivellement verglichen und zu Protokoll verschrieben werden. Im umgekehrten Falle, wenn ein Müller die Verpflichtung hat, zur Erhaltung der Schiffbarkeit eines Gewässers, das Oberwasser seiner Mühle auf einer bestimmten Höhe zu erhalten, soll in Absicht der Setzung der Merkpfähle für den niedrigsten zulässigen Wasserstand auf eine ähnliche Weise verfahren werden.

§. 4. Ist die Höhe des Wasserstandes durch rechtskräftige Urtheile oder nach dem Einverständniß aller Interessenten auf eine andere Art deutlich bestimmt, so hat es dabei sein Bewenden, und müssen die Commissarien den Merkpfahl danach setzen.

§. 5. Sind aber die Interessenten darüber uneinig, ob die Höhe des Wasserstandes durch gültige Verträge, Verleihungen oder rechtverjährten Besitz bestimmt sey, so muß die Sache zur gerichtlichen Erörterung verwiesen, das Verfahren jedoch nach Anleitung der allgemeinen Gerichtsordnung Th. I. Tit. 42. §. 35. 2c. (jetzt Reichs-Civil-Proceß-Ord. vom 30. Januar 1877) vorzüglich beschleunigt werden. Findet es sich hiebei, daß keine klaren Bestimmungen des Wasserstandes vorgelegt werden können; so setzen die Commissarien denselben dergestalt fest, daß dabei das gegenseitige Interesse der Bodenkultur und des Müllers oder sonstigen Stauberechtigten möglichst vereinigt werde, und gegen eine Festsetzung auf diesem Grunde finden keine Beschwerden bei den Gerichten, sondern Rekurs an die obern Polizeibehörden statt.

Etwaige Streitigkeiten über die Höhe des Wasserstandes sind dem Verw.-Streitverfahren überwiesen.

§. 6. Der Provinzialpolizeibehörde bleibt jedoch unbenommen, während der Dauer der erwähnten gerichtlichen Erörterung interimistisch einen Wasserstand festsetzen zu lassen, welchen der Müller oder sonstige Stauberechtigte so lange halten muß, bis ein anderes durch die definitive Entscheidung festgesetzt ist.

§. 7. Von welchem Tage ab und bis zu welchem Tage hin blos der niedrigere Sommerwasserstand gehalten werden darf, bestimmen zunächst Verträge und rechtliche Erkenntnisse, wenn diese vorhanden sind, nächst diesen die Provinzialgesetze. Ist keine solche Bestimmung vorhanden, so liegt den Commissarien ob, von wann ab und bis wohin nur der Sommerwasserstand gehalten werden dürfe, nach den örtlichen Verhältnissen festzusetzen. Auf jeden Fall muß in dem über die Verhandlung aufzunehmenden Protokolle ausdrücklich vermerkt seyn, von wann ab und bis wohin der Sommerwasserstand gehalten werden soll.

§. 8. Kein Besitzer von Mühlen und andern Stauungsanlagen darf den Wasserstand über die durch den Merkpfahl festgesetzte Höhe aufstauen. Sobald das Wasser über diese Höhe wächst, muß er durch Oeffnung der Schleusen, Gerinne und Grundstöcke, Abnehmung der beweglichen Aufsätze auf den Fachbäumen oder Ueberfällen, überhaupt Wegräumung aller blos zeitlichen Hindernisse den Abfluß desselben unentgeldlich sogleich und unausgesetzt so lange befördern, bis das Wasser wieder auf die, durch den Merkpfahl bestimmte Höhe herabgefallen ist.

§. 9. Versäumt er dies, so ist nicht allein die örtliche Polizeibehörde verpflichtet, auf Antrag der Interessenten, die vorerwähnte Oeffnung, Abnehmung und Wegräumung auf Gefahr und Kosten des Mühlenbesitzers ohne Anstand vornehmen zu lassen, sondern er hat auch in jedem Falle außer dem Ersatze alles durch die widerrechtliche Stauung verursachten Schadens, zwanzig bis funfzig Thaler Polizeistrafe verwirkt.

§. 10. Wem die Unterhaltung eines Grabens oder Wasserabzuges obliegt, der kann zu dessen Auskrautung oder Räumung polizeilich angehalten werden, sobald aus der Vernachlässigung derselben, oder aus Mangel an der erforderlichen Tiefe, Nachtheil für die Besitzer anderer Grundstücke oder nutzbarer Anlage, oder auch für die Gesundheit der Anwohner entstehet. Die Bestimmung, wann und wie die Auskrautung oder Räumung bewirkt werden soll, gehört blos zur Cognition der Polizeibehörden und jeder Unterhaltungspflichtige muß sich derselben unbedingt unterwerfen.

Gegen diese Anordnung der Behörde darf binnen 2 Wochen Einspruch erhoben werden, und danach ist Klage im Verw.-Streitverfahren zulässig.

§. 11. Die Mühlenbesitzer und alle, welche sonst den Abfluß eines Gewässers anzuhalten berechtigt sind, sollen verpflichtet seyn, den freien Lauf desselben, nach Bestimmung der Provinzialpolizeibehörde, ganz oder zum Theil wiederherzustellen, sobald daraus ein offenbar überwiegender Vortheil für die Bodenkultur oder Schiffahrt entsteht, und diejenigen, welche für ihre Kultur oder Schiffahrtsanlagen des Wasserabflusses bedürfen, ihnen eine vollständige Entschädigung herzugeben bereit und vermögend sind.

Die Entscheidungen hierüber stehen nach §. 68 des Zuständ.-Gesetzes vom 1. August 1883 dem Kreis-Ausschusse zu.

§. 12. Diese Verpflichtung kann selbst bis auf gänzliche Wegräumung von Wassermühlen ausgedehnt werden, sobald nach polizeilichem Ermessen der Zweck anders nicht zu erreichen ist, der Müller aber vollständig entschädigt, auch der Gegend Ersatz für hr Interesse bei Erhaltung der Mühle geleistet werden kann.

Wie bei §. 11.

3. Allerhöchste Kabinetsorder vom 24sten Februar 1816., die Verhütung der Verunreinigung der schiff- und floßbaren Flüsse und Kanäle betreffend. (G.S. 1816 S. 108.)

Auf Ihren Bericht vom 18ten d. M. setze Ich, zur Verhütung der Verunreinigung der schiff- und floßbaren Flüsse und Kanäle, hierdurch fest: daß kein Besitzer von Schneidemühlen, Sägespäne oder Borke, und überhaupt Niemand, der eines Flusses sich zu seinem Gewerbe bedient, Abgänge in solchen Massen in den Fluß werfen darf, daß derselbe dadurch, nach dem Urtheil der Provinzial-Polizeibehörde, erheblich verunreinigt werden kann; und daß jeder, der dawider handelt, nicht nur die Wegräumung der den Wasserlauf hemmenden Gegenstände auf seine Kosten vornehmen lassen muß, sondern auch außerdem eine Polizeistrafe von Zehen bis Funfzig Thalern verwirkt hat.

Die vorstehenden Edicte und Cabinetsorders haben nur Geltung für die alten Preuß. Provinzen.

4. Auszug aus dem Gesetz wegen Verschaffung der Vorfluth in den Bezirken des Appellationsgerichtshofes zu Cöln und des Justizsenates zu Ehrenbreitstein, sowie in den Hohenzollernschen Landen. Vom 14. Juni 1859. (G.S. S. 325.)

§. 2. Alin. 2. Einer vorhandenen gewerblichen Anlage darf durch die Entwässerungs-Anlage das zum Betriebe des Werkes in dem bisherigen Umfange nothwendige Wasser nicht entzogen werden.

Alin. 3. Eine Abänderung gewerblicher Anlagen, wodurch ihr Betrieb in dem bisherigen Umfange in anderer Weise möglich gemacht wird, muß sich der Besitzer gefallen lassen.

§. 10. Rücksichtlich der Hohenzollernschen Lande sollen die in den Abschnitten X. (§§. 23—27. einschließlich), XI. (§. 28.) und die in den daselbst unter Nr. 6. bezogenen Abschnitten II.

(§§. 5—7. einschließlich), III. (§. 8.) und IV. (§. 9.) enthaltenen Vorschriften der Mühlen-Ordnung für das Fürstenthum Hohenzollern-Sigmaringen vom 8. November 1845. (Gesetz-Sammlung für dasselbe Bd. VII. S. 157. ff.), so weit sie dort noch Gültigkeit haben und mit dem gegenwärtigen Gesetze nicht in Widerspruch stehen, fortan auch in dem Gebiet des Fürstenthums Hohenzollern-Hechingen Anwendung finden.

C.

Auszug
aus dem

Gesetz über die Benutzung der Privatflüsse, vom 28. Februar 1843.

(G.S. 1843 S. 41.)

---

§. 1. Jeder Uferbesitzer an Privatflüssen (Quellen, Bächen oder Fließen, so wie Seen, welche einen Abfluß haben) ist, sofern nicht Jemand das ausschließliche Eigenthum des Flusses hat, oder Provinzialgesetze, Lokalstatuten oder spezielle Rechtstitel eine Ausnahme begründen, berechtigt, das an seinem Grundstücke vorüberfließende Wasser unter den in den §§. 13. u. f. enthaltenen näheren Bestimmungen zu seinem besonderen Vortheile zu benutzen. Jedoch verbleibt es in Ansehung der Benutzung des Wassers zu Mühlen und anderen Triebwerken, so wie auch in Ansehung der Fischerei-Berechtigung und der Vorfluth bei den bestehenden gesetzlichen Vorschriften, soweit diese durch gegenwärtiges Gesetz nicht ausdrücklich abgeändert sind.

§. 3. Das zum Betrieb von Färbereien, Gerbereien, Walken und ähnlichen Anlagen benutzte Wasser darf keinem Flusse zugeleitet werden, wenn dadurch der Bedarf der Umgegend an reinem Wasser beeinträchtigt oder eine erhebliche Belästigung des Publikums verursacht wird.

Die Entscheidung hierüber steht der Polizeibehörde zu.

§. 4. Des Einwerfens und Einwälzens von losen Steinen, Erde und anderen Materialien in Flüsse muß ein Jeder sich enthalten. Eine Ausnahme hiervon findet Statt, wenn solche zum Behuf einer Anlage am Ufer nothwendig ist, und daraus nach dem Urtheile der Polizeibehörde kein Hinderniß für den freien Abfluß des Wassers, und keiner der im §. 3. bezeichneten Uebelstände entsteht.

§. 6. Die Anlegung von Flachs- und Hanfröthen kann von der Polizeibehörde untersagt werden, wenn solche die Heilsamkeit der Luft beeinträchtigt oder zu den im §. 4. erwähnten Nachtheilen Anlaß giebt.

§. 13. Das dem Uferbesitzer nach §. 1. zustehende Recht zur Benutzung des vorüberfließenden Wassers unterliegt der Beschränkung, daß

1) kein Rückstau über die Grenzen des eigenen Grundstücks hinaus und keine Ueberschwemmung oder Versumpfung fremder Grundstücke verursacht werden darf, und
2) das abgeleitete Wasser in das ursprüngliche Bett des Flusses zurückgeleitet werden muß, bevor dieser das Ufer eines fremden Grundstücks berührt.

Sind mehrere an einander grenzende Uferbesitzer über eine Anlage einverstanden, so werden die Grundstücke derselben, bei Anwendung der vorstehenden Beschränkungen, als ein einziges Grundstück angesehen.

§. 14. Gehören die gegenüber liegenden Ufer verschiedenen Besitzern, so hat ein jeder von beiden ein Recht auf Benutzung der Hälfte des Wassers. (§. 27.)

§. 15. Wenn bei Ausführung einer Bewässerungs-Anlage ein öffentliches Interesse, wie das der Schiffahrt ꝛc. gefährdet, oder den unterhalb liegenden Einwohnern der nothwendige Bedarf an Wasser auf eine Weise entzogen würde, daß daraus ein Nothstand für ihre Wirthschaft zu besorgen wäre, so ist die Regierung nach vollständiger, unter Zuziehung der Betheiligten erfolgten Erörterung befugt, die Ableitung des Wassers in geeigneter Weise zu beschränken.

In vorliegenden Fällen beschließt der Bezirks-Ausschuß, vgl. §§. 73 u. ff. des Zuständ.-Gesetzes vom 1. August 1883.

§. 16. Gegen Anlagen, welche der Uferbesitzer zur Benutzung des Wassers in Gemäßheit des ihm nach §§. 1. und 13. zustehenden Rechts unternimmt, kommt den Besitzern der bei Publikation des gegenwärtigen Gesetzes rechtmäßig bestehenden Mühlen und anderen Triebwerke ein Widerspruchsrecht zu, wenn dadurch

a) ein auf speziellere Rechtstitel beruhendes Recht zur ausschließlichen Benutzung des ganzen Wassers oder eines bestimmten Theils desselben ($^1/_4$, $^1/_3$ ꝛc.) beeinträchtigt, oder
b) das zum Betriebe in dem bisherigen Umfange nothwendige Wasser entzogen wird.

Wer künftig ein Triebwerk anlegt oder erweitert, ohne ein ausdrücklich verliehenes Recht zu haben, soll deshalb zu einem solchen Widerspruche nicht berechtigt seyn.

Widersprüche aus §. 16 werden im Verw.-Streitverfahren durch den Kreis-Ausschuß entschieden, vgl. §. 73, 75 des Zuständ.-Gesetzes vom 1. August 1883.

§. 17. Wenn in dem Falle des §. 16. Litt. b.

1) der Uferbesitzer nachweist, daß der Betrieb in dem bisherigen Umfange das Maaß der dem Inhaber des Triebwerks zustehenden Berechtigung überschreitet, oder
2) der Inhaber des Triebwerks nachweist, daß ihm vermöge eines speziellen Rechtstitels die Befugniß zusteht, den Betrieb über den bisherigen Umfang auszudehnen,

so ist bei Prüfung des Widerspruchsrechts derjenige Umfang des Betriebes zum Grunde zu legen, welcher durch das Maaß der Berechtigung begründet ist.

D.

Die sonstigen für Wasserstau-Anlagen gültigen Preußischen Ministerial-Verfügungen.

1. Circularrescript der Königl. Ministerien des Innern, für Gewerbe-Angelegenheiten und der Justiz vom 12. Mai 1834, betreffend die Stellung der gerichtlichen und administrativen Commissionen zu einander bei Setzung von Merkpfählen zur Feststellung des Wasserstandes. (v. Kamptz, Annal. Bd. XVIII S. 543. — 2. 163; v. Kamptz, Jahrb. Bd. XLIII S. 483.)

(Wenn auch das Rescript keine gesetzmäßige Kraft mehr hat, so dient es dennoch den Behörden zur Nachachtung.)

Die Ausführung der im Gesetz vom 15. November 1811 wegen des Wasserstandes bei Mühlen §. 2 ertheilten Vorschrift:

„daß die von einem oder dem anderen Interessenten zur Feststellung des Wasserstandes der Mühlen u. s. w. nachgesuchte Setzung eines Merkpfahls durch sachverständige Commissarien der Provinzial-Behörden unter Zuziehung des Gerichts, welchem die Mühle unterworfen ist, vollzogen werden soll", (vgl. Anm. zu §. 2 S. 374 d. Buches.)

hat hin und wieder zu irrigen Deutungen Anlaß gegeben.

Es ist nämlich angenommen worden, daß die Zuziehung des Gerichts bloß der Beglaubigung wegen erforderlich sei, und der gerichtliche Commissarius also bloß dasjenige wahrzunehmen habe, was den Gerichten in Beziehung auf diese Zwecke obliege.

Eine so beschränkte Deutung jener Vorschrift ist aber weder in den Werken derselben begründet, noch entspricht sie den allgemeinen Grundsätzen von der Concurrenz der Beamten verschiedener Ressorts zu einem und demselben Geschäft, noch der Absicht des Gesetzes wegen einer solchen Regulirung.

Die letztere ist keine andere, als daß der vom Stauberechtigten zu haltende Wasserstand durch diese Handlung außer Zweifel gesetzt wäre, sei es, daß dies auf Grund des Einverständnisses der Interessenten, rechtskräftiger Erkenntnisse u. s. w. oder auf Grund der nach §§. 5 und 6 des Edicts vom 15. November 1811 den Landespolizei-Behörden zuständigen Befugnisse für immer oder provisorisch geschehe. (Vgl. Anm. zu §. 5 S. 375 d. Buches.)

Es kommt dabei ebenso sehr auf Wahrnehmung der Rechtspunkte, als der administrativen Rücksichten an; auf erstere insbesondere behufs Ermittelung derjenigen Interessenten, mit welchen über den Gegenstand zu verhandeln ist, dergestalt, daß unter denselben darüber mit Bestand abgeschlossen, oder ein wirksames Anerkenntniß abgegeben werden kann, rücksichtlich der wohlerworbenen Rechte eines oder des anderen Theils und ob danach die Höhe des Wasserstandes bereits fest und deutlich bestimmt ist, und wenn dies nicht der Fall, ob die deshalb unter den Interessenten obwaltenden Streitigkeiten von der Art sind, daß sie in den ordentlichen Weg Rechtens verwiesen werden müssen, oder ob nach Lage der Sache die landespolizeiliche Festsetzung des Wasserstandes eintritt? nicht minder in dem Falle, wenn es sich von einer provisorischen Feststellung handelt, wegen der hierbei auf die vorgeblichen mehr oder minder bescheinigten Rechtsansprüche eines oder des anderen Theils zu nehmenden Rücksichten.

Endlich kommt es noch darauf an, daß die Resultate und die Wirkung des Regulativs auf alle Interessenten und alle dabei zu beobachtenden Fälle klar und bestimmt ausgedrückt und niedergeschrieben werden.

Hiermit ergiebt sich von selbst, von welcher Erheblichkeit die volle Theilnahme des gerichtlichen Commissarius an dem Wesentlichen des Geschäfts und die Aufrechthaltung des allgemeinen

Grundsatzes von der Concurrenz der Commissarien verschiedener Behörden für die zweckmäßige Ausführung desselben ist.

Beide, die von der Regierung und von dem Gerichte ernannten Commissarien haben sich also als Commissarien zu betrachten und die Angelegenheit im gegenseitigen Einverständnisse zu behandeln.

2. Rescript der Königl. Ministerien des Innern und der Polizei vom 14. Mai 1839 an die Königl. Regierung zu Posen, denselben Gegenstand betreffend. (v. Kamptz, Annal. XXIII 468 — 2. 188.) (Vgl. §§. 65 bis 72 d. Zuständ.-Gesetzes v. 1. Aug. 1883.)

Ich bin, wie ich der Königl. Regierung auf den Bericht vom 21. Februar d. J. eröffne, mit Ihr darüber einverstanden, daß die Regierungen, welchen nach §. 6 des Vorfluths-Edicts vom 15. November 1811 (vgl. S. 375 d. Buches) allein die Entscheidung zusteht, ob interimistisch ein Wasserstand festzusetzen, unbedenklich befugt sind, die von ihnen nach §. 2 l. c. mit der Setzung von Merkpfählen zu beauftragenden Commissarien dergestalt zu beschränken, daß die Anordnung derselben erst durch Bestätigung der Regierung nach erfolgter Prüfung verbindliche Kraft erhalten, und finde es sogar angemessen, daß sie dies, insofern nicht besondere Gründe entgegenstehen, immer thun, und die eigentliche Festsetzung selbst bewirken, da die Regierungs-Collegien Mitglieder enthalten, welche für die dabei zu berücksichtigenden Umstände als vollkommen ausgebildete Techniker anzusehen sind.

Ebenso bin ich damit einverstanden, daß die ganze Frage über den Umfang der Wirksamkeit der Commissarien den nach §. 2 zuzuziehenden Abgeordneten des Gerichts nichts angeht, da selbiger an der Festsetzung oder dem Gutachten der Commissarien gar keinen Theil zu nehmen hat. Dieses dem Wirkungskreise des Gerichtsabgeordneten ganz fremde Geschäft muß er vielmehr lediglich den sachverständigen Commissarien der Provinzialpolizei-Behörden überlassen und sich auf die Sorge dafür beschränken, daß die etwa vorhandenen, den Wasserstand bestimmenden Urtheile, Verträge &c. berücksichtigt, die zur gerichtlichen Erörterung geeigneten Streitigkeiten wirklich dahin verwiesen, auch bei der wirklichen Setzung von Merkpfählen die gesetzlichen Vorschriften befolgt und über dergleichen Acte vollständige, materiell und formell genügende Verhandlungen aufgenommen werden.

Ich habe daher in diesem Sinne den Justizminister ersucht, wegen der in der Justizcommissar N. N.schen Mühlensache zur Sprache gekommenen Meinungsverschiedenheit das Königl. Ober-Landesgericht zu Posen, mit Bezug auf dessen Auslassung in seinem Schreiben an die Königl. Regierung vom 17. Januar d. J. zu rectificiren und zur Rectification seiner Unterbehörden anzuweisen.

Was der Justizminister hiernach an das dortige Ober-Landesgericht unter dem 5. v. M. verfügt hat, gebe ich der Königl. Regierung aus der abschriftlichen Anlage a zu ersehen.

Anlage a.

Dem Königl. Ober-Landesgericht wird bei abschriftlicher Mittheilung eines Schreibens des Ministerii des Innern vom 22. v. M. in Beziehung auf die danach zwischen dem Collegium und der dortigen Regierung obwaltenden Meinungsverschiedenheit

über den Umfang der Befugnisse der mit Setzung von Merkpfählen und Regulirung des Wasserstandes nach §. 2 des Edicts vom 15. November 1811 beauftragten Commissarien

Folgendes eröffnet:

Die Frage über die Selbstständigkeit der zu jenem Geschäft bestellten Commissarien gehört lediglich zum Ressort der administrativen Behörden; es kann daher der bei der Ausführung nach dem Gesetz zuzuziehende Richter, welcher nur die Verhandlungen zu leiten, die Legitimationen der Interessenten zu prüfen und die Urkunde aufzunehmen hat, aber an dem Gutachten selbst nicht Theil nimmt, aus dem, dem Auftrage der Sachverständigen als Beschränkung beigefügten Vorbehalt der Genehmigung der Regierung, seinerseits keine rechtliche Veranlassung herleiten, seine Mitwirkung zu verweigern.

3. Circular-Verfügung des Königl. Finanz-Ministerii, betreffend die Anlegung von Schiffsmühlen an öffentlichen Flüssen, vom 31. October 1844. (M.Bl. f. d. i. V. 1844 S. 290.)

Da Schiffsmühlen in öffentlichen Flüssen auch in denjenigen Fällen, wo bei Nachsuchung der Konzession kein Nachtheil für das Schifffahrts-Interesse zu besorgen schien, später, namentlich bei eintretenden Veränderungen im Strombette für die Schifffahrt und insbesondere für die Flößerei leicht hinderlich und nachtheilig werden, so muß auf die möglichste Beschränkung von derartigen Anlagen Bedacht genommen werden. Ein bloßer Vorbehalt bei Ertheilung der Konzession, dahin geh'end, daß wenn Verhältnisse eintreten, welche die Verlegung oder gänzliche Wegschaffung einer Schiffsmühle nothwendig oder auch nur wünschenswerth erscheinen lassen, der Inhaber der Konzession sich die Verlegung, event. Wegschaffung der Mühle ohne Anspruch auf Schadensersatz gefallen lassen müsse, erscheint zu dem angedeuteten Zwecke insofern nicht genügend, als die Geltendmachung dieses Vorbehalts in der Regel zur Erörterung Anlaß geben und Ansprüche hervorrufen wird, die, wenn sie auch dem strengen Recht nach als unbegründet würden zurückgewiesen werden können, häufig doch aus Billigkeits-Rücksichten nicht wohl unbeachtet bleiben können.

Es erscheint daher anräthlich, die Einleitungen zu Konzessions-Ertheilungen neuer Anlagen dieser Art künftighin auf die Fälle eines unabweislichen Bedürfnisses zu beschränken und die Konzessionen nur unter der auf genaue Untersuchungen zu gründenden Voraussetzung zu ertheilen, daß daraus für die Schifffahrt — durch zu treffende Maßregeln keinerlei Nachtheile entstehen werden.

Die Königl. Regierung wird angewiesen, hiernach zu verfahren, und in den Fällen, wo Sie glaubt, daß die Konzession zur Anlage einer Schiffsmühle in einem öffentlichen Flusse zu ertheilen sei, zuvor die Ermächtigung hierzu, unter Darlegung der obwaltenden Verhältnisse, hier einzuholen.

4. Circularverfügung an sämmtliche Königl. Regierungen, betreffend die Festsetzung des zulässigen Wasserstandes bei Ertheilung der polizeilichen Konzession zu den durch Wasserkraft bewegten Triebwerken, vom 14. Juni 1847. (M.Bl. f. d. i. V. 1847 S. 136.)

Schon bei verschiedenen Streitigkeiten in der Rekurs-Instanz über die Genehmigung von durch Wasserkraft bewegten Triebwerken ist bemerkt worden, daß einige Regierungen in solchen Fällen eine genaue, die Verhältnisse für die Zukunft sichernde Bestimmung des zulässigen Wasserstandes nicht treffen, und haben deshalb in einzelnen Fällen bereits die Akten, mit der Anweisung, das Versäumte nachträglich zu bewirken, remittirt werden müssen.

Der gesetzlichen Vorschrift, wonach zur Anlage neuer Wasserwerke die landespolizeiliche Konzession nachgesucht werden muß, liegt wesentlich die Absicht zum Grunde, daß die Belästigung des Publikums und der Adjazenten durch übermäßige Wasserspannung von Seiten der Triebwerksbesitzer zur Förderung ihres Privatvortheils vermieden werde. Die Erreichung dieses Zweckes kann nur dadurch gesichert werden, daß

1) die Lage des Fachbaums nach unverrückbaren Merkmalen bestimmt,
2) die bewilligte Höhe des Standwassers über dem Fachbaum durch Merkpfähle normirt,
3) eine Revision der konzessionirten Wasserbauten durch einen Königl. Baubeamten stattfindet und unter besondern Umständen der Betrieb der Werke vor erfolgter Revision gar nicht gestattet wird.

In Folge der Verabsäumung solcher Maßregeln ist in einer Beschwerdesache wegen Ueberschreitung der Wasserstände bei einer konzessionirten Stauanlage hier zur Sprache gekommen, daß, nachdem dem Besitzer des Triebwerks eine Lage des Fachbaums mit einem Wasserstande von 2 Fuß 3 Zoll zugestanden worden, der Fachbaum um 1 Fuß 4 1/4 Zoll zu hoch gelegt ist, ohne daß seitens der Polizeibehörde von dieser bedeutenden Ueberschreitung der Konzession Kenntniß genommen worden. Die Regierung ist sogar der irrigen Ansicht gewesen, daß es lediglich Sache der Adjazenten sei, sich auf ihre Kosten gegen solche Ueberschreitungen durch den Antrag auf Setzung eines Merkpfahls zu schützen.

Daß bei jeder Konzession die obigen Bestimmungen getroffen und die Setzung und Unterhaltung von Merkpfählen, desgleichen die Baurevision, welche übrigens ex officio stattfinden muß, ohne daß dafür den betreffenden Baubeamten eine Entschädigung zu gewähren ist, als Bedingungen gestellt werden können, unterliegt keinem Bedenken, da der §. 32. der Gewerbeordnung die Behörden in dieser Beziehung nicht beschränkt, auch der §. 1. des Gesetzes vom 15. November 1811. (vgl. S. 374 d. Buches) die Existenz der Merkpfähle als Regel voraussetzt.

Wir weisen die Königl. Regierung daher an, hiernach in künftigen Fällen zu verfahren.

5. Bekanntmachung der Königl. Regierung zu Köln, betreffend die Concessionsgesuche um Anlagen von Mühlen rc., vom 24. December 1847. (Vgl. Ausf.Anw. Nr. 29—32 S. 54 u. ff. d. Buches.)

Die den bei uns angebrachten Gesuchen um Konzession von Wasserwerksanlagen aller Art in Erfüllung des §. 28 der allgemeinen Gewerbeordnung vom 17. Januar 1845 (jetzt Reichs-Gewerbe-Ordnung §. 23) beigefügten Zeichnungen und Beschreibungen sind in den bei Weitem meisten Fällen so ungenügend und unvollständig, daß darauf hin eine Entscheidung über die Zulässigkeit der Anlagen überhaupt oder die Feststellung derjenigen Bedingungen, unter welchen sie zu gestatten sein möchten, nicht erfolgen kann. Durch die sich hierdurch ergebende Nothwendigkeit die in Rede stehenden Schriftstücke zuvörderst zweckentsprechend vervollständigen zu lassen, wird dem Konzessionsnachsucher nicht nur ein größerer Kostenaufwand, sondern auch ein Zeitverlust verursacht, welcher häufig noch empfindlicher ist als jener.

Es würde diesen Weiterungen leicht vorgebeugt werden können, wenn die Anfertigung der zu solchen Anlagen erforderlichen Zeichnungen und Beschreibungen sogleich einem tüchtigen Techniker übertragen würde.

Indem wir das betreffende Publicum in seinem eigenen Interesse hierauf aufmerksam machen, haben wir in dem Folgenden zugleich diejenigen Erfordernisse, welche die behufs Nachsuchung von Konzession zu Wasserwerksanlagen einzureichenden Zeichnungen und Beschreibungen enthalten müssen, zur Nachachtung für die vorkommenden Fälle zusammenstellen lassen.

Von dem zu einer Wasserwerksanlage zu benutzenden Gewässer ist ein Situationsplan nach Maßstab von 1:1250 der natürlichen Größe nach genauer Aufnahme anzufertigen, welcher den Lauf des Gewässers und dessen angrenzende Grundstücke wenigstens so weit umfaßt, als durch die beabsichtigte Anlage eine Veränderung der Höhe des Wasserspiegels, oder eine künstliche Vertheilung der Wassermenge des natürlichen Wasserlaufs hervorgebracht wird, und wo möglich so weit, als das Nebenterrain durch die höchsten Wasserstände des Gewässers überschwemmt wird. In diesem Plan ist sowohl die Grenze des Ueberschwemmungsterrains mit blauer Linie, als jede Grenze eines in diesem Bereiche liegenden Privatgrundstücks, sowie jedes Gebäude und sonstige Anlage, genau einzutragen, und nebst der Kulturart des Bodens durch charakteristische Farben und Schrift kenntlich zu machen. Auch sind die Namen der Besitzer, wenn es der Raum gestattet, in den Plan selbst oder mit bestimmter Bezeichnung neben denselben zu schreiben, so weit deren Grundstücke von der beabsichtigten Anlage berührt werden.

Als Maß werden nur allein preußische Ruthen und Decimalfuße angenommen.

Die beabsichtigte neue Anlage ist in diesen Situationsplan mit rothen Linien einzuzeichnen und zu beschreiben.

Derselbe Plan muß ein Nivellement des natürlichen Wasserlaufs und der beabsichtigten neuen Anlage enthalten, welches mit übereinstimmender Bezeichnung auf den Situationsplan bezogen, und welchem eine allgemeine Horizontale zum Grunde gelegt ist. Diese muß so tief angenommen werden, daß sämmtliche Punkte des Nivellements über derselben liegen. Der Längenmaßstab des Nivellements kann der des Situationsplans sein, zum Höhenmaßstab desselben sind wenigstens die Ruthen des Längenmaßstabs als Werkfuße anzunehmen.

Die Lage jedes nivellirten Punktes unter der allgemeinen Horizontale muß nach preußischen Werkfußen, Zollen und Linien in dieses Nivellement eingetragen, und das Maß seiner Höhe mit Zahlen gegen eine punktirte Verticale eingeschrieben werden. Damit die allgemeine Horizontale des Nivellements zu jeder Zeit wieder aufgefunden werden kann, ist solche so oft wie möglich mit festen und unveränderlichen und möglichst nahe belegenen Punkten in Verbindung zu bringen, zu deren Wiederauffindung außer ihrer Bezeichnung im Nivellementsplan neben demselben noch kurze Beschreibungen beizufügen sind.

Aus dem Längennivellement des natürlichen Wasserlaufs muß Folgendes ersichtlich sein.

1) Die Oberfläche des natürlichen Wasserspiegels für einen und denselben mittleren Wasserstand des Flusses;
2) der höchste und niedrigste Wasserstand;
3) die Sohle des Flusses in der größten Tiefe seiner Rinne;
4) die Höhe seiner Ufer;
5) wenn Deiche oder Kommunikationswege neben dem Flusse liegen, die Höhe ihrer Kronen;
6) liegen Gebäude neben dem Flusse, so ist die Terrainhöhe derselben, die Tiefe ihrer etwaigen Keller, die Lage des Fußbodens der untersten Gemächer, des massiven Unterbaues derselben 2c. mit aufzunehmen;
7) wenn Stauwerke, Wasserleitungen, Brücken, Wehren und dergl. am Fluß liegen, so ist auf die Höhenanlage der Fachbäume, Weite der Abflußöffnungen, Höhenlage der Brückenbahnen und der Wehre nebst ihrem Nebenterrain alle Aufmerksamkeit zu verwenden, und sind deren Maße mit Zahlen in das Nivellement genau einzutragen;

8) von allen derartigen Bauwerken sind neben dem Nivellement noch Zeichnungen im natürlichen Verhältniß nach dem Höhenmaßstabe des Nivellements und mit Angabe ihrer Lage über der allgemeinen Horizontale zu fertigen;

9) Zur Beurtheilung der Lage, des Nebenterrains, des natürlichen oder künstlichen Wasserlaufs sind auch noch in Entfernungen, welche nach der Gleichförmigkeit oder Verschiedenheit der Terrainhöhe resp. größer oder kleiner sein können, Querprofile aufzunehmen, welche sich wenigstens einige Ruthen weit nach jeder Seite hin erstrecken müssen;

10) die neu anzulegenden Wasserlauf- und Wasserbauwerke sind nach denselben Grundsätzen zu behandeln, und ist es angemessen, wenn dadurch die Zeichnung nicht verwirrt und undeutlich wird, das Nivellement der neuen Anlage mit rothen Linien und Zahlen in das Nivellement des alten, resp. natürlichen Zustandes einzutragen. Bemerkungen und nähere Erläuterungen zur Zeichnung sind auf dem Plane selbst seitwärts auf unbezeichnete Stellen zu schreiben.

6. Rescript des Ministeriums für landwirthschaftliche Angelegenheiten vom 11. März 1850, betreffend die Regulirung von Streitigkeiten über Wasserstauwerke.

Die Königl. Regierung erhält auf den Bericht vom 23. v. M. den heutigen Bescheid an den Mühlenbesitzer N. zu N. zur Kenntniß und Nachachtung.

Dabei wird der Königl. Regierung bemerklich gemacht, daß der Plenarbeschluß des Königl. Obertribunals vom 8. Januar 1849 (J.M.Bl. S. 211) nicht als Richtschnur für die Verwaltung zu nehmen ist. Der Plenarbeschluß widerspricht der bisherigen Praxis, er würde die angemessene Regulirung der Streitigkeiten über Stauwerke, bei denen selten klare Rechtstitel vorgelegt werden können, hindern, und würde zu großen Schwierigkeiten führen in den zahlreichen Fällen, wo bei Setzung eines Merkpfahls gleichzeitig Landbesitzer und oberhalb liegende Mühlenbesitzer betheiligt sind.

Nach §. 1 des Vorfluthgesetzes kann jeder, welcher durch den Rückstau eines Stauwerks leidet, auf Setzung eines Merkpfahls antragen, also auch oberhalb belegene Müller. Die Landespolizeibehörde allein ist nach §. 2 des Vorfluthgesetzes berechtigt, derartige Merkpfahlsetzungen durch sachverständige Commissarien unter Zuziehung des Gerichts vollziehen zu lassen, und es läßt sich nicht annehmen, daß diese Befugniß beschränkt sei auf die Fälle, wo der Merkpfahl lediglich im Interesse der Bodencultur gesetzt werden soll. Daß das Vorfluthgesetz vom 15. November 1811 nicht so beschränkend auszulegen ist, läßt sich insbesondere aus der Fassung der Geschäftsanweisung für die Behörden der Rheinprovinz vom 20. Juli 1818 §. 2, Nr. 3 und 4 folgern.

7. **Allgemeine Verfügung des Königl. Justizministers vom 20. September 1856, betreffend die Kostenfreiheit des Verfahrens bei Setzung von Merkpfählen.** Mitgetheilt sämmtlichen Königl. Regierungen durch Circularrescript der Königl. Ministerien für Handel, Gewerbe und öffentliche Arbeiten und für die landwirthschaftlichen Angelegenheiten vom 6. October 1856. (J.M.Bl. 1856, Nr. 103 S. 314.)

Nach §§. 1 und 2 des Gesetzes vom 15. November 1811 wegen des Wasserstauens bei Mühlen und Verschaffung der Vorfluth muß bei Mühlen und anderen durch Wehre oder Schleusen veranlaßten Störungen, wo der Wasserstand noch nicht durch einen unter polizeilicher Aufsicht gesetzten Merkpfahl bestimmt ist, jeder Besitzer derselben sich die Setzung eines Merkpfahls auf Antrag und Kosten derer, die dabei interessirt sind, gefallen lassen. Diese Setzung wird durch sachverständige Kommissarien der Verwaltungsbehörden unter Zuziehung des zuständigen Gerichts vollzogen.

Zur Verminderung der durch dieses Verfahren entstehenden Gerichtskosten ist in einem von dem Herrn Minister des Innern an die Regierungen unterm 17. Oktober 1845 erlassenen Cirkular-reskript angeordnet worden, daß die Landräthe als Kommissarien der Verwaltungsbehörden, die Vorladung der Interessenten besorgen, einen Deputirten des Gerichtshofes zuziehen und demnächst die Ausführung der Verhandlung bewirken sollen. Auch ist durch die an das Königliche Staats-Ministerium ergangene Allerhöchste Order vom 24. März 1839 den in Vorfluths-Angelegenheiten bei Verwaltungsbehörden vorkommenden Gesuchen und Verhandlungen allgemein die Stempelfreiheit bewilligt worden.

Natürlich sind Bedenken darüber entstanden, ob nicht die Setzung eines Merkpfahls in Beziehung auf die dabei eintretende Mitwirkung des Gerichts als eine Handlung der freiwilligen Gerichtsbarkeit anzusehen sei, und ob nicht in dieser Rücksicht dafür, außer den Diäten und Reisekosten des gerichtlichen Kommissars, die im §. 16 des Gerichtskosten-Tarifs vom 10. Mai 1851 bestimmten Kostensätze zu erheben seien.

Für die Bejahung dieser Frage ist angeführt worden, daß der §. 1 des Gesetzes vom 15. November 1811 die Setzung des Merkpfahls bei Wassermühlen ꝛc. als einen Gegenstand des Privat-Interesse bezeichne und dabei ausdrücklich anordne, daß dieselbe auf Kosten derjenigen Betheiligten, welche den Antrag darauf gestellt haben, geschehen müsse. Dagegen ist andererseits geltend gemacht, daß die Merkpfahlsetzung nach dem Gesetze vom 15. November 1811 wesentlich ein im öffentlichen Interesse angeordnetes landespolizeiliches Verfahren sei, bei welchem das Gericht sich auf Requisition der Verwaltungsbehörden betheilige, weshalb nach §. 3 des Gesetzes vom 10. Mai 1851, über den Ansatz und die Erhebung der Gerichtskosten, Sportelfreiheit eintreten müsse, ebenso wie nach der vorerwähnten Allerhöchsten Order vom 24. März 1839 die Befreiung vom Stempel stattfinde.

Der Justiz-Minister erachtet die letzteren Gründe für überwiegend und bestimmt daher hiermit, daß für die Mitwirkung des Gerichts bei dem in Rede stehenden Verfahren in Zukunft außer den baaren Auslagen keine Kosten erhoben werden.

8. Recursbescheid der Minister für Handel und für Landwirthschaft vom 28. August 1867, betreffend die Anlage von Schöpf-Rädern. (M.Bl. f. d. i. V. 1867 S. 380.)

Auf den Rekurs des Mühlenbesitzers N. zu N. gegen das Resolut der Königlichen Regierung in N. vom 25. März d. J., betreffend die Anlage eines Schöpfrades Seitens des Bauerguts-besitzers N. zu N. Behufs Bewässerung einer auf seiner Besitzung belegenen Wiese in dem vorbeifließenden N.-Flusse, wird hiermit zum Bescheide ertheilt, daß,

da das Gesetz vom 1. Juli 1861, betreffend die Errichtung gewerblicher Anlagen, im §. 1. unter I. zu denjenigen Anlagen, welche einer besonderen polizeilichen Genehmigung bedürfen, zwar durch Wasser bewegte Triebwerke (Mühlen u. s. w.) jeder Art rechnet, hierunter aber nach der unzweifelhaften Absicht des Gesetzes nur solche durch Wasser bewegte Anlagen gehören, deren wesentliche Bedeutung in dem Gebrauche der Wasserkraft liegt und nicht solche, deren Zweck der Verbrauch der Wassermasse ist, da die von dem ꝛc. N. beabsichtigte Schöpfrad-Anlage nur die Bestimmung hat, das an seinem Grundstücke vorüberfließende Wasser zur Bewässerung seiner Wiese zu verwenden, da zu einer solchen Bewässerungs-Anlage der Uferbesitzer nach §. 19. des Gesetzes über die Benutzung der Privatflüsse vom 28. Februar 1843 einer polizeilichen Erlaubniß nicht bedarf, und da der ꝛc. N. von der in diesem §. gewährten Befugniß, die Vermittelung der Polizeibehörde in Bezug auf die gegen die Bewässerungs-Anlage gerichteten Einwendungen der unterhalb gelegenen Triebwerkbesitzer in Anspruch zu nehmen, bisher keinen Gebrauch gemacht hat, da somit im vorliegenden Falle die Kompetenz der Polizeibehörde zur Erörterung der Einwendungen des Rekurrenten weder nach dem Gesetze vom 1. Juli 1861, noch bei jetziger Sachlage nach dem Gesetze vom 28. Februar 1843 begründet ist und also dem Rekurrenten nur überlassen werden kann, seinen Einspruch im Rechtswege geltend zu machen,

das Resolut der Königlichen Regierung in N. vom 25. März d. J. aufzuheben und Rekurrent mit dem Widerspruche gegen die von dem 2c. N. beabsichtigte Schöpfrad-Anlage, zu welcher es einer polizeilichen Genehmigung nicht bedarf, zum Rechtswege zu verweisen.

E.

Errichtung von Windmühlen.

Für die Errichtung von Windmühlen sind seit Erlaß der Reichs-Gewerbe-Ordnung außer den Bestimmungen für den stehenden Gewerbebetrieb nur der §. 28 maßgebend. Alle älteren Bestimmungen, wonacheine öffentliche Bekanntmachung des Unternehmens stattfinden mußte, wonach auch die Nachbarn gegen die Errichtung von Windmühlen Einspruch erheben durften, sind aufgehoben. Die §§. 17 bis 25 der Reichs-Gewerbe-Ordnung greifen also hier nicht Platz. Eine Genehmigungs-Urkunde ist nicht nothwendig, es genügt zur Errichtung einer Windmühle der polizeiliche Bau-Consens. Durch den §. 28 der Reichs-Gewerbe-Ordnung sind gegenwärtig die höheren Verwaltungsbehörden befugt, im Wege der Polizei-Verordnung Bestimmungen zu treffen über die Entfernung der Windmühlen von Nachbargrundstücken und von öffentlichen Wegen. Auf solche Verordnungen finden die Vorschriften des Gesetzes vom 11. März 1850 (G.S. S. 265) Anwendung. In denjenigen Regierungs-Bezirken, wo keine Polizei-Verordnung für den Windmühlenbetrieb vorhanden, richtet man sich nach älteren noch heute maßgebenden Ministerial-Rescripten; die letzteren sind als Anmerkungen zur nachfolgenden Polizei-Verordnung für den Regierungs-Bezirk Potsdam erwähnt.

1. **Verordnung der Königl. Regierung zu Potsdam vom 23. November 1861, betreffend die Neuanlage von Windmühlen.** (Amtsblatt 1861 Nr. 48.)

Um den Gefahren vorzubeugen, welche durch das Scheuwerden von Vieh auf Wegen oder Grundstücken in der Nähe von Windmühlen in Folge des Betriebes derselben entstehen können, wird hiermit auf Grund des §. 13 des Gesetzes vom

1. Juli 1861 (jetzt Reichs-Gewerbe-Ordnung §. 28), betreffend die Errichtung gewerblicher Anlagen und des §. 11 des Gesetzes über die Polizeiverwaltung vom 11. März 1850 für den ganzen Umfang des diesseitigen Regierungsbezirks verordnet, wie folgt:

§. 1. Die Entfernung einer neu zu errichtenden Windmühle oder eines sonstigen durch Wind bewegten Triebwerks von Chausseen, Landstraßen, Feldwegen oder anderen Communicationswegen muß in der Regel 20 Ruthen [1]) betragen.

Ausnahmsweise kann jedoch eine geringere Entfernung nachgelassen werden, wenn die Mühle oder das Triebwerk an einem voraussichtlich bleibenden, tiefliegenden Hohlwege [2]) errichtet werden soll, oder ganz besondere, der Wahrscheinlichkeit nach fortdauernde Gegenstände, wie dichtes Gebüsch, Gebäude 2c. den Anblick der Mühle von dem Wege aus verdecken, [3]) oder sonst besondere Umstände, wie unbedeutender Verkehr, occupirtes Terrain, das Vorhandensein anderer Mühlenwerke, durch welche das Zugvieh der dortigen Gegend bereits an die Bewegung der Mühlenflügel gewöhnt ist, für die ausnahmsweise Gewährung des Antrags sprechen.

[1]) Ministerial-Rescript vom 7. Juni 1828. v. Kamptz, Annalen Bd. XII S. 544.

[2]) Ministerial-Rescript vom 29. October 1835. v. Kamptz, Annalen Bd. XIX S. 104.

[3]) Ministerial-Rescript vom 23. August 1837. v. Kamptz, Annalen Bd. XXI S. 545.

§. 2. Die Entfernung einer zu errichtenden Mühle oder eines sonstigen, durch Wind bewegten Triebwerkes von benachbarten Grundstücken muß in der Regel 6 Ruthen [4]) betragen, doch kann auch hier ausnahmsweise eine geringere Entfernung nachgelassen werden, wenn die Nachbarn ausdrücklich in eine geringere Entfernung willigen oder der Unternehmer sich verpflichtet, eine dichte und so hohe Bewehrung anzulegen, daß ein Scheuwerden des auf den benachbarten Grundstücken arbeitenden Zugviehs nicht zu befürchten ist.

[4]) Verfügung des Handels-Ministers vom 10. Juli 1848. (M.Bl. f. d. i. V. 1848 S. 310.)

§. 3. Den Ortspolizeibehörden liegt es ob, bei Ertheilung der Bauconsense auf strenge Beobachtung der vorstehend festgesetzten Entfernungen zu halten und in den Fällen, wo sich ausnahmsweise nach den obigen Grundsätzen die Nachlassung einer geringeren Entfernung rechtfertigt, in der schriftlichen Ausfertigung des Consenses die Gründe ausführlich darzulegen.

Die Anlage von Windmühlen auf Feldmarken, welche in der Gemeinheitstheilung begriffen sind, soll vor endgültiger Feststellung des Separationsplanes nicht gestattet werden; vgl. Circular-Verfügung des Ministers der Finanzen und des Innern vom 2. December 1847 (M.Bl. f. d. i. V. 1847 S. 329.)

§. 4. Derjenige, welcher als Bauherr, Baumeister oder Bauhandwerker eine Windmühle oder ein sonstiges durch Wind bewegtes Triebwerk errichtet, ohne das vorgeschriebene Maß der Entfernungen, wie solches ausdrücklich von der Behörde im Bauconsense festgesetzt ist, einzuhalten, verfällt in die im §. 345 Nr. 12 (jetzt R.St.G.B. §. 367 Nr. 15) des Strafgesetzbuches angedrohte Strafe (150 Mark).

2. **Erkenntniß des Königl. Oberverwaltungsgerichts vom 28. Januar 1884, betreffend Reconstruction von durch höhere Gewalt gestörte Anlagen** (§§. 16 und 28 der Reichs-Gewerbe-Ordnung). (O.V. Bd. X Nr. 40 S. 283.)

Wenn die §§. 16 bis 28 der Reichs-Gewerbe-Ordnung sich der Ausdrücke: „Errichtung" oder „Errichten" gewerblicher Anlagen bedienen, und den mit obrigkeitlicher Genehmigung „errichteten" Anlagen einen besonderen Schutz gewähren (§§. 25, 26), so kann diese Ausdrucksweise sich im Allgemeinen nur auf den Fall der Neuherstellung bisher nicht vorhanden gewesener genehmigter Anlagen beziehen, nicht auch auf den Fall der Reconstruction solcher Anlagen, welche, nach der Errichtung durch höhere Gewalt zerstört, ohne Aenderung der Betriebsstätte ꝛc. in den Grenzen der früher ertheilten Genehmigung wieder hergestellt werden.

Vgl. Erlaß des Ministers für Handel vom 7. März 1876. (Reichs- und Staats-Anzeiger Nr. 64 und S. 344 d. Buches.)

Verhandl. des Hauses der Abgeordneten von 1879/80, Anlagen Bd. II Nr. 116, insbesondere S. 1333, 1334.

Damit wird aber auch in Beziehung auf die in dem §. 28 desselben Abschnittes wiederkehrende gleiche Ausdrucksweise die Annahme eine nahezu unabweisbare, daß das Wort „errichten" hier ebenfalls in der Beschränkung auf die Neuanlegung — im Gegensatze zur Wiederherstellung — gebraucht und der Regelung gerade jenes Falles zum Ziele der zu erlassenden Polizeiverordnungen gemacht worden ist.

Bestätigt wird diese Auffassung durch den Rechtszustand, wie er sich in Preußen bis zum Erlasse des Gesetzes über die Errichtung gewerblicher Anlagen vom 1. Juli 1861 entwickelt hat, und durch den Zusammenhang dieses Gesetzes mit der Reichs-Gewerbe-Ordnung.

Das Edikt wegen der Mühlengerechtigkeit ꝛc. vom 28. October 1810 (G.S. S. 95, vgl. S. 372 d. Buches) hatte den Bau und die Veränderung von Mühlen von einer besonderen, erst nach vorgängigem Publicationsverfahren zu ertheilenden Erlaubniß der Landespolizeibehörde §§. 6 bis 8 — abhängig gemacht. In dem Rescript des Ministeriums des Innern und der Polizei vom 27. März 1832 (v. Kamptz, Annalen Bd. XVI S. 210) werden die bezüglichen Vorschriften dahin erläutert, daß bei Mühlen, welche durch höhere Gewalt (Wasser, Feuer, Sturm ꝛc.) zerstört werden und ohne irgend eine Veränderung der Lage oder Konstruction wieder aufgebaut werden, der §. 6 des Edikts nicht Platz greife und daß von dem Müller nichts Anderes zu beobachten sei, als was bei jedem anderen wieder aufzubauenden Gebäude in polizeilicher Hinsicht beachtet werden müsse.

Die Allgemeine Gewerbeordnung vom 17. Januar 1845 führt im §. 27 (jetzt Reichs-Gewerbe-Ordnung §. 16) unter den gewerblichen Anlagen, welche einer besonderen polizeilichen Genehmigung bedürfen, auch die durch Wind bewegten Triebwerke auf, bestimmt im §. 28 (jetzt Reichs-Gewerbe-Ordnung §. 16), daß zur Errichtung neuer Anlagen dieser Art §. 27 (jetzt Reichs-Gewerbe-Ordnung

§. 16) die Genehmigung bei der Regierung nachzusuchen sei und gewährt im §. 36 (jetzt Reichs-Gewerbe-Ordnung §. 25) den einmal polizeilich genehmigten Anlagen den — in der Cirkularverfügung der Minister des Innern und der Finanzen vom 28. September 1846 (M.Bl. f. d. i. V. S. 211, siehe S. 92 u. ff. d. Buches) dahin erläuterten — Schutz, daß zur Wiederherstellung einer gewerblichen Anlage, bei welcher eine Veränderung der Lage oder Beschaffenheit der Betriebsstätte nicht eintritt, es der landespolizeilichen Genehmigung nicht bedürfe.

Das Gesetz, betreffend die Errichtung gewerblicher Anlagen vom 1. Juli 1861 (G.S. S. 749) hat die durch Wind bewegten Triebwerke aus dem Verzeichnisse der konzessionspflichtigen Anlagen ausgeschieden und dafür im §. 13 bestimmt:

> Die Regierungen sind ermächtigt, über die Entfernung, welche bei Errichtung von durch Wind bewegten Triebwerken von benachbarten, fremden Grundstücken und von öffentlichen Wegen inne zu halten ist, durch Polizeiverordnungen Bestimmungen zu treffen. Auf diese Verordnungen finden die Vorschriften des Gesetzes vom 11. März 1850 (G.S. S. 265) Anwendung.

Die Motive des Gesetzes heben im Eingange die für eine solche Ausscheidung sprechenden Momente hervor und führen sodann zum §. 13 aus:

> Da die durch Wind bewegten Triebwerke fortan nicht mehr zu denjenigen gewerblichen Anlagen gehören sollen, zu deren Errichtung es einer besonderen polizeilichen Genehmigung bedarf, so würden die Polizeibehörden auch nicht mehr in der Lage sein, Bedingungen vorzuschreiben, durch welche die Entfernung der Mühle von Nachbargrundstücken, Wegen und anderen Mühlen geregelt wird, und welche .... nicht entbehrt werden können, wenn nicht Gefahren oder Nachtheile durch den Betrieb der Windmühlen entstehen sollen.

Es wird daher allgemeiner Bestimmungen darüber bedürfen, welche im Wege der Polizei-Verordnung ohne Schwierigkeit sich werden treffen lassen. Hierzu soll der §. 13 die erforderliche Grundlage gewähren. Der Erlaß der daselbst in Aussicht genommenen Verordnungen wird zugleich Gelegenheit bieten, für die Dauer der Bedingungen Sorge zu tragen, an welche die Errichtung bestehender Windmühlen bei Ertheilung der polizeilichen Genehmigung geknüpft worden ist.

Die Bestimmung des §. 13 des Gesetzes vom 1. Juli 1861 ist sodann in die Reichs-Gewerbe-Ordnung übernommen worden, und zwar, wie es in den Motiven zum Entwurfe von 1869 heißt, weil sie in den meisten Landesgesetzen an die Stelle der besonderen Koncessionirung der Windmühlen getreten sei und sich daher zur Aufnahme in das Gesetz eignen dürfte.

Wird nun weiter erwogen, daß der Erlaß von Polizeiverordnungen im Sinne zunächst des Gesetzes vom 1. Juli 1861 und dann der Reichs-Gewerbe-Ordnung schon nach Inhalt der mitgetheilten Motive zu ersteren als Ersatz der früheren Koncessionspflichtigkeit, wie einerseits für ausreichend, so aber andererseits auch für unerläßlich erachtet worden ist, während es an einer solchen Verordnung, wenn dieselbe nicht in dem §. 51 der Baupolizeiordnung gefunden werden soll, für den Regierungsbezirk M. überhaupt fehlen würde, so kann nicht füglich daran gezweifelt werden, daß bei Erlaß jenes §. 51 die Absicht darauf gerichtet gewesen ist, in und mit ihm der im §. 28 der Reichs-Gewerbe-Ordnung den höheren Verwaltungsbehörden gestellten Aufgabe gerecht zu werden, und es fehlt an jedem Anhalt dafür, daß in §. 51 über diese Grenze habe hinausgegangen werden sollen. Mag auch dem Ausdrucke „Anlegen", „Anlegung", wo er sonst in der gedachten Bauordnung gebraucht wird, eine weiterreichende Bedeutung zukommen — der §. 51 bildet eine specielle, für sich bestehende Vorschrift, welche ebenso gut in die Form einer selbstständigen Polizeiverordnung hätte gekleidet werden können, wie solches beispielsweise für die Regierungs-Bezirke Potsdam und Frankfurt a. O. geschehen ist (vgl. S. 395 u. ff. d. Buches); er ist unter Berücksichtigung der historischen Entwickelung des in ihm geregelten Gegenstandes aus sich selbst und nicht aus dem Zusammenhange und den sonstigen Bestimmungen der

Baupolizeiordnung zu interpretiren. Wenn dem gegenüber der Vorderrichter den Wiederaufbau, die Wiederherstellung der in Rede stehenden Windmühle als „Anlegung“ einer Windmühle im Sinne der Vorschrift des §. 51 (der Baupolizeiordnung) erachtet, so verletzt er diese Vorschrift durch unrichtige Anwendung, weshalb seine Entscheidung der Aufhebung unterliegt (§§. 64, 68 des Verwaltungsgerichtsgesetzes.)

VI. Abschnitt.

Abfallwässer, Rauch, und Auszüge aus den Wassernutzungs- und Fischerei-Gesetzen.

A.

Auszug
aus dem
Fischereigesetz für den Preußischen Staat, vom 30. Mai 1874.
(G.S. S. 197.)

I. Allgemeine Vorschriften.

§. 43. Es ist verboten, in die Gewässer aus landwirthschaftlichen oder gewerblichen Betrieben Stoffe von solcher Beschaffenheit und in solchen Mengen einzuwerfen, einzuleiten oder einfließen zu lassen, daß dadurch fremde Fischereirechte geschädigt werden können.

Bei überwiegendem Interesse der Landwirthschaft oder der Industrie kann das Einwerfen oder Einleiten solcher Stoffe in die Gewässer gestattet werden. Soweit es die örtlichen Verhältnisse zulassen, soll dabei dem Inhaber der Anlage die Ausführung solcher Einrichtungen aufgegeben werden, welche geeignet sind, den Schaden für die Fischerei möglichst zu beschränken.

Ergiebt sich, daß durch Ableitungen aus landwirthschaftlichen oder gewerblichen Anlagen, welche bei Erlaß dieses Gesetzes bereits vorhanden waren, oder in Gemäßheit des vorstehenden Absatzes gestattet worden sind, der Fischbestand der Gewässer vernichtet oder erheblich beschädigt wird, so kann dem Inhaber der Anlage auf den Antrag der durch die Ableitung benachtheiligten Fischereiberechtigten im Verwaltungswege die Auflage gemacht werden, solche ohne unverhältnißmäßige Belästigung seines Betriebes ausführbaren Vorkehrungen zu treffen, welche geeignet sind, den Schaden zu heben oder doch thunlichst zu verringern.

Die Kosten der Herstellung solcher Vorkehrungen sind dem Inhaber der Anlage von den Antragstellern zu erstatten.

Die letzteren sind verpflichtet, auf Verlangen vor der Ausführung Vorschuß oder Sicherheit zu leisten.

Die Entscheidung über die Gestattung von Ableitungen nach Absatz 2., sowie über die in Gemäßheit des Absatz 3. anzuordnenden Vorkehrungen erfolgt, sofern die betreffende Ableitung Zubehör einer der im §. 16. der Gewerbeordnung für den Norddeutschen Bund vom 21. Juni 1869. (Bundes-Gesetzbl. S. 245.) als genehmigungspflichtig bezeichneten Anlagen ist, in dem für die Zulassung dieser Anlagen angeordneten gesetzlichen Verfahren, in anderen Fällen nach demjenigen Verfahren, welches über die Genehmigung von Stauanlagen für Wassertriebwerke festgesetzt ist.

§. 44. Das Röten von Flachs und Hanf in nicht geschlossenen Gewässern ist verboten.

Ausnahmen von diesem Verbote kann die Bezirksregierung (Landdrostei) jedoch immer nur widerruflich für solche Gemeindebezirke oder größere Gebietstheile zulassen, wo die Oertlichkeit für die Anlage zweckdienlicher Rötegruben nicht geeignet ist und die Benutzung nicht geschlossener Gewässer zur Flachs- und Hanfbereitung zur Zeit nicht entbehrt werden kann.

Hierher gehören ferner: 1) die Allerhöchste Kabinetsorder vom 24. Februar 1816, die Verhütung der Verunreinigung der schiff- und flößbaren Flüsse und Kanäle betreffend (G.S. 1876 S. 108 und S. 376 d. Buches); 2) die §§. 3. 4. 6 des Gesetzes über die Benutzung der Privatflüsse vom 28. Februar 1843 (G.S. 1843 S. 31 und S. 378 u. ff. d. Buches).

B.

Die sonstigen in Bezug auf Abfallwässer, Flußverunreinigungen und Verunreinigungen der Luft durch Rauch oder Gase erlassenen Preuß. Ministerial-Verordnungen und richterliche Entscheidungen.

---

1. Bescheid der Minister für Handel und für Landwirthschaftl. Angelegenheiten vom 26. Januar 1853 an die Kaufleute N. N. zu N., bezüglich auf die Unzulässigkeit der Verunreinigung der Flüsse durch die Abgänge gewerblicher Anlagen. (M.Bl. f. d. i. V. 1853 S. 53.)

Auf Ihre Vorstellung vom 10. Dezember v. J. wird Ihnen zum Bescheide ertheilt, daß Ihrem darin gestellten Antrage,

> die Verfügung der Regierung zu N., durch welche der Abfluß der Abgänge aus Ihrer Melassen-Fabrik in die Weistritz oder die mit derselben in Verbindung stehenden Wasserläufe inhibirt worden ist, aufzuheben,

keine Folge gegeben werden kann.

Denn nach den angestellten sorgfältigen Ermittelungen ist mit überwiegender Wahrscheinlichkeit anzunehmen und Sie haben dies auch selbst eingeräumt, daß die Verunreinigung der Weistritz unterhalb Ihrer Fabrik-Anlage in den früheren Zuleitungen jener Abgänge ihren Grund hat. Durch die Ihnen unterm 19. Mai v. J. ertheilte Konzession ist lediglich die Anlegung eines Pistorius=Bollmannschen Brenn=Apparates zur Melasse=Spiritus=Fabrikation nebst Dampfmaschine genehmigt. Durch die öffentliche Bekanntmachung des Unternehmens vom 11. März v. J. ist die Absicht bei Anlegung der Fabrik die Weistritz zur Ableitung der Abgänge zu benutzen nicht zur öffentlichen Kenntniß gebracht und können daher auch die diesfälligen Beschwerden der Stadt N. keineswegs für präkludirt erachtet werden, wie denn überhaupt den polizeilichen Konzessionen zu gewerblichen Anlagen nur die Bedeutung beizulegen ist, daß die Polizei=Behörde gegen die Einrichtung und Ausführung der Anlagen nach Maaßgabe der technischen Vorlagen keine Einwendungen zu machen habe, daß damit also vorgeschritten werden könne, ohne dem Widerspruche der Polizei=Behörde zu begegnen, keineswegs aber die, daß damit gegen dritte Personen irgend welche Rechte eingeräumt, oder daß bestehende allgemeine gesetzliche Vorschriften damit außer Anwendung gesetzt werden sollen. Nach §. 3. des Gesetzes vom 28. Februar 1843 (vgl. S. 379 u. ff. d. B.) darf das zum Betriebe von Färbereien, Gerbereien, Walken und ähnlichen Anlagen benutzte Wasser in keinen Fluß geleitet werden, wenn dadurch der Bedarf der Umgegend an reinem Wasser beeinträchtigt oder eine erhebliche Belästigung des Publicums verursacht wird. Letzteres ist hier anzunehmen, und erscheint die Verfügung der Regierung vom 6. Dezember v. J., wodurch Ihnen aufgegeben worden, für die Fortschaffung der Abgänge aus der Fabrik anderweit dergestalt zu sorgen, daß dieselben weder unmittelbar noch mittelbar in die Weistritz gelangen können, daher gerechtfertigt.

Was Ihren zweiten Antrag, wegen der Ihnen durch die gleichzeitig anbefohlene Graben=Räumung erwachsenen Kosten betrifft, so kann eine Erstattung dieser Kosten der Stadt N. nicht angesonnen werden, da die Räumung durch die von Ihrer Fabrik veranlaßte Verunreinigung der Weistritz nothwendig geworden ist.

2. Circular-Erlaß des Handelsministers vom 17. Juni 1853 wegen der bei Konzessionirung von Dampf-Maschinen und sonstigen mit Feuerung verbundenen Anlagen im Interesse der Nachbar-Grundstücke zu treffenden Einrichtungen. (M.-Bl. f. d. i. V. 1853 S. 147.)

Die erhebliche Zunahme der Zahl von Dampf-Maschinen und anderer gewerblichen Anlagen der in §. 27. der Gewerbe-Ordnung vom 17. Januar 1845 (jetzt Reichs-Gewerbe-Ordnung §. 16 resp. §. 24) aufgeführten Art, mit welchen größere Feuerungen verbunden sind, legt der Verwaltung die Pflicht auf, bei Ertheilung der Konzessionen zu denselben mit besonderer Vorsicht zu Werke zu gehen, um der Belästigung der Umgegend durch dergleichen Feuerungen vorzubeugen.

Die Zurückweisung der Einwendungen gegen solche neue Anlagen, deren Feuerungen mit Steinkohlen gespeist zu werden pflegen, mag in den meisten Fällen keinem Bedenken unterliegen, wenn die einzelne Anlage für sich ins Auge gefaßt wird, und die davon zu besorgende Belästigung der Umgegend mit Rücksicht auf die beabsichtigte oder dem Unternehmer vorgeschriebene Einrichtung nicht für so erheblich zu erachten ist, daß nach den Vorschriften der Allgemeinen Gewerbe-Ordnung die Versagung der Genehmigung gerechtfertigt erscheinen könnte. Gleichwohl ist nicht zu verkennen, daß nach und nach, wenn in einem engeren Bezirke die Zahl derartiger Feuerungs-Anlagen sich vermehrt, namentlich in Städten, eine, Berücksichtigung in Anspruch nehmende Belästigung des Publikums entstehen kann. Es ist daher neuerlich zur Abhülfe solcher Uebelstände auf die in England, zunächst für London eingeleiteten gesetzlichen Maaßregeln hingewiesen.

Wenngleich nun zur Zeit noch kein Bedürfniß anzuerkennen ist, im Wege der Gesetzgebung einzuschreiten, da mit Ausnahme weniger kleinerer Bezirke dergleichen Anlagen in Preußen doch nur noch vereinzelt vorkommen und die deßhalb bestehenden gesetzlichen Vorschriften im Allgemeinen als ausreichend angesehen werden können, um begründeten Beschwerden abzuhelfen, so empfiehlt es sich doch, bei Ertheilung der Konzession darauf zu sehen, daß nicht nur die Anlagen zur Heizung eine Einrichtung erhalten, welche die möglichst vollständige Verbrennung des Rauchs erwarten läßt, sondern daß auch vorgesehen werde, späterhin Verbesserungen der Einrichtung herbeizuführen. Damit bei den künftig zu konzessionirenden gewerblichen, mit größeren Feuerungen verbundenen Anlagen die für ein bestimmtes Projekt beantragte Konzession der späteren polizeilichen Anforderung der Einrichtung von Verbesserungen nicht entgegenstehe, hat die Königl. Regierung in die zu ergehenden Resolute, wie in die zu ertheilenden Konzessionen stets die — auch schon in dem Regulativ die Anlage von Dampfkesseln, vom 6. September 1848 §. 7. Nr. 3. im Allgemeinen aufgestellte Bedingung aufzunehmen:

> „daß Unternehmer verpflichtet sei, durch Einrichtung der Feuerungs-Anlage oder dabei anzuwendende mechanische Vorrichtungen, wie durch Anwendung geeigneten Brennmaterials und durch sorgsame Bewartung auf eine vollständige Verbrennung des Rauches hinzuwirken, daß Unternehmer auch, falls sich ergebe, daß die getroffenen Einrichtungen nicht genügen, um Belästigungen oder Beschädigungen der benachbarten Grundbesitzer durch Rauch, Ruß u. s. w. zu verhüten, gehalten bleibe, solche Abänderungen in der Feuerungs-Anlage und in dem Betriebe, wie in der Wahl des Feuerungs-Materials vorzunehmen, welche zur Beseitigung der Belästigungen und Beschädigungen besser geeignet sind."

3. **Circularerlaß des Königl. Ministeriums für Handel, Gewerbe und öffentliche Arbeiten an sämmtliche Königl. Regierungen vom 7. März 1855, betreffend die bei Concessionirung von Dampfmaschinen und sonstigen mit Feuerung verbundenen Anlagen im Interesse der Nachbargrundstücke zu treffenden Einrichtungen.** (Königl. Staatsanzeiger 1855 Nr. 62 S. 453.)

Um den Beschwerden wegen Belästigung durch den Rauch gewerblicher Anlagen wirksam vorzubeugen, wird die Königl. Regierung in Verfolg der Circularverfügung vom 17. Juni 1853 (vgl. S. 409 d. Buches) hierdurch angewiesen, bei allen gewerblichen, mit größeren Feuerungen versehenen Anlagen, zu denen nach §. 27 (jetzt Reichs-Gewerbe-Ordnung §. 16 resp. §. 24) der Gewerbeordnung die Genehmigung derselben erforderlich ist, nicht bloß im Falle einer Neueinrichtung, sondern auch dann, wenn wegen Veränderung der Betriebsstätte nach §. 36 (jetzt Reichs-Gewerbe-Ordnung §. 25) ibid. Ihre Genehmigung nachgesucht werden muß, in die zu ertheilende Genehmigung überall die in jener Verfügung vorgeschriebene Bedingung wegen Einrichtung der Feuerungsanlage dahin aufzunehmen:

> „daß Unternehmer verpflichtet sei, durch Einrichtung der Feuerungsanlage oder dabei angewendete mechanische Vorrichtung, wie durch Anwendung geeigneten Brennmaterials und durch sorgsame Bewartung, auf eine möglichst vollständige Verbrennung des Rauchs hinzuwirken, daß Unternehmer auch, falls sich ergebe, daß die getroffenen Einrichtungen nicht genügen, um Belästigungen oder Beschädigungen der benachbarten Grundbesitzer durch Rauch, Ruß u. s. w. zu verhüten, gehalten bleibe, solche Abänderungen in der Feuerungsanlage und in dem Betriebe, wie in der Wahl des Feuerungsmaterials vorzunehmen, welche zur Beseitigung der Belästigungen und Beschädigungen besser geeignet sind.“

Außer den im §. 27 der Gewerbeordnung bezeichneten Anlagen, bei denen durch die dafür erforderliche landespolizeiliche Genehmigung auf die Erreichung jenes Zweckes hingewirkt werden kann, kommen aber noch viele andere gewerbliche Anlagen in Betracht, welche mit größeren Feuerungen betrieben werden, und durch den dadurch verursachten Rauch das Publicum und die Nachbarschaft in hohem Grade belästigen können und erfahrungsmäßig häufig belästigen, wie z. B. die Bäckereien. Da nach den bestehenden baupolizeilichen Vorschriften den Ortspolizeibehörden sowohl von der Anlegung als von der Abänderung derartiger Feuerungen behufs des Bauconsenses Anzeige zu machen ist, so erhalten dieselben hierdurch Gelegenheit, zu prüfen, ob von jenen

Feuerungen eine erhebliche Belästigung des Publicums und der Nachbarschaft zu erwarten sei. In diesem Falle ist dem in Rede stehenden Uebelstande wirksam entgegenzutreten. Es ist daher die besondere Aufmerksamkeit der Ortspolizeibehörden auf diesen Gegenstand zu richten und ihnen die Anweisung zu ertheilen, in den vorbezeichneten Fällen die Vermeidung lästigen Rauches durch die gedachten Feuerungsanlagen bei Ertheilung des Bauconsenses durch die geeigneten Verfügungen sicher zu stellen. Sofern in Bezug auf die Einholung dieses Bauconsenses die bestehenden Vorschriften ungenügend sein sollten, ist deren Ergänzung auf Grund des Gesetzes vom 11. März 1850 (Ges.Samml. S. 265) einzuleiten.

4. Plenarbeschluß des Königl. Ober-Tribunals vom 7. Juni 1852, betreffend die Frage, ob und unter welchen Voraussetzungen Entschädigung gefordert werden kann, wenn aus einer Fabrikations-Anstalt Dämpfe und Dünste sich entwickeln, welche nachtheilig auf die benachbarten Grundstücke einwirken. (M.Bl. f. d. i. V. 1852 S. 176.)

Der Eigenthümer einer Fabrikations-Anstalt ist vermöge seines Eigenthums-Rechts nicht unbedingt befugt, die durch den Betrieb einer solchen Anstalt entwickelten Dämpfe auf benachbarte Grundstücke zu verbreiten und kann den Ersatz eines hierdurch veranlaßten Schadens nicht schon durch die Behauptung abwenden, daß er sich nur eines aus dem Eigenthume folgenden Rechts bedient habe. Ebensowenig schützt der Umstand, daß die Fabrikations-Anstalt mit polizeilicher Erlaubniß angelegt und betrieben worden ist, für sich allein schon gegen die Vertretung eines entstandenen Schadens.

Der Inhaber einer Fabrikations-Anstalt kann nach Umständen für den Schaden verantwortlich gemacht werden, welchen der durch den Gebrauch der Anlage entstehende und sich über andere Grundstücke verbreitende Dampf oder Rauch verursacht, ohne daß es zur Begründung der Vertretungs-Verbindlichkeit des Nachweises einer besonderen Verschuldung bei der Anlage und bei dem Betriebe der Fabrik-Anstalt bedarf.

5. Auszug aus dem Urtheil der zweiten Strafkammer am Landgericht II. Berlin vom 11. Februar 1885, betreffend Vergehen gegen §. 147. 2 der Reichs-Gewerbe-Ordnung, und den dazugehörigen Gerichtsverhandlungen.

Unter der Beschuldigung, gegen §. 147 Abs. 2 der Reichs-Gewerbe-Ordnung verstoßen zu haben, stand ein Buchdruckereibesitzer in Berlin, in dessen Etablissement zwei Dampfkessel in Gebrauch sind. Die erste polizeiliche Genehmigung für diese Anlage mit einem Dampfkessel wurde an Herrn N. unterm 28. August 1881 ertheilt, später übernahm der Angeklagte die Anlage und erhielt zur Anlage eines zweiten Kessels die polizeiliche Genehmigung unterm 19. Juni 1882. In beiden Genehmigungs-Urkunden war die Bedingung enthalten, daß, wenn die getroffenen Einrichtungen zur Verhinderung einer Beschädigung oder Belästigung Dritter durch Rauch ꝛc. nicht ausreichen sollten, anderweitige zweckentsprechende Einrichtungen zu treffen seien (Minist.-Erlaß vom 17. Juni 1863, M.Bl. f. d. i. V. S. 147; vgl. S. 409 d. Buches). Bald nach Inbetriebnahme des zweiten Kessels gingen bei dem Berliner Polizeipräsidium Beschwerden der Nachbarn ein, welche über starke Belästigung durch den aus dem Schornstein der Druckerei kommenden Rauch Klage führten. Besonders beschwerte sich Herr S., daß sein Grundstück von diesem Rauch vollständig geschwärzt werde. Der Angeklagte wurde damals aufgefordert, neue Einrichtungen für die Rauchverzehrung zu treffen, und ihm schließlich eine sechswöchentliche Frist gegeben, die er indeß nicht einhielt; weitere Verwarnungen blieben ebenfalls unbeachtet; endlich wurde gegen ihn die Anklage erhoben: „wesentliche Bedingungen, an welche die Genehmigung gebunden war, nicht innegehalten zu haben“. (Vergehen gegen §. 147 Abs. 2 der Reichs-Gewerbe-Ordnung.)

Das Schöffengericht am Amtsgericht I. Berlin sprach den Angeklagten am 23. Januar 1884 frei, weil die Genehmigung von anderen als im §. 24 der Reichs-Gewerbe-Ordnung angeführten Bedingungen nicht abhängig gemacht werden dürfe, und die Berufungsinstanz bestätigte dieses Urtheil mit dem Hinzufügen, daß die Polizei nicht berechtigt sei, andere als die gesetzlichen Bedingungen zu stellen, andernfalls müsse die Behörde auch die Mittel zur Beseitigung der gerügten Mängel angeben können.

Das Kammergericht als Revisionsinstanz, welches von der Staatsanwaltschaft angerufen worden, bezeichnete die Auffassung der Vorderrichter als eine rechtsirrthümliche, indem es ausführte: „die zur Ertheilung der Concession competente Behörde sei unzweifelhaft berechtigt, die Genehmigung an Bedingungen zu knüpfen, welche, wenn auch nicht gesetzlich vorgeschrieben, doch zur Wahrung des allgemeinen Interesses erforderlich seien. Aber abgesehen hiervon seien für die Beurtheilung diejenigen Bedingungen maßgebend, welche in der Genehmigungs-Urkunde gestellt sind."

Das Landgericht II., an welches die Sache nunmehr zur erneuten Verhandlung zurückging, hatte nach dieser Entscheidung der Rechtsfrage nur noch die thatsächliche Feststellung zu treffen, ob die Concessions-Bedingungen erfüllt seien oder überhaupt erfüllt werden könnten.

Zu dem Ende wurden zwei Sachverständige vernommen: der königliche Gewerberath für Berlin und der Oberingenieur des Berliner Dampfkessel-Ueberwachungsvereins. Der Erstere gab folgendes Gutachten ab: „Die Bedingungen, welche in die Genehmigungs-Urkunden aufgenommen werden, sind durch Ministerial-Verordnung vom 17. Januar 1853 (vgl. oben) genau vorgeschrieben. Seit dieser Zeit haben die Fortschritte der Technik erst recht die Möglichkeit gegeben, die gestellten Bedingungen zu erfüllen. Es ist festgestellt, daß, wenn mit Koaks oder mit Anthracit-Kohle gefeuert wird, fast gar kein Rauch entsteht, wie das bei den Staatsanstalten, Generalstabsgebäude, Kriegsministerium u. s. w. zu ersehen. Wenn der Vorderrichter verlangt habe, daß die Mittel zur Verhütung des Rauches angegeben werden sollen, so ist das einfach unmöglich, denn würde z. B. die Koaksheizung vorgeschrieben, so müsse Tag und Nacht ein Aufsichtsbeamter darüber wachen, daß diese Vorschrift erfüllt wird. Die Anlage muß sich dem Bedürfnisse des Betriebes anpassen und diese Bedürfnisse muß der Betriebsleiter am besten kennen. Das kann aber die Behörde nicht, und sie würde durch Angabe der Mittel eine unmögliche Verantwortung auf sich laden. Ein leichter gelber Rauch wird sich nie beseitigen lassen, von diesem ist aber nicht die Rede, sondern von dem dicken, schwarzen, mit Rußflocken verbundenen Qualm.“ Der zweite Sachverständige war zwar in der Theorie derselben Ansicht, suchte aber zu Gunsten des Angeklagten geltend zu machen, daß eine systematische, rauchverhindernde Feuerung nur bei continuirlichen Betrieben, nicht aber bei solchen möglich sei, wo, wie bei dem Angeklagten, bald mit 12, bald mit mehr als 20 Pferdekräften gearbeitet werden müsse, worauf der erste Sachverständige erwiderte, daß es in Berlin viele solcher Betriebe gebe, bei denen der Fehler gemacht worden, die Anlage nur für das Minimum des Kraftverbrauchs einzurichten, statt für den mittleren oder Maximalverbrauch. Auf eine weitere Frage des Präsidenten spricht derselbe Sachverständige sich noch dahin aus, daß die Anwendung von Coaks oder Anthracit keine andere Störung herbeiführe, als daß größere Anlagen geschaffen werden müßten.

Durch das Zeugniß des Belästigten und des Polizeirevierbeamten wird alsdann noch festgestellt, daß die Rauchbelästigung unzweifelhaft auf den Schornstein des Angeklagten zurückgeführt werden müsse.

Nach diesem Ausfall der Beweisaufnahme hielt der Gerichtshof sich für überzeugt, daß es Mittel gebe, und es dem Angeklagten möglich gewesen wäre, die Rauchbelästigung zu verhindern, erkannte den Angeklagten des Vergehens gegen §. 147 Abs. 2 der Reichs-Gewerbe-Ordnung für schuldig und verurtheilte denselben in Uebereinstimmung mit dem Antrage des Staatsanwaltes zu 50 Mark Geldbuße oder zehn Tage Haft und zu den Kosten sämmtlicher Instanzen.

Zuständigkeits-Tabelle.

Zuständige Behörde.	Gegenstände der Anträge und Ertheilung von Genehmigungen, Beschlußfassung oder Entscheidung, Klage oder Berufung.	§§. des Gesetzes über die Allgemeine Landes-Verwaltung.	§§. des Zuständigkeits-Gesetzes.	Rechtsmittel.	Frist. Tage.	Bemerkungen.
	Gewerbepolizei.					
	Reichsgewerbeordnung vom 21. Juni 1869. B.G.Bl. S. 245. §§. 16 bis 25.					
Kreis- (Stadt-) Ausschuß. in Städten von 10000 Einw. Magistrat.	Ertheilung der Genehmigung zu folgenden gewerblichen Anlagen: Gasbereitungs- und Gasbewahrungsanstalten, Anstalten zur Destillation von Erdöl, Anlagen zur Bereitung von Braunkohlentheer, Steinkohlentheer und Koaks, Asphaltkochereien und Pechsiedereien, Glas- und Rußhütten, Kalk-, Ziegel- und Gypsöfen, Metallgießereien, Hammerwerke, Schnellbleichen, Firniß-					Seite 7, 8, 37, 38 d. Buches.

siedereien, Stärkefabriken, Stärkesyrupfabriken, Wachstuch-, Darmsaiten-, Dachpappen- u. Dachfilzfabriken, Darmzubereitungsanstalten, Leim-, Thran- und Seifensiedereien, Knochenbrennereien, Knochendarren, Knochenkochereien und Knochenbleichen, Hopfenschwefeldarren, Zubereitungsanstalten für Thierhaare, Talgschmelzen, Schlächtereien, Gerbereien, Abdeckereien, Strohpapierstofffabriken, Stauanlagen für Wassertriebwerke, Fabriken, in welchen Dampfkessel oder andere Blechgefäße durch Vernieten hergestellt werden, Anstalten zum Imprägniren von Holz mit erhitzten Theerölen, Kunstwollfabriken und Dégrasfabriken, Fabriken, in welchen Röhren aus Blech durch Vernieten hergestellt werden, sowie Anlagen zur Erbauung eiserner Schiffe, zur Herstellung eiserner Brücken oder sonstiger eiserner Baukonstruktionen, Anlagen zur Destillation oder zur Verarbeitung von Theer und vou Theerwässern, endlich Dampfkessel mit Ausnahme der für den Gebrauch auf Eisenbahnen bestimmten Lokomotiven und der zum Betriebe auf	121 bis 124	109	Beschwerde (§. 118 des Zuständigk.-Gesetzes) an den Minister für Handel und Gewerbe; kommen bei Stauanlagen Landesculturinteressen in Betracht, ist der Minister für Landwirthschaft hinzuzuziehen.	2 Wochen	Ausgenommen sind Dampfkessel der Lokomotiven für Eisenbahnen und Dampfkessel zum Betriebe auf Bergwerken und Aufbereitungs-Anstalten.

Zuständige Behörde.	Gegenstände der Anträge und Ertheilung von Genehmigungen. Beschlußfassung oder Entscheidung.	§§. des Gesetzes über die Allgemeine Landes-Verwaltung.	§§. des Zuständigkeits-Gesetzes.	Rechtsmittel. Beschwerde, Klage oder Berufung.	Frist. Tage.	Bemerkungen.
	Bergwerken und Aufbereitungs-Anstalten bestimmten Dampfkessel.					
	§§. 16 bis 25.					
Bezirks-Ausschuß auch in Berlin.	Beschlußfassung über Anträge zur Errichtung oder Veränderung folgender gewerblicher Anlagen: Schießpulverfabriken, Anlagen zur Feuerwerkerei und zur Bereitung von Zündstoffen aller Art, Anlagen zur Gewinnung roher Metalle, Röst-Oefen, chemische Fabriken aller Art, Poudretten- und Düngpulver-Fabriken, Kalifabriken, Anlagen zur Herstellung von Celluloid.	121 bis 124	110	Beschwerde an den Handels-Minister (§. 113 des Zuständigkeits-Gesetzes).	2 Wochen	Seite 7, 8, 15, 89 d. Buches.

	§. 27.					
Bezirks-Ausschuß auch in Berlin.	Beschluß darüber, ob die Ausübung eines Gewerbes und Anlagen, deren Betriebe mit ungewohnlichem Geräusche verbunden, an der gewählten Betriebsstätte zu untersagen oder nur unter Bedingungen zu gestatten sind.	121 bis 124	112	Beschwerde an den Handels-Minister (§. 113 des Zuständigkeits-Gesetzes).	2 Wochen	Seite 17, 39 d. Buches.
	§. 51.					
Desgleichen.	Untersagung der ferneren Benutzung einer gewerblichen Anlage wegen überwiegender Nachtheile und Gefahren für das Gemeinwohl.	121 bis 124	112 und 113	Desgleichen.	2 Wochen	Seite 21, 39 d. B. Kommen bei Stauanlagen Landeskultur-Interessen in Betracht, ist der Minister für Landwirthschaft zuzuziehen. Seite 40 d. B.
	Gesetz, betr. die Aufhebung und Ablösung der auf den Betrieb des Abdeckereiwesens bezüglichen Berechtigungen, vom 17. März 1868 und vom 17. Dezember 1872. G.S. S. 717.					
Bezirks-Ausschuß (Streitsache).	Entscheidungen über Anträge auf Ablösung der auf den Betrieb des Abdeckereigewerbes bezüglichen Berechtigungen und auf Entschädigung für aufgehobene Berechtigungen.	121 bis 124	183	Berufung an das Ober-Verwaltungs-Gericht.	2 Wochen	Seite 41 d. Buches.

Zuständige Behörde.	Gegenstände der Anträge und Ertheilung von Genehmigungen. Beschlußfassung oder Entscheidung.	§§. des Gesetzes über die Allgemeine Landes-Verwaltung.	§§. des Zuständigkeits-Gesetzes.	Rechtsmittel. Beschwerde, Klage oder Berufung.	Frist. Tage.	Bemerkungen.
	Gesetz, betr. die Errichtung öffentlicher Schlachthäuser. Vom 18. März 1868. G.S. S. 277.					
	§§ 1 bis 4.					
Bezirks-Ausschuß.	Beschlußfassung über die Genehmigung von Gemeinde-Beschlüssen wegen ausschließlicher Benutzung öffentlicher Schlachthäuser und wegen Untersuchung des in solche Häuser gelangenden Schlachtviehes.	121 bis 124	131	Beschwerde an den Handels-Minister (§. 113 des Zuständigkeits-Gesetzes).	2 Wochen	Seite 40 d. Buches.
	§§. 9 bis 11.					
Bezirks-Ausschuß.	Festsetzung der Entschädigungsansprüche der Eigenthümer und Nutzungsberechtigten von Privatschlachtanstalten wegen des ihnen durch öffentliche ausschließlich zu benutzende Schlachthäuser zugefügten Schadens.	121 bis 124	131	Ordentlicher Rechtsweg.	1 Woche	Desgleichen.

	§. 12.					
Bezirks-Ausschuß.	Bestätigung von Verträgen zwischen einer Gemeinde und einem Unternehmer wegen Errichtung eines öffentlichen Schlachthauses.	121 bis 124	131	Beschwerde an den Handels-Minister (§. 118 des Zuständigkeits-Gesetzes).	2 Wochen	Desgleichen.
	Allgemeines Berggesetz vom 24. Juni 1865. G.S. S. 705.					
	§. 59 Abs. 3.					
Bezirks-Ausschuß im Einvernehmen mit dem zuständ. Ober-Bergamte.	Beschluß über Zulässigkeit von Wassertriebwerken, welche zum Betriebe von Bergwerken oder Aufbereitungsanstalten gehören.	121 bis 124	110 und 113	Desgleichen.	2 Wochen	Seite 39 d. Buches. Kommen Landeskulturinteressen in Betracht, ist der Minister für Landwirthschaft zuzuziehen. Seite 40 d. B.
	Baupolizei.					
	Verordnung vom 17. Juli 1846. G.S. S. 399.					
	§. 1.					
Bezirks-Ausschuß.	Beschlußfassung über die Anwendung der in den Städten geltenden feuer- und baupolizeilichen Vorschriften bei Gebäuden auf solchen zum platten Lande gehörigen Grundstücken, welche innerhalb der Städte oder im Gemenge mit städtischen bebauten Grundstücken liegen.	121 bis 124	148	Beschwerde an den Minister der öffentlichen Arbeiten.	2 Wochen	

Zuständige Behörde.	Gegenstände der Anträge und Ertheilung von Genehmigungen. Beschlußfassung oder Entscheidung.	§§. des Gesetzes über die Allgemeine Landes-Verwaltung.	§§. des Zuständigkeits-Gesetzes.	Rechtsmittel. Beschwerde, Klage oder Berufung.	Frist. Tage.	Bemerkungen.
	Zuständigkeits-Gesetz vom 1. August 1883. §§. 109 bis 113, 131, 133, 161 vgl. Zuständigkeits-Tabelle S. 416 bis 422 d. Buches.					
Bezirks-Ausschuß auch in Berlin (Streitsache).	**§. 144.** Beschlußfassung über Klagen gegen Verfügungen der Ortspolizeibehörde, durch welche ein Bauconsens versagt oder nur unter Bedingungen ertheilt ist, oder nachträglich Baubedingungen auferlegt sind (Bauconsense).	121 bis 124	144	Berufung an das Ob.-Verwalt.-Gericht.	2 Wochen	
Kreis-Ausschuß Stadt-Ausschuß Bezirks-Ausschuß auch in Berlin.	**§. 145 Abs. 1 u. §. 146 Abs. 1 u. 2.** Dispensationen von baupolizeilichen Bestimmungen.	121 bis 124	145 Abs. 1 und 146 Abs. 1, 2	Beschwerde an den Bezirks-Ausschuß; in 2. Instanz an den Minister der öffentlichen Arbeiten.	2 Wochen	

Chronologisches Register.

1873.

1874.

1875.

1876.

1877.

1878.

1879.

Erkenntn. des Reichs-Ger. v. 19. Novbr., betr. Genehmigung einer Stauanlage vor Errichtung des Triebwerkes S. 10.

1880.

Kaiserl. Verordn. v. 9. Febr., betr. Mineralwasserdarstellung S. 238.

Polizei-Verord. Merseburg v. 31. Juli, betr. Mineralölfabriken S. 178.

Erkenntn. des Ob.-Verw.-Ger. v. 13. Octbr., betr. Einrichtungen zum Schutze der Arbeiter S. 23, 231.

1881.

Gesetz v. 9. März, betr. Zuständigkeit des Oberpräsidenten für den Stadtkreis Berlin S. 40.

Bekanntm. d. Reichskanzlers v. 26. Juli, betr. Erweiterung des §. 16 der Reichs-Gewerbe-Ordnung S. 9.

1882.

Minist.-Rescript v. 30. Jan., betr. Zuziehung von Staatsbeamten als Sachverständige S. 33.

Gesetz v. 31. Jan., betr. Erweiterung des §. 16 der Gew.-Ord. S. 9, 279.

Minist.-Erlaß v. 24. Febr., betr. die an einen Stellvertreter zu machenden Anforderungen S. 19, 105.

Bekanntm. d. Reichskanzlers v. 12. Juli betr. Erweiterung des §. 16 der Reichs-Gewerbe-Ordnung S. 9.

Desgl. v. 23. Decbr. S. 9.

1883.

Erkenntn. d. Ob.-Verw.-Ger. v. 30. März, betr. Gerbereien S. 268.

Gesetz v. 21. April, betr. Erweiterung des §. 16 der Gew.-Ord. S. 9, 283, 286, 287.

Reichspoliz. Bestimmung v. 18. Juli, betr. die Anlegung von Dampfkesseln S. 15, 296, 298, 303.

Gesetz über die allg. Landesverwaltung v. 30. Juli S. 29.

Zuständigkeits-Gesetz v. 1. Aug. S. 37.

Erkenntn. des Ob.-Verw.-Ger. v. 29. Octbr., betr. Kunstwoll-Fabriken S. 111, 284.

Minist.-Rescript v. 11. Decbr., betr. Lagerung von Schmierölen S. 174.

Erkenntn. des Ob.-Verw.-Ger. v. 17. Decbr., betr. den Gegensatz von wesentlichen und unwesentlichen Betriebsstätteänderungen S. 16, 112.

1884.

Erkenntn. d. Ob.-Verw.-Ger. v. 28. Jan., betr. den Begriff Errichtung und Neuherstellung einer gewerbl. Anlage S. 8; desgl. Reconstruction S. 397.

Gesetz v. 13. Mai, betr. die Anfertigung und Verzollung von Zündhölzern S. 9, 11, 155.

Gesetz v. 9. Juni, betr. den verbrecherischen und gemeingefährlichen Gebrauch von Sprengstoffen S. 9, 11, 12, 141.

Unfall-Versicherungs-Gesetz v. 1. Juli, §§. 78 u. ff. S. 11, 23.

Bekanntm. d. Reichskanzlers v. 11. Juli, betr. Anlage von Zündholzfabriken S. 11, 12, 156 u. ff.

Bekanntm. d. Reichskanzlers v. 12. Juli, betr. Erweiterung des §. 16 der Reichs-Gewerbe-Ordnung S. 9.

Minist.-Verfüg. v. 19. Juli, betr. Verfahren bei Errichtung und Veränderung gewerbl. Anlagen S. 45, 54.

1885.

Gesetz v. 4. Januar, betr. Erweiterung des §. 16 der Gew.-Ord. S. 289.

Gesetz vom 24. April, betr. Erweiterung des §. 16 der Reichs-Gewerbe-Ordnung S. 290.

Minist.-Verfüg. v. 30. Jan., betr. Anlegung von Dampfkesseln kombinirten Systems S. 350.

Minist.-Verfüg. v. 30. Jan., betr. Neuconcessionirung gebrauchter Dampfkessel S. 352.

Minist.-Erlaß vom 11. Febr., betr. Anlegung von Dampfkesseln S. 353.

Erkenntn. des Landgerichts II Berlin v. 11. Febr., betr. Rauchverzehrung S. 413.

Aus dem Allgemeinen Preuß. Landrecht sind citirt:

§§. 96, 97, 99 S. 365.
§§. 229 bis 233 S. 366.
§§. 234 bis 240 S. 367.
§§. 241 bis 247 S. 368 bis 371.

Aus dem Reichs-Strafgesetzbuch sind citirt:

Sachregister.

A.

B.

C.

E.

F.

G.

H.

J.

K.

L.

O.

P.

FSC
www.fsc.org
MIX
Papier | Fördert
gute Waldnutzung
FSC® C083411

Kolibri 360 GmbH
Ferdinand-Jühlke-Straße 7
99095 Erfurt, Deutschland
produktsicherheit@kolibri360.de